企业

企业管理升级与内控实务丛书

全面风险管理实务
（第五版）

QIYE

QUANMIAN FENGXIAN
GUANLI SHIWU

高立法 主编

经济管理出版社
ECONOMY & MANAGEMENT PUBLISHING HOUSE

图书在版编目（CIP）数据

企业全面风险管理实务/高立法主编 . — 5 版 . —北京：经济管理出版社，2023.10
ISBN 978-7-5096-9416-9

Ⅰ.①企…　Ⅱ.①高…　Ⅲ.①企业管理—风险管理　Ⅳ.①F272.3

中国国家版本馆 CIP 数据核字（2023）第 213981 号

责任编辑：张馨予
责任印制：黄章平
责任校对：王淑卿

出版发行：经济管理出版社
　　　　　（北京市海淀区北蜂窝 8 号中雅大厦 A 座 11 层　100038）
网　　　址：www.E-mp.com.cn
电　　　话：(010) 51915602
印　　　刷：北京晨旭印刷厂
经　　　销：新华书店
开　　　本：720mm×1000mm/16
印　　　张：26.25
字　　　数：531 千字
版　　　次：2023 年 12 月第 1 版　2023 年 12 月第 1 次印刷
书　　　号：ISBN 978-7-5096-9416-9
定　　　价：68.00 元

作者名单

主　编：高立法

副主编：高　璟　高　蕊

撰　稿：高立法　高　蕊　马志芳　杜泰斌

　　　　赵朝辉　阎　莹　吴昌磊　马金煜

第五版说明

正当本书再版之际，中国"风险管理师"职业正式进入 2015 年国家职业分类大典。让我们共同欢呼，这是时代潮流需求，是适应新常态需要，也是当今世界急需的一种新职业，只有掌握它才能把变幻多端的风险看准、看清、看透，从林林总总的表象中发现本质、认清趋势，善于化危为机、转危为安，实现预期目标。风险管理师的职业代码为 4-07-02-01；职业名称为风险管理师；职业定义是从事整体风险评估、监测、预警，进行风险管理活动督导、协调、控制并提供咨询服务工作的人员。其工作任务具体如下：

（1）传播风险管理文化，建立风险管理环境，制订组织的风险准则。

（2）识别、分析和评价风险。

（3）提供风险应对决策的参考意见。

（4）跟踪、监测风险信息。

（5）建立、维护风险信息档案。

（6）审查合规性，策划、实施风险信息披露。

（7）制定风险预警和控制、应对危机的应急预案。

（8）组织、协调、检查、督导、评价风险管理工作。

职业大典的颁布为风险管理师确定了职业定位、职业内容和工作任务，也为本书再版指明了方向、充实了内容、提出了新观念及要求。

本书出版以来深受读者欢迎，被有些院校及培训机构作为教材使用，以适应新常态，践行新理念，管控好风险，趋利避害实现预期目标。本次再版重点将风险管理与内部控制进行融合，这是学科发展的必然，也是企业管理实践的需要。风险是不确定性对目标的影响，企业在经营活动中时时、处处、事事都有风险，时刻都受到风险影响，其影响具有"二重性"，因此，在经营过程中必须高度警惕风险、竭尽全力识别风险、正确评估风险性质，寻找产生根源、制定管控措施，并创造条件，促使风险向有利目标实现方向转化。这需要按照中国共产党十八届四中全会关于强化内部控制的精神和《企业内部控制基本规范》的要求，全面建立、有效实施内部控制，明确控制责任，落实控制措施，确保内部控制覆盖企业经济和业务活动的全范围，贯穿内部权力运行和监督的全过程，规范企业内部各层级的全体人员，使风险管理与内部控制文化渗透于员工头脑中、落实在行动上、见效于经济上。这是规避和降低风险损失，实现目标的最有效措施和保障。

本书在修订过程中，得到中国风险管理者联谊会领导与专家们的指导，但由于编者受知识所限，书中错误在所难免，敬请广大读者赐教。

编　者

2016 年 8 月 1 日

于北京科技大学

总　序

风险的实质是不确定性，它伴随人类的生存而生存、伴随人类的发展而发展。改革开放以来，我国经济迅速发展，科技不断进步，企业已走出国门、步入世界。面对市场全球化、资本国际化，竞争日益激烈，风险已成为企业生存发展的一大危害。

风险具有两重性，既可能给企业带来意外损失，又可能提供意外机遇。但在实际生活中，人们更注重风险的不利性。风险具有客观性，即不管你愿不愿意，它都存在，而且只要你做出决策，就必须承担相应的风险。风险具有时间性，它随时间的推移而变化，随时间的延续其不确定性在缩小，若事件已完成，结果已肯定，风险即消失。风险也具有相对性，一般认为风险产生的原因是信息不充分。由于不同的人掌握信息的程度不同，因此，同一事件，对甲来说，风险很大；对乙来说，风险可能很小。风险有的具有收益性，高风险往往伴有高收益，否则就不会有人去冒险。可见，正确认识风险，分析评估风险，抓住机遇，规避风险损失，提升企业竞争力，是当前经营管理者亟待解决的重大难题。

近年来，我国遭受重大风险事件危害的企业为数不少，比较典型的如表 0-1 所示。

表 0-1　1996~2007 年企业重大风险事件

事件	发生时间	风险损失	事件内容
"齐二药"事件	1996 年	企业倒闭、领导获刑	因风险意识缺失，把毒药当良药使用，制成假药，致 13 人死亡
株冶事件	1997 年	14 亿元	风险发生在我国期货市场起步阶段，未真正领悟风险控制的重要性
中航油事件	2004 年	5.5 亿元	违规越权炒作期货业务行为，造成巨额风险损失
中粮油事件	2006 年	3.92 亿港元	距中航油新加坡纸币市场期权交易巨亏 5 亿美元事件不久，在香港上市中粮油公司因套保失手形成风险损失
铁岭特钢事件	2007 年	32 人死亡	擅自使用普通起重机，起重机因钢丝绳压板螺栓松动，钢水泡滑落；违章设置班会等

2008 年发生的三鹿牌毒奶粉事件、山西尾矿死人事件，以及世界金融风暴等重大风险事件，原因之一就在于企业风险意识不强，举措不当，控制不力。它不仅造成巨额经济损失，还致使儿童伤亡、品牌声誉受损、员工大量待业、核心业务丢失等，甚至导致企业破产，领导获刑。因此，越来越多的企业开始关注企业风险管理。

风险管理作为企业的一种管理活动，起源于 20 世纪 50 年代的美国，通用汽车公司下属汽车变速箱厂 5000 万美元火灾损失是美国历史上最为严重的 15 起火灾之一。这场大火与 20 世纪 50 年代其他一些偶发事件一起，推动了美国风险管理活动的兴起，使针对这些纯粹风险的保险行业在美国日益兴盛。

真正推动世界范围风险管理发展的是几起重大风险事故的发生。例如，1979 年 3 月美国三里岛核电站的爆炸事故，1984 年 12 月美国联合碳化物公司印度农药厂毒气泄漏事故，1986 年苏联切尔诺贝利核电站核事故等一系列事件，使得世界范围的风险管理研究与推广日益高涨。美国商学院率先推出了涉及如何对企业的人员、财务、责任、资源等进行保护的新型管理学科，这就是风险管理。

早期的风险管理关注的对象是那些可能带来损失的风险，而对非纯粹风险的研究却很匮乏。这一特征与风险管理的手段——保险密切相关。

随着经济的迅速发展和社会的不断进步，个人和组织所面临的风险越来越复杂，损失也愈加严重，人们的认识也发生了巨大改变，全面风险管理理念也顺应历史发展潮流，从单纯的纯粹风险管理，提升到了确保企业稳定发展、整体化解企业各种风险的战略高度。

20 世纪末 21 世纪初，发达国家发生了众多公司舞弊和财务造假等丑闻。例如，美国安然事件、世通公司、施乐公司财务舞弊事件、英国巴林银行倒闭事件、日本三井住友银行丑闻等，极大地打击了证券市场倡导的诚信，损害了股权持有者的利益，司法索赔事件层出不穷。这些事件无疑引起了企业尤其是上市公司监管机构的重视，使包括行政、司法、证监等在内的各部门集体介入。为此，2002 年美国政府和交易委员会制定了有史以来最为严格的《萨班斯法案》，以约束上市公司的各种经营行为，从法律层面管理上市公司风险事件的发生。美国 COSO 委员会也在 2004 年发布了《企业风险管理——整合框架》，将以前关注组织内部控制建设提升到关注组织风险管理建设层次上。

随着企业风险管理建设重要性的日益显现，全球众多知名公司、跨国企业自 21 世纪初，开始实施自身的风险管理建设工作。一方面是由于政府部门、监管机制的要求；另一方面是由于经济全球化的不断发展，导致企业外部竞争环境的日益恶劣，不确定性因素严重影响企业发展，致使企业越发重视风险管理的建设工作。目前，发达国家企业广泛采用了风险控制与风险管理体系，最为突出的是建立了一套完善的控制风险的安全管理机制，以应对错综复杂的市场竞争。例如，国外一些大电厂、石油化工厂，组建了管理层的"三驾马车"，即 CEO（执行总裁）、CFO（财务总监）、CRO（风险总监），就是出于对风险控制与管理的需要。

鉴于风险管理在企业经营过程中的重要性及其发展，国际标准化组织（ISO）于2005年6月成立了风险管理工作组，组织多国风险管理领域的专家编写ISO31000风险管理国际标准，力求在标准层面规范全球风险管理行业的技术发展。迄今为止，ISO风险管理工作小组已召开了4次工作会议，该标准于2009年正式发布。国际标准化组织的这一举动，充分表明风险管理在保障企业正常经营、实现可持续发展、提升企业价值方面具有极其重要的作用和意义。

中国风险管理事业的发展，在很大程度上由政府主导。近年来，政府先后出台了大量有关风险治理的法律法规，如《消防法》《安全生产法》《防震减灾法》《防洪法》《核电厂核事故应急管理条例》《传染病防治法》《突发公共卫生事件应急条例》等。2006年6月，为规范中央企业在国内外的经营活动，做好企业的风险防范工作，政府专门下发了《中央企业全面风险管理指引》。2008年5月，财政部等五单位联合下发了《企业内部控制基本规范》，从制度上要求企业加强内部控制，深入开展全面风险管理工作。2007年3月，全国工商联合会发布了《关于指导民营企业加强危机管理工作的若干意见》，进一步在民营企业中掀起了开展企业风险管理的热潮。

我国在风险管理标准制定和起草方面取得了很大进展，2007年12月，中国风险管理标准化技术委员会在北京正式成立，风险管理标准化工作已全面启动。

自《中央企业全面风险管理指引》发布以来，开展风险管理的中央企业已有50%以上，民营企业也相继建立了风险管理组织，并取得了一定的成效。但就全国而言，风险管理仍存在明显缺陷。例如：以分散经营为主的风险应对系统脆弱，合理的风险监控和处理机制尚未建立起来；受计划经济体制等历史背景的影响，企业很少自觉应用风险管理的知识进行风险规避，许多企业在实施战略控制中仍缺少风险管理控制系统，而且专业风险管理人才匮乏；社会广大成员还没有意识到现代社会本身就是风险社会，风险不只是"一次性突发事件"，而是现代社会的常态。风险管理没有被纳入众多企业的日常工作体系，风险防范意识也没有渗透到全体员工，风险识别、风险评估及预警方法、机制也亟待提高，风险管理文化尚未形成。这些现象的存在不利于落实科学发展观和构建和谐社会。

为推动企业深入贯彻全面风险管理，提高企业应对风险的能力，根据财政部、国资委颁布的《中央企业全面风险管理指引》《企业内部控制基本规范》及国际上的有关文献，我们编写了《企业全面风险管理实务》。本书密切结合企业实际，期望从理论与实践的结合上探索如何将风险管理理念应用于实际。本书在写作中选用了大量案例，以说明风险管理的实用性及风险控制的有效性。

本书的出版对贯彻《中央企业全面风险管理指引》及《企业内部控制基本规范》等文件和降耗减排的国策、加强内部控制、提高企业抗风险能力、保证企

总
序

业持续健康发展具有重要意义。

本书在编写过程中参考了有关著作和论文，并得到中国风险管理者联谊会及亚洲风险与危机管理协会一些专家的指导与支持，在此表示衷心感谢。

受编者知识不足、水平所限，书中错误在所难免，不妥之处敬请广大读者批评指正。

编 者

2008 年 12 月

前　言

　　风险无时不有、无处不在，是企业生存发展的一大机遇与挑战。只有正确地识别风险、分析和评估风险，针对不同性质的风险实施不同的应对策略，才能有效地规避和防范风险，确保企业健康持续发展，实现企业的经营战略目标。

　　随着我国市场经济的飞速发展，许多企业走出国门进入国际市场，其面临的问题越来越多，而且也越来越复杂。作为企业的经营管理者，仅有一般的经营管理知识，已经很难应对复杂多变的风险，如近期美国由次贷引发的金融危机，如同"海啸"般迅速蔓延到世界各国，不仅涉及政府、企业、金融机构，而且也涉及千家万户、黎民百姓。其发展之快、影响之深前所未有，其后果更难以估计。只有高瞻远瞩并掌握一定的方法，才能应对形势变幻的需要，才能在变化中求生存、谋发展。风险管理就是预测未来可能出现的偏离经营目标的损失，并针对预测情境制定规避和防范风险损失的策略的一门学科，是应对当代世界千变万化、风险丛生的新学科，是经营者必须掌握的一门新型的管理科学。

　　优秀的经营管理者不仅要有较高的智商和情商，还应具有较高的"险商"。所谓"险商"就是站得高、看得远，能洞察未来市场变幻并制定应对策略，从中抓住机遇、规避威胁，使经营安全到达彼岸。这种能力并不全是与生俱来的，更多的是靠后天的学习培养和训练。经营管理者学习风险管理知识，掌握应对风险的能力，是提高"险商"的重要途径。

　　《企业全面风险管理实务》根据企业经营管理的实际需要，着重论述了企业风险管理的观念、思路和方法，尤其突出现代企业全面风险管理的理念和思想，并且对于风险管理的计量方法也做了一些探讨。但是应该明确，风险管理从某种意义上讲综合了"诊断学""谋划学"和"防守学"的内涵，不仅需要一定的分析与计量，更重要的是要有对未来偏离预定目标的可能性及影响后果所进行的科学估测，要靠大量实践经验的总结、全体员工风险意识的提高及积极的参与。风险管理的核心在"理"，要理顺主观与客观的关系，预见到未来将出现的变化趋势，捕捉风险征兆、识别风险性质、评估偏离目标的程度、建立风险控制体系，明确各部门及岗位风险控制的责任，制定正确有效的应对策略，减少风险损失，保障经营目标实现。这些管理内容需要一定的计算，但更多的是依靠正确的观念和思路指导，处理和解决经营过程中出现的各种偏离目标的风险。

企业全面风险管理涉及企业各个层次、单元和岗位，嵌入企业的每一项活动，涉及企业的文化，贯穿于企业经营管理的全过程。企业风险管理建设是构建企业内部控制和治理的基础，是对企业可持续发展的根本性支持，是企业在 21 世纪再上一层楼的新的核心竞争力的构建基点。围绕着风险管理体系的建设，企业开展的核心工作是要进行六大风险管理基础模块建设，即组织与环境、系统和数据、风险指标系统建设、风险战略制定、企业内部控制体系设计和风险控制清单设计。此外，还要进行六大风险管理能力的建设，即经营战略和政策、业务与风险管理过程、人员、报告、方法、系统和数据，以适应新形势发展的需要。

本书是论述经营管理者如何从风险发生后的被动应付，转变为事前的主动防范，对经营中的潜在风险有预知、有预见、有预估、有预防，做到未雨绸缪，防患于未然，以确保企业经营目标的实现。

编　者

2008 年 12 月

目　录

企业全面风险管理实务

目
录

5

目录

企业全面风险管理实务

第一章

风险与风险管理[①]

导读：

风险是指"不确定性对目标的影响"，是人类社会及企业生存发展的一大要素。本章论述了风险及风险管理基本概念及特征，风险分类，风险管理目标、任务及内容，介绍了风险管理方法、风险管理战略与策略，并列举了风险管理的案例。

关键词：

风险、风险要素、风险特征、风险测量、风险准则、企业风险、商业风险、环境风险、过程风险、信息风险、风险管理、风险管理框架、风险管理原则、风险管理过程

内容结构：

企业风险与风险管理
- 风险及分类
  - 风险定义、风险要素、风险特征
  - 风险的测量、风险准则、风险分类
- 企业风险
  - 企业风险定义及特征、企业风险管理
  - 企业风险分类、企业风险识别与衡量的原则
- 风险管理
  - 风险管理定义及使命、风险管理框架内容
  - 风险管理原则内容、风险管理效果评价
  - 风险管理技术方法、风险管理应关注事项
  - 风险管理能为企业带来好处
- 风险管理的演变

风险自古有之，是人类生存发展的基础，随人类的生存而存在，伴人类的发展而发展，它既为人类生存提供机遇，也带来威胁。在企业经营中，认清风险危害、明确风险性质、掌握风险规律、采取防范措施，抑制风险、减少损失、抓住机遇、提升企业价值及核心竞争力是企业在风险社会生存发展的基础。

---

① 本书在论述中除个别说明外"风险"均指负面风险。

第一节　风险及分类

一、风险的定义与本质

风险自古有之，且与人类形影不离相伴终生。古代，人们下海捕鱼，遇大风大浪就有船翻人亡的危险，风是险之源，险是风之果，故称"风险"。所以，长期以来人们总认为风险是可能发生的危险，是对人类生存的一种"威胁"，谈险色变恐慌不已。

美国学者海恩斯（Haynes）在 1895 年所著的《经济中的风险》（*Risk as an Economic Factor*）中将风险定义为"损害或损失发生的可能性"。但是，由于研究角度的不同，学者们对风险的定义产生了分歧。

有关风险的研究主要有风险客观说和风险主观说两个视角。持风险客观说的学者认为，风险是客观存在的损失的不确定性，因而风险是可以预测的，在对风险事件进行了足够观察的基础上，可以用客观概率对这种不确定性进行较为科学的描述和定义，并且可用量值衡量各种结果。然而持风险主观说的学者，虽然承认风险的不确定性是客观的，但却认为风险主要来自主观。因为个体对未来不确定性的认识与个人的知识、经验、心理状态等主观因素的不同而有所差异，所以不同的人面对相同的风险因素会做出不同的判断。还有部分学者认为，人类行为是风险发生的重要原因之一，风险是个人的主观和客观因素的结合体，称为客观因素结合说。因为在风险社会，任何风险都是主观和客观的结合体。

传统上对风险的定义都是与损失/威胁联系在一起的。比如，法国学者莱曼在其著作《普通经营经济学》一书中，将风险定义为"损失发生的可能性"。德国学者斯塔德勒也认为，风险是"影响给付和意外发生的可能性"。他们都认为，损失发生的可能性或者说概率越大，风险就越大。另有部分学者从损失的不确定性角度看待风险，认为风险事件发生造成的损失越不确定，风险就越大，而概率在 1/2 时，风险最大，然后依次向概率为 0 和概率为 1 两端递减。

实际上，从不确定性而言，风险事件带来的影响后果可能是损失，也可能是收益。所以，对风险一般的定义为"实际结果和预期结果的偏离"。预期结果也有两种含义：一种是人们心目中希望的结果；另一种是统计学意义上的预期结果，包括最有可能发生的结果和平均意义上可能发生的结果两种形式。只要实际结果与预期结果有可能发生偏离，就有潜在的风险。

例如，对人类危害较大的地震风险，是客观存在，但未来什么时间发生、发生在何处、规模多大、范围多广、损失多少，都具有不确定性，至今人类仍不能掌握它。但可以采取措施，加以防范，减少地震造成的损害。随着科学技术发展，未来人类一定能掌握其变化规律，实施有效防范。但不会杜绝地震风险的发生，这就是风险的特性。

国际标准化组织（ISO）于2009年11月发布了ISO31000：2009《风险管理——原则与指南》（以下简称《标准》），将"风险"定义为"不确定性对目标的影响"。这是世界上最新、最具权威性的定义，也是风险管理发展史上的"里程碑"。

新定义与传统观念相比有三大突变：一是将风险与目标捆绑在一起，没有目标就没有风险；二是风险对目标的影响具有"两重性"，既有威胁存在也有机会的可能，而且二者在一定条件下可相互转化；三是指风险的本质是"不确定性"，但不确定性不等于风险，从而说明了"风险"的实质。

财政部发布的《管理会计应用指引第700号——风险管理》将风险定义为"对目标实现产生影响的不确定性"。

二、风险三要素

风险由目标、不确定性及发生后对目标的影响构成，其影响具有两重性。

（1）目标，是指风险主体想要达到的境界或标准。目标具有多样性，如销售目标、利润目标、安全目标等，并应用于不同层次和目的。这里的销售、安全等称为风险标的，它是指暴露在风险之下的风险载体，二者结合为一体称为风险因素。

（2）不确定性，也可用于发生的可能性表述。不确定性是指影响目标的事件是否发生不能确定，什么时间、在何处发生不确定，影响目标的后果如何也不能确定。总之，一切都具有不确定性。不确定性（或发生可能性）通常用概率反映，范围在"0"和"1"之间，如发生可能性为80%，则风险事件发生后可能形成危机事件。

（3）影响，是指风险事件发生后对目标影响的结果。影响可能是积极的也可能是消极的；可能是确定的，也可能是不确定的；可能是单一的，也可能是多项的；可能是直接的，也可能是间接的。连锁效应可以使最初的后果升级或变质。在进行风险评估时，其影响后果可以用定量的形式表示，也可以用定性或半定性的形式表示，如造成损失百万元或造成损失极大等。可见，风险是由目标、风险事件发生的可能性及影响后果所构成。它们之间的关系及形成风险的过程如图1-1所示。

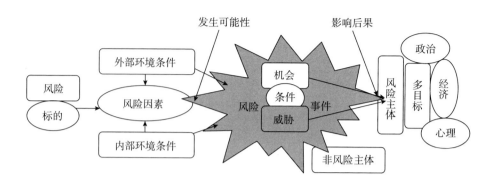

图 1-1　单一风险标的形成风险的过程

三、风险特征

大量事实证明，风险具有以下特征：

（一）二重性

风险并不总是与损失威胁相联系，其不确定性还意味着有好的机会（机遇）存在，故有的学者将风险实质用"危机"来描述。"危"是危险也称"威胁"，"机"指机会。风险就是威胁与机会的组合。或者说是既有损失的危险，又有获益的机会（机遇），而且二者之间可相互转化。这就是风险的"二重性"。

我国有句古训，"不入虎穴，焉得虎子"，说透了风险的实质。例如，某人决定入虎穴得虎子，其未来的结果有三种可能：其一，入了虎穴得了虎子——获得收益；其二，入了虎穴被虎所吃——造成损失；其三，入了虎穴未得虎子——无益无损。

但其中哪种可能性较大？与入虎穴时间、所持工具、虎子警觉、虎穴内环境状况有关。这是风险转化的重要条件。那么要不要冒生命危险，进入虎穴去得虎子？这与冒险者的风险偏好、主观分析以及冒险者的投入价值、预期收益等有关：有的人认为，得虎子的可能性（概率）较高，就愿冒性命危险入虎穴得虎子；有的人认为，得虎子的可能性（概率）较低，而且还会考虑冒风险者本人价值的大小，以生命为代价，觉得划不来，就不愿冒性命危险得虎子。如果连进虎穴的风险都不敢冒，那就根本没有得虎子的机会，就更谈不上得虎子了。可见，不冒被虎吃的危险，就不可能有获得虎子的收益。又如，企业如果开发新产品就会面临市场的不确定性的风险，如果开发的产品不被市场接受，就会导致失败、造成损失，这种导致失败的可能性就叫危险或称"威胁"。但是，在危险背后还蕴藏着重大的机会。新产品一旦被市场接受，不仅会带来较高的收益，还可以使企业保持核心竞争优势。可见，威胁与机会同生相伴，从而揭示了威胁与机会的辩证关系。企业在生产经营活动中，如果不冒危险，就不会有任何的机会；企业要获得机会就必须冒一定的危险。当然，冒多大危险，冒险的结果又会带来多大收益，这些都是不确定的。要获得大收益，一般来讲应冒较大危险，但是冒大危险不一定能获得大收益。因此，还应进行评估分析，权衡利弊后，再做出决策。

（二）客观性

风险是由客观存在的自然现象和社会现象所引起的，地震、洪水、雷电、暴风雨雪等是自然界运动的表现形式，甚至可能是自然界自我平衡的必要条件。自然界的运动会给人类造成生命和财产损失，会形成自然灾害，因而会对人类构成威胁。人的生老病死是人类生命运动的自然表现。自然界的运动是由其运动规律所决定的，这种规律独立于人的主观意识之外而存在。人们只能发现、认识和利用这种规律，而不能改变这种规律。另外，战争、恐怖事件、冲突、车祸、瘟疫、失误、破产等是受社会发展规律所支配的。人们可以认识和掌握这类规律，预防意外事故，减少其损失，但终究不能完全消除事故和损失。因此，风险是一种客观存在，而不是人们头脑中的主观想象。人们只能在一定的环境范围内，充分发挥人的主观能动性，改变风险形成和发展变化的条件，降低风险事件发生的概率，减少损失程度，而不能彻底消灭风险威胁。

（三）偶然性

从整个社会看，风险事故的发生是必然的。然而，对特定的个体而言，风险事故的发生又不具有必然性，这就是风险的偶然性。例如赌博，总是几家欢乐几家愁，但具体到某一家是胜还是负，事前难以预料。风险的这种偶然性是由风险事件的随机性决定的，表现出种种不确定性。第一，风险事件发生与否具有偶然性。例如火灾，就整个社会而言，火灾一定会发生，但具体到某一企业和家庭，就不一定会发生。第二，风险事件何时发生也具有偶然性。例如人总会要死，但具体到每个人何年何日死，无法预知。第三，风险事件怎样发生，其损失多大是不确定的，也有偶然性。例如，地震哪年发生、发生在哪里、怎样发生等具有偶然性。

（四）可变性

可变性也称为不确定性。世间万事万物都处于变化之中，风险更是如此。风险的变化有量的增减，也有质的改变，还有原有风险的消亡与新风险的产生。风险的变化主要是由风险因素的变化引起的，其根源主要来自三个方面：一是科技进步。随着科学技术水平的提高，人们认识风险、抵御风险的能力增强，不少风险得到有效控制，使风险事故发生的概率降低，风险损失减小、程度减轻，有些风险甚至被消除。例如，随着医疗水平的提高，人类面临死亡的风险大大减少，有些危害人类生存的"瘟神"已被送走，但随着科学技术的发展，新的风险又在产生，如空难风险、核事故风险、计算机病毒、网络风险与泄密风险等。二是经济体制与结构的改变，使一些风险也在变化。例如，市场经济下的失业风险与股市投资风险出现。三是政治、政策、法律与社会结构的变化，民情民俗的变化，都会使风险改变。例如，20世纪60年代曾发生过拆城墙盖茅房，而现在又拆茅房建城墙。

（五）依附性

风险与事件融为一体，每个事件都含有风险，每一风险都嵌入具体事件之中，离开事件找不到独立存在的风险。这就是风险的依附性。

除此之外，风险还具有普遍性、经济性、隐蔽性、关联性等特征。认知风险特征的目的是为了找到风险产生的根源及条件，从而创造条件，改变风险的性质，实现预期的目标。

四、风险衡量

衡量风险通常用风险事件发生的可能性和影响后果的组合来描述，用公式表示为：

风险评估值（R_e）= 风险事件发生可能性（P_i）×影响后果（C）

风险评估值也称风险等级或风险程度，是衡量风险大小的工具，而不是说明风险造成的损失或带来的收益。

不确定性对目标的影响有正负之别。例如，对某项事件进行风险测评时，既有正面影响的可能，也存在负面影响的可能。在这种情况下，可引用"期望效用值"反映。

期望效用值=正面风险值-负面风险值

在风险决策中，"期望效用值"是一项非常重要的参考指标。

［例1-1］某仪表公司研制仪表，经实验测量各指标基本稳定，后因某种原因与高级工程师发生意见分歧。在研究分析如何应对"技术风险"时，该公司估计高级工程师走的可能性在30%，走后可能造成损失额在100万元，留下来的可能性是70%，如果留下来能使产品质量继续提高，其获得的效益可能在50万元以上，而且具有长效性。

（1）风险评估值（负面影响）= 30%×100=30（万元）。

（2）风险评估值（正面影响）= 70%×50=35（万元）。

（3）期望效用值=正面风险值-负面风险值=35-30=5（万元）。

结果没做好工作，工程师走了，研发核心技术未留下，造成产品质量上不去，其损失约百万元。

［例1-2］公司有项专用技术存有风险，经分析有下述可能：

（1）技术被盗，可能性75%，损失约800万元，1年内可能发生两次。

（2）该技术仍有潜在的缺陷，产品的质量不稳定，估计有100万元收入受影响，发生的可能性40%，1年可能发生4次。

（3）技术欠缺，使用方欠款250万元，估计有可能收不回来，发生可能性

10%。上述风险损失可能性计算如表 1-1 所示。

表 1-1　风险损失可能性计算

序号	风险起源	风险种类	发生可能性（%）	风险可能损失额（万元）	发生频数（次）	风险评估值（万元）
1	技术被盗	资产丢失	75	800	2	1200
2	产品质量	遵守性	40	100	4	160
3	技术欠缺	无效经营	10	250	1	25

　　风险发生的可能性与影响后果的关系，可根据损失的多少及其发生概率的大小分成五种情况，分别对应不同的风险程度，其组合如图 1-2 所示。

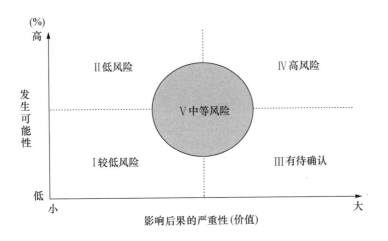

图 1-2　风险的五种情况

　　由图 1-2 可以看出，不同领域的风险评估值，对目标的影响是不同的，采取的应对策略也应有差异。只要损失不严重，不管发生的概率高或低，都属于低风险事件，如象限Ⅰ和象限Ⅱ所示。如果损失的后果很严重并且发生的概率很高，则属于高风险事件，如象限Ⅳ所示。对于损失严重，而发生概率不很高的事件，如象限Ⅲ所示，则需要依靠经验和专业技术进行判断。比如，对于百年不遇的大地震，虽然发生的概率很低，但是由于造成的损失太大，所以平时就需要做好充分的防范工作，以降低风险损失的水平。象限Ⅴ则属于中等风险。

五、风险准则

　　风险准则（也称风险评价标准）是评价风险大小的依据，它是根据企业目标、环境以及标准、法律、政策和其他要求而确定的，是企业评价风险影响的多少、发生可能性的大小、风险等级的标准尺度，从而为风险排序及应对提供决策参考。风险评价标准可以是定性的或半定性、定量的。定性方法是直接用文字描述风险发生可能性的高/低及风险对目标的影响程度的大小，如"高""中""低"。定量方法是对风险发生可能性的高低、风险对目标的影响程度，用具有实际意义的数量描述，如对风险发生可能性的高低用百分数表示，对目标的影响程度用金额表示。通常，将风险的影响后果及发生的可能性定义为"5级"制，如1~5级，级别越高，发生的概率也越高，对目标的影响也越大。

[例1-3] 奥华公司的风险评价标准如下：

（1）评价风险影响后果的标准（见表1-2）。

表1-2 风险影响后果标准

影响后果 方法描述	影响后果级别（或影响程度）				
	1级	2级	3级	4级	5级
定量方法描述	净利润的 0.5%以下	净利润的 0.5%~3%	净利润的 3%~8%	净利润的 8%~15%	净利润的 15%及以上
定性方法描述	极轻微的	轻微的	中等的	重大的	灾难性的
	极低	低	中等	高	极高

（2）评价风险发生可能性的标准（见表1-3）。

表1-3 风险发生可能性标准

定量方法	1级	2级	3级	4级	5级
定量方法	10%以下	10%~30%	30%~70%	70%~90%	90%~100%
定性方法 描述	极低	低	中等	高	极高
	一般情况下 不会发生	在极少的情况 下才会发生	在某些情况 下发生	在较多情况 下发生	常常会发生
	在之后10年内发 生的可能少于1次	在之后5~10年内 可能发生1次	在之后2~5年内 可能发生1次	在之后1年内 可能发生1次	在之后1年内 至少发生1次

（3）评价风险等级的标准。

风险等级可以用3级、4级或5级表示，可以用定性、定量或半定性的方法来计量（见表1-4）。

表 1-4　风险等级标准（准则）

影响后果（C） 发生可能性（P）		1 不重要的 净利润的 0.5%	2 次要的 净利润的 0.5%~3%	3 中等的 净利润的 3%~8%	4 重要的 净利润的 8%~15%	5 灾难性的 净利润的 15%以上
几乎是确定的	90%以上	S	S	H	H	H
很可能的	70%~90%	M	S	S	H	H
可能的	30%~70%	L	M	S	H	H
不太可能的	10%~30%	L	L	M	S	H
很少的	10%以下	L	L	M	S	S

注：L代表低度风险；M代表中度风险；S代表高度风险；H代表极高度风险。

表 1-4 中，H 代表极高度风险，需要立即采取行动，董事会/高级管理层应参与；S 代表高风险，需要高级管理层注意；M 代表中度风险，通过具体监控或相应程序加以管理；L 代表低度风险，通过日常程序加以管理，不太可能需要具体资源的应用。

六、风险分类

基于分析和管理风险的目的，可从不同的角度对风险进行分类：

（一）按风险形成的环境，可分为动态风险和静态风险

1. 动态风险

动态风险是指由企业外部环境变化带来风险的可能性。企业外部环境变化主要是宏观经济、产业发展、竞争对手以及客户等因素的变化。这些变化不可控制，但是它们均有可能为企业带来潜在的经济损失。比如，科学发展观的提出和落实，对那些高投入、高消耗带来高污染的企业便是致命的打击。

2. 静态风险

静态风险是指在经济环境没有变化时发生损失的可能性，它大多是由于自然因素及客观因素或者人为因素所造成。比如：自然界的洪涝灾害、地震灾害、冰雪、火灾等；人为偷盗、诈骗、呆坏账，以及不遵守法规制度、保管不善等带来的损失。

动态风险和静态风险划分的标准是看外部社会经济环境是否发生变化。二者的影响存在如下区别：

一是影响范围不同：动态风险影响范围大；静态风险影响范围小，有时它只对少数当事人产生影响。

二是影响结果不同：静态风险给社会带来的损失是全面的、实实在在的；而

动态风险往往对社会一部分人有弊，而对另一部分人有利。所以加强静态风险管理更具有合理性和必要性。

（二）按风险带来的后果，可分为纯粹风险和机会风险

1. 纯粹风险

纯粹风险是指风险发生只有形成威胁的可能，而无任何利益机遇的风险。例如，自然灾害、交通事故、重大疾病、被偷盗等，都属于纯粹风险。

2. 机会风险

机会风险是指风险发生既有损失的可能性，也有获利的可能性的风险。比如购买股票或期货，有可能形成盈利，也有可能带来损失。这属于投机风险。

二者的区别包括：

一是结果不同：前者只产生有损失或无损失；后者可以产生损失、无损失或有利益。

二是结果可测量：前者的风险事故及其损失程度，一般可以通过大量的统计资料进行科学预测；而后者则很难预测，因为它受到宏观环境的不可控因素的影响。但有时二者难以区分。

人们对纯粹风险的态度是尽力避之并防范其发生；而对机会风险有的为了获得高回报而甘愿承受风险。例如，购买房产，一方面面临房价上涨或下跌的投机性风险；另一方面还面临火灾、水灾、地震等纯粹性风险。风险的结果如图1-3所示。

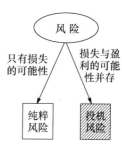

图1-3　风险的结果

（三）按风险损失的处置，可分为可分散风险和不可分散风险

1. 可分散风险

可分散风险是指对风险带来的损失可通过联合足够多的参与者进行合作，将风险分摊转移。例如，个人面临疾病及可能发生的交通事故，通过买保险可以将风险损失分散或转移。

2. 不可分散风险

不可分散风险是指对风险带来的损失无法分散转移。例如，每个人都会面临死亡、市场经济中的竞争。

区分的目的是为风险管理与控制提供依据，分散或减少风险带来的损失。

（四）按风险所涉及的范围，可分为基本风险与特定风险

1. 基本风险

基本风险是指特定的社会个体所不能控制和预防的风险。它的形成通常需要较长时间的孕育过程，这种风险事故一旦形成，影响面极大，任何特定社会的个体都很难在较短的时间内遏制其泛滥和蔓延，必须采取阶段性的措施加以预防和克服。例如，与经济失调、政治变动、特大自然灾害等相联系的风险。

2. 特定风险

特定风险是指与特定的社会个体有因果关系的风险。例如，火灾、爆炸、盗窃、民事法律责任等。与基本风险相比，特定风险的风险事故相对影响面较小、损失较低，一般可以采取措施进行控制和预防。

随着知识、技术和社会条件的变动，基本风险与特定风险也可能相互转化。

（五）按风险产生的原因，可分为客观风险与主观风险

1. 客观风险

客观风险是指不以人的意志为转移而客观存在的风险，如自然灾害、意外事故等。客观风险可以借助历史资料，按照暴露概率的原则，采用统计方法进行风险测算。

2. 主观风险

主观风险是指由于精心估测和心理状态所产生的风险。当风险在客观上不能准确测算时，人们对风险要做出主观判断，即估计风险因素向风险事故转化的趋势和过程，这种估计值可能与客观风险存在较大的差异。例如，有的人胆小怕事、小心谨慎，不愿担负各种可能发生的损失；而有的人比较乐观，对损失不在乎，甚至胆大敢赌。于是对同样的风险，乐观者和谨慎者所做的损失估计会不同。又如，许多人在总结风险事故教训时往往是"没想到"。没想到就是主观背离客观，因而产生风险。

（六）按潜在的损失形态，可分为财产风险、人身风险、责任风险和信用风险

1. 财产风险

财产风险是指由于风险事件发生而使财产发生毁损、灭失和贬值的风险。例如，房屋遭受地震、洪水、火灾风险、汽车相撞风险等所形成的损失。

2. 人身风险

人身风险是指由于人的死亡、残废、疾病、衰老及丧失和降低劳动能力等所造成的风险。其通常又可分为生命风险和健康风险两类。

3. 责任风险

责任风险是指由于社会个体（经济单位）的侵权行为造成他人财产损失或人身伤亡，依照法律负有经济赔偿责任，以及无法履行合同致使对方受损失而应负的责任所形成的风险。

4. 信用风险

信用风险又称违约风险，是指义务人不履行义务而给权利人造成损失的风险。比较常见的一类是债务人不能或不愿履行偿债义务而给债权人造成损失的风险；另一类是交易一方不履行义务而给交易对方带来损失的风险。

（七）按影响损失的原因，可分为自然风险、社会风险、经济风险和政治风险

自然风险是指由于自然现象、物理现象和其他物质因素所形成的风险，如地震、水灾等。

社会风险是指由于个人或团体的过失、疏忽、侥幸、恶意等不当行为对社会生产及人们生活所造成的损害风险，如网络谣言、恐怖分子破坏等形成风险。

经济风险是指生产经营过程中，由于相关因素的变动和估计错误，导致产量变化和价格涨跌等形成的风险。

政治风险是指起源于种族、宗教、国家之间的冲突、叛乱、战争引起的风险。现在人们对政治风险的理解已更为广泛，通常由于政策、制度的变动以及权力的更替而引起的风险也称为政治风险。

自然风险、社会风险、经济风险和政治风险相互联系、互相渗透、相互影响。另外，按承担风险的主体还可分为个体风险、家庭风险、企业风险、国家风险等。

（八）按是否实施有效应对措施，可分为固有风险和剩余风险

固有风险是指在没有采取任何措施改变风险发生的可能性及影响后果的状况下的风险，剩余风险是指在采取风险应对措施后仍然余下的风险。

第二节　企业风险

一、企业风险的定义及特征

1. 企业风险的定义

不确定性对企业目标的影响就是企业风险。

国资委发布的《中央企业全面风险管理指引》（以下简称《指引》）对企业风险的定义是："未来的不确定性对企业实现其经营目标的影响。"

2. 企业风险的特征

（1）风险具有不确定性，是事件本身的不确定性，但也具有客观性。

（2）风险具有条件性，是在一定的具体条件下的风险，随着条件的变化风险也在发生变化。

（3）风险具有时限性，是一定时期内的风险，随时间推移而变化。

（4）风险结果具有损益性，既可带来损失，也可能获得利益，其大小与概率相关。

（5）风险发生具有关联性，有"多米诺骨牌效应"，可能引发其他风险产生。例如，城楼失火，殃及池鱼。

二、企业进行风险管理的必要性

因为风险时时有、处处在，它不仅为企业发展提供机会，也威胁企业的生存

与发展，必须进行应对与防范。企业的经营风险主要来自三方面：

（1）市场环境的不确定性。例如，石油价格变化、人民币升值、美国次贷金融风暴、欧盟反倾销……使一些企业不能适应环境突变而破产，国内市场也是千变万化的。

（2）经营战略的不适应性。企业经营管理层制定的经营战略及策略与所处的外部环境不适应。例如，史玉柱创办巨人集团，起初以开发软件产业为主，并且取得了很好的成果，与当时的比尔·盖茨创建美国微软公司的条件十分相似。但后来史玉柱沉不住气，将经营战略转向多元化，从而导致衰落。

（3）营运操作的不当性。企业在日常运营过程中由于操作不当引发风险，如齐齐哈尔第二制药厂，错将毒药当良药使用，导致 13 人死亡，领导获刑 4~7 年，工厂被勒令解散，工人失业。

可以说，企业在经营过程中，风险是无时不有、无处不在的，关键在于如何识别和对待风险。

美国《财富》杂志报道，美国大约有 62% 的企业其寿命未超过 5 年，只有 2% 的企业存活达到 50 年，中小企业平均寿命不到 7 年，可见企业在生存中都面临"灭顶之灾"的风险。北京中关村地区企业的平均寿命不足 3 年，而北京同仁堂寿命已达 340 余年，瑞士 Stord 寿命长达 700 年之久。

根据对美国及欧洲 32 家顶级制药企业的调查，威胁企业生存发展的十大风险因素包括：①产品责任风险；②营业中断风险；③环境污染风险；④自然灾害风险；⑤专利侵权诉讼风险；⑥研究与开发投资风险；⑦产品召回风险；⑧公众性责任风险；⑨变化的法律环境风险；⑩数据损失风险。

可见，各公司都在估测面临的风险，制定应对风险的措施，以减少失败的可能，使竞争取得成功，增加企业盈利，更重要的是这些公司把风险作为一种系统加以管理，从而确保公司未雨绸缪、互相协调、节约费用并分清轻重缓急，管理自己的风险，使企业健康发展。

三、企业风险分类

企业风险一般可分为战略风险、财务风险、商业风险、营运风险等。

（一）战略风险

战略风险是指不确定性对企业战略目标实现的影响。理解战略风险需要注意两点：

一是战略风险是指未发生的影响企业战略目标的各种不确定性事件，已经发生的确定性事件不属于企业战略风险范畴。

二是尽管影响企业战略的因素来源广泛，但并不是每个可能性都构成战略风险，只有当某个事件的偶然性影响到战略目标的实现时才称为战略风险。

企业战略风险既来源于企业内部也来源于企业外部，包括竞争风险、客户偏好转换风险、行业方向转换风险、战略收购合并风险和企业研发新产品风险等。

（二）财务风险

财务风险主要体现在公司资产和现金流的充足性，如公司是否有足够的资产和现金流偿还到期债务和利息，满足支付企业的操作费用。其主要体现在三个方面：

1. 偿债风险

偿债风险，是指企业负债率较高，在经营亏损或投资失误的情况下，可能发生没有足够的资金按时偿还债务和利息，引起财务危机（或称财务困境），甚至导致破产。例如，日本八佰伴破产事件（见案例）。

财务危机的发生会给企业的经营活动造成巨大损害，并严重影响企业的声誉，所带来的损失往往是难以弥补的。

2. 流动性风险

流动性可广泛定义为获取现金或现金等价物的能力，是每一家企业的生命活力所在。由于缺乏获取现金或现金等价物而招致损失的风险称为流动性风险。

当企业需要面对预期的和突如其来的债务时，流动性可以使日常的经营活动得以正常运转，是企业生存的一种基本的资源。缺少充足的现金资源则会危及企业的活力。它分为融资性流动风险和市场性流动风险。

（1）融资性流动风险。它是指企业有资产，但在需要资金时却没有办法融到足够的资金。例如，企业有 10 亿元资产，向银行借款 3 亿元，从总体看偿还借款没有困难。但资金主要用于土地开发及楼盘施工，且尚未达到出售的要求，不能带来销售楼盘的现金流入。这时如果按合同协定需要偿还借款的本金和利息，企业就发生了流动性风险。如果银行强行收回贷款，企业就可能破产，这就是融资性流动风险。它对企业会造成极大的负面影响，迫使企业采取拆东墙补西墙的做法。

（2）市场性流动风险。它是指资产变现时可能导致的价格损失。众所周知，企业的非现金资产，如果想在短期内变卖并收回现金，往往很难获得理想的价格。一般而言，一种资产交易越不活跃、个性化程度越高，则该资产的市场性流动风险则越大，变现能力越差。

判断标准：判断一家企业是否存有潜在流动性风险，可通过流动比率和速动比率水平来判断。一般来讲流动比率（流动资产/流动负债）应达到 1.5~2.0 水平，比率越低，风险越高。速动资产（从流动资产中扣除存货）/流动负债，称为速动比率，通常应达到 0.8~1.0 水平，速动比率越低，风险越大。没有理想的流动比率和速动比率的企业是非常危险的。

3. 收益分配风险

投资的目的是获得回报，如果公司股利未达到投资者预期，可能导致投资者低估公司价值，抛售公司股票，甚至存有联合罢免管理层的举措，给生产经营带来不确定性影响。如果公司过多分配股利，会降低公司拥有的现金量，一方面可能导致部分投资项目缺乏资金；另一方面还可能引发债务危机。因此，公司管理层需要制定合理的权益分配政策，做出完善的资金筹划，引导投资者形成合理的预期，保持投资与报酬之间的平衡。

（三）商业风险

商业风险是指由于市场、法律和经济环境变化而引发的企业风险，主要包括以下四类：

1. 信用风险

信用风险是指在商业活动中由于不遵守信用而形成的风险。例如，由于对方不能按照相关的合约协议去履行相关的义务，因而可能给企业造成损失的风险。例如，企业按合同约定交付给了购货方产品，但到期货款不能收回，甚至收不回来，这就是企业的信用风险。

2. 市场风险

市场风险包括产品市场风险和金融市场风险。产品市场风险是指因市场需求变化或新产品出现，使产品可能滞销等原因，导致产品跌价或不能及时卖出所带来的损失，也可能由于原材料涨价，产品成本提高等带来的损失。

金融市场风险是指由于金融市场变化的不确定性给企业带来的影响，包括利率变化，汇率变化，股票与债券市场变化，期货、期权及衍生工具风险等。

3. 信誉风险

信誉风险和信用风险是两个不同的概念：信用风险是指由于对方失信给企业造成的损失；信誉风险则与企业自身声誉和品牌有关。假如企业由于自身的失误发生经营意外，如发生伪劣产品引起公众气愤或公司品牌受损等，就是信誉风险。

4. 法律风险

法律风险是指由于违法违规而形成的风险。它包括两层含义：一层是指企业在经营过程中，因为违反法律所面临的风险；另一层是指企业没有违法，但却面临着法律纠纷的风险。企业只要进入市场，就必然与对方发生业务关系，难免发生一些纠纷，这些纠纷不论责任在哪一方，都会对企业的利益产生影响，这就是法律风险。

（四）营运风险

营运风险是指企业因内部流程、人为错误或外部因素而给企业造成的经济损失的可能性，包括企业流程风险、人为风险、系统风险、事件风险、业务风险和操作风险。

1. 流程风险

流程风险是指交易流程中可能出现错误而导致损失的可能性。流程包括诸如采购、合同订立、销售、定价、记录、确认、出货、提供服务和收款等环节。科学的流程，不但可以降低企业的运营成本，还可以有效地降低舞弊欺诈的滋生。

2. 人为风险

人为风险是指企业员工因缺乏知识和能力、缺乏诚信和道德操守而导致损失的可能性。此类风险在企业中经常发生。比如，财务人员可能由于没有对会计准则理解透彻，而导致出现账务处理不符合准则要求的错误，还有可能通过不正当渠道泄露财务信息，因而增加企业在资本市场遇到风险的可能性。

3. 系统风险

系统风险是指因系统失灵、数据的存取和处理、系统的安全性和可用性、系统的非法介入与使用等，而导致损失的风险。在信息化迅速发展的今天，企业的生产经营活动越来越依赖于计算机网络系统，但是一旦系统出现故障或问题，其损失将难以估计。例如，2002 年 7 月 23 日 11：00 首都机场的计算机系统出现故障，尽管在 1.5 小时内排除了故障，但仍造成了 6000 余人延误班机，其连带损失难以估算。

4. 事件风险

事件风险是指因内部和外部欺诈、市场扭曲、人为和自然灾害等事件发生而导致损失的风险。例如，1996 年 6 月三株口服液引发死人事件，起因是身患冠心病、肺部感染、心衰Ⅱ级等多种疾病的 77 岁老人陈伯顺，经医生推荐服用三株口服液。因医治无效后病故，其子向法院起诉因服用三株口服液而亡。法院一审判决三株公司向其家属赔偿 29.8 万元，并没收非法所得 1000 万元。媒体纷纷报道，品牌失信、销售骤停、15 万人的销售大军下岗，使三株公司经营陷入致命灾难。时隔一年，省高级法院二审判决：陈伯顺之死与服三株口服液无关。三株公司虽然最终胜诉，但公司已遭倒闭，经济损失达 40 多亿元，成为胜利的失败者。可见，事件风险危害之大。

5. 业务风险

业务风险是指因市场和竞争环境中出现预期以外的变化而导致损失发生的风险，所涉及的问题包括市场策略、客户管理、产品研发、销售渠道、售后服务和定价等领域。

6. 操作风险

操作风险是指由于操作不当的不确定性对企业实现操作层面目标发生的各种影响。

企业操作性风险来源于内部和外部两方面，但主要产生在内部运营操作过程中，包括财务操作风险、信息系统操作风险、质量控制操作风险和供应链风险等，企业在操作层面发生的风险一般都会给企业带来损失。

从管理角度看，企业风险按其产生的环境可分为环境风险、过程风险和决策中的信息风险三大类，具体内容如图 1-4 所示。

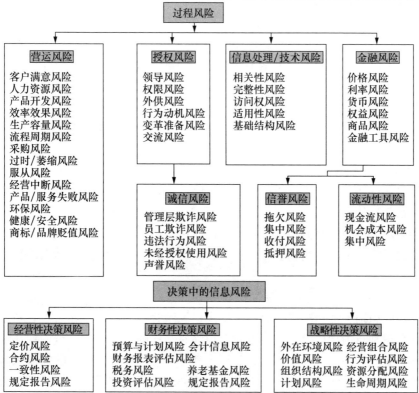

图 1-4 企业风险分类

四、企业风险识别与衡量的原则

人们在损害与收益的取舍之中，往往需要对风险有一个客观评价标准，以便做出正确的选择。这些应遵循的标准或道德规范称为原则，主要有下列五项：

（一）全面性原则

要对风险做出正确的选择，必须全面了解：各种风险损失的发生及可能导致后果的详细状况；各种风险事件存在和可能发生的概率以及损失的严重程度，风险因素及因风险事故产生而导致的其他问题；损失发生的概率及其结果的影响范围等。只有掌握了有关风险的全面情况，才能做出科学、正确、有效的选择，使风险损失降到最低点。

（二）综合考察原则

企业面临的风险相当复杂，既包括不同的类型及性质，又会形成各种不同的损失程度，并涉及财务、决策、营销、人力资源、技术管理等众多方面。针对当今企业所面临的风险的复杂性，仍使用原来的独立分析、个别揭示的方法难以奏效，必须进行综合考察才能得出正确结论。

（三）量力而行原则

企业在生产经营过程中冒风险是不可或缺的，没有风险的经营是不存在的，但在冒风险时必须遵循一个最基本的准则，即量力而行或称成本效益原则。假如一项决策可能涉及未来的风险太大，超过了企业可以承担的极限，那么要么放弃，要么与其他人合作。量力而行原则既是风险识别和衡量的原则，也是风险管理工作的前提，因为任何一家企业的资源总是有限的，企业必须根据实际情况和自身的资源条件、财务能力来确定承担的风险。

（四）科学计算原则

风险在一定程度上是可以衡量的。风险的识别和衡量通常以数学和统计学为基础，在普遍估计的基础上进行统计和运算，得出比较科学和合理的分析结果。识别和衡量过程中的财务状况、投入产出比例，以及分解分析、概率分析和影响后果的测量等，都应该用数学方法及统计分析方法。这样计算的结果才较为正确可靠。

（五）系统化、制度化、经常化原则

风险的识别和衡量准确与否，直接决定风险管理的效果。如果没有科学系统的方法来识别与衡量风险，就不可能对风险有总体的、综合的及全面的认识，也难以确定哪些风险是可能发生的，其后也就不可能选择合理有效的控制风险的措施和处理风险的方法。风险分析对风险管理的意义至关重要，风险识别与衡量，既是风险分析的基本要素，也是连续的和动态的过程，最终达到较为理想的状态。因此，必须坚持制度化和经常化原则，才能取得较好的效果。

第三节 风险管理

风险存在于企业的经营过程中。如何面对风险？是无动于衷、任其发展，还是积极采取措施识别风险、防范风险，使风险损失降到最低点？这就是面对风险的选择，两种态度必然会有两种不同的结果。

一、风险管理的定义及使命

（一）风险管理的定义

目前比较典型的有两种观点、三种说法：

观点之一：美国说。其从狭义角度，把风险管理的对象确定为纯粹风险。

观点之二：英国说。其从经济角度，把风险管理的重点放在经济控制方面。

第一种说法：威廉姆斯等在《风险管理与保险》中将风险管理定义为一种全面的管理职能，用以评价和处理某一组织的不确定性和风险的影响与原因。

第二种说法：前国际内部审计师协会（ⅡA）主席伍顿·安德森（Urton Anderson）认为，企业风险管理就是通过确认、识别、管理和控制组织潜在的情况和事件，为实现组织目标而提供适当保证的程序。

第三种说法：国际标准化组织于 2009 年 11 月发布。

ISO《标准》将"风险管理"定义为"一个组织针对风险所采取的指挥和控制的一系列协调活动"。该定义指明风险管理的对象是"风险"，协调方法是"指挥和控制"。"指挥"意味着领导角色和承担的责任。"控制"从风险管理角度讲是指改变风险性质的方法和措施。

美国 COSO 2004 年发布的《企业风险管理——整合框架》认为："风险管理是一个流程，在一个实体进行战略决策和执行决策的过程中，由董事会、管理层和其他人员实施，旨在识别可能影响实体的潜在事件，管理风险，以使其处于该实体的风险容量之内，并为实体目标的实现提供合理保证。"

理解这个定义需要注意以下几个方面：首先，风险管理是一个过程，是降低和控制风险的一系列程序，涉及对企业风险管理目标的确定、风险的识别与评价、风险管理方法的选择、风险管理方案的实施，以及对风险管理计划持续不断的检查和修正。其次，风险管理不仅是企业风险管理委员会或者企业管理层的职责，实际上，风险管理的工作需要所有员工的参与。最后，该定义表明了风险管理的目的并不是不惜一切代价降低风险，而是要考虑它的成本及效益，尽量使风险降低至可以接受的容量范围内。另外，企业风险是无法彻底消除的，对企业经营目标的实现只能做出合理而非绝对的保证。

（二）风险管理的理论基础

风险管理的理论基础是"堤坝理论"。它是将风险管理比作防水堤坝。实施风险管理，要考虑企业外部环境、内部因素，要考虑风险的性质、程度，依据对战略目标的影响程度，按照重要性原则，实施不同的风险管理战略。组织对经营活动中的不确定因素预先甄别和测度，实施风险规避、风险抑制、风险控制、风险转移、风险保留、风险利用等策略，把风险程度降低到可以接受的水平。这与对水灾风险的处理相似，应根据水灾情况和自身条件的不同，采取加高加固堤防、修渠疏导等手段。故称"堤坝理论"为风险管理的理论基础。

（三）风险管理的使命、目的与指导思想

风险管理的使命是：合规管理、弱势最小化管理、不确定性管理、绩效最优化管理，为实现企业目标提供合理保障。

> 托马斯·斯图尔特指出：企业风险管理的基本使命（商业使命）是：①损失最小化管理；②不确定性管理；③绩效最优化管理。

风险管理的目的：是保护和创造价值，提升绩效，鼓励创新和支持目标实现。风险管理的指导思想是马克思主义唯物论、辩证法。发挥主观能动性，防止主观主义。

二、风险管理框架

风险管理框架主要有三种。风险管理框架是企业在进行风险管理时的首先要做出的选择。

（一）2009 年《标准》确定的风险管理框架

ISO31000：2009《标准》确定的"原则、框架及过程"，如图 1-5 所示。

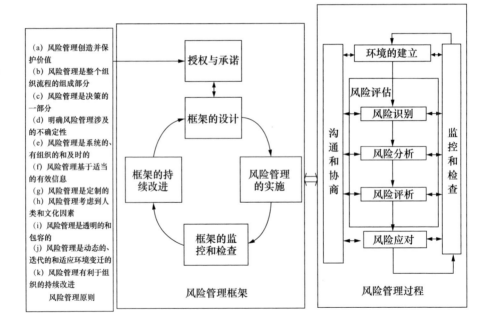

图 1-5　风险管理原则、框架、过程之间的联系

风险管理原则、风险管理框架、风险管理过程这三部分是风险管理最基本的内容，任何组织只要实施风险管理，这三项内容就是必不可少的。它也是风险主体"为风险管理设计、实施、监测、评审和持续改进等提供的一系列基础和组织安排"。

（二）2018 年《标准》确定的风险管理框架

ISO31000：2018《标准》确定的"原则、框架及过程"，如图 1-6 所示。

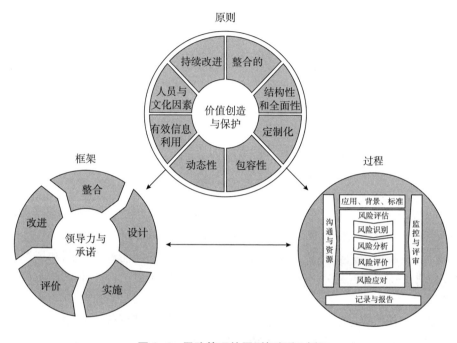

图 1-6　风险管理的原则框架和过程

2018 年《标准》将世界各国管理风险的先进理论及方法融为一体，开辟了人类管理风险、管理未来的新纪元。

2018 年版原则更加精练，更加强调管理层的领导力和组织的整合，更加强调风险管理迭代的本质，内容更加精简。

（三）COSO 确定的风险管理框架

ISO31000：2009 确定的风险管理框架也是风险主体"为风险管理设计、实施、监测、评审和持续改进等提供的一系列基础和组织安排"。

1. 风险管理的基础

基础包括管理风险的方针政策、目标、任务、授权和承诺。

组织安排包括计划、相互关系、职责、资源、流程和活动。

风险管理框架嵌入到组织的整体战略、运营政策以及业务实践中。

风险管理框架由"授权与承诺、框架设计、风险管理实施、框架监测与评审、框架的持续改进"构成。

2. 授权与承诺

"授权与承诺"是风险管理框架中的第一部分，是整个框架的统领。从图 1-5中可以看到，风险管理框架中其他四部分组成了一个过程循环，而"授权与承诺"在循环之上，对整个循环过程具有统领作用。

组织的管理者在"授权与承诺"方面至少应落实以下九个方面的内容：

（1）阐明并签署风险管理方针。

（2）确保组织的文化与风险管理方针相一致。

（3）确定风险管理的绩效指标，该指标应与组织的绩效指标相一致。

（4）确保风险管理目标与组织的目标和战略相一致。

（5）确保法律法规的符合性。

（6）在组织内的适当层次分配管理责任和职责。

（7）确保风险管理中必要的资源配置。

（8）与所有利益相关方沟通风险管理的益处。

（9）确保风险管理框架持续适宜。

3. 风险管理框架设计

如图 1-5 所示，在"授权与承诺"的统领之下，组织需要对风险管理框架进行设计。组织在设计自身的风险管理框架时可从以下六个方面入手：

（1）了解组织及其环境。组织在制定风险管理方针而确定范围和风险准则时，必须明确外部环境、内部条件、风险管理过程环境，再制定出切实可行的框架。

（2）责任。风险管理责任包括：识别负有风险管理责任与权利的人；对开发、实施、保持管理风险框架负有责任的人；风险管理过程中其他职责的人；建立绩效测量外部或内部报告以及升级过程；确保适当程度的承诺。

（3）嵌入组织的过程。风险管理应以关联的、有效的和高效率的方式嵌入组织的所有实践和过程。例如，方针的制定、业务与战略的策划及评审，以及变更管理过程。

（4）资源。实施风险管理资源，包括：人员、技能、经验和能力；风险管理过程每步需要的资源；用于管理风险的过程、方法和工具；已记载的过程和程序；信息和知识的管理系统；培训计划。

（5）建立内部沟通和报告机制，包括：适当的风险管理框架关系构成及后续修改；管理框架有效性及结果的内部报告；在适当层次和时间，可以获取相关信息；向内部利益相关方咨询过程。

（6）建立外部沟通和报告机制，包括：明确利益相关方；报告要符合法律、监管和治理要求；就沟通和咨询提供反馈和报告；通过沟通建立信任；就危机或突发事件与外部利益相关方沟通。

4. 风险管理框架实施

组织实施风险管理框架，包括：

（1）为实施此框架，确定适当的时间安排和战略。

（2）将风险管理方针和过程应用到组织的过程中。

（3）符合法律和监管的要求。

（4）确保开发和制定目标决策，与风险管理过程的结果相一致。

（5）掌握信息和培训过程。

（6）与利益相关方沟通与咨询，以确保风险管理框架保持适宜。

5. 框架监测与评审

对组织的风险管理框架监测与评审，包括：

（1）按所确定的指标测量风险管理绩效，并定期评审其适宜性。

（2）定期测量风险管理计划的进展，以及进展与计划的偏离。

（3）在组织所处的外部、内部环境下，定期评审风险管理框架、方针、计划是否适宜。

（4）报告风险、风险管理计划的进展，以及组织的风险管理方针遵循情况。

（5）评审风险管理框架的有效性。

6. 框架持续改进

对组织风险管理框架的持续改进应提出如下要求："以监测和评审的结果为基础，决定风险管理框架、方针、计划如何改进，这些决定应导致组织的风险管理和风险管理文化的改进。"

（四）2018年《标准》确定的风险管理框架

建立风险管理方针，具体包括：组织风险管理依据；企业目标方针与风险管理方针联系；管理风险的职责和责任；处理利益冲突方式，承诺向有关风险管理提供必要资源；测量和报告风险管理绩效的方式；承诺定期评审和改进管理方针和框架，以及对事件或情况变化的响应。

（五）COSO 确定的风险管理框架

2004年9月，美国COSO委员会在普华永道的大力支持下，在COSO 1992年发布的《内部控制：整合框架》的基础上，吸收各方面风险管理研究成果，正式发布了《企业风险管理——整合框架》（见图1-6），并给企业风险管理下了一个全新的、综合的定义："企业风险管理是一个过程，它由一个主体的董事会、管理层和其他人员实施，应用于战略制定并贯穿于企业之中，旨在识别可能会影响主体的潜在事项，管理风险以使其在该主体的风险容量之内，并为主体目标的实现提供合理保证。"它是全面风险管理理念在运用上的重大突破。

COSO—ERM框架是在内部控制框架的基础上，增加了企业的战略目标，扩展了企业的报告目标，同时又扩展和细化了之前的风险评估要素，形成了四个目标和八个要素。

（1）COSO—ERM 的四项目标：

1）战略目标：与企业高层的目标使命相一致。

2）经营目标：运用主体资源追求效益与效率。

3）报告目标：要提供可靠的财务及非财务报告。

4）合规目标：主体经营活动按照法律与法规运行。

（2）COSO—ERM 的八大要素：

企业风险管理有八个相互关联的构成要素。它们来源于管理部门经营企业的方式，并与管理过程整合在一起。这些构成要素是：

1）内部环境：内部环境包含组织的基调，它为组织内的人员如何认识和对待风险奠定了基础，包括风险管理理念和风险容量、诚信和道德价值观，以及他们所处的经营环境。

2）目标设定：必须先有目标，管理部门才能识别影响目标实现的潜在事项。企业风险管理确保管理部门采取适当的程序去设定目标，确保所选定的目标支持和切合该主体的使命，并且与它的风险容量相符合。

3）风险识别：必须识别影响主体目标实现的内部和外部事项，区分威胁和机会。机会被反馈到管理当局的战略或目标制定过程中。

4）风险评估：通过考虑风险的可能性和影响来对其加以分析，并以此作为决定如何进行管理的依据。风险评估应立足于固有风险和剩余风险。

5）风险应对：管理部门选择风险应对——回避、承受、降低或者分担风险——采取一系列行动，以便把风险控制在主体的风险容限和风险容量内。

6）控制活动：制定和执行政策与程序，实施有效的内部控制，以帮助和确保风险应对得以有效实施。

7）信息与沟通：要求以一定的形式、在一定的时间范围内识别、获取和沟通相关信息，以使内部各层次员工能够顺利履行其职责。有效沟通包括信息在主体中的向下、平行和向上流动。

8）监控：对企业风险管理进行全面监控，必要时加以修正。监控可以通过持续的管理活动、个别评价或者两者结合来完成。

此外，还有外部环境要素，包括市场形势、国家政策、竞争者的行为等，它们也是影响企业风险管理部门决策变动的重要因素。

企业风险管理并不是一个严格的顺次过程，一个构成要素并不是仅影响接下来的构成要素。它是一个多方向的、反复的过程，在这个过程中几乎每一个构成要素都会影响其他的构成要素。在实际的生产经营中，风险识别、风险评估和风险应对是企业风险管理中最重要、最核心的三个因素。它们之间的关系如图1-7所示。

在新的 COSO 报告中，内部控制成为企业风险管理的一个重要组成部分。

有效地防范和控制企业的财务风险和经营风险。风险管理是渗透到企业各项作业中的一系列行动，它从公司战略出发，层层分解到各个单位、部门和循环流程，并充分考虑替代战略的风险。

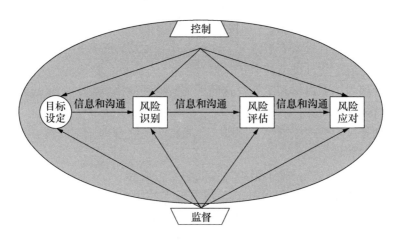

图 1-7　企业风险管理

但是内部控制绝不等于 ERM 范畴，ERM 的理论与实务都比内部控制宽泛得多，ERM 更适合企业战略风险管理的要求。

（六）COSO 2017 年确定的风险管理框架

COSO 2017 年确定的风险管理框架，如图 1-8 所示。

图 1-8　《企业风险管理——战略与绩效整合》五要素及其 20 个原则

三、风险管理原则

风险管理原则是企业建立并保持风险管理的理论指导，同时也是评价企业风险管理是否有效的重要依据。

为了确保风险管理富有成效，企业的各个层面应该遵循以下十一条原则：

原则一：风险管理创造并保护价值。

风险管理为组织目标和绩效改进的可证实成绩做出贡献，如事故减少、质量提高、运营效率、财务控制等。

本原则是风险管理原则第一原则，既是整个风险管理原则的核心，也是组织实施风险管理的核心。

原则二：风险管理是整个组织过程的必要组成部分。

风险管理不是独立组织以外的、是与组织的主要活动和过程相结合的一项活动，是管理职能的一部分，包括战略策划和所有项目策划以及变更的管理过程。

原则三：风险管理是决策的一部分。

风险管理可以帮助决策者做出明智的选择、优化行动顺序，并辨别可选择的行动方针。

原则四：风险管理清晰地阐明不确定性。

风险管理清晰地考虑到不确定性及其性质，以及如何加以解决。

原则五：风险管理是系统的、结构性的和及时的。

系统的、及时的和结构性的风险管理方法，有助于提高效率和连贯一致的、可以衡量和可比较的结果。

原则六：风险管理是以适当的、可利用的信息为基础。

管理风险流程的输入以信息源为基础，如历史数据、经验、利益相关方的反馈、观察、预测，以及专家判断。然而，决策者应该了解并应考虑到使用的数据或模型的局限性，以及专家意见分歧的程度。

原则七：风险管理是定制的。

风险管理与组织的外部和内部环境以及风险状况是相匹配的。

原则八：风险管理考虑到人类和文化因素。

风险管理意识到组织内部和外部人的能力、观念和意图，这些可以促进或阻碍组织目标的实现。

原则九：风险管理是透明、包容的。

及时地、适当地吸收利益相关者，特别是组织各层次的决策者参与风险管理，确保风险管理是与他们密切相关的和跟得上形势的。允许利益相关者提出异议，并将其意见考虑到风险标准制定及决策过程之中。

原则十：风险管理是动态的、迭代的和适应环境变迁的。

随着外部和内部事件的发生、环境和知识的变化，以及风险监测和评审的过程，新的风险会出现。某些风险可能发生变化，另一些风险则可能消逝。因此，风险管理对变化应保持持续意识和不断响应，以应对变化。

原则十一：风险管理促进组织的持续改进。

组织应制定并实施战略，以改进组织各个方面风险管理的成熟度，以及组织的所有其他领域。

四、风险管理过程

风险管理过程也称作风险管理流程。ISO31000：2009《标准》将其定义为"将管理政策、程序和操作方法系统地应用于沟通、咨询、建立环境以及识别、分析、评价、应对、监测与评审风险的活动中"。它由一系列环节构成，具体内容如图1-9所示，详细论述见以后各章。

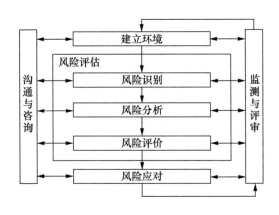

图 1-9　风险管理过程

五、风险评估技术与方法

（一）风险评估技术内容

风险管理属经济类范畴，凡是经济类的管理技术与方法原则上都可采用，充分有效运用这些技术，可事半功倍地取得较好的效果。ISO/IEC 31010：2009《风险管理——风险评估技术》推荐了31种技术方法（见表1-5）。每种方法都有其不同用途。其中 SA 表示"非常适用"，A 表示"适用"，NA 表示"不适用"，本书选择了一部分。

（二）选用风险评估技术应关注的因素

1. 复杂性因素

复杂性因素包含两方面含义：一是风险事件的复杂性，事件复杂应选择较为复杂的技术，否则应选用简单的评估技术；二是技术方法的复杂性，技术方法有简有繁，方法的选择应与评估事件的复杂情况相适应。

表 1-5 风险评估工具及技术

序号	工具及技术	风险评估过程				风险评价
		风险识别	风险分析			
			后果	可能性	风险等级	
1	头脑风暴法	SA	NA	NA	NA	NA
2	结构化/半结构访谈	SA	NA	NA	NA	NA
3	德尔菲法	SA	NA	NA	NA	NA
4	检查表法	SA	NA	NA	NA	NA
5	预先危险分析	SA	NA	NA	NA	NA
6	危险与可操作性分析（HAZOP）	SA	SA	A	A	A
7	危险分析与关键控制点（HACCP）	SA	SA	NA	NA	SA
8	环境风险评估	SA	SA	SA	SA	A
9	结构化假设分析（SWIFT）	SA	SA	SA	SA	SA
10	情境分析	SA	SA	A	A	A
11	业务影响分析	A	SA	A	A	A
12	根本原因分析	NA	SA	SA	SA	SA
13	失效模式和效应分析（FMEA）	SA	SA	SA	SA	SA
14	故障树分析	A	NA	SA	A	A
15	事件树分析	A	SA	A	A	NA
16	因果分析	A	SA	SA	A	A
17	特性要因分析	SA	SA	NA	NA	NA
18	保护层分析法（LOPA）	A	SA	A	A	NA
19	决策树分析	NA	SA	SA	A	A
20	人因可靠性分析	SA	SA	SA	SA	A
21	蝶形图分析（Bow-tie）	NA	A	SA	SA	A
22	以可靠性为中心的维护	SA	SA	SA	SA	SA
23	潜在通路分析	A	NA	NA	NA	NA
24	马尔可夫分析法	A	SA	NA	NA	NA
25	蒙特卡罗模拟法	NA	NA	NA	NA	SA
26	贝叶斯分析	NA	SA	NA	NA	SA
27	FN 曲线	A	SA	SA	A	SA
28	风险指数	A	SA	SA	A	SA
29	风险矩阵	SA	SA	SA	SA	A
30	成本效益分析（CBA）	A	SA	A	A	A
31	多指标决策分析（MCDA）	A	SA	A	SA	A

2. 不确定性因素

不确定性因素包括两方面含义：一是指不确定性的性质，它是指不确定性对目标的影响是正面的还是负面的。但是风险评估技术方法的应用没有"正面"或"负面"之别，实践中可能以"负面"或"正面"为侧重点。二是指不确定性的程度。一般来讲，不确定性程度相对较低时可选择相对简单、易行的技术方法；相反，就要考虑选择较为复杂、在技术上要求高的技术方法。

3. 资源因素

在选择风险评估技术方法时应考虑组织的资源情况。例如，人员及其能力、信息与数据、时间要求、设施与成本等。在选择技术方法时应考虑这些因素。

4. 结果要求因素

结果要求是定量的还是定性的，会影响技术方法的选择。有些技术方法能够提供定量的评估结果，有些则不能。但是，评估结果是否需要符合定量的要求，要取决于风险评估目标的需要以及对综合效率的考虑。

六、风险管理的好处

> 风险管理的宗旨不在于消除风险，因为那样只会丧失掉获得回报的机会。风险管理所要做的应该是对风险进行管理，主动选择那些能够带来收益的风险。

风险管理已是当今世界经营管理中的一项重要内容，是关系到企业生死存亡的大问题。众所周知，经营好一家企业非常不容易，然而可能因一个事项处理不妥或决策失误而使企业顷刻间倒塌，使所有的付出及努力付诸东流。真是所谓"一百次成功，往往抵不上一次失败"。例如，日本八佰伴的失败、英国巴林银行的破产等。加强风险管理的意义包括：

（一）企业提高全盘控制能力的需要

经济全球化，使企业面临的不确定性因素更加复杂、多样化；科学技术的进步，不断推出新产品、新技术，要求企业尽快掌握应用；和谐社会建设，要求企业在发展中担负起更多的社会责任。

（二）企业需要自身弱势最小化

企业需要识别影响盈利的关键因素，对整体层面上的关键性风险进行管理与监督，以确保保本与盈利增长、组织目标的实现、企业持续发展。

（1）风险管理与企业战略密切相关，加强风险管理是保障实现企业战略目标的必要措施。

（2）通过风险管理可以以最小的耗费把风险损失降至最低点，从而达到最安全的保障。

（3）能够为企业提供安全的生产经营环境，从而消除企业及职工的后顾之忧，使职工能全心全意投入生产，确保生产经营正常进行。

（4）能够为实现企业的经营目标提供保障，防范违规、舞弊、贪污、盗窃、欺诈等风险产生，增加企业的效益。

（5）有利于促进企业决策的科学化、合理化，减少决策的风险性，提高企业的核心竞争力。

> 在当代激烈的市场竞争中，企业如不加强风险管理，其后果往往是竞争失败、经营中断、法律诉讼、商业欺诈、无益开支、资产损失、决策失误、事故频发、企业亏损、走向倒闭。

大量事实说明，如果我们能够预先建立应对风险的方法和措施，不仅可能使企业避免走向衰亡，而且还有可能使风险成为一个有益的因素。

（三）ISO《标准》所提出的实施风险管理对企业的17项帮助

（1）提高组织实现目标的可能性。

（2）鼓励主动管理。

（3）提高组织内部识别、应对风险的意识。

（4）改进对机会和威胁的识别。

（5）符合相关的法律法规和国际规范。

（6）改进强制性和自愿性报告。

（7）改进治理。

（8）改进利益相关方的信心和信任。

（9）为决策和策划建立可靠的基础。

（10）改进控制。

（11）为风险应对有效地配置和使用资源。

（12）改进运营的有效性和效率。

（13）增强健康与安全行为，以及环境保护。

（14）改进损失预防和对不良事件的管理。

（15）使损失最小化。

（16）改进组织的学习能力。

（17）改进组织的恢复力。

七、企业实施风险管理应关注的事项

（一）应关注风险的嵌入性

根据风险的普遍性及嵌入性特征，风险是无事不有、无处不在、无时不在的，而且风险嵌入各项业务活动之中，包括决策、管理与操作，没有不存在风险的业务，也没有脱离业务的风险，二者融为一体。

（二）应关注风险的前瞻性

风险是未发生的潜在风险因素，是影响未来目标的不确定性因素。风险管理是面向未来，管理未来可能发生的风险，而不是已发生的风险。为此，风险管理者必须树立前瞻性的观念，一定要明白把握风险管理就是管理未来！

（三）应关注人的主观能动性

风险是客观存在的，但对风险的认识却是主观的，人对风险的认知越深入越透彻，越能充分改变与运用风险的有利因素，防止不利因素。因此风险管理者必须坚持马克思主义的唯物论与辩证法，开动脑筋，充分发挥人的主观能动性，才能实现管理风险的目的。例如，诸葛亮的风险评估及应对，不仅利用大雾机会实施草船借箭，还逃脱了被杀的风险。汶川大地震中安县桑枣中学因牢固树立风险意识，长期持续地开展防灾逃生应急训练，2200 多名师生在 1 分 36 秒内安全转移，创造了大地震中"零伤亡"的奇迹。这充分说明，人的能动性在防范风险的威胁中具有重要作用。

（四）应关注学习性

事物在发展，社会在进步，世上除了"变"是不变因素之外，其他任何事物都在不断地发展与变化。特别是进入信息化社会以来，发展速度更是前所未有。如果不加强学习，不接受新事物，不更新思维方式，就难以认知及应对面临的风险，不仅事业难以成功，身心健康也难以维持。

（五）应关注风险管理的信息性

信息可能涉及风险的存在、风险的性质、风险的表现形式、风险发生的可能性、影响后果的重要性、对风险的评价，以及风险的可接受性和风险管理的应对策略、资源配置与方法选择等，这些都与信息密切相关。如果信息不通或有误，就不可能对风险评估做出正确的结论，也就难以采取及时有效的应对措施，机遇难以发现，危险也就难以规避，风险的管理更是无从谈起。

（六）关注企业领导的模范带头作用

企业中风险管理工作的好坏，关键在领导，在于领导对风险的认识水平以及对风险的判断力。学好用好风险管理不仅能为企业带来益处，还能给个人及家庭创造更多幸福。

（七）关注风险管理的效果性

风险管理效果评价是指对风险应对方法策略的适用性和效益性进行分析、检

查、修正和评估。在一定时期内，风险应对方案是否最佳、效果如何，需要用科学的方法评估。风险管理效益的高低，主要看其能否以最小的成本取得最大的安全保障，较好地实现目标。成本大小则是为采取某项风险处理方案所支付的费用及其机会成本，而保障程度的高低则是看由于采取了该项方案而减少的风险损失（包括直接损失和间接损失）。用公式表示如下：

$$效果比值 = \frac{因采取该项风险处理方案而减少的风险损失}{因采取该项风险处理方案需支付的各项费用 + 机会成本}$$

从公式中可以看出，若效果比值大于 1，则该项风险管理方案可取；若效果比值小于 1，则该方案不可取。从经济角度看，效果比值最大的风险处理方案为最佳方案。

第四节　风险管理的演变

人类生存发展的历史，时刻都伴随着风险，人类面对风险不是无能为力，而是积极主动发挥其才智，并表现出惊人的智慧，对风险进行了卓有成效的防范与抑制，从而获得了文明进化。

风险管理理论的产生与实践，被称为 20 世纪 90 年代继网络革命后的第二件大事。风险管理理论的产生与发展主要是基于以下几个方面的因素：

（1）经济全球化驱动企业跨国发展，需要企业控制的不确定因素大量增加，这要求企业增强对全局的整体控制能力，增加决策的前瞻性。

（2）风险管理的方法、工具、手段的发展创新，为企业推行全面风险管理奠定了基础。例如，企业内控、危机管理理论的产生，衍生工具及保险市场的发展等。

（3）信息技术革命，使过去不可能的事情变成了可能，为全面风险管理提供了条件。

（4）人们对风险评估的方法、技术、战略性价值日渐认同。

（5）人们寻找风险管理与机遇的关联性的意愿逐渐增强。

（6）风险管理标准已在全球得到迅速发展。继澳大利亚、新西兰（1996）等国家推出了风险管理标准之后，相继推出风险管理标准的国家和地区还有加拿大（1997）、英国（2000）、美国 COSO（2004）、中国香港会计师公会（2005）。我国国务院国有资产监督管理委员会于 2006 年 6 月 6 日颁发了《中央企业全面风险管理指引》，要求国有企业结合企业的实际执行 2009 年 11 月国际标准化组织 ISO 发表的 ISO31000：2009《风险管理——原则与指南》等三个文件，从而推进了风险管理理论的发展。实践证明，它已成为企业生存发展的一项重要手段。

风险管理的产生与发展大体经历了以下几个阶段：

一、早期人类的风险管理

原始人为了防范野狼袭击的风险，将火在山洞口燃烧；为抵御生病的风险，神农氏尝遍百草以求良药；大禹治水是对黄河年年泛滥风险的有效管理。工具的发明是人类防范与抑制风险的一大成就。工具可以使人类获取食物更为容易，降低了食物供给的不确定性风险。人类正是在对风险的防范和抑制管理中才得以进化的。人类若不与风险搏斗，就不会有今天。这就是人类与风险的关系。

保险意识也是人类在风险管理活动中逐步强化与提高的。早在1700年前的唐朝，我国的商人们在长江进行水运时，为防范意外的风险，将货物分装在几条船上，避免因意外事故发生，全部货物遭受损失的风险。古埃及也盛行互助基金组织，参加组织的成员若不幸身亡，由生存的成员所缴纳的会费支付丧葬费及对遗属的救助。

二、近代风险管理

随着工业革命的深入发展，机器设备大量使用，企业规模不断扩大，工业生产的安全事故也逐步扩大，严格的工厂管理制度，使工人长期处于疲劳状态，容易发生操作失误，增加了事故发生的频率。由于生产活动更加集中，单件事故引发的风险损失可能远高于手工作坊时期的事故损失，成为生产的一大危害。在吸取多次事故教训的基础上，1906年美国钢铁公司董事长凯里将"质量第一、产量第二"的经营方针，改为"安全第一、质量第二、产量第三"。足见当时对事故风险问题的重视。

金融风险在这一时期也逐渐被人们认识。"南海泡沫"是早期资本市场风险事故的一次典型案例，公证会计师的出现，则是人类管理此类金融风险的一种尝试手段。因为股东期望获取更多可靠信息，以减少因对企业认识不足而带来的投资收益的不确定性。

三、现代风险管理

世界性第一次经济危机，摧毁了众多发达资本主义国家持续了10多年的繁荣，从而也使人们认识到风险管理的必要性。1931年，美国经营者协会明确了企业风险管理的重要意义，并设立了保险部门作为美国经营者协会的独立机构。企业中的风险管理经理也是这一时期的产物。但是在20世纪三四十年代，企业的风险管理对象主要集中在可保险部分。

1953 年的一场安全生产事故催生了企业风险管理的全面展开。1953 年 8 月 12 日，美国通用汽车公司自动变速装置厂发生了一场大火，导致了 5000 万美元的直接经济损失。如果算上因此而引发的汽车生产停顿和关联卫星厂生产停顿，总经济损失达 1 亿美元之巨。又如：1979 年 3 月美国三里岛核电站的爆炸事故；1984 年 12 月美国联合碳化物公司印度农药厂毒气泄漏事故；1986 年苏联切尔诺贝利核反应堆爆炸（死亡 25 万人）。事故之后，一方面，研究机构加强了对企业风险管理的学术研究；另一方面，这也促使大中型企业设立风险管理部门和风险经理，专门从事风险管理工作，防范和抑制风险损失。

布雷顿森林体系瓦解之后，金融风险管理更加受到重视。特别是在 20 世纪 90 年代发生的巴林银行事件、日本大和银行事件以及美国奥林治县破产事件等，使金融风险管理地位突出。我国近几年发生的多起中央企业在期货市场遭受损失事件、邯郸农行现金被盗事件等，也促使相关政府部门加强了企业风险的管理，同时加速了管理政策的出台。

四、风险管理研究的发展

早在法约尔的《工业管理与一般管理》中，就提出需要将风险管理活动纳入企业经营活动管理的范围。但是，最早提出"风险管理"概念的文献是 1956 年拉塞尔·格拉尔发表的《风险管理——成本控制的新时期》。随后，1963 年梅尔和赫奇思的《企业的风险管理》以及 1964 年威廉姆斯和汉斯的《风险管理与保险》陆续发表，标志着风险管理学系统研究的开始。1975 年，风险和保险协会（RIMS）成立，并由专家讨论了"101 条风险准则"，标志着风险管理进入一个新境界。1992 年和 2004 年由 COSO 分别发布的《内部控制：整合框架》和《风险管理——整合框架》都是对风险管理研究及实践的良好总结与发展。

为适应风险管理的需要，我国国务院国有资产监督管理委员会于 2006 年 6 月 6 日颁发了《中央企业全面风险管理指引》（以下简称《指引》），为国有企业进行风险管理提出了要求，指明了方向。"亚洲风险与危机管理协会"相继组建，注册企业风险管理师（CERM）项目已在中国批准注册，2007 年有关 ERM 理念与基础教育开始进入我国多数的高等院校。2009 年 11 月 14 日，国际标准化组织 ISO 正式发布 ISOGuide73：2009《风险管理——术语》，ISO31000：2009《风险管理——原则与指南》，ISO/IEC 31010：2009《风险管理——风险评估技术》。我国于 2009 年底也发布了国家标准 GB/T24353：2009《风险管理——原则与实施指南》。这些标志着风险管理研究进入一个新的历史阶段。2008 年 5 月，财政部等五部委联合下发了《企业内部控制基本规范》，2010 年 4 月又发布了《企业内部控制配套指引》，2012 年 11 月颁布了《行政事业单位内部控制规范（试行）》，2015 年 12 月 21 日发布了《财政部关于全面推进行政事业单位内部控制建设的指导意见》，2019 年 10 月国资委发布了《关于加强中央企业内部控制体系建设与监督工作的实施意见》，标志着我国内控体系与风险管理的理论融合为一体，我国人力资源部也将"风险管理师"职业正式纳入国家职业分类大典，为风险管理人才的培养奠定了基础，人们的风险管理理念及技术水平迅速提高，风险管理事业蓬勃发展。这必然推动企业竞争力的提升和效益的提高，为人类的发展做出新的贡献。

纵观古今中外事物发展人类变迁，无不嵌入于风险，无不受制于风险，学习研究风险（含管理）必须密切结合经济、政治、技术及人的意识形态，才能尝到风险滋味、看到风险战火、体验到风险利害，认识到学习掌握风险管理知识的必要性、重要性及紧迫性。

经济风险，经济主体是市场游戏、价值规律、价格、成本、剩余价值、利益分配、个人利益及生存发展，社会发展及进步都是建立在经济发展基础上，在这些当中都嵌入了风险冲突。

政治风险，政治是阶级、政党、社团及个人参与的国内外的斗争活动，主要是夺取、建立、巩固国家政权的斗争，以及运用政权治理国家和社会的活动，这里也充满风险搏斗。

科技风险，科学技术是社会进步、经济发展、人类生活水平提高的基础，也是国家安全的重要组成部分，但是科技进步往往被政治所利用，甚至为人类带来灾难，风险搏斗嵌入始终。

人的意识形态风险，人是四要素中最活跃的一项，人具有二重性，受人生观、世界观、价值观所影响，笼罩在迷惘及"义、利"等风险之中，人品不端是风险祸害之源。人类必须深入学习马克思主义基本理论，学懂、弄通做实新时代中国特色社会主义思想，掌握贯穿其中的辩证唯物主义的世界观和方法论，提高思维能力，善于从纷繁复杂的矛盾中把握规律、不断积累经验、增长才干，才能在茫茫的风险大海中辨明方向，实现伟大预期目标。

思考与讨论

1. 什么是风险？风险有哪些特征？
2. 风险管理与企业生存发展有什么关系？
3. 企业为什么会倒闭，其原因何在？
4. 风险管理框架、原则及过程之间是什么关系？
5. 威胁企业生存发展的主要风险有哪些？

第二章

目标设定与风险识别

导读：

本章首先介绍了企业经营战略目标的设定，从而为风险管理奠定了基础；其次，介绍了风险识别内容、风险识别过程，收集与辨别风险因素的方法，认清风险性质的方法；最后，介绍了风险分析的概念、目标及内容，捕捉风险征兆的方法，风险分析评价标准体系、预警临界值测算、风险因素指标运行状况评价等。

关键词：

风险识别、战略目标、经营目标、动因分析法、目标风险识别法、辨识风险、风险分析、风险等级、预警等级、预警临界值完成度

内容结构：

目标设定与风险识别
- 经营目标的设定
  - 战略目标设定、战略目标内容、设定程序
  - 经营目标设定、经营目标内容、设定程序、目标设定实例
  - 影响经营目标设定的各种风险因素
- 风险识别的基本方法
  - 风险识别概念及特征、风险识别目的和任务
  - 风险识别内容：识别事件、风险源、原因后果范围等
  - 风险清单、风险识别应关注几个方面
- 风险识别的技术方法
  - 风险清单识别法、头脑风暴法、德尔菲法、检查表法
  - 财务报表分析识别法、"五率"分析识别法、敏感性分析
  - 动因分析识别法、目标导向识别法、调查问卷法
- 收集与识别风险信息
  - 按风险类别收集风险信息、按经营业务活动辨识风险
  - 按业务流程辨识风险、按社会责任收集辨识风险

风险管理的基本任务是为实现企业的战略目标提供保障，为此，首要的是设定企业的战略目标及风险可接受程度，只有这样才能进行风险识别和分析，判断偏离目标的程度。风险识别在企业风险管理中占有极其重要的地位，是最基础的步骤。只有全面、准确地识别与分析风险，才能正确评价风险和拟定

应对风险的策略，掌握和运用识别与分析风险的方法，可以有效地防范风险事故的发生。

第一节　经营目标的设定

一家公司要正常运营首先要设定目标，然后对风险实施有效控制。设定目标是风险评估和风险应对的前提。战略目标为经营目标设定奠定了基础，同时，经营目标设定应与公司的风险偏好及风险容忍程度相协调，并明确经营目标的实现具有不确定性，从而采取有效的应对措施。

企业的战略目标不仅是企业战略管理的核心内容之一，也是企业风险管理的核心内容之一。

企业在设定目标的过程中应与内部和外部的利益相关方进行沟通或咨询，充分听取他们的意见。这有利于促使实施风险管理过程的责任人和利益相关方理解有关决定和目标的确定，并理解需要一些特殊行动的原因。

一、战略目标设定

公司的战略目标是公司管理层为利益相关者创造的期望价值，包括公司期望实现目标的总体说明以及相关的战略计划，它与公司的使命、愿景相协调。

（一）战略目标的内容

企业的经营战略由经营领域、差别优势、战略行动和目标构成。制定战略目标首先要确定企业的主要经营领域，即行业和市场面；其次，要考虑企业的优势和不足，以及如何保持企业的独特性，把握差别优势。将经营领域与差别优势相结合就可确定企业的目标任务。企业将任务与目前处境相比，找出差距，并确定应采取的战略行动。战略行动以战略目标为准绳，它包括企业要达到的规模、市场占有率、净利润额及每股收益等。同时，企业还要设定风险容忍度。经营者要发挥自己的才智，充分利用控制的资源、调动员工的积极性和创造性，使战略行动的结局形成目标成果。将目标成果与战略目标相比，即可判断经营业绩优劣。风险管理的战略目标是为实现企业战略目标提供保障。

（二）企业战略目标制定应关注的事项和内容

（1）对企业的业绩及现状进行正确的评估。

（2）对内部和外部环境进行了解和分析。

（3）战略目标体系的构成及具体指标的设定要量力而行。

（4）战略的选择应遵循必要的流程，要进行充分的讨论。

（5）对目标的设定与现有资源的匹配情况要进行评估。

第二章　目标设定与风险识别

（6）应设定战略风险可接受的程度。

（7）战略目标的设定要与内部员工和外部利益相关者沟通。

（三）战略目标的制定程序

1. 清晰、准确地描述公司的使命

公司使命阐明了公司业务的性质，陈述了公司存在的理由和意义。由于资源限制、竞争激烈，公司不可能满足所有的市场需求，并在所有的市场领域中求得生存与发展。因此，管理部门必须在评估自身优势与劣势的基础上，选择性地进入相关业务和市场。公司使命是这种选择的严肃声明，它为战略目标的制定提供了最基本的约束。

公司使命与公司价值观、愿景和战略及战略计划联系紧密，同时，战略目标为企业风险管理中的其他目标奠定了基础，如图 2-1 所示。

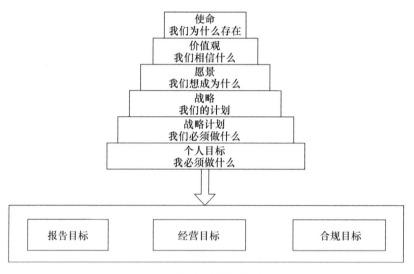

图 2-1　从使命到战略

2. 建立战略目标的基本流程

图 2-2 体现了战略目标确定的基本流程，描绘了公司制定战略需要考虑的因素，体现了在公司风险管理中战略目标要与风险偏好及风险可接受程度相协调的要求。

3. 环境分析

战略目标的确定是内部环境与外部环境平衡的结果。战略目标的设定必须建立在对内外部环境深入分析的基础之上。公司既要分析宏观环境因素，如宏观经济增长、技术变化、人口数量增长和结构变化、产业周期、法律法规等的变化，又要分析内部环境因素，如员工素质、资金、技术、管理、财务等状况，经综合平衡后确定适当的公司发展目标。

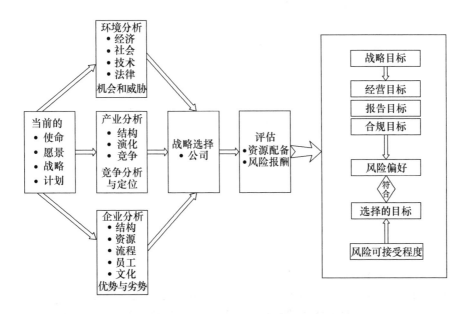

图 2-2　战略目标形成与确定的基本流程

4. 战略目标分解

战略目标确定后应根据各部分的性质进行分解，以形成一个体系。在使命、愿景、核心价值观的支持下，公司的战略发展目标、职能战略目标、业务单元战略目标应形成一个有机的整体。战略总目标与战略子目标紧密衔接，形成一个有机的目标网络体系。战略目标以定量或定性的形式进行描述。

5. 战略风险可接受程度

以定量或定性形式描述的战略目标确定之后，公司应进一步确定这些目标在不确定性因素的影响下，发生何种程度的偏离是可接受的，也就是确定公司战略可接受的风险程度。它是企业风险管理的关键环节之一。

6. 战略目标的沟通

公司制定战略目标必须通过多种途径与公司员工和外部利益相关者沟通，以获得他们的理解和认同。公司可通过培训、员工手册、内部网络等渠道和形式将公司战略目标传达给员工。公司可通过书面报告、公司手册、股东大会、广告等渠道和形式将公司战略目标传达给利益相关者。

二、经营目标设定

公司的经营目标来自企业的战略目标和战略计划，并与之紧密联系，它是根据具体对象和不同时段而制定的，是短期内的奋斗目标。

（一）经营目标的内容

经营目标是反映公司经营生产活动的有效性和效率性的指标，既有实物量指标，又有价值量指标，包括经营业绩和盈利目标、资产安全等指标。前者如产值、产量（发电量、供电量）、净利润额、资产利润率等，后者如安全目标，是防止发生对社会造成重大影响、对资产造成重大损失的人员伤亡、大面积停电、大电网瓦解、主设备严重损坏、电厂垮坝、重大火灾等指标。

（二）经营目标设定应关注的要点

（1）经营目标与公司战略目标及战略计划相一致。

（2）经营目标应适应公司所处的特定经营环境、行业和经济环境等。

（3）各项业务活动目标之间应保持一致。

（4）所有重要业务流程与业务活动目标相关。

（5）适当的资源及有效配置。

（6）管理层制定公司经营目标及他们对目标的负责程度。

（三）经营目标的制定程序

1. 通过上下沟通将公司战略目标和规划分解至各个业务经营目标

公司经营目标来源于公司战略目标和规划，并且根据公司战略目标和规划分解而来。

下属公司根据公司战略目标并结合本单位的实际情况提出本单位的经营目标，通过自上而下、自下而上的不断沟通并经过公司管理层审核，最终确定公司及业务部和职能部门的经营目标。

下属公司的年度计划和预算也采用同样的方法确定。

年度计划的确定过程为：

（1）公司计划部门根据发展战略以及董事会、管理层的总体要求提出年度计划编制要求，提出本单位的业务活动计划。

（2）各业务部和职能部门结合本单位的实际情况，提出本单位业务活动计划。

（3）公司计划部门进行汇总并综合平衡，提出年度计划，经董事会批准后颁布执行。

为保证各项业务活动的具体目标相互协调一致，公司管理层应不断采取措施审查各业务活动的具体目标执行情况，根据业务活动的具体情况及发现的问题，定期（一年）更新业务活动的具体目标。

2. 确定公司的各项业务经营目标

确定公司的各项业务经营目标，管理层必须确保这些目标反映现实环境和市场需求，并通过量化的业绩来评估和考核，建立持续的经营目标业绩考评制度，及时纠正经营过程中目标的偏离。

3. 配备相应资源保证经营目标的实现

公司在确定各个业务经营目标之后，将公司的资源，如人、财、物以计划和预算的形式分解至各单位，以保证各单位能够有实现其业务活动目标的资源。

4. 制定具体业务活动经营目标

公司在确定各业务部和职能部门的目标后，各单位主管领导通过工作计划等形式再将目标分解至各具体业务活动中，并明确相应岗位的目标。

5. 确定经营目标实现程度偏离的可接受范围和容忍度

公司在确定各业务部及职能部门目标时，同时要确定"风险容忍度"。

（四）公司经营目标（指标）设定实例

（1）华兴公司设定的指标体系如表2-1所示。

表 2-1　公司经营目标体系

序号	类别	指标名称	目标值	计算公式
1	基本生存指标	主营业务收入		按责权发生制计算
2		经济增加值		EVA＝税后净利润－自有资本成本
3		营业利润额		按利润表数
4		三项费用支出		按利润表数
5		职工薪酬支出		实际支付职工薪金及福利费
6	经营能力指标	总资产报酬率		净利润/平均资产总占用额
7		成本费用利润率		利润总额/（销售成本＋三项费用）
8		总资产周转率		销售收入/平均资产总额
9		存货周转率		主营业务成本/存货平均占用额
10		应收账款效率		主营业务收入/应收账款平均占用额
11	发展能力指标	销售收入增长率		本期销售收入增长额/上期销售收入
12		无形资产比重		无形资产净额/总资产额
13		营业利润增长率		本期利润增长额/上期营业利润
14	管理能力指标	计划完成率		实际完成数/计划数
15		人均销售额		营业收入/职工平均人数
16		人均经济增加值		经济增加值总额/职工平均人数
17		产品合格率		合格产品数/产品总数量
18		产品成本降低率		产品成本降低额/产品计划成本或上期实际
19		市场占有增长率		本期市场占有率/前期市场占有率－1
20		顾客满意率		满意顾客数/顾客总数
21	研发能力指标	技术投入比率		研发支出额/营业收入
22		研发成果转化率		转化为成果项目/投入研发项目

序号	类别	指标名称	目标值	计算公式
23	风险控制指标	资产负债率		负债总额/资产总额
24		已获利息倍数		息税前利润/利息支出
25		现金营运指数		经营现金净流量/经营应得现金
26		经营安全率		1-盈亏平衡点销售额/实际销售额
27	社会责任指标	安全生产日数		
28		万元产值耗能		
29		污水排放量		
30		产品退修率		

注：资本成本＝资本成本率×公司使用的全部资本。

（2）××烟草专卖——物流公司设定经营目标如表2-2所示。

表2-2 物流公司201×年设定目标

层级	序号	指标名称	目标值	责任部门	责任人	指标计算方式/指标说明
公司级目标	1	单箱物流费用（元）	≤225	公司	×××	单箱物流成本＝物流费用总额/销售量 其中，物流费用总额＝仓储费用+分拣费用+送货费用+管理费用+折旧费
	2	物流费用率（%）	≤0.82	公司	×××	物流费用率＝物流费用总额/销售额×100%
	3	物流费用利润率（%）	>2000	公司	×××	物流费用利润率＝利润总额/物流费用总额×100%
	4	安全保障（%）	100	公司	×××	"九个零，一个控制"
	5	人均配送效率（箱/人·年）	≥1100	公司	×××	人均配送效率＝卷烟物流配送总量/物流公司人员总数×100% 其中，物流公司人员总数包括在编在岗人员、聘用在岗人员以及劳务派遣人员
部门级工作目标	6	人均能耗（元）	≤13600	行政部	×××	人均能耗＝公司总能耗/物流公司人员总数 其中，公司总能耗包括水费、电费、燃油费，物流公司人员总数包括在编在岗人员、聘用在岗人员以及劳务派遣人员
	7	客户投诉率（%）	≤0.1	行政部	×××	客户投诉率＝全年有效客户投诉次数/零售客户总数×100% 其中，有效客户投诉数量指对物流服务进行有效投诉的零售客户数量
	8	投诉回访率（%）	100	行政部	×××	投诉回访率＝投诉回访户次/总投诉户次×100%

层级	序号	指标名称	目标值	责任部门	责任人	指标计算方式/指标说明
部门级工作目标	9	客户投诉处理率（%）	≥98	行政部	×××	客户投诉处理率=处理的客户投诉次数/总投诉户次×100%
	10	送货破损率（%）	0.00	送货部	×××	送货破损率=送货破损量/总作业量×100%
	11	送货差错率（%）	追求0	送货部	×××	送货差错率=卷烟送货差错户次/卷烟送货总户次×100%
	12	送货到户率（%）	100.00	送货部	×××	送货到户率=送货到零售店内的户数（含委托代送，不含定点取货）/零售客户总数×100%
	13	直接送货到户率（%）	≥99.5	送货部	×××	直接送货到户率=由送货员直送到户的零售户户数/零售客户总数×100%
	14	退货率（%）	≤0.01	送货部	×××	退货率=退货总量（含三线互控退货）/总订单量×100%
	15	单车日均送货量（件）	≥100	送货部	×××	单车日均送货量=送货数量/车辆数/实际作业天数
	16	单车日均送货户数（家）	≥70	送货部	××驾驶员、送货员	单车日均送货户数=送货户次/车辆数/实际作业天数
	17	送货准确率（%）	100	送货部	××驾驶员、送货员	送货准确率=正确送货户次/总送货户次×100%
	18	送货验货签收率（%）	100	送货部	××驾驶员、送货员	送货验货签收率=签收的送货单数量/送货单总数×100%
	19	单箱油费（元/箱）	≤3.40	送货部	××驾驶员、送货员	单箱油费=总油费/总送货量
	20	单箱维修费用（元/车·年）	<5200	送货部	××驾驶员、送货员	单箱维修费用=总维修费用/车辆数量
	21	货款回收率（%）	100	送货部	××驾驶员、送货员	货款回收率=收回货款笔数/应收货款笔数×100%
	22	货物安全率（%）	100	送货部	××驾驶员、送货员	货物安全率=（作业量-异常原因损失量）/作业量×100% 其中，作业量=销售量+期末库存量，异常原因

左侧竖排：企业全面风险管理实务

层级	序号	指标名称	目标值	责任部门	责任人	指标计算方式/指标说明
部门级工作目标	23	电子结算率（按金额）（%）	≥99	送货部	××驾驶员、送货员	电子结算率＝电子结算的货款金额/货款总额×100%
	24	后台扣款率（按户次，含预存款）（%）	≥95	送货部	××驾驶员、送货员	后台扣款率＝后台扣款的零售客户户数（含预存款）/零售客户总数
	25	送货周期（天）	≤7	送货部	××驾驶员、送货员	送货周期以实际访销周期为准，对于辖区内不同零售客户采用不同送货周期的，按照零售客户数量进行加权平均
	26	平均送货响应时间（小时）	≤24	送货部	××驾驶员、送货员	以接收零售客户订单开始至货到零售客户的时间为准，以小时为单位进行统计，对于辖区内不同的零售客户采用不同的响应时间
	27	零售客户满意率（%）	95	送货部	××驾驶员、送货员	以定期进行的零售客户满意度调查结果为准
	28	一号工程执行率（%）	100	储配部	××仓管员、分拣员	一号工程执行率＝扫码系统报表数量/入库实物数量×100%
	29	仓储进出库准确率（%）	100	储配部	××仓管员、分拣员	仓储入（出）库准确率＝入（出）库实物数量/入（出）库报表数量×100%
	30	仓储破损率（%）	0	储配部	××仓管员、分拣员	仓储破损率＝破损量/总作业量×100%其中，卷烟破损量要以实际报损数量作为统计数量
	31	分拣设备有效作业率（%）	≥92	储配部	××仓管员、分拣员	分拣设备有效作业率＝分拣设备平均分拣效率/分拣设备额定分拣效率×100%其中，分拣设备平均分拣效率＝卷烟分拣作业量/有效作业时间
	32	分拣破损率（‰）	0.01	储配部	××仓管员、分拣员	分拣破损率＝分拣破损量/总作业量×100%
	33	分拣差错率（‰）	0.01	储配部	××仓管员、分拣员	分拣差错率＝卷烟分拣环节错分条数/卷烟分拣作业量×100%
	34	单箱分拣包装费（元/箱）	≤4.50	储配部	××仓管员、分拣员	单分拣包装费＝总箱分拣包装耗材费用/总销售量×100%

三、影响经营目标的不确定性因素

影响企业经营目标的不确定性因素既有来自外部的，也有内部形成的，对这些不确定性因素进行充分的分析和评估，做好风险的防范与控制，对保障经营目标的实现有重要意义。

（一）来自企业外部的风险因素

（1）企业的竞争对手、客户、监管部门、政府、特殊利益集团未来会采取什么行动。

（2）关键性基本变量，如利率、通货膨胀率、监管措施、市场需求、劳动力供给、住宅建筑、竞争者产量、客户数量、汇率及商品价格等，这些变量的未来变化趋势及数值是多少。

（3）潜在的灾难性事件，如风暴、地震、战争、恐怖主义和其他灾难性事件等，它们一旦发生会有什么后果，企业从中会受到多大打击。

（二）来自企业内部的风险因素

（1）品牌：企业是否已进行了充分的、明智的投资，把破坏品牌形象的风险降低到可接受的程度。

（2）客户：企业是否像我们的竞争对手那样满足了客户的要求，如果不是则应更强于他们。

（3）供应商：他们是否有效地支持了我们的经营，如果不是，其原因为何。

（4）员工：公司是否打赢了"人才战"，并使公司的人力资本实现了价值最大化。

（5）运营过程：员工们是否在有效地运转，效率、效益如何。

（6）技术：哪些技术能够最好地融入并支持企业的商务过程，提高企业的效率。

（7）路径：员工们是否像企业确定的经营模式所预期的那样正常运转。

（8）知识：企业的知识价值是多少，企业是否充分利用它树立自身的优势。

（9）机会成本：是否还有未被认知的价值和未被利用的资源，机会成本多大。

（10）潜在的"中断性"事件，违法操作、欺诈、非法行为、业务控制的崩溃等，它们一旦发生会有什么后果，企业从中会受到多大打击。

第二节　风险识别的基本要求与方法

风险识别是风险评估的首要环节，要评估风险首先要识别风险，看不见、想不到的风险往往是最危险的风险。

一、风险识别的概念、特征及目的

（一）风险识别的概念及特征

风险识别是风险管理的第一步，也是风险管理的基础，风险没有被识别或被看到，就没有客观、充分、合理的风险评估，风险应对将是无的放矢。

1. 风险识别的概念

ISO《标准》指出："风险识别是发现、辨认和描述风险的过程。"其主要包括对风险源、风险事件及其原因和潜在后果的识别。

风险识别可能涉及历史数据、理论分析、专家意见、有见识的意见，以及利益相关者的需求。

风险识别实际上就是收集、发现、辨认和描述有关的潜在风险因素、风险事件和风险后果等方面信息的过程，从而发现导致风险产生的源头、形成风险的动因、潜在的影响和后果，为制定应对政策提供依据。

2. 风险识别的特征

（1）风险识别是指收集和识别风险因素，分析产生的原因，是一项非常复杂的系统工程。即使是一家规模较小的企业，也是非常复杂的。据国外有关人士统计，在一家300多人的制造企业，潜在风险因素就有1.1万多项。菏泽电厂的管理规定并不太细却达到3万多条。它不仅包括识别实物资产风险、金融资产风险，也包括识别人力资源风险以及操作风险。同时，风险识别不仅是风险管理部门的工作，还需要生产、财务、信息处理、人事以及市场营销等部门密切配合，每位员工都应参与，否则难以全面、系统地识别企业潜在的风险因素。

（2）风险识别是一个连续不断的过程。企业的外部环境和内部条件处于一个动态的瞬息万变的过程中。企业面临的风险因素也随之改变，因此收集风险信息、识别潜在风险因素是一个长期的不间断过程，不能偶尔为之，一蹴而就。

（3）风险识别的重点是寻求引发风险的动因。风险是客观存在的，但风险事故的发生是一个渐变的过程，需要一定的条件。要防范风险事故的发生，就要识别潜在的风险转化为风险事件的条件，查准动因及条件才能科学有效地拟定应对风险的有效措施。

（二）风险识别的目的

风险识别的目的是识别与企业目标相关的，影响目标实现的可能发生的潜在风险事件及影响后果，以及与这些事件有关的各种因素的目前状况及发展趋势等。

（三）风险识别的任务

风险识别的主要任务是：

（1）识别出影响企业目标实现的风险事项，包括外部的和内部的、正面的和负面的。

（2）识别出风险事项的驱动因素，包括外部的经济、自然环境、政治、社会与技术因素，以及内部的机构、人员、流程与技术因素。根据 COSO—ERM2004 描述，广义的风险驱动因素如表 2-3 所示。

表 2-3　风险驱动因素

外　部　因　素	内　部　因　素
经济 ●资本的可利用性 ●信贷发行、违约 ●集中 ●流动性 金融市场 ●失业 ●竞争 ●兼并/收购 自然环境 ●散发（Emissions）和废弃 ●能源 ●自然灾害 ●可持续发展 政治 ●政治更迭 ●立法 ●公共政策 ●管制 社会 ●人口统计 ●消费者行为 ●公司国籍 ●隐私 ●恐怖主义 技术 ●技术中断 ●电子商务 ●外部数据 ●新兴技术	基础结构 ●资产的可利用性 ●资产的能力 ●资本的取得 ●复杂性 人员 ●员工能力 ●欺诈行为 ●健康与安全 流程 ●能力 ●设计 ●执行 ●供应商/依赖性 技术 ●数据的可信度 ●数据和系统的有效性 ●系统选择 ●开发 ●调配 ●维护

资料来源：COSO—ERM2004。

二、风险识别内容

风险识别的过程：识别潜在风险事件→识别风险源→识别风险原因→识别风险后果→识别后果的影响范围和程度→识别后果的性质→识别控制措施→编制风险清单。

（一）识别潜在风险事件

风险不是孤立存在的，而是嵌入事件之中，每一事件又都具有风险，要实施风险评估首先要识别潜在风险的事件。只有明确了风险事件，才能进一步识别与风险事件相关的风险源、发生风险的原因和潜在影响后果。应注意，这里潜在的风险事件是指与企业经营目标相关联的，发生后可能影响目标的事件。

（二）识别风险源

风险源是指"单独或共同可能引发潜在风险事件的因素"，风险源可以是有形的，也可以是无形的。

对一个特定组织而言，应识别风险源是内部的还是外部的。当风险源来自于内部时，组织应通过识别弄清原因，从源头上提出相应控制措施，以改变风险发生的可能性及性质；当风险源来自于外部时，只能是被动地"响应"，做好预防。

（三）识别风险原因

识别风险原因就是识别潜在的风险因素转化为风险事件的原因，风险原因与风险源是两个不同的概念。风险原因是指诱发风险事件的原因，是指导致风险事件发生的原因，回答"为什么"；风险源是指诱发风险事件发生的载体，回答"是什么"。但是对特定风险事件，二者有时不易区分。

（四）识别风险后果

后果是指风险事件发生后对目标影响的结果。后果可能与风险源、风险原因有关，不同的风险源或风险原因可能形成不同的后果。一个事件可能产生一系列的后果，有直接的也有间接的，且具有延伸性。初步的后果可能升级，产生连续效应。后果对目标而言可能是确定的，也可能是不确定的、积极的和消极的。后果可能是质量上的，也可能是数量上的，但不涉及风险的严重程度及可能性。

（五）识别后果的影响范围及程度

在识别风险后果的基础上，还要识别后果影响的范围及程度，如车祸后果的影响范围，包括范围有多大，是整体的还是局部的。按工作职能可能影响业务单元、部门、层次、岗位等，按空间可能影响境外、境内、区域、地点等，按时间分为年、月等。识别时要特别注意后果对利益相关方，特别是对外部利益相关方的影响及影响程度。

（六）识别后果的性质

后果的性质是指风险事件发生后对组织目标影响的性质。影响性质可分为正面有利的积极影响（机会）和负面不利的消极影响（威胁）。只有在确定目标的前提下，才能辨认后果的性质。某一事件的后果对某一目标而言其性质可能是正面的，而对另一目标而言可能是负面的。一个事件可能产生多种后果，有些对目标的影响可能是正面的，但另一些可能是负面的。在识别的过程中必须加以重视，才不至于搞错。

（七）识别控制措施

在风险识别阶段，对控制措施的识别包括两个方面：一是针对该潜在风险因素是否已经制定了控制措施，控制措施是什么；二是已制定的控制措施，是否正在执行。因为识别风险的目的在于控制风险，防止负面风险的发生，确保目标实现。因此，也需要识别控制措施的状况。

三、风险识别的要求

（一）要编制风险清单

经过风险识别后，本书通过归类/整理/汇总编制出了一份"风险清单"，详细列示了已识别出来的各种风险，作为风险识别过程的成果，为风险分析提供依据。清单格式如表2-4所示：

表2-4　风险清单

风险事件	过程或项目	可能事件	后果形态	有无影响	影响性质		控制措施		风险源		风险原因	
					正	负	有	无	内	外	内	外
车祸	运输	撞车	车毁	有		√	√		√	√	√	
引进技术	生产	质量	价值量	有		√	√		√	√		√
研发投资	研发	失败	损失	有	√	√					√	
现金管理	保管	被盗	丢失	有		√	√			√		√

在实际操作中，风险清单通常与"风险控制清单"或称"风险控制库"合为一体，因为编制风险清单、认知风险的最终目的是有效地控制风险。故将二者合二为一有利于实施风险管理。有关风险控制清单的编制等，可参见本书风险应对部分。

（二）要关注五个方面

1. 要动员广大职工参与

众所周知，风险时时有、处处有、事事有，且嵌入各项业务流程和业务活动之中，同时职工的每项业务活动都与风险息息相关。哪里有潜在风险，风险是怎样发生的，其原因何在，他们最清楚。因此识别风险，必须有广大员工参与，才能全面、系统地识别潜在风险因素、风险源、风险产生的原因及其影响和后果。

2. 要关注识别的全面性

小风险可能酿成大祸害，没想到或没看到的风险，往往是危害较大的风险。因此在风险识别的过程中要注意全面性，尽可能全面地、完整地将风险识别出来，包括听到的，并将其列入"风险清单"，防止遗漏或未想到的风险存在。

3. 要关注识别的重点性

与全面性相对应的是重点性，对某一组织或某一特定业务过程而言，存在着众多影响目标实现的不确定性，这些不确定性对目标的影响程度有很大差别，不能"眉毛胡子一把抓"。在风险识别的过程中，必须平衡全面性与重点性的关系，突出重点，关注对目标影响较大的特殊风险、重大风险、系统风险，以及它们的风险源、风险原因、后果的影响范围和程度等。

4. 要关注风险的传输作用

随着科技的发展，互联网、智能手机的出现，风险的传输方式与速度空前发展，使系统性风险日益突出。系统性风险最突出的特征是极大的传输作用，2008年爆发的世界经济危机、我国的"三鹿奶粉"事件等，都是系统风险发生的事件，对此，必须保持高度的警惕性。

5. 要关注风险的两种极端情况

一种是风险发生的可能性很低，但一旦发生，其影响后果极为严重；另一种是风险发生的可能性很高，但发生后其影响后果很小。但无论是哪种情况发生，都会给企业造成重大影响。因此，在风险识别中应提高警惕，严加注意。

第三节　风险识别的技术方法

风险识别的方法在风险评估阶段有着极其重要的作用。但是，同时也要关注风险识别方法、风险分析方法以及风险评价方法，三者有些方面是相同的。

一、风险清单识别法

它是由专业人员事先设计好清单（或调查表格）和问卷，由职工对照所列内容逐一回答或予以补充。清单详细列出了一家企业可能面临的全部风险因素。由于它试图将所有可能的潜在风险因素及其损失全部囊括在内，所以清单都很长。使用者对照清单上的每一项内容都要做出回答，如"我们公司会遇到这样的风险吗？"在回答问题的过程中，风险管理者逐渐构建出本公司的风险清单。

虽然调查表格中所列的问题较为全面具体，内容丰富，对各类企业都有意义，具有广泛的适用性，但不能揭示某个企业或某个行业的特殊性。

一个标准的风险清单也称"风险库"，少则几页，多则上百页，有的按损失价值大小分类，有的按风险管理责任分类，有的按风险的性质或业务流程分类。究竟如何分类应根据企业风险管理的需要而定，具体详见第七章"菏泽发电厂风险控制表"。

二、头脑风暴法

（一）方法简介

头脑风暴法（Brain Storming）这个术语经常用来泛指任何形式的小组讨论。然而，真正的头脑风暴法包括旨在确保人们的想象力因小组内其他成员的思想和话语而得到激发的技术。头脑风暴法通过激发与会人员，使其畅所欲言，以发现可能的原因、潜在的失效模式及相关危险、风险、决策标准或处理办法等。

在这种方法中，有效的引导很重要，其中包括在开始阶段刺激讨论，及时鼓励小组成员讨论话题进入相关领域，敏捷地捕捉讨论中不断产生的问题（讨论通常很活跃）。

头脑风暴法既可以与其他风险评估方法一起使用，也可以单独使用，以激发风险管理过程及系统生命周期中任何阶段的想象力。头脑风暴法可以用作旨在发现问题的集中讨论或高层次讨论，也可以用作更细致的评审或是特殊问题的细节讨论。

（二）应用说明

1. 输入

召集一支专家团队，要求团队成员熟悉被评估的组织、系统、过程或应用；预订一间 15 人以内的会议室，并准备好白板和白板笔等。

2. 处理过程

头脑风暴法可以是正式的，也可以是非正式的。正式的头脑风暴法组织化程度很高，其中参与人员提前准备就绪，而且会议的目的和结果都很明确，有具体的方法来评价讨论思路。非正式的头脑风暴法组织化程度较低，但经常更具针对性。

在一个正式的过程中，应至少包括以下环节：

（1）讨论会开始之前，主持人准备好与讨论内容相关的一系列问题及思考提示。

（2）确定讨论会的目标并解释规则。

（3）确定记录员，如果有必要，可以设一名时间控制员。

（4）引导员首先介绍一系列想法，其次大家探讨各种观点，尽量多发现问题。

此刻无须讨论是否应该将某些事情记在清单上或是某句话究竟是什么意思上，因为这样做会妨碍思路的自由流动。

需要注意的是：一切输入都要接受，不要对任何观点加以批评，同时，小组思路快速推进，使这些观点激发出大家的横向思维。当某一方向的思路已经充分挖掘或是讨论偏离主题过远时，引导员可以引导与会人员进入新的方向。但目的在于收集尽可能多的不同观点，以便进行后面的分析。

3. 输出结果

输出取决于该结果所应用的风险管理过程的阶段。例如，在识别阶段，输出可能是风险清单或当前控制者手中的清单等。

（三）该方法的优点及局限

1. 头脑风暴法的优点

（1）激发了想象力，有助于发现新的风险和全新的解决方案。

（2）让主要的利益相关者参与其中，有助于进行全面沟通。

（3）速度较快并易于开展。

2. 头脑风暴法的局限

（1）参与者可能缺乏必要的技术及知识，无法提出有效的建议。

（2）由于头脑风暴法相对松散，因此较难保证过程的全面性（如一切潜在风险都会被识别出来）。

（3）可能出现特殊的小组状况，导致某些有重要观点的人保持沉默而其他人成为讨论的主角。这个问题可以通过电脑头脑风暴法，以聊天论坛或名义群体技术的方式加以克服。电脑头脑风暴法可以是匿名的，这样就避免了有可能妨碍思路自由流动的个人或政治问题。在名义群体技术中，可以把想法匿名提交给主持人，然后集体讨论。

三、德尔菲法

（一）方法简介

德尔菲法（Delphi）又名专家意见法或专家预测法，是在一组专家中取得可靠共识的结构性方法。

德尔菲法是 20 世纪 40 年代由赫尔默（Helmer）和戈登（Gordon）首创的。1946 年，美国兰德公司为避免集体讨论存在的屈从于权威或盲目服从多数的缺陷，首次用这种方法进行定性预测，后来该方法被广泛推广。20 世纪中期，当美国政府执意发动朝鲜战争时，兰德公司再次使用这种方法向政府提交了一份预测报告，预告这场战争必败，但政府没有采纳，结果一败涂地。从此以后，德尔菲法得到了广泛认可。德尔菲是古希腊地名。在德尔菲有座阿波罗神殿，是一个预卜未来的神谕之地，于是人们就借用此名作为这种方法的名称。

该方法的主要用途：德尔菲法作为一种主观、定性的方法，最初产生于科技领域，后来逐渐被应用于任何领域的观测，如军事预测、人口预测、医疗保健预测、经营和需求预测、教育预测等。该方法不仅可以用于预测领域，而且可以广泛应用于各种评价指标体系的建立和具体指标的确定过程。此外，该方法还用来进行评价、决策、管理沟通和规划工作。总的来看，无论是否需要得到专家的共识，德尔菲法都可以用于风险管理过程或系统生命周期的任何阶段。

（二）应用说明

1. 输入条件

输入条件是指达成共识所需的一系列方法。德尔菲法隐含了这样一个前提，即建立在满足一致性条件的专家群体意见的统计结果才是有意义的，所以它通过"专家意见形成—统计反馈—意见调整"的多次与专家交互交流的循环过程，使分散的意见逐次收敛在协调一致的结果上，充分发挥了信息反馈和信息控制的作用。因此，事前一定要拟定意见征询表，并选定征询对象。

2. 处理过程

具体的处理过程是使用半结构化问卷对一组专家进行提问，专家无须会面，因此他们的观点具有独立性。具体步骤如下：

（1）组建一支团队，开展并监督德尔菲法实施过程。

（2）挑选一组专家（可能是一个或多个专家组）。选择的专家是否合适，是决定德尔菲法成败的关键。具体可按照所需要的知识范围确定专家。专家人数的多少，可根据预测的大小和涉及面的宽窄而定，一般不超过 20 人。

（3）编制第一轮问卷调查表，并向所有专家提出所要预测的问题和有关要求，并附上有关问题的所有背景材料，同时请专家提出还需要什么材料，然后由专家做书面答复（注：德尔菲法中的调查表与通常的调查表有所不同，通常的调查表只向被调查者提出问题，要求回答，而德尔菲法的调查表不仅提出问题，还兼有向被调查者提供信息的责任，它是团队成员交流思想的工具）。

（4）测试问卷调查表。

（5）将问卷调查表分别发给每位专家组成员。

（6）对第一轮答复的信息进行分析和综合，并再次下发给专家组成员。注意将各位专家的第一轮判断意见汇总、评估，并列成图表，进行对比之后，再分发给各位专家，让专家比较自己与他人的不同意见，修改自己的意见和判断。也可以把各位专家的意见加以整理，或请级别更高的其他专家加以评论，然后把这些意见再分发给各位专家，以便他们参考后修改自己的意见。

（7）专家组成员重新做出答复，然后重复该过程，直到达成共识。逐轮收集意见并为专家反馈信息是德尔菲法的主要环节。收集意见和信息反馈一般要经过三四轮。在向专家进行反馈时，只给出各种意见，但并不说明发表各种意见的专家的具体姓名。这一过程重复进行，直到每一位专家不再改变自己的意见为止。

（8）对专家组成员的意见进行综合处理，最主要的工作是用一定的统计方法对专家的意见做出统计归纳处理。常用的统计处理方法有中位数和上下四分位数法、算术平均统计处理法、主观概率统计处理法等。其工作流程如图2-3所示。

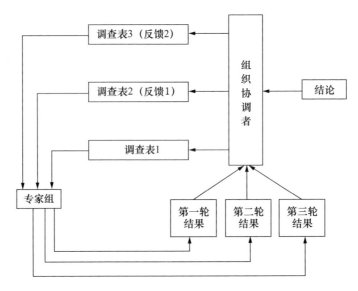

图2-3 德尔菲法工作流程

3. 输出结果

此时，专家组成员逐渐对现有事项达成共识，比如关键风险诱因、关键风险等，形成的结果可用文字或图表形式表现出来。

4. 注意事项

（1）事先为专家提供充分的信息，使其有足够的根据做出判断。

（2）所提出的问题应是专家能够回答的问题。

（3）允许专家粗略地估计数字，不要求精确，但可以要求专家说明预计数字的准确程度。

（4）尽可能将过程简化，不问与预测无关的问题。

（5）保证所有专家能够从同一角度去理解有关定义。

（三）应用举例

［例］某公司研制出一种新型产品，现在市场上还没有相似产品出现，因此没有历史数据可以获得，公司需要对可能的销售量做出预测以决定产量。于是该公司成立专家小组，并聘请业务经理、市场专家和销售人员等8位专家，预测全年可能的销售量。

（1）专家选择。选择有丰富经验的经理、供销人员等8位专家。

（2）将新产品的样品、说明书连同调查表"背对背"地寄给这些专家，记住这里的关键是"背对背"，也就是防止专家们共同商议。

（3）汇总寄回的调查表，汇总数据中包括各位专家判断的"最低值""最可能值""最高值"，再反馈寄给每位专家，但每位专家仍只能看到其他专家的打分，然后让专家们根据其他专家的打分，重新评分。一般还要辅助以定性的方法，如让专家详细注明这样评价的理由。一般会反复3次。8位专家独立提出个人判断，经过3次反馈得到的结果如表2-5所示。

表2-5　德尔菲法案例

专家	第一次判断			第二次判断			第三次判断		
	最低销售量	最可能销售量	最高销售量	最低销售量	最可能销售量	最高销售量	最低销售量	最可能销售量	最高销售量
1	500	750	900	600	750	900	550	750	900
2	200	450	600	300	500	650	400	500	650
3	400	600	800	500	700	800	500	700	800
4	750	900	1500	600	750	1500	500	600	1250
5	100	200	350	220	400	500	300	500	600
6	300	500	750	300	500	750	300	600	750
7	250	300	400	250	400	500	400	500	600
8	260	300	500	350	400	600	370	410	610
平均数	345	500	725	390	550	775	415	570	770

在预测时，最终的判断是在综合前几次反馈的基础上做出的，因此预测时一般以最后一次判断为主。下面介绍三种根据专家给出的反馈结果进而预测最终结果的计算方法。

（1）平均值预测法。如果按照8位专家第三次判断的平均值计算，则预测这个新产品的平均销售量为：

（415+570+770）÷3＝585

（2）加权平均预测法。将最可能销售量、最低销售量和最高销售量分别按0.50、0.20和0.30的概率加权平均，则预测平均销售量为：

570×0.5+415×0.2+770×0.3＝599

（3）中位数预测法。用中位数计算，可将第三次判断按预测值高低排列如下：

最低销售量：300、370、400、500、550。

最可能销售量：410、500、600、700、750。

最高销售量：600、610、650、750、800、900、1250。

最高销售量中位数为第四项数字：750。

将最可能销售量、最低销售量和最高销售量分别按 0.5、0.2、0.3 的概率加权平均，则预测平均销售量为：

$600 \times 0.5 + 400 \times 0.2 + 750 \times 0.3 = 605$

综上所述，由三种不同的计算方法得出的结论，都可作为预测值的参考。

（四）优点及局限

1. 该方法的优点

该方法的优点主要包括以下几个方面（但不限于）：

（1）由于观点采用匿名或"背靠背"的方式，德尔菲法能使人际冲突趋于最小。

（2）所有观点有相同的权重，避免名人占主导地位的问题。

（3）人们不必一次聚集在某个地方。

（4）可以私密地获得结果。

（5）对结果拥有所有权。

（6）多次反馈，可以不断修正预测意见，使预测结果比较准确可靠，使专家的意见逐渐趋同。

2. 该方法的局限性

（1）这是一项费力、耗时的工作。

（2）要求组织者有较强的组织能力和专业能力。

（3）参与者要能进行清晰的书面表达。

（4）专家意见未必能反映客观现实，主要凭专家的主观判断，缺乏客观标准。

四、检查表法

（一）方法简介

检查表（Check-Lists）是反映危险、风险或控制故障的清单，而这些清单通常是凭经验（要么是根据以前的风险评估结果，要么是因为过去的故障）进行编制的。

检查表法实际上是一种多路思维的方法，人们根据检查项目，可以一条条地想问题。例如，它为什么是必要的（Why），应该在哪里完成（Where），应该在什么时候完成（When），应该由谁完成（Who），究竟应该做些什么（What），应该怎样去做它（How）。这样做不仅有利于系统地和周密地想问题，使思维更加条理性，也有利于较深入地发掘问题和有针对性地提出更多的可行设想。这种方法后来被人们逐渐充实发展，并引入了为避免思考和评论问题时发生遗漏的"5W1H"检查法，最后逐渐形成了今天的"检查表法"。

检查表法可用来识别危险及风险或者评估控制效果。它可以用于产品、过程或系统生命周期的任何阶段。它可以作为其他风险评估技术的组成部分使用，但最主要的用途是，在运用了旨在识别新问题的更富想象力的技术之后，检查一下是否还有遗漏问题。

（二）应用说明

1. 输入

输入是指有关某个问题的事先信息及专业知识。例如，可以选择或编制一个相关的、最好是经过验证的检查表。

2. 处理过程

具体步骤如下：

（1）确定工作目标、活动范围等。

（2）选择一个能充分涵盖整个范围的检查表，在进行风险识别时，不可使用标准控制的检查表来识别新的危险或风险。

（3）使用检查表的人员或团队应熟悉过程或系统的各个因素，同时应该审查检查表上的项目是否有缺失。

3. 输出结果

输出结果取决于应用该结果的风险管理过程的阶段。例如，输出结果可以是不全面的控制清单或风险诱因列表等。

（三）应用举例（见表2-6）

表2-6　应用举例

序号	检查的方面	检查点（检查的具体内容）	检查结果
1	对采购过程进行控制的总体情况	向供应部负责人询问控制采购过程的主要方法，了解公司对采购产品（包括外包产品）的控制方法	—
		检查公司采购产品分类清单（包括外包产品）	
		必要时，到技术部了解对采购产品的要求，查证产品分类清单的正确性	
2	对供方进行评价和控制的情况	向供应部负责人了解物资供方和外包供方应达到的要求，询问对供方选择、评价和再评价准则的制定原则和方法	—
		查对检查物资供方和外包供方选择、评价和再评价的准则，内容是否齐全，该准则是否为经过批准的有效版本，请供应部提供所有供方的评价记录及资料，从物资供方和外包供方中各抽3~5家，对照相应的评价准则查阅对其评价的记录及其相应的证实资料是否符合要求	
		向供应部负责人了解对供方控制的程序和方法并请其提供供货情况的记录，检查是否对供货业绩欠佳的供方提出改进要求，效果如何，是否进行再次评价，检查相应评价记录	

第二章　目标设定与风险识别

序号	检查的方面	检查点（检查的具体内容）	检查结果
3	核实对供方评价的准则的制定以及对供方进行控制的情况	向质检部负责人核实对供方评价及再评价的准则的制定过程	—
		必要时，核查供方供货记录	
4	采购信息内容的充分性与适宜性及其审批情况	向供应部负责人了解如何确定采购产品的要求，其依据是什么	—
		从 A、B、C 三类产品中各选出 3 种产品，查阅其采购信息（如采购计划、采购合同等的内容）是否正确齐全，质量要求是否明确，是否得到有关人员审批	
		向技术部负责人了解提供采购产品资料的情况	
5	采购产品的验证情况	向供应部负责人了解对采购产品进行验证的方式，是否有派质检人员到供方处进行验证的情况，是否有顾客直接到供方处进行验证的情况，如有，请其提供有关合同或协议并请其说明如何安排验证，检查相应的验证记录	—
		请供应部提供近 3 个月对采购产品的验证记录，从中抽 5~7 份在公司处对采购产品进行验证的记录，看其是否符合有关的验收准则，抽 3~5 份在供方处对采购产品进行验证的记录，看其是否符合有关协议或合同及有关验收准则的要求	

（四）优点及局限

1. 检查表法的优点

（1）非专家人士可以使用。

（2）如果编制精良，可将各种专业知识纳入到便于使用的系统中。

（3）有助于确保常见问题不被遗忘。

2. 方法的局限性

（1）会限制风险识别过程中的想象力。

（2）论证了"已知的已知因素"，而不是"已知的未知因素"或是"未知的未知因素"。

（3）鼓励"在方框内画钩"的习惯。

（4）往往基于已观察到的情况，因此会错过还没有被观察到的问题。

五、财务报表分析识别法

通过报表数据分析识别企业的偿债能力、盈利能力、资金结构状况等，可发现潜在的风险因素。

（一）Z、A 模型识别法

1. Z 值模型

Z 值模型（Altman's Z-Score Model）是用来预测企业是否面临破产的模型，模型中的 Z 值通过几个财务比例计算出来，财务比率从不同角度反映了企业财务的健康程度，而计算财务比率用到的基础数据可以从企业公布的财务报告中获得。构建 Z 值模型的第一步是选择能把正常企业与破产企业区分开来的关键指标，第二步是计算每一指标的加权系数。

如果 Z 值较高，则企业比较健康，如果 Z 值较低，则企业潜在的破产可能性就较大。Altman 教授在 1968 年分析了美国破产企业和非破产企业的 22 个会计变量和 22 个非会计变量，从中选取了 5 个关键指标，并建立了 Z 值模型。Altman 以 33 家破产公司和相对应的 33 家非破产公司为样本进行检查后发现，Z 值正确预测了 66 家公司中 63 家的命运。英·德等国近年来的研究也说明了 Z 值在预测公司财务状况中的作用。根据实证分析，Altman 提出了判断破产风险的临界值：当 Z 值大于 2.9 时，表明不存在破产风险；当 Z 值小于 1.2 时，表明公司具有较大的破产风险；当 Z 值介于 1.2~2.9 时被称为"灰色地带"，表明公司的财务状况不理想，存在一定的破产风险。

2000 年，其最新成果中将 Z 值模型修改如下：

$$Z = 0.717(X1) + 0.847(X2) + 3.107(X3) + 0.420(X4) + 0.988(X5)$$

式中，X1 代表营运资本/总资产；X2 代表累计留存收益/总资产；X3 代表息税前利润/总资产；X4 代表所有者权益的账面价值/总负债；X5 代表销售收入/总资产。

此后，研究者又开发了类似的模型，区别在于选择不同的财务指标和对应的系数。Z 值模型的主要问题是：①模型是线性的，但各个比率之间的关系可能是非线性的；②财务比率基本来源于以企业账面价值为基础的数据。

Z 值模型明显的缺陷是财务比率要依赖企业公开报表提供的数据来计算，而处于财务困境中的企业往往会使用"投机性会计"粉饰企业的会计报表，以误导公众，扭曲企业的财务状况。

2. A 值模型

A 值模型，又称巴萨利模型，由亚历山大·巴萨利（Alexander Bathory）提出，试图解决 Z 值模型的缺陷，是一个以更客观的判断为基础的企业破产预测模型。该模型列出了与破产有关的各种不良现象，并给每个现象规定了一个最高分值，评价时，给企业打出每一项相应的分数，然后相加，分数越高，情况越差。总分 100 分，如果某一企业分数超过 25 分，就有破产的可能。

A 值模型的比率如下：①（税前利润+使用时长+折旧+递延税）/流动负债（银行借款、应付税金、租赁费用）；②税前利润/营运资本；③所有者权益/流动负债；④固定资产净值/负债总额；⑤营运资本/总资产。

上述①~⑤的综合是该模型的最终指数，低指数或负指数均表明公司前景不好。

各比率的作用：①衡量公司业绩；②衡量营运资本回报率；③衡量股东权益对流动负债的保证程度；④衡量扣除无形资产货物的净资产对债务的保证程度；⑤衡量流动性。

A值模型是Z值模型更普遍的应用。据调查，A值模型的准确率可达到95%。A值模型的最大优点在于易计算，同时，它还能衡量公司实力大小，广泛适用于各种行业。

从以上模型分析可以看出传统模型的一般特点：①以定性分析为主；②只分析单项贷款；③较少考虑宏观经济因素的影响。

（二）财务危机"五率"识别法

国外公司在进行财务风险识别时，常常采用具有高度概括性的财务"五率"识别法，分析、识别、考察财务的稳定性。

1. 流动率

$$流动率 = \frac{流动资产}{流动负债}$$

理想值：欧美为2，日本为1.5。大于理想值，企业经营缺乏活力；小于理想值，则不稳定。

2. 速动率

$$速动率 = \frac{速动资产}{流动负债} = \frac{流动资产 - 存货}{流动负债}$$

速动率也称酸性比率，理想值为1。

3. 固定率

$$固定率 = \frac{固定资产}{自有资产}$$

理想值是越小越好，最起码应小于1。

4. 固定长期适合率

$$固定长期适合率 = \frac{固定资产}{自有资金 + 长期负债}$$

理想目标值小于1。

5. 自有资本率

$$自有资本率 = \frac{自有资金}{总资产}$$

理想值为0.6，大于此值则活力不足；小于此值则活力不稳定。

（三）财务会计与统计指标分析识别法

财务会计与统计指标分析法是指通过财务、会计、统计指标数据，分析企业的生存状态、运营情况、经营结果及未来趋势，并与设定的风险评价标准进行比较，分析组织目标实现的可能差异性，如表2-7所示。

表2-7　企业生存、运作、盈利能力的测算

会计分析	比率分析	按分析主体划分	从投资者角度	销售利润率、销售成本利润率、总资产报酬率、净资产报酬率、资本收益率、资本保值增值率、市盈率、每股股利、股价市场风险、股利支付率10个指标
			从债权人角度	流动比率、速动比率、资产负债率、权益比率、存货周转率、销售利润率6个指标
			从社会角度	社会贡献率、社会积累率、产品销售率等
			从经营者角度	主要看财务状况和运营状况及结果
		按内容划分	方法一	营业评价比率、流动性评价比率、外债风险评价比率、股本收益评价比率等
			方法二	流动性评价比率、盈利性比率、长期偿债能力比率（利息保证倍数）、市场检验（市盈率）
			方法三	收益性比率、流动性比率、安全性比率、成长性比率、生产性比率
			方法四	盈利性比率、投资收益率、流动性比率、偿债能力比率
		按财务报表划分		资产负债表比率、利润表比率、现金流量表比率、BS/PL、BS/CFS、PL/CFS等
	因素分析	连环替代法		
		差额计算法		
统计分析	趋势分析法			发展水平、增长水平、增长率
	比率分析法			环比、定基、指数等

风险分析的结果通常以文字、问卷、流程图、统计图、统计表等形式反映出来，分析结果是为了确定特定风险的性质、风险程度。风险程度具体指风险损失的绝对额、可能性概率、发生频率等。

六、蒙特卡罗方法

蒙特卡罗方法是一种随机模拟的数学方法。该方法用来分析评估风险发生的可能性、风险的成因、风险造成的损失或带来的机会等变量在未来变化的概率分布。具体操作步骤如下：

（1）量化风险。将需要分析评估的风险进行量化，明确其度量单位，得到风险变量，并收集历史相关数据，如图2-4所示。

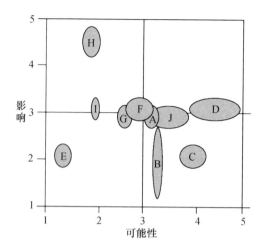

图 2-4　矩阵风险

注：A 为报酬；B 为认可；C 为裁员；D 为人口统计状况；E 为就业市场；F 为绩效评价；G 为沟通；H 为工作场所安全性；I 为职业发展；J 为工作多样性。

（2）根据对历史数据的分析，借鉴常用的建模方法，建立能描述该风险变量在未来变化的概率模型。建立概率模型的方法很多，如差分和微分方程方法、插值和拟合方法等。这些方法大致分为两类：一类是对风险变量之间的关系及其未来的情况做出假设，直接描述该风险变量在未来的分布类型（如正态分布），并确定其分布参数；另一类是对风险变量的变化过程做出假设，描述该风险变量在未来的分布类型。

（3）计算概率分布初步结果。利用随机数字发生器，将生成的随机数字代入上述概率模型，生成风险变量的概率分布初步结果。

（4）修正完善概率模型。对生成的概率分布初步结果进行分析，用实验数据验证模型的正确性，并在实践中不断修正和完善模型。

（5）利用该模型分析评估风险情况。正态分布是蒙特卡罗方法中使用最广泛的一类模型。通常情况下，如果一个变量受很多相互独立的随机因素的影响，而其中每一个因素的影响都很小，则该变量服从正态分布。在自然界和社会中，大量的变量都满足正态分布。描述正态分布需要两个特征值：均值和标准差，其密度函数和分布函数的一般形式如下：

密度函数：$\varphi(x) = \dfrac{1}{\sigma\sqrt{2\pi}} e^{-\frac{(x-\mu)^2}{2\sigma^2}}$, $-\infty < x < +\infty$

分布函数：$\Phi(x) = P(X \leqslant x) = \displaystyle\int_{-\infty}^{x} \dfrac{1}{\sigma\sqrt{2\pi}} e^{-\frac{(x-\mu)^2}{2\sigma^2}} dt$, $-\infty < x < +\infty$

式中，μ 为均值，σ 为标准差。

由于蒙特卡罗方法依赖于模型的选择，因此，模型本身的选择对于蒙特卡罗方法计算结果的精度影响甚大。蒙特卡罗方法计算量很大，通常需要借助计算机完成。

七、关键风险指标分析

一项风险事件发生可能有多种成因，但关键成因往往只有几种。关键风险指标管理是对引起风险事件发生的关键成因指标进行管理的方法。具体操作步骤如下：

（1）分析风险成因，从中找出关键成因。

（2）将关键成因量化，确定其度量，分析确定风险事件发生（或极有可能发生）时该成因的具体数值。

（3）以该具体数值为基础，以发出风险预警信息为目的，加上或减去一定数值后形成新的数值，该数值即为关键风险指标。

（4）建立风险预警系统，即当关键成因数值达到关键风险指标时，发出风险预警信息。

（5）制定发出风险预警信息时应采取的风险控制措施。

（6）跟踪监测关键成因数值的变化，一旦出现预警，即实施风险控制措施。

本书以易燃易爆危险品储存容器泄漏引发爆炸的风险管理为例加以说明。容器泄漏的成因有使用时间过长、日常维护不够、人为破坏、气候变化等，但容器使用时间过长是关键成因。例如，容器使用最高期限为 50 年，人们发现当使用时间超过 45 年后，则易发生泄漏，这里的 45 年即为关键风险指标。为此，制定使用时间超过 45 年后需采取的风险控制措施，一旦使用时间接近或达到 45 年时，发出预警信息，即采取相应措施。

该方法既可以管理单项风险的多个关键成因指标，也可以管理影响企业主要目标的多个主要风险。使用该方法，要求风险的关键成因分析准确，且易量化、易统计、易跟踪监测。

八、压力测试

压力测试是指在那些具有极端影响事件的情境下，分析评估风险管理模型或内控流程的有效性，发现问题，制定改进措施的方法。它与情境分析中关注正常规模的变化相反，压力测试一般被用作概率度量方法的补充，用来分析那些通过与概率技术一起使用的分布假设可能没有充分捕捉到的低可能性、高影响力的事件的结果。与敏感性分析类似，压力测试通常用来评估经营事项或金融市场中各种变化的影响。例如：

（1）产品生产缺陷的增加。

（2）外汇汇率的变动。

（3）衍生工具所基于的基础因素价格的变动。

（4）固定收益投资组合价值的利率增加。

（5）生产厂家运营成本的能源价格提高。

压力测试的目的是防止出现重大损失事件。具体操作步骤如下：

（1）针对某一风险管理模型或内控流程，假设可能会发生哪些极端情境。极端情境是指在非正常情况下，发生概率很小，而一旦发生，后果十分严重的事情。假设极端情境时，不仅要考虑本企业或与本企业类似的其他企业出现过的历史教训，还要考虑历史上不曾出现，但将来可能会出现的事情。

（2）评估极端情境发生时，该风险管理模型或内控流程是否有效，并分析对目标可能造成的损失。

（3）制定相应措施，进一步修改和完善风险管理模型或内控流程。

以信用风险管理为例。例如，某企业已有一个信用很好的交易伙伴，该交易伙伴除发生极端情境，一般不会违约。因此，在日常交易中，该企业只需"常规风险管理策略和内控流程"即可。采用压力测试方法，是假设该交易伙伴将来发生极端情境（如其财产毁于地震、火灾、被盗）时，被迫违约对该企业造成了重大损失。然而该企业"常规的风险管理策略和内控流程"在极端情境下不能有效防止重大损失事件。为此，该企业采取了购买保险或相应衍生产品、开发多个交易伙伴等措施，防范该风险事件发生。

九、敏感性分析

敏感性分析是通过分析，预测项目主要因素发生变化时对经济评价指标的影响，从中找出敏感因素，并确定其影响程度。项目对某种因素的敏感程度可以表示为该因素按一定比例变化时引起评价指标变动的幅度，也可以表示为评价指标达到临界点（如内部收益率等于基准收益率）时允许某个因素变化的最大幅度，即极限变化。简言之，敏感性分析法就是测定各种对目标影响因素的变化，或对投资项目经济效益的影响程度。本书以利润敏感性分析法为例加以说明。

所谓利润敏感性分析就是研究当制约利润的有关因素发生某种变化时，对利润所产生的影响的一种分析方法。影响利润的因素很多，如售价、单位变动成本、销售量、固定成本等。在现实经济环境中，这些因素是经常发生变动的。有些因素增长会导致利润增长（如单价），而另一些因素降低才会使利润增长（如单位变动成本）；有些因素略有变化就会使利润发生很大的变化，而有些因素虽然变化幅度较大，却只对利润产生微小的影响。所以对一名企业管理者来说，不仅需要了解哪些因素变动对利润增减有影响，而且还需要了解影响利润的若干因素中，哪些因素影响大，哪些因素影响小。

那些对利润影响大的因素我们称之为敏感因素，反之，则称之为非敏感因素。反应敏感程度的指标是敏感系数：

某因素的敏感系数=利润变化（％）/该因素变化（％）

其判别标准是：

（1）敏感系数的绝对值>1，即当某影响利润因素发生变化时，利润会发生更大程度的变化，该影响因素为敏感因素。

（2）敏感系数的绝对值<1，即利润变化的幅度小于影响因素变化的幅度时，该因素为非敏感因素。

（3）敏感系数的绝对值=1，即影响因素变化会导致利润相同程度的变化，该因素也为非敏感因素。

一般而言，在对利润产生影响的各因素中，灵敏度最高的为单价，最低的是固定成本，销售量和单位变动成本介于两者之间。作为企业的管理者，在掌握了各有关因素对利润的敏感程度之后，下面的任务就是如何利用敏感性分析帮助决策，以实现企业的既定目标。在这里，抓住关键因素，综合利用各有关因素之间的相互联系采取综合措施，是成功的关键。

十、期望—标准差法

1952年3月，美国经济学家马柯维茨在《金融杂志》上发表的《资产组合的选择》一文，将统计学中期望与方差的概念引入资产组合问题的研究，提出用资产收益的期望来度量预期收益，用资产收益的标准差来衡量风险的思想，将风险定量化，为金融风险的研究开辟了一条全新的思路。首次在此基础上研究了证券资产的投资组合问题，并引入了系统风险和非系统风险的概念，给出了在一定预期收益率水平下使投资风险达到最小化的最优投资组合计算方法，改变了过去以常识或经验等定性衡量风险的方法。资产组合理论的基本思想是风险分散原理。应用数学二次规划建立起一套模式，系统地阐述了如何通过有效的分散化选择最优组合的理论与方法。资产组合理论以方差作为度量风险的方法，方差方法的优劣决定着资产组合模型的有效性。方差有良好的数学特征，在用方差度量金融或证券资产组合的总风险时，组合的方差可以分解为组合中单个资产收益的方差和各个资产收益之间的协方差，这是马柯维茨资产组合理论在技术上可行的基础。但从其诞生之时起，以方差度量风险的方法就承受着众多的质疑和批评，法玛、依波特森和辛科费尔镕等对美国证券市场投资收益率分布状况的研究以及布科斯特伯、克拉克对含期权投资组合的收益率分布研究等，基本否定了方差度量方法的理论前提——投资收益的正态分布假设。马柯维茨自己也承认："除了方差之外，存在着多种风险衡量方法的替代，其中理论上完美的度量方法应属半方

第二章 目标设定与风险识别

差方法。"

在利用该方法时应遵循以下步骤或注意以下几点：

（1）确定某一行动结果的变动性，即概率分布。例如，对 2007 年利润的预测为：在市场销售状况良好时利润为 100 万元，在市场销售状况一般时利润为 60 万元，在市场销售状况较差时利润为 30 万元，而市场销售状况良好、市场销售状况一般、市场销售状况较差三种市场状况出现的概率分别为 20%、50% 和 30%。由于三种市场状况出现的概率之和为 100%，因而符合风险价值计算的要求。

（2）计算该行动的期望值，即上述概率分布中所有未来收益的加权平均值。其计算公式如下：

$$E = E_i \times P_i \quad (i = 1, \cdots, n)$$

式中，E_i 为概率分布中第 i 种可能结果，P_i 为概率分布中第 i 种可能结果的相应概率。按上述资料，2007 年期望收益值为：

$$E = 100 \times 0.2 + 60 \times 0.5 + 30 \times 0.3 = 59 \ （万元）$$

应强调的是，2007 年期望收益值为 59 万元，是各种未来收益的加权平均数，它并不反映风险程度的大小。

（3）离散程度，反映各随机变量（如上例中 2007 年预计收益）偏离期望收益值（如上例中 2007 年的 59 万元）的程度，是反映风险程度大小的重要指标。有方差、标准离差、标准离差率三项指标，需要说明的是，方差和标准离差都属于绝对额指标，在单一方案的选择时功能是一样的，也都不适用于多方案的选择；而标准离差率是标准离差与期望收益值的比率，属于相对数指标，常用于多方案的选择。

（4）风险决策。为了正确进行风险条件下的决策，对单个方案往往是将该方案的标准离差（或标准离差率）与企业设定的标准离差（或标准离差率）的最高限值比较，当前者小于或等于后者时，该方案可以被接受，否则予以拒绝；对多个方案则将该方案的标准离差率与企业设定的标准离差率的最高限值比较，当前者小于或等于后者时，该方案可以被接受，否则予以拒绝。只有这样，才能选择标准离差最低、期望收益最高的最优方案。

十一、风险价值（VaR）模型

风险价值（VaR）也称在险值模型是建立在一个项目或一组项目价值变化的分布假设基础上，预计它在一个规定的时期内不会超过一个给定的置信度。这些模型被用来估计那些与其很少发生的价值变化的极端范围，如估计那些预计不超过 95% 或 99% 置信度的损失水平。管理部门选择预期的置信度和时间范围，在此基础上部分地根据风险容限进行风险评估。

风险价值度量有时会用于通过以特定时间范围内的较高置信度弥补可能损失所需要的资金，以合理配置业务单元所需要的资金。资金度量期间，该值的预计设定与评估期间一致。

风险价值（VaR）的定义是在正常的市场条件和给定的置信度内，任何一种金融资产或证券投资组合在既定时期内所面临的市场风险大小和可能遭受的最大潜在损失。

设 P_0 表示资产在初始时刻的价格，P_t 为 t 时刻的价格，经过 t 时间后，市场价格的变化为 P_t-P_0，即损益在 $1-\alpha$ 的置信度下，不超过 VaR（记为 VaR^P，上标 P 表示基于价格）。用数学公式表示：

$Prob(P_t-P_0 \geq -VaR^P) = 1-\alpha$

定义 $r_t = \ln P_t - \ln P_{t-1}$ 为 t 时刻的单期收益率，定义 $R_t = \Sigma r_t$ 为 t 期收益率，VaR^R 为 R_t 在置信度 $1-\alpha$ 下的最坏情况（通常为负数，上标 R 表示基于收益率），即：

$Prob(P_t \geq VaR^R) = 1-\alpha$

RobertF（1999）证明了 VaR^P 和 VaR^R 之间的转换关系式，即：

$VaR^P = P_0(1-e^{VaR^R})$

如果得到了 R_t 的分布，就可以求出指定置信度下的 VaR^R，再由前式即可得到基于价格的 VaR^P。

例如一笔价值 1000 万元的投资，每天波动率为 1%，确定在 100 个交易日，求置信水平为 99% 的 VaR 值。利用基本的概率统计知道：

$$VaR = 1000 \times \sqrt{100} \times 1\% \times 99\%（正态分布置信区间边界）$$
$$= 1000 \times 10 \times 1\% \times 2.326 = 232.6（万元）$$

风险管理人员根据这个结果，可以知道在 100 天之内，有 99% 的把握，将损失控制在 232.6 万元之内。

在正态分布下不同置信水平的单尾检验数值如下：

置信水平（%）	90	95	97.5	98	99	99.9	99.99
单尾检验	1.282	1.645	1.960	2.054	2.326	3.090	3.719

计算 VaR 常用的方法主要有三种：历史模拟法 HS（History Simulation）、方差—协方差法 VCM（Variance-Covariance Method）和蒙特卡罗模拟法 MCS（Monte Carlo Simulation）。模拟方法的具体操作在此不做过多要求，有兴趣的读者可参考计量经济学的相关书籍。

十二、动因分析识别法

它是按引发风险产生的动因寻找分析形成风险的源泉，以便制订应对方案。

1. 因果分析法

实践中导致风险事故的因素很多，通过对这些因素进行全面系统的观察和分析，可以找出其中的因果关系，并为以后规避风险指出方向。该方法是日本东京大学教授石川馨于 1953 年首次提出，而后被许多国家和企业在风险管理中运用。具体操作程序是：

（1）绘制因果图。因果图法是一种用于分析风险事故与形成风险事故原因之间关系的比较有效的分析方法。在风险管理中，导致风险事故的原因可以归纳为类别和子原因，据此画出形似鱼刺的图，所以该工具又称为鱼骨图（见图 2-5）。因果图是按照以下步骤绘制的：

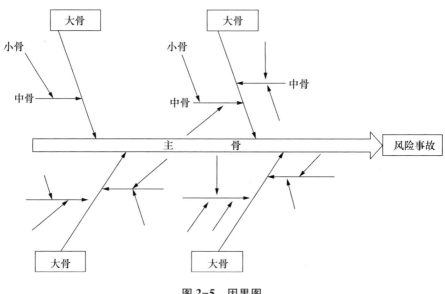

图 2-5　因果图

1）确定风险事故。因果图中的风险事故是根据具体的风险管理目标确定的，因果图分析有助于识别风险事故。

2）将风险事故绘在图纸的右侧。从左至右画一个箭头，作为风险因素分析的主骨，接下来将影响结果的主要原因作为大骨，即风险分析的第一层次原因。

3）列出影响大骨（主要原因）的原因作为中骨，作为风险分析的第二层次原因；用小骨列出影响中骨的原因，作为风险分析的第三层次原因，依次类推。

4）根据影响风险事故各因素的重要程度，将对风险事故产生显著影响的重要因素标示出来，有助于识别导致风险事故的原因。

5）记录必要的相关信息。在因果图中，所有的因素与结果不一定有紧密的联系。将对结果有显著影响的风险因素做出标记，可以比较清楚地再现风险因素和风险事故的内在联系。

从图 2-5 中可以看出，导致风险事故的因果图中，风险事故与主骨、大骨、中骨和小骨之间存在着逻辑上的因果关系。其中，主骨在引发风险事故的过程中起决定作用，大骨、中骨和小骨在因果图中是起次要作用的因素。但是，就具体的大骨、中骨和小骨来说，每一骨所起的作用也是不同的。尽管如此，这些因素也会引起主骨的变化，最终导致风险事故的发生。例如，某企业产品制造工序中，尺寸不合格产品占不合格产品的 80%。因此，风险识别的重点放在了导致尺寸不合格的风险因素上。根据车间人员讨论的导致产品尺寸不合格的原因，再绘制出因果图，如图 2-6 所示。

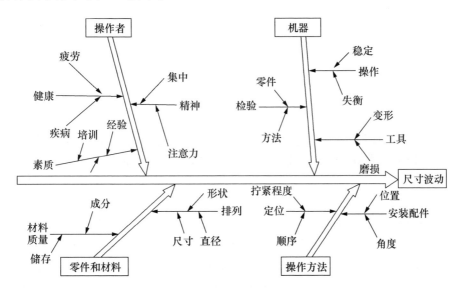

图 2-6 尺寸不合格产品因果图

根据调查发现，装配位置是产生不合格产品的重要原因。尽管在操作标准中，对装配位置有所规定，但是，由于装配方法没有用图示表示出来，这使装配位置不尽一致，导致产品尺寸不合格，于是车间管理人员设计了适当的装配方法，并用图表示出来，进行标准化管理，并加到员工的作业标准管理中。

（2）绘制因果图的注意事项。在绘制因果图时，应注意以下几个方面的问题：

1）重要原因不遗漏。确定引发风险事故的原因时，需要充分调查引发风险事故的各种原因，尽可能找出影响结果的重要原因，以免遗漏。在引发风险的各种原因中，确定重要原因对结果造成的影响是因果图分析的关键；确定为非重要原因的，可以不绘制因果图。

2）确定原因要具体。如果确定的导致风险的原因很抽象，分析出来的原因只能是一个大概，尽管这种因果图不会出现太大的错误，但是，对于解决问题的作用不大。

3）根据结果分别绘制。例如，同一批产品的长度和重量都存在问题，这需要绘制两张因果图来分析长度和重量波动的原因。若许多结果用同一张因果图来分析，势必使因果图庞大而复杂，管理的难度大，难以找到主要原因及解决问题的对策。

4）因果图的验证。如果对导致风险事故的原因不能够采取措施加以解决，说明问题还没有得到解决，需要进一步细分原因，直到能够采取相应的措施为止；不能采取措施的图形，不能称为因果图。

因果图在使用的过程中，需要不断地加以改进。例如，有些因素需要删减，有些因素需要修改，还有些因素需要增加。在反复改进因果图的过程中，可得到对识别与抑制风险有用的因果图。

（3）因果图分析的局限性。因果图分析具有以下几方面的局限：

1）对于导致风险事故原因调查的疏漏，会影响因果图分析的结论。

2）不同风险管理者对风险因素重要程度的认识不同，会影响因果图分析的结论。

3）风险管理者的观念影响因果图识别的结论。因此，在运用因果图分析问题时，可以采取数据分析法来分析风险因素的重要性，这种分析比较科学，又合乎逻辑。

2. 风险驱动因素分析识别法

风险驱动因素是指引起风险发生的内、外部条件。例如，车祸事故产生的驱动因素可能是：①司机大量饮酒、司机睡眠不足、技术欠佳、行车中精神不集中玩手机、思考其他问题；②汽车刹车失灵、临时出现故障、道路塌陷、对面来车司机意识问题。这些都是产生车祸的驱动因素。正确分析风险驱动因素有利于防范风险的产生。风险驱动因素分析示意如图 2-7 所示。

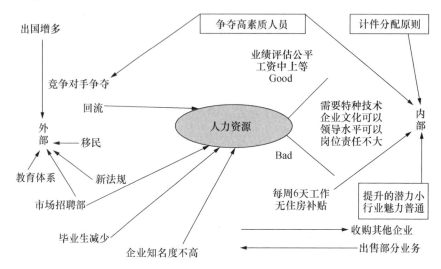

图 2-7　风险驱动因素分析示意图

（1）动因分析应从以下问题思考：

1）什么是风险的驱动因素，包括损失性风险驱动因素和机会性风险驱动因素。

2）什么是潜在事项，包括潜在损失性风险事项和机会性风险事项。

3）什么是风险损失和收益结果。

4）什么是诱发风险的原因。

5）风险可能发生的地点。

6）风险可能发生的时间。

7）关联风险因素、关联事件可能产生的影响后果。

8）对企业现有风险治理手段的有效性进行识别，包括对内部控制有效性识别。

（2）可以从以下思路分析风险诱发原因：

1）外部环境的变化。

2）人的行为失误（商务操作过程不规范或有缺陷、延误）。

3）商务活动管理不善（如资产保管防护不严、人的技能局限、沟通不畅、企业内部控制实施不力）。

4）信息来源不可靠。

5）企业决策失误。

6）机会成本（人力与财力资源配置不佳，决策失误造成潜在损失）。

7）商务欺诈、舞弊造假（道德丧失操守）。

8）操作意外事件（设备不正常、灾害等）。

9）系统或技术选择缺陷。

十三、目标导向识别法

目标导向实质上与风险清单识别方法相似，根据企业风险管理教程，按识别导向归纳为四大类别：

（1）目标导向风险识别：组织或项目小组有目标。任何可能危及部分目标获得的事件都被识别为风险。目标导向是 COSO 的基础。

（2）情境导向风险识别：在情境分析中，创造出不同的情境。情境可以是达到目的的不同方式，或作用力交互作用的分析，如市场、战争。任何触发不希望出现的事件都被识别为风险。

（3）分类导向风险识别：此处的分类是风险源的可能事故结果。依据分类和优秀实践的知识，编辑一个问题集合，对问题的回答反映出风险。分类导向是英国 AIRMIC/ALARM/IRM（2002）风险识别大框架。

（4）经验导向风险识别：经验化为知识库，如将常见风险做成检查表，进行对照。在一些行业，可以列出已知风险。检查表中的每项风险有相应的对策。

以下介绍在 ERM 时代被最为广泛应用的识别企业整体层面风险的几个框架。

英国 AIRMIC/ALARM/IRM（2002）分类：按战略风险、操作风险、财务风险和危害性风险四大板块进行分类识别风险，并且每一类又按外部和内部驱动因素细分识别。英国标准首次清晰地将威胁/机会的同时识别过程以标准的形式较为详细地展示出来。这是英国标准的一大特点，如图2-8所示。

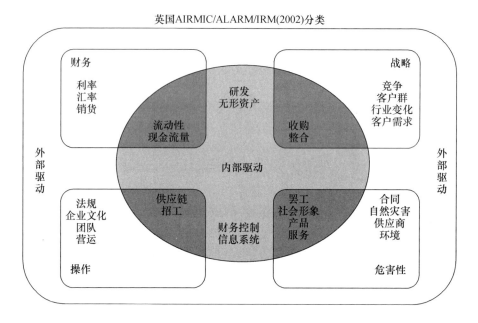

图 2-8　风险识别示意图

美国 COSO—ERM2004 分类：按企业战略目标、经营目标、报告目标和合规目标四大类目标进行分类。通过企业实现某一中心目标为线索，找出企业完成该目标的风险容忍度（或风险容限），并且找出在实现这一指标的过程中可能的风险损失事件和可能的风险机会事件。

现代企业商务分析框架方法（Business Analysis Framework，BAF）：通过考虑企业中影响财务报表的板块和问题来识别风险，这是一种经验导向型风险识别方式，按环境、信息、供应商、客户、竞争者、所有者、经营过程、管理价值框架分类。

澳大利亚/新西兰 AS/NZS 4369 1999：该标准以可控制和不可控制两大类别风险为基调提出了划分企业风险的框架，包括商务运作中的法律纽带风险、经济波动风险、行为风险、自然中的事件、政治波动风险、技术风险、管理活动和控制风险、个体活动风险。

十四、目标风险识别法

风险识别方法技术的选择与风险评估的范畴及目的有关，不同的风险评估目的应采用不同的方法技术。下面介绍几种常见的目标风险识别法。

（1）经营目标风险识别法，它是 COSO—ERM2004 框架中大力提倡的一种识别风险的方法。它既围绕着企业某一特定目标寻找影响这一目标实现的潜在风险，同时又围绕着识别目标寻找相关机会。接下来将识别出的不利风险与企业预先设定的风险容限值进行比较，进而决定对识别出来的风险是否可以接受，或者需要进一步治理。可见使用这种方法在识别出关键负面风险后，一般还要制定相应的治理措施和紧急的应对措施。另外，值得一提的是，与其他方法相比该方法的局限性较小。

经营目标风险识别如表 2-8 所示。

表 2-8　经营目标风险识别

经营目标	保持年度企业运营流动资金水平 800 万美元/月
计量单位	• 流动资金用美元计算 • 利率升降以百分数表示
风险容忍度	• 流动资金 650 万~1100 万美元 • 利率波动+2%~-5%
潜在风险事项	• 现金被盗，意外事件导致现金短缺 • 利率升 1%，导致流动资金贷款成本增加 1 美元
财务持续的措施 减小风险的措施	• 现金短缺 　措施：①增加贷款；②卖掉一部分证券资产；③股东集资 • 利率升 1% 　措施：①减少贷款；②收紧应收账政策；③卖掉一部分证券资产
潜在机会事项	• 原材料降价，流动资金过剩
增进机会措施	• 原材料降价 　措施：增加降价原材料的库存量、购置部分新的物资、购买短期票据

（2）关键业绩指标识别法。它是围绕着企业的关键业绩识别相关风险因素，通常是在平衡计分卡上为每一个关键业绩绘制风险图，随时观察风险动态。其局限性在于与企业业绩不具有直接关系但对企业的生存有重大影响的关键性风险不易被识别出。

十五、现场调查识别法

它是风险经理到风险事故现场进行调查的一种方法。通过直接观察现场可以深入了解到各种设备及所进行的操作，外部环境和内部环境的条件，产生的驱动因素，有利于拟定风险防范政策。

在进入现场调查前要做好充足的准备，对所要调查的部门及其风险暴露，应有大致安排，准备好调查提纲及调查表，对表内每一个项目应进行详细填写。在调查中应该注意听取第一线现场人员意见，他们对存在风险、事故根源、未来趋势、应对方法策略最清楚。

十六、调查问卷法

表2-9是某受管制行业中的一个软件开发公司评价实施新信息系统的相关风险所使用的调查问卷。

表 2-9　评估中使用的调查问卷

新系统实施的风险评估			
目标：实施一个新信息系统来监督法规的遵循情况 风险：完成这个项目需要比预期更长的时间			
类别	问题	回　答	风险级别
职员	职员在这个项目上的经验是什么	至少有一名职员以前已经成功地实施过这个系统 至少有一名职员以前已经实施过这个系统，但得到了混合结果 没有小组成员曾经这样做过，或做过但得到否定的结果	低 中 高
管理过程	这个管理小组的稳定性如何	稳定的管理小组，平均任期超过 2 年 变化的管理小组，平均任期在 1~2 年 新的管理小组，平均任期不到 1 年	低 中 高
卖主	对技术卖主的了解如何	与联盟伙伴扩展当前服务 与现有卖主的新服务 新卖主	低 中 高
实施过程	实施过程的制定情况如何	被证实的方法 现有方法适用，但使用后产生混合结果 新方法	低 中 高
监管	对监管要求的了解如何	监管要求制定得很完善 监管要求不清楚或要定期修改 监管要求不被所知或经常进行实质性变动	低 中 高
连续性计划	该项目连续性计划的测试情况如何	为这个新的应用成功地测试了连续性计划 测试了新应用连续性计划，识别出需要调整的重要事项 新应用没有适当的连续性计划	低 中 高

十七、其他分析识别方法

（1）自我评估控制：通过问卷调查（打分）或系列讨论会主观地评估组织各部门及其特征，识别组织重要风险。此方法对识别重要风险更有效，但主观色彩浓。

（2）损失归类：操作风险一般的损失分为人为因素、物理因素、技术因素、流程因素及外部因素。一般根据这几种分类建立损失数据库（包括损失的属性描述及损失的解释）。因此，这种方法的客观性较强。其局限性表现在：易产生损失重叠计算，不能根据给出的条件找出损失的原因。

（3）绩效分析：绩效度量反映了业务活动与公司收益之间的因果关系，绩效度量的波动性度量反映业务活动与收益风险之间的因果关系。这种方法的局限性表现在：关注绩效而非绩效波动性因素，重叠分类。

事实上，关于风险识别的方法多种多样，企业应该根据自身的商务特点，制定出符合自身特点的风险识别系统性方法，并进一步标准化风险识别的方法。英国标准所列出的常用风险识别技术或方法，如表 2-10 所示。

表 2-10　风险识别技术

英国 AIRMIC／ALARM／IRM 2002　举例

①头脑风暴
②问卷调研
③操作运营研究：探讨每个运营步骤并描述每个可能影响这些步骤的内部程序及外部因素
④行业标准对照
⑤风险评估研讨会
⑥事故调查
⑦情境分析
⑧稽核与检查
⑨危害性事件及运作能力研究

第四节　收集与识别风险信息

广泛、持续不断地收集与识别影响经营目标实现的各种有利因素及不利因素，是风险管理的基础。包括内部的与外部的，历史的、现实的及未来预测的，并将收集的职责分工落实到有关职能部门及业务单位，而且还应调动广大职工参与。

第二章　目标设定与风险识别

一、按照风险类别收集风险信息

根据《指引》要求，企业应广泛、深入、持久地收集下列风险信息：

（一）在战略风险方面

企业应广泛收集国内外企业战略风险失控导致企业蒙受损失的案例，并至少收集与本企业相关的以下重要信息：

（1）国内外宏观经济政策以及经济运行情况、本行业状况、国家产业政策。

（2）科技进步、技术创新的有关内容。

（3）市场对本企业产品或服务的需求。

（4）与企业战略合作伙伴的关系，未来寻求战略合作伙伴的可能性。

（5）本企业主要客户、供应商及竞争对手的有关情况。

（6）与主要竞争对手相比，本企业的实力与差距。

（7）本企业发展战略和规划、投融资计划、年度经营目标、经营战略，以及编制这些战略、规划、计划、目标的有关依据。

（8）本企业对外投融资流程中曾发生或易发生错误的业务流程或环节。

（二）在财务风险方面

企业应广泛收集国内外企业财务风险失控导致危机的案例，并至少收集与本企业相关的以下重要信息（其中有行业平均指标或先进指标的，也应尽可能收集）：

（1）负债、负债率、偿债能力。

（2）现金流、应收账款及其占销售收入的比重、资金周转率。

（3）产品存货及其占销售成本的比重、应付账款及其占购货额的比重。

（4）制造成本和管理费用、财务费用、营业费用及其变化。

（5）盈利能力。

（6）成本核算、资金结算和现金管理业务中曾发生或易发生错误的业务流程或环节。

（7）与本企业相关的行业会计政策、会计估算、与国际会计制度的差异与调节（如退休金、递延税项等）等信息。

（三）在市场风险方面

企业应广泛收集国内外企业忽视市场风险，缺乏应对措施导致企业蒙受损失的案例，并至少收集与本企业相关的以下重要信息：

（1）产品或服务的价格及供需变化。

（2）能源、原材料、配件等物资供应的充足性、稳定性和价格变化。

（3）主要客户、主要供应商的信用情况。

（4）税收政策和利率、汇率、股票价格指数的变化。

（5）潜在竞争者、竞争者及其主要产品、替代品的情况。

（四）在运营风险方面

企业应至少收集与本企业、本行业相关的以下信息：

（1）产品结构、新产品研发。

（2）新市场开发，市场营销策略，包括产品或服务定价与销售渠道，市场营销环境状况等。

（3）企业组织效能、管理现状、企业文化，高、中层管理人员和重要业务流程中专业人员的知识结构、专业经验。

（4）期货等衍生产品业务中曾发生或易发生失误的流程和环节。

（5）质量、安全、环保、信息安全等管理中曾发生或易发生失误的业务流程或环节。

（6）因企业内、外部人员的道德风险致使企业遭受损失或业务控制系统失灵。

（7）给企业造成损失的自然灾害以及除上述有关情形之外的其他纯粹风险。

（8）对现有业务流程和信息系统操作运行情况的监管、运行评价及持续改进能力。

（9）企业风险管理的现状和能力。

（五）在法律风险方面

企业应广泛收集国内外企业忽视法律法规风险、缺乏应对措施导致企业蒙受损失的案例，并至少收集与本企业相关的以下信息：

（1）国内外与本企业相关的政治、法律环境。

（2）影响企业的新法律法规和政策。

（3）员工道德操守的遵从性。

（4）本企业签订的重大协议和有关贸易合同。

（5）本企业发生重大法律纠纷案件的情况。

（6）企业和竞争对手的知识产权情况。

企业对收集的初始信息应进行必要的筛选、提炼、对比、分类、组合，以便进行风险评估。

二、按经营业务活动收集与辨识风险

风险辨识是指查找企业各业务单元、各项重要经营活动及其重要业务流程中有哪些潜在风险，并辨清风险性质，为制定应对策略提供依据。

（一）经营决策业务相关潜在风险因素

经营决策机构的风险管理职责是按照公司的规定行使自己的职权，其主要任务是根据企业外部环境、内部环境，确定企业经营战略目标，选聘德才兼备的人才，设立组织机构和制定切实可行的章法，形成企业特有文化，提升企业价值，实现经营目标。其风险也潜伏在经营活动的全过程，而且时时处处都有。因此，企业必须发动职工参与风险管理，有效地防范或抑制风险产生、减少风险损失，确保经营目标实现。与经营决策业务相关的潜在风险因素有：

（1）为了实现企业目标、管理者所面临的道德环境和压力以及决策者风险偏好、管理层变动等风险。

（2）经营管理决策、经营目标与财务预算设定的状况是否先进、科学及面临风险。

（3）财务会计准则、会计政策与经济环境的状况及其变化风险。

（4）内部控制系统的适当性和有效性风险。

（5）组织、经营、技术和经济变化风险。

（6）员工的数量、知识水平、技能和道德行为及其变动风险。

（7）市场对产品的需求、消费者偏好、竞争条件及其变动风险。

（8）材料供应渠道、品种质量及其价格情况与变动风险。

（9）新产品、新技术出现，电子商务、网络信息技术更新变动风险。

（10）信用政策、信用标准、产品价格及营销渠道变动风险。

（11）与顾客、供应商、工商、税务及政府冲突变化的风险。

（12）资产的规模、流动性、融资、投资和业务量大小变化风险。

（13）管理决策和会计预算的执行及其变动风险。

（14）信息系统、电算化水平及其变化风险。

（15）税法及进出口政策变更、外汇汇率及其变动风险。

（16）对审计发现的认同和采取的修正措施风险。

（17）对外经济担保、资金借贷、关联交易及其变动风险。

（18）产品价格、质量功能变化及产品/服务失败或出现危机风险。

（19）商标/品牌/声誉贬值变化风险。

（20）防火、防盗、安全、环保、保卫条件及其变化风险。

（二）销售与收款业务相关潜在风险因素

销售与收款过程的不确定性潜伏：一是产品能否找到顾客；二是能否收回货款。在市场经济条件下，货款能否转化为现金，首先要求产品营销对路找到市场、满足消费者的需求；其次还要设有切实可行的应收账款信用政策，最有效收回货款。因此在确定企业的信用政策后，需要将产品销售及收款责任落实到部门及个人，才能减少这一过程的风险及其损失。

销售与收款业务潜在风险有产品市场、信用政策、账款收回、坏账发生、内外勾结造假、使产品降级降价、虚假销售、隐瞒销售、销售不入账等。

（三）采购与付款业务相关潜在风险因素

采购与应付款过程的不确定性主要潜伏于材料物资购买的有效性及货款支付的合理性。一是采购材料物资必须符合生产或服务需要，并确保按时、按量、按质供应，防止购进质次价高的生产服务不需用物资，造成长期积压形成经济损失风险。二是支付货款要合理，应享有优惠及折扣是否均已享受。因此，必须选择合理采购方式（招投标、定点或选购）、规范采购行为、明确采购责任，防范采购贿赂和抑制采购风险损失的产生。

采购与付款业务潜在风险因素有采购不需用物资/质次价高、点验入库不认真、负债确认不正确、收受贿赂及回扣、货款支付不合理等。

（四）生产作业风险相关潜在风险因素

生产作业过程的主要风险潜伏在于劳动者利用劳动手段对投入的劳动对象进行加工改造，使其成为生产或生活需要的产品或服务。为防范风险产生，生产者必须结合本职工作，按照指定品种、规格、数量、质量及时间要求提供产品或服务，并确保生产设备完好，各项耗费不超过设定额度，关注生产安全、防范风险产生。

生产作业潜在风险因素有技术滞后性，生产安全性，材料耗用失控，车间私自接活，私设仓库，各项消耗报告不实，成本核算不准，产品不能按期、按质、按量完成，生产安全等风险。

（五）人力资源风险相关潜在风险因素

企业经营战略目标确定之后，选择及配备人才是决定因素。人才的广纳招聘、选择任用、教育培训、业绩考核、薪酬制度、劳保福利等，对调动职工积极性、实现企业战略目标至关重要，同时也存在影响经营目标实现的潜在风险。人力资源部门必须结合自己职责，站在实现战略目标高度，认清人事风险危害性，做到既能协调各部门及层次之间的关系，最大限度地发挥组织效能和调动职工的积极性，又能做到组织管理成本最低，促进经营目标实现。切不可掉以轻心玩忽职守，使风险发生在人事劳动领域。

人力资源业务事项相关潜在风险因素有招聘人员不合格、人员配备不合理、薪酬制度滞后性、奖惩不明、技术人员不稳定、后续培训及投资不足等。

（六）产品研发相关潜在风险因素

随着消费者的需求和偏好的不断变化，技术日新月异，产品生命周期越来越短，现有产品存在面临被淘汰的风险。企业如何开发新产品、创自己品牌关系到企业的生存与发展。而且产品开发的全过程也都存在不确定性的潜在风险。提升广大科研人员认知度，明确本职工作与企业风险的关系，自觉投入产品开发过程中的风险识别、风险分析、风险评价及风险处理，必然会大大提升科研开发成效，有效防范与抑制风险产生。

产品研发风险的潜在风险因素有政策风险、经济波动风险、技术风险、研发资金风险、研发产品未来成本风险、生产风险、组织管理风险、研发方向及研发方案失误、预定目标不能实现、资源配置不合理、研发成果不符合市场需求、研发费过大、研发舞弊、费用虚假冒领等。

（七）财务会计业务相关潜在风险因素

财务会计是利用价值量指标，按照国家规定标准对企业经营全过程、财务状况和经营成果进行全面、系统、综合地记录与反映。企业各方面风险大小、损失多少都会在财务中反映，而且财务工作本身，诸如会计政策正确性、财务决策有效性、资金调度与运用合理性、资金筹措与投放效益性、税务筹划与利润分配、资金收付及债权债务管理、财务预算管理、会计凭证审核、日常会计核算及会计信息的输入、加工与输出、计算机运行等也都存有不确定性潜在风险。

财会业务潜在风险因素有财会制度制定不合理，货币资金控制不力，资产管理混乱，资金被挪用/盗用，贪污盗窃，核算出现重大差错，报表虚假，账实不符，资产被盗，费用预算失控，财会信息加工、保存、备份不善，税务计算、筹划失误、金融市场、外汇市场、国际贸易等。

上述所列是一些带有普遍性的重要风险因素及事项。企业应根据自身实际情况及特点，发动职工寻找、分析、确定风险因素，编制"风险清单"，风险因素一旦确定就应保持相对稳定，不应处于经常的变化之中。

三、按业务流程收集、辨识潜在风险

业务流程也称作业流程，它是指生产一种产品或服务，将输入物转化为输出物的一系列行动步骤。公司从事的所有活动都是流程。在业务活动中由于缺少业务流程规范或流程设计有缺陷，而导致风险事故产生的事例到处可见。为了有效防范或抑制风险事故的发生，减少风险损失，必须制定一套科学的业务流程，并辨清各项业务流程中的潜在风险因素，才能做到有的放矢地防范与控制风险事故。为此，需要将企业基本业务流程及流程中的潜在风险因素描述出来，以引起操作者的警觉，防范风险事故的发生。

（一）业务流程制定过程

业务流程制定是一个闭环式循环管理过程，通常是由浅入深地逐步完善，其循环过程如图 2-9 所示。

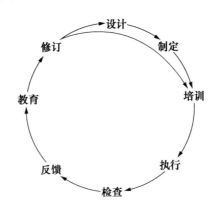

图 2-9 业务流程完善循环过程

（二）业务流程潜在风险因素

在业务活动中由于违纪操作或失去警觉而麻痹大意，往往酿成重大风险事故，造成无可挽救的风险损失。因此，企业应根据自身的特点，全面绘制各项业务管理流程图，并将潜在风险因素加以标注，以提高操作者的警觉。现以物资采购及入库流程为例，绘制流程如图 2-10 和图 2-11 所示。

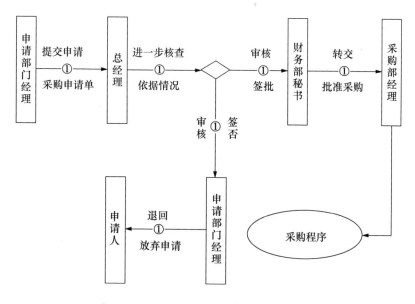

图 2-10 申请采购流程

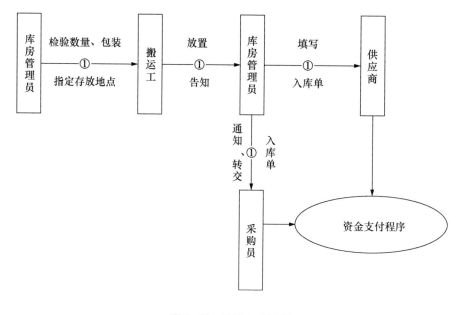

图 2-11 物资入库流程

第二章 目标设定与风险识别

（三）制造业的业务流程

为了便于掌握企业业务流程，现以职能为单位给出企业常用的基本业务管理流程，供制定中参考。

1. 人力资源管理流程

（1）招聘：外部招聘流程、内部招聘流程、试用期管理流程。

（2）规划：年度规划制定流程、人力资源规划流程。

（3）培训：培训课程管理流程、培训计划编制流程、临时外部培训管理流程。

（4）职业生涯规划：人员晋升、降职、辞退流程、内部调动流程、离职管理流程。

（5）绩效评估：绩效考核体系设计流程、组织绩效管理流程、个人绩效管理流程。

（6）薪酬管理：薪资规划管理流程、员工福利管理流程。

2. 营销管理流程

（1）市场机会研究流程：市场需求研究流程、监视和评估竞争环境流程。

（2）营销计划与管理流程：年度营销计划和预算编制流程。

（3）市场营销管理流程：市场和竞争对手信息收集及分析流程、价格制定流程、市场活动有效性跟踪流程、市场费用使用的执行与控制流程。

（4）销售管理流程：客户档案维护流程、客户信用水平核定流程、合同管理流程、销售费用的使用和控制流程。

3. 财务管理流程

（1）费用报销流程。

（2）员工因工外出借款、项目部借款流程。

（3）承兑汇票传递流程。

（4）对外付款流程（购买材料、设备）。

（5）工资发放流程。

（6）采购物资的购买、验收、领用核算流程。

（7）设备采购、验收、调配核算流程。

（8）财产盘点流程。

（9）会计档案管理流程。

（10）应收账款管理流程（包括记录、账龄分析、催收、收回、对账、报告）。

（11）应付账款管理流程（包括记录、账龄分析、付款申请、审批、对账、报告）。

（12）工程结算流程。

（13）年度预算编制流程。

（14）月度预算编制流程。

（15）预算变更流程。

（16）预算执行情况反馈流程。

（17）计划外审批流程。

（18）内部审计流程（计划、实际执行）。

4. 采购管理流程

（1）采购年度、月度计划编制流程（要区分材料和设备）。

（2）采购供应商选择流程。

（3）采购供应商评价流程。

（4）采购询价流程。

（5）采购招标流程（采购招标项目的确认、采购招标过程、采购招标工作的评价）。

（6）采购付款流程。

（7）采购合同评审流程。

（8）材料采购流程。

（9）设备采购流程。

（10）办公用品采购流程。

（11）紧急采购流程。

5. 生产运作流程

（1）生产计划管理流程。

（2）生产进度管理流程。

（3）生产例会管理流程。

（4）安全生产/环保卫生管理流程。

（5）生产成本控制流程。

（6）成品/半成品检验流程。

（7）质量异常处理流程。

（8）质量报告/质量改进流程。

（9）产品质量分析流程。

（10）设备选型/更新报废流程。

（11）生产设备日常维护流程。

（12）生产设备大修理流程。

（13）作业调度协调流程。

（14）作业计划/控制流程。

（15）工时定额作业流程。

（16）公司外协作业流程。

6. 设备管理流程

（1）设备调配流程。

（2）设备出库流程。

（3）设备入库流程。

（4）设备革新流程。

（5）设备报废流程。

（6）设备大修流程。

（7）设备档案管理流程。

（8）备品备件管理流程。

7. 项目管理流程

（1）项目年度、月度计划编制流程（包括施工计划、设备维修计划、人力资源计划、采购计划、财务预算）。

（2）项目计划变更流程（包括施工计划、人力资源计划、设备维修计划、采购计划、财务预算）。

（3）紧急事项处理流程。

（4）项目采购流程。

（5）项目部生产流程。

（6）设备检修、保养业务流程。

（7）项目部安全检查流程。

（8）项目部材料入库、领用、保管流程。

（9）项目部内部事务处理流程。

（10）项目部临时工招聘流程。

（11）项目部资金管理流程。

（12）项目启动流程（从项目经理选拔到项目经理任命的相关事务处理）。

（13）项目准备流程（包括项目经理任命后到项目开工阶段相关事务处理流程）。

（14）项目完工流程（项目完工后，完工事项处理业务流程）。

（15）项目部工资发放流程。

8. 行政管理流程

（1）会议安排流程。

（2）文书收发流程。

（3）办公用品管理流程。

（4）公司证照管理流程。

（5）印章管理流程。

（6）安全卫生管理流程。

（7）宿舍食堂管理流程。

（8）车辆管理流程。

（9）文档管理流程。

（10）行政报销流程。

（11）制度撰写修订流程。

在实务中可将流程在检查中发现的问题进行及时记录、分析，报有关部门。分析如表 2-11 所示。

表 2-11　生产流程风险点监察与分析

作业名称：		编号：				作业部门：			编号：				
管理员：		年	月	日		审核者：			年	月	日		
分析结果：													

步骤	工作说明	类别				距离	重量	时间	现状分析要点					改进要点			
		操作	搬运	检验	储存				目的	地点	人物	时间	方法	删除	合并	重排	简化
1		○	△	□	◇												
2		○	△	□	◇												
3		○	△	□	◇												
4		○	△	□	◇												
5		○	△	□	◇												
6		○	△	□	◇												

四、按社会责任收集、辨识潜在风险因素

（一）产品质量潜在风险因素

为客户提供可靠可信的产品和服务是企业存在的基础，所以质量风险对企业来说是致命的。正因如此，早在 20 世纪 80 年代就有了 ISO9000 系列质量管理体系标准，供世界各国的企业参考、评价。质量风险主要包括员工意识问题、设计问题、生产技术问题、供应商问题、运输存储问题。

（1）员工意识问题：员工对产品和服务的质量有无足够的认识，这是质量风险的核心原因。

（2）设计问题：产品因设计存在不足而导致产品质量不能完全符合客户需求。这种情况可能源自设计人员的能力，也可能源自技术落后等原因。

（3）生产技术问题：质量是生产出来的，而不是检测出来的。所以生产过程对产品质量有重要的影响。ISO9000 就提出以过程的方法来管理产品的质量。

（4）供应商问题：供应商提供的产品或原材料、半成品有质量问题。

（5）运输存储问题：产品材料在运输存储的过程中，温度、湿度、有效期等没有得到保障，或者是产品被污染等。

当上述之一的情况发生时，质量风险就可能产生。所以，风险管理人员应该在上述各个环节密切注意，做好各种检查和安全记录工作，编制好"风险控制清单"并及时向上级主管报告异常情况。

（二）安全、健康潜在风险因素

企业的安全和健康风险包括员工受到伤害、丧失听力视力、患职业病或因公死亡等，这种风险主要来自以下原因：

（1）员工工作场所，存在危险的机器和设备、噪声和震动的潜在风险因素。

（2）电引起的危险。

（3）工作环境脏、乱、差。

（4）工作场所有伤害肺、眼、皮肤的物质。

（5）工作空间狭小，地面不整洁而造成的滑倒、绊倒、跌倒。

（6）厂房或办公楼存在隐患。

（7）高空作业对下坠物品无应对措施。

（8）车辆故障，因安检不及时或零配件老化等原因造成爆胎、刹车失灵、方向盘失灵等事故。

（9）电磁辐射、放射性物质辐射。

（10）红外线/紫外线等射线辐射，如一些激光、太阳光、焊接等，其中红外线可使人皮肤发红或被烧伤，紫外线可使人患结膜炎或皮肤癌等疾病。

（11）在力所不能及时搬运或提举重物。

（12）工作场所有易燃气体或液体。

（13）吸烟等引起的火灾。

（14）工作时间过长、长期加班、工作压力大等，如果压力持续时间超过一定范围，就可能会引起疲劳、内分泌失调、高血压等，对人的机体起抑制作用。

为了减少安全和健康风险，企业应该建立详细的可操作的安全制度，并定期培训员工，让全体员工树立安全意识，养成安全习惯。在实践中，可加强工作环境的绿化，减少员工的电脑工作时间，不长期加班，减轻员工的工作压力等，也可以尝试灵活多样地安排工作时间……减少这些潜在风险因素，就可以有效减少风险事故。

（三）环境卫生潜在风险因素

环境卫生风险主要是指环境污染或环境危害，包括企业生存的社会环境和自然环境。现在社会越来越不能容忍企业对环境的污染行为，很多国家和城市都制定了环境保护法，企业生产经营对环境污染的代价将随着时间的推移越来越大。因此，必须认清环境卫生领域存有潜在风险因素，并针对存在的问题加以防范。

除上述企业外部生存环境外，在企业内部，企业的厂房周围、办公室或办公楼附近的环境风险也不容忽视，如空地、绿化、安全隔离区等。更详细的环境风险防范措施可查阅 BS7750 和 ISO1400 系列标准，它们都是企业加强环境保护的最佳指南，可以帮助企业关注环保、重视环保，并为环保做贡献。

另外，除自然环境外，人们也把下列宏观社会因素作为企业的商务环境风险要素来考虑，如交通条件、劳动力供给条件、资源供给条件、基础设施条件、地价和税收条件、政治和文化条件等。如果这些方面出了问题；企业的正常运营也将受到巨大的挑战。

案例　缺失风险意识，假药当真药
致人死亡，三位老总获刑

齐齐哈尔第二制药有限公司（以下简称"齐二药"）用带强烈毒性的"二甘醇"充当"丙二醇"生产出带有毒性的"亮菌甲素注射液"，经过重重貌似严密的质量审查关卡流向市场，患者 65 人注射后致 13 人死亡。其原因是风险意识薄弱、监管无力、GMP 认证造假、缺乏全面风险管理体系、内部管理混乱、领导严重失职，质量把关形同虚设，使假药闯过"五关"进入市场，造成死亡的恶果。

一、事件描述

2006 年 4 月，广州中山大学附属三院 65 名使用"齐二药"生产的亮菌甲素注射液的患者，部分陆续地出现了肾衰竭等严重症状，其中 13 名患者经抢救无效死亡。5 月，此药经有关部门鉴定，被认定为假药，全国采取措施紧急查封。有毒的二甘醇是如何通过重重貌似严密的质量审查关卡，假冒丙二醇生产出致命假药——亮菌甲素注射液的呢？涉嫌"重大责任事故罪"的原"齐二药"采购员钮忠仁、化验室主任陈桂芬、主管采购的副总经理郭兴平、主管生产技术的副总经理朱传华以及总经理尹家德，按顺序依次站在法庭被告席上逐一供述，完整地串起了一个荒唐制造假药的链条。这其中最根本的是风险意识薄弱，缺少产品质量风险意识。明明发现有异常，却人为地给假药披上"合格"外衣，堂而皇之地进入市场、注入患者的体内，致患者死亡。

（一）二甘醇轻松闯过 GMP 关

有毒的二甘醇假冒丙二醇进入"齐二药"，第一道关卡应该由采购员钮忠仁把关。按照"齐二药"的 GMP（药品生产质量管理规范）认证而制定的采购制度规定，负责物料采购的钮忠仁应对新的原料供应商进行实地考察，并要求供货方提供样品进行检验，以防范质量风险的产生。但实际是如何做的呢？

在法庭上，采购员钮忠仁说："齐二药"实际上就只有我一个采购员，所有的采购联系都是通过电话、信函完成的。在造假贩假的王桂平（另案处理）成为供货商之前，厂里用的是进口材料，后来国家规定必须使用国内有批文的国产材料，厂里就在国内另找商家，选择王桂平仅仅是因为他给"齐二药"来过一封信，提到自己有丙二醇。我向分管采购的副总经理郭兴平请示前去现场考察的事，但郭兴平说现在通信发达，电话联系就行了。我只担心被骗，觉得质量不合格最大的后果就是被骗、影响生产，但这种后果（指假药致人死亡）我做梦也没想到。由此看到他头脑里连假药可置人于死地的风险意识一点儿都没有，怎么能把住原料质量关？

关于供货商的实际考察问题，被告郭兴平称："丙二醇只是制药的一种小小的辅助材料，只有大宗的和重要的原材料才有必要进行考察。"他甚至在法庭上比喻说："消费者买猪肉，也一定要去猪场考察，看看哪头猪吗？"

二甘醇进入"齐二药"，第二道关卡应该由被告人化验室主任陈桂芬把关。制度规定，材料进厂后，应先取样按药典标准检验。这是防范产品质量风险产生的要害关卡。

法庭上，陈桂芬这样回答：我们是按 2005 年药典标准，除了没有做红外光谱图对照外（光谱图对照是唯一能指认丙二醇的检验项目），其余都进行了检验。不做光谱图对照是因为厂里没有国家的标准图谱。不过，就是这样，在其他检验中也还是发现了问题。我厂在 2005 年 2 月向供应商王桂平进第一批货时，就发现其相对密度有问题，与药典标准不符，这项指标不合格。我找到主管领导朱传华，他指示按药典的"高限"开，我们就开了合格证书。第二批货也是这样。后来领导指示让供货厂家传来检验报告书，报告书上也写明与药典标准不一样，但我同样按"高限"开了合格证。我以为相对密度高就是里面可能有杂质，多含点水，根本没想到它不是丙二醇，而是毒药"二甘醇"。

被告朱传华说："陈桂芬向我汇报过材料相对密度高的事，我没有意识到它可能是其他物质。"

按国家规定，供应商应该提供相关资质证书和检验证书。采购员钮忠仁说："供货商寄给我厂的都是复印件，这些复印件看不出有什么假的问题。而且我觉得货到厂里还要通过检验，应该不会有问题。"

由此可以看出，在这些人的头脑里根本没有质量风险会导致人死亡的风险意识，缺乏对患者的责任感，认不清风险将会带来无法挽救的恶果。

（二）三位"老总"的致命失误

企业的生命在于产品的质量，制药企业产品的质量更是人命关天。一旦产品质量出问题，可能置人于死地，这是制药企业的最大风险。应当建立万无一失的质量保证体系并严格执行，才能防止质量风险的产生。而"齐二药"三位"老总"根本没有这种意识。庭审显示，尹家德、朱传华和郭兴平身为企业的负责人，不仅自己没有产品质量风险意识，还把作为药品质量管理保障的 GMP 认证体系，当成产品能够顺利走向市场的通行证，对 GMP 的错误认识及对产品质量风险的忽视，最终导致置人于死地的惨剧发生。他们也必然自食恶果，这是事物的发展规律。

郭兴平作为"齐二药"主管采购、仓储、运输的副总经理，在钮忠仁向新的供货商采购丙二醇辅料时，没有按厂里规定派人对供货商进行实地考察和要求供货商提供样品进行检验。厂里为实施 GMP 认证而制定的制度，在他这里形同虚设，脑子里没有产品质量所带来的风险后果。

郭兴平辩解说："齐二药"用于药品生产的原材料有 1000 多种，厂里的规定没有可操作性，丙二醇是一种小辅料，主要靠货到厂后的相关化验与检验来把关，我没有考虑到要安排人对供应商进行实地考察。

朱传华是"齐二药"主管生产、质量的副总经理，但他却不顾 GMP 的规定，不考虑质量风险后果，指使检验人员为假冒的丙二醇"开了绿灯"。

朱传华在法庭上解释说，这批辅料是我授意陈桂芬开具虚假的合格检验报告书，最终在生产上也用了，因为当时的生产需要用它。在我知道这些材料因"相对密度"不合格时，还以为是"丙三醇"，我从没有听说过什么是二甘醇，更不知它含有毒。

尹家德是"齐二药"的总经理，主管公司的全面工作，GMP 认证通过后，他没有严格按药品生产质量管理规范组织和管理"齐二药"的生产经营活动，实施全面风险管理，提高职工的质量风险意识，防范风险产生，完成应尽职责。

在法庭上尹家德说："采购、生产、销售都有公司领导分管，GMP 规定的各项相关制度，公司应该是有的。但是否最终得到落实，并没有人向我汇报过。而工厂生产要用很多原料、辅料，我不可能一一过问。"

（三）花钱买来的 GMP 认证资质

在庭审中，被告人还透露出一个惊人的消息："齐二药"的 GMP 认证资质完全是造假通过的，是花钱买来的。他们根本没有认识到：GMP 是防范产品质量风险的质量保障体系，是人命关天的保证措施，不是用来装饰门面摆样子的。

郭兴平在庭审中说，"齐二药"的 GMP 申报材料是"花钱买来的"。药厂能通过 GMP 的认证，当时是花了十几万元，找了一家中介公司做材料帮忙办的。除了报送的材料合格，企业在质量管理上实际是千疮百孔、漏洞百出，根本不符合认证标准的要求。

"齐二药"的化验室里，缺乏用于鉴别原料真伪的红外光谱对照图等材料、设备。尹家德说："齐二药"要通过 GMP 的认证，获得制药资质，其中最关键的就是化验室设备、设施等硬件。但是，厂家两次都通过了国家制定的 GMP 认证，取得了合格资质，所以我认为我们的化验室设备是齐全的。

国家规定，化验室主任要有相关资质。陈桂芬在法庭上说：我是初中一年级文化，后来厂里说我有自学大专文凭，其实那是假的，主要是为了应付 GMP 检查。GMP 文化规定对主管进行学历审查，而且要求化验室主任必须具有大专以上学历文凭。我干了 37 年，一天培训都没有参加过。我年年都是质量标兵，领导可能觉得我老实肯干，就放我在这个位置上。我真的没有想到会出这么大的事，我也根本没有能力识别出这么大的事，因为我对"二甘醇""丙二醇"什么都不懂。

据了解，"齐二药"化验室人员中，一半以上没有化验岗位资格证。陈桂芬说：我有岗位资格证，我也不知道是药监局还是哪个部门发的，这个证还五年一换。这次检验假冒"丙二醇"的化验员也没有证，他能到这个部门工作，是厂里出了些题目从职工中考出来的，也都是听我随便讲讲的培训。

尹家德说："齐二药"应该会有供应商审查制度的，但只在审查 GMP 认证申报资料时我见过一次。后来执行如何我就一无所知了。

药品出厂前还有一次质量检验，看来假药顺利地出厂了……产品质量风险发生导致齐二药被勒令关闭。

二、事件点评

"齐二药"之所以走入"人死、厂闭、坐牢狱"的恶果，其原因归纳起来主要有以下四点：

（一）没有质量风险意识，是酿成大祸的最根本原因

风险时时有、处处在，风险虽小，但带来的祸害极大，对风险必须高度警惕，人人应处处注意防范，才能有效地避免。

药品的质量问题是"人命关天"的大问题，也关系到药厂的生死存亡。对这样一个事关生死的重大风险问题，在"齐二药"的几位主要领导头脑中竟没有风险这根"弦"。对质量风险带来的后果，从来就没有意识到，明明发现与药典不符，却让开"高限"放行。而放行后的风险是什么？它会给社会、人民、企业带来什么后果，根本就没有想过，没有一点风险意识。所以把"毒药"当"良药"使用，导致患者注射后死亡的恶果，厂子关闭、工人失业、领导坐牢。这不是偶然而是缺乏风险观念的必然。

（二）GMP 认证过程造假走过场，是酿成大祸的主要原因

GMP 是国家制定的为确保药品质量、用药安全的质量保障体系，每家制药企业都必须按 GMP 的规范严格操作，才能万无一失地保证患者的用药安全。它是防范产品质量风险最有效的"武器"。而"齐二药"的领导，却把它看成是一种"装饰品"。明明知道公司不具备 GMP 质量认证要求条件，理应采取措施加以完善，使其具备认证条件的要求，但该企业领导们却反其道而行之。竟然花十几万元请人弄虚作假，买个假"质量认证资质"，并挂在工厂的广庭之上，从而使

生产假药的企业贴上了"合格"的标签，堂而皇之地走入市场贻害人民。这是一种多么卑鄙的恶劣行径。假如"齐二药"能按 GMP 要求从事生产、严格检验，这场悲剧绝不会发生。

（三）从业人员责任心缺失、业务素质低，是酿成大祸的重要条件

GMP 要求从事某些重要岗位的人员必须持证上岗，为防止"不谋其政"，上岗证还要求五年更换一次，以确保从业人员的质量，以适应新技术、新材料、新产品发展的需求，这也是防范质量风险最有效的措施保证。但"齐二药"对这些有效措施置若罔闻，本来知道化验室主任陈桂芬不具备从业资格，还帮助其制造假学历一干就是 37 年，而且从未进行过业务培训，连二甘醇、丙二醇都不懂的化验室主任，还年年被评为质量标兵，甚至还将一些没有从业资质的人员也安排在化验室，从事质量把关的重任。用这些既不具备业务条件又无责任心的人员从事质量检验工作，检验形同虚设，结果将"毒药"作为良药放行，去毒害人民。身为药厂的总经理难道就没有考虑其后果的严重性吗？

（四）管理混乱、经营无序，是造成假药出厂的重要环境

拥有健全的规章制度并严格贯彻执行，是确保企业产品质量和生产经营活动正常运行的必要条件。"齐二药"根本是有章不循。本来制度的规定是为确保药品质量，应按制度规定到供货商现场调查看个究竟，但却借口通信技术发达以电话代调查。根据药典规定检验中发现材料相对密度有问题，供货方检验单上也标明有疑问，但朱传华副总经理对制度规定于不顾，指示按"高限"开，检验人员也不再坚持制度，提出不同意见。这就破坏了确保产品质量的规定。企业内部的混乱管理状况，为生产及销售假药创造了环境条件。

从上述事件暴露出"齐二药"药品监管有漏洞，风险意识缺失，GMP 认证造假，企业管理混乱，从业人员责任心差、业务素质低等导致假药出厂，致人死亡的严重后果。11 名原告获赔 350 万元，副总经理朱传华等 5 名被告人获刑 7~9 年不等，向"齐二药"提供假冒辅料的供应商王桂平已被控制，其案件正在审理中。

思考与讨论

1. 风险识别包括哪些内容？
2. 举例说明动因分析法分析思路。
3. 与经营决策业务相关的潜在风险因素有哪些？
4. 举例说明如何识别企业风险。
5. 如何运用德尔菲法预测平均销售量？
6. 你认为"齐二药"死人事件产生的根本原因是什么？

第三章

风险分析与风险评价

导读：

本章首先从风险分析开始介绍风险分析专门方法、风险损失的衡量方法。其次介绍风险分析过程、企业怎样确定风险评价标准。最后将评定风险后果及发生概率与准则比较，以此确定风险大小，为风险应对提供依据。

关键词：

风险分析、风险带、风险准则、风险衡量、风险损失、风险评价、C 准则、P 准则、风险等级、风险坐标图、期望值、最大可能损失、正常损失期望

内容结构：

风险分析与风险评价
- 风险分析基本理论
  - 风险分析概念、目的、任务和分析程序
  - 风险分析内容：分析潜在风险事件、分析风险影响后果、发生可能性及确定等级
  - 风险分析输出要求及应关注事项
- 风险分析技术方法
  - 情境分析法、风险坐标图法、矩阵评价法、群策分析打分法
  - SWOT 分析法、失效模式和效应分析法
- 风险损失衡量
  - 风险损失衡量的概念、作用及步骤和风险损失资料收集与整理
  - 风险损失概率和损失程度的估测
- 风险评价过程
  - 风险评价概念及原则、风险评价应考虑因素、风险评价依据
  - 风险偏好确定、风险后果准则确定、发生可能性准则确定、风险等级准则确定、风险评估输出要求、风险排序及应关注事项
- 风险评价方法
  - 风险度评价法、检查表评价法、优良中差评价法、单项评价法、群组风险评价法
  - 直方图评价法

通过风险识别，明确了潜在风险事项，发现风险源、风险原因后，本章对已识别风险进行分析与评价，确定风险级别，从而为风险应对提供依据。

第一节　风险分析基本理论

风险分析是在风险识别基础上，进一步分析确定风险事件发生的可能性及影响后果程度。它是风险评估中最核心部分，为风险评价与排序提供依据。

一、风险分析的概念、目的、任务及程序

（一）风险分析的定义

《标准》将风险分析定义为"理解风险特性和确定风险等级的过程"。包括风险估计。

风险分析是风险评价和风险应对决策的基础。

风险分析过程是"风险评估"过程的关键。只有通过风险分析过程才能建立和加深对风险的理解。没有风险分析过程中的各项分析，就不可能认识和理解风险的各种特性及产生根源。只有通过风险分析，掌握各种风险的特性及产生源头，才能为制定合理的风险对策提供依据。

（二）风险分析的目的

风险分析的目的是通过风险分析过程，建立对风险的理解，为风险评价与决策，是否有必要进行风险应对，选择最恰当的风险应对战略和方法提供依据。

（三）风险分析任务

风险分析一般从当前控制/治理状况下的风险事项做起，其主要任务是：

1. 分析评价目前的风险控制/治理状况和水准

当前的控制/治理状况，是前次风险评估后所采用治理方案的实施效果。原治理方案的目的是尽可能地使负面结果最小化、正面结果极大化，同时要评估这一目的的实现程度。在风险分析过程中，识别现有控制/治理实践有效性，权衡风险控制/治理的成本和效益，识别现有控制/治理实践的优点和弱点，优选措施使风险控制/治理优化。

2. 分析预测风险发生的可能性和后果

为了有效地防范风险，应深入而详尽地分析未来的各种可能性，包括不利的可能性及后果，有利的可能性及后果。分析未来威胁和机会的水平，特别是分析不利风险水平，是风险分析的核心内容，还要进一步分析不利风险的驱动因素和产生根源，并考虑治理方案。在风险分析过程中一般要借助多种分析方法和工具，从多种分析角度进行分析，才能得出正确结论。

3. 根据风险分析的结果，确定风险性质

通过深入分析，对风险的特征有了进一步的了解，然后根据风险分析的结

果，按风险发生的可能性及影响程度进行排序，分清哪些是主要风险，哪些是次要风险，从而筛选出企业的关键风险，并进一步分析关键风险的特征及相应的货币价值，甚至了解企业总风险的价值。

（四）风险分析的程序

（1）分析潜在风险事件、风险源，寻找风险原因。

（2）确定风险的存在。

（3）分析风险发生的可能性及频率。

（4）分析风险发生可能涉及的影响后果。

（5）评价风险性及等级。

风险分析程序如图 3-1 所示。

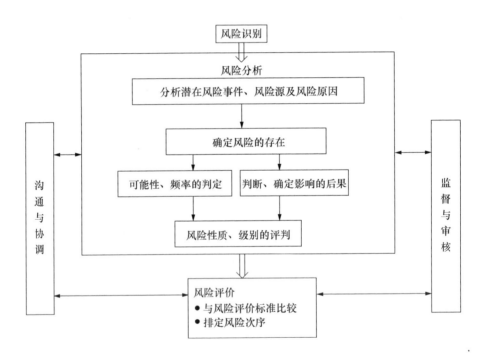

图 3-1　风险分析程序

二、风险分析的内容

（一）分析潜在风险事件、风险源及风险原因

风险分析是从分析角度对已识别的风险事件、风险源及风险原因进行分析。通过分析，一方面可以对认识"正确与合理"得出结论；另一方面还可以对认识"是否全面"得出结论。

（二）分析风险后果

在识别风险事件后果的基础上，再进行全面系统的深入分析。其内容如下。

（1）分析事件后果对特定目标的影响，是正面的还是负面的。

（2）分析事件后果对特定目标的影响，是直接后果还是间接后果。

（3）分析事件后果形态，是有形的、无形的、生命的、伤害的、产品质量的、经济的、声誉的、品牌的、资产安全的、进度的、文化的、组织结构的……

（4）分析事件后果的影响范围，是国外/国内、地域、环境以及利益相关方。

（5）分析事件后果的严重程度，应与企业制定的"风险准则——C准则"相比较，加以判定。

（6）分析事件后果升级的程度和范围，通过传输作用及连锁效应使原有后果的严重程度升级、范围扩大等。

（三）分析发生的可能性

对事件发生的可能性进行全面分析。具体内容包括：

（1）分析事件发生可能性的时机，在什么情况下事件由潜在转化为"风险事故"。

（2）分析事件发生可能性的范围，在什么范围可能发生，如传染病发生范围。

（3）分析事件发生可能性的严重程度，应与企业制定的"风险准则——P准则"相比较，判定其严重程度。

（四）分析影响后果及可能性的各种因素

因为"C/P"是"风险评估"中最核心、最突出要素，直接关系到引发风险事件的性质及危害程度。但是影响这两项的因素还有许多。比如，饮酒是影响车祸发生可能性及后果的重要因素。醉后驾车提高了发生车祸概率及影响后果严重程度。

（五）确定风险等级

风险等级意义是指风险的大小。通常用"一个风险（或组合风险）的大小，依据后果和可能性的结合来表示"。它可用定性、定量或半定性表示风险等级。如果用R表示风险等级，用P表示发生可能性，用C表示影响后果。则风险等级R表达式为：

$$R=R（P，C）$$

一个风险或一项组合风险"R"的大小，应在计算结果的基础上与企业制定的"风险准则——R准则"相比较，才能判定其等级大小。

（六）分析评价控制措施有效性及效率

控制措施是指为控制某一风险发生而采用的方法。风险控制措施不仅是风险识别、风险分析中的重要内容，也是风险评估过程中的重要内容，在风险管理中具有极其重要的地位。分析评价控制措施，一方面要分析评价控制措施的完整性及可行性；另一方面评价控制措施的有效性和效率。有效性是指完成策划的活动和达到策划结果的程度。效率是指达到的结果与所使用的资源之间的关系，达到结果是指实现预期目标的结果。

企业内部控制规范是控制风险最全面、最系统及最有效的控制措施。各企业应结合自己的情况贯彻实施。

三、风险分析输出要求及应关注的事项

（一）风险分析过程的输出要求

（1）根据"风险准则"规定标准，对所有风险的 P 值、C 值及风险等级 R 值予以确定。

（2）对控制措施有效性和效率做出评价，分析每项风险是否都有控制措施，这些措施是否合理、可行，执行是否有效的结论。

（3）确定风险源、风险原因在组织外部还是内部。

上述输出要求及结论要体现在"风险控制清单"。国电菏泽发电厂重大风险辨识评价一览表。

（二）风险分析应关注的事项

（1）进行风险分析必须深入过程实际，加深对过程理解，才能深刻理解风险嵌入性。

（2）在进行分析时必须考虑风险分析的目的和作用，分析内容应满足其需要。

（3）风险分析所采用的度量标准应与风险准则相一致，特别要关注 P 值和 C 值。

（4）注意确定风险等级的先决条件、假设、敏感性，风险等级取决于风险后果和可能性的结合。

（5）注意把握风险分析的详略程度，其详略要考虑风险分析目的、业务过程复杂程度、对业务过程的熟悉/理解程度、风险复杂程度，企业的资源状况、信息获取以及参与专家情况等。

第二节　风险分析技术方法

风险分析技术方法有概率分析法、情境分析法、风险坐标图法、矩阵（风险带）评价法、群策分析打分法、SWOT 分析法。

一、概率分析法

概率实质是为某个事件发生的可能性提供相匹配的数值。有效掌握风险发生

概率对管担风险有着极其重要的作用。概率数值处于 0~1，它既不能大于 1 或为负，也不能为 0。概率的计算有三种方法：

（1）先验概率法，它是用期望得到的结果除以事件发生的所有可能的结果。如若想知道一副扑克牌，抽红色扑克牌的概率是多少？只要知道红色牌有 26 张，除以总数 52 张，所得概率是 0.5。

（2）经验概率法，它是从过去类似事件的概率用来计算现今或以后发生概率，它具有一定借鉴意义，但是如果过去的事件记录不存在或者不详尽，就无法计算经验概率，而且影响目标的可能性的因素是变化的，可靠的经验数据难以取得，故用起来较为困难。

（3）主观概率法，当历史数据不精确成不存在时，对事件发生的可能性可以尝试主观判断，通过个人自己判断或征询他人，得到相应的概率估计，在风险管理决策中，事件发生可能性的概率分布．有时就是使用这种方法来估计的。显然它带有主观性。

二、情境分析法

情境分析是指通过假设、预测、模拟等手段生成未来情境，并分析情境对目标产生影响的一种分析方法。情境分析法是由美国 SllEll 公司的科研人员 Pierr Wark 于 1972 年提出的。它根据发展趋势的多样性，通过对系统内外相关问题的系统分析，设计出多种可能的未来情境，然后用类似于撰写电影剧本的手法，对系统发展态势做出自始至终的情境和画面的描述。当一个项目持续的时间较长时，往往要考虑各种技术、经济和社会因素的影响，可用情境分析法来预测和识别其关键风险因素及其影响程度。情境分析法对以下情况特别有用：提醒决策者注意某种措施或政策可能引起的风险或危机性的后果；建议需要进行监视的风险范围；研究某些关键性因素对未来过程的影响；提醒人们注意某种技术的发展会带来哪些风险。

情境分析法适用于对可变因素影响较多的项目进行风险预测和识别的系统技术，它在假定关键影响因素有可能发生的基础上，构造出多种情境，提出多种未来的可能结果，以便采取适当措施防患于未然。情境分析法在国外得到了广泛应用，并产生了一些具体的方法，如历史情境重演法、目标展开法、空隙填补法、未来分析法、因素分解法、随机模拟法、风险坐标图等，一些大型跨国公司在对大项目进行风险预测和识别时都采用了情境分析法。

［例 3-1］某公司管理部门试图把增长、风险和利润连接起来，在战备计划编制中采用情境分析法，这里的风险是用增加或减少的股东价值评价的，如表 3-1 所示。

表 3-1　情境分析

贯穿多个业务单元的关于增加的股东价值（SVA）的各种情境分析		
业务单元主要潜在业务情境对股东价值增加值的影响（百万美元）		
单元	潜在的业务情境	SVA 的增加（减少）
1	√　风险评级降低 20%	（150）
	√　消费者贷款减少 10%	（120）
	√　竞争增加一个新的市场进入者	（100）
	√　银团中的收入减少 15%	（80）
	√　失去一个高层客户	（50）
	√　……	……
2	√　竞争增加一个新的市场进入者	（50）
	√　因为客户服务，收入减少 10%	（30）
	√　失去一个高层客户	（20）
	√　不成功的新产品推出	（20）
	√　一个新的未决的"大"（但不是"非常大的"）诉讼	（20）
	√　……	……
3	√　竞争增加一个新的市场进入者	（40）
	√　失去高层客户	（30）
	√　资产基数减少 10%	（20）
	√　……	……

情景分析法的优点：对未来变化不大的情况下能给出比较精确的模拟结果。局限性在于：管理者开发现时情景的能力及成果缺乏，在较大不确定性情况下，有些情况可能不够现实。如果以情景分析作为决策工具，其危险在于所用情景，缺乏充分可靠的基础，数据可能有随机性，无法发现那些不切实际的结果。

三、风险坐标图法

风险坐标图也称风险热图或风险地图（见图 3-2）。它是把风险事件发生可能性的高低及其对目标的影响程度作为两个维度绘制在同一个平面上（绘制成直角坐标系），来表示风险重要性的方法。对风险发生可能性的高低、风险对目标影响程度的评估有定性、定量等方法。定性方法是直接用文字描述风险发生可能性的高低、风险对目标的影响程度，如"极低""低""中等""高""极高"等。定性方法是对风险发生可能性的高低、风险对目标影响程度用具有实际意义的数量描述，如对风险发生可能性的高低用概率来表示，对目标影响程度用损失金额来表示。

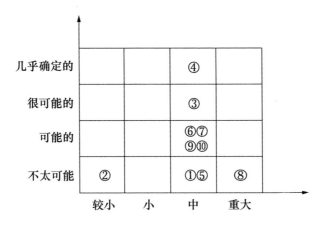

图 3-2　风险坐标图

［例 3-2］某公司用热图描述了与保持高绩效员工的目标相关的风险评估。表 3-2 是以热图评估的例子，这为管理部门提供了看待风险的视角。

表 3-2　风险热图评估的例子

	主　题	风险描述	可能性	影响
①	报酬	员工对报酬不满意导致更高的离职率	可能的	中
②	认可	员工感觉不被认可，导致对工作的关注降低以及更高的错误率	不太可能的	较小
③	裁员	员工被过度使用以及工作严重超时。员工离开以寻求在提供更好工作或生活平衡的其他公司工作	很可能的	中
④	人口统计状况	员工人口组成的变化导致员工离职率提高	几乎确定的	中
⑤	就业市场	招聘公司增加了对公司员工的需求量	不太可能的	中
⑥	绩效评价	员工不满意绩效评价的方法和程序导致士气低落、员工关注非重要目标、员工流失	可能的	中
⑦	沟通	员工和管理部门之间沟通低效率，导致听到的是混合信息以及追求可替代的工作	可能的	中
⑧	工作场所安全性	不安全的工作场所导致员工受伤以及受伤员工和其他担心安全问题的人辞职	不太可能的	重大
⑨	职业发展	员工感觉他们的职业发展受到限制，导致更高的离职率	可能的	中
⑩	工作多样性	员工不满意工作变化导致机械的执行、主要过程中更高的错误率以及追求公司外更有趣的工作机会	可能的	中

注：①可能性分为 4 级：不太可能、可能的、很可能的、几乎确定的。可能性用给定期间的离职百分比来评价。②影响度分为 4 级：较小、小、中、重大。影响用运行低效率的成本和替换、重新培训以及开发雇员的成本来评价。

四、矩阵（风险带）评价法

（一）方法简介

风险矩阵评价法是运用风险带形式，把风险分析过程中所发现的"P值与C值"相结合的风险值（定性的或定量的）与已确定的"风险等级标准"进行比较，并以此为基础，确定风险的重要程度，为应对风险决策的需要提供依据。

ISO/IEC31010：2009《标准》将风险重要性划分为三个"风险带"领域，分别称为"上带""中带""下带"。

处于上带风险，无论行动可能带来什么收益、无论多大的应对成本，该风险带中的风险都是不能容忍的。

处于中带风险：对该带中的风险，需要考虑实施风险应对的成本与收益的关系，并平衡机会与潜在后果。

处于下带风险：该带中的风险后果微不足道，或是如此之小，以至于无须采取应对措施。

（二）应用说明

风险带一般通过风险等位线划分。风险等位线是指在"带"中的风险值都具有相同的风险等级，可作为风险决策与风险控制的依据。

首先是依据企业的具体情况确定，不同规模企业对风险后果的划分标准会有极大的差距；其次要确定企业最高风险容限或风险值；最后根据风险结合公式，即 $R = P \cdot C$、$P = R/C$、$C = R/P$，求出各风险的结合点，然后将各风险点连接后，即可求出风险"等位线"，形成"上、中、下"风险带。风险带的建立有定量与半定量两种形式。现举例说明定量风险带建立的过程。

[例3-3] 奥华公司经领导层讨论确定，年风险损失最高容限为1000万元，为便于控制将风险等级分为"高、中、低"三类，风险损失值（R）处于700万元及以上的为"高风险"，风险损失值（R）处于200万元以下的为"低风险"，处于两者之间的为"中风险"。根据以上决策，要求画出风险"等位线"，列示出"上、中、下"三带，作为实施风险决策的参考依据。

根据风险发生的可能性定律，其发生的可能性P应处于1<0，根据风险结合公式 $C = R/P$ 时，则 L_1 线的位置是：设当 $P = 0.1$ 时，则 $C = 800$（万元）；当 $P = 0.2$ 时，则 $C = 400$（万元）；当 $P = 0.4$ 时，则 $C = 200$（万元）；当 $P = 0.6$ 时，则 $C = 133.33$（万元）……将求出的各结合点连成一线，即为图3-3中的 L_1 曲线。同样道理，根据结合公式 $P = R/C$，可以求出不同位置的P点，将不同位置的结合点P连在一起，即为 L_2 曲线。两曲线求出后，即形成判别风险大小的"上带""中带""下带"标准。其过程如图3-3所示。

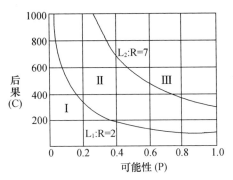

图 3-3 矩阵（风险带）评价标准

半定量型风险带的建立，首先要明确矩阵中各风险节点的赋值；其次要以风险等级的等位线为基础；最后给出划分风险带的依据（即以风险等级的数值为基础）。

[例 3-4] 奥华公司经讨论确定将风险发生可能性及风险后果分为 5 级。要求根据风险节点公式 $R=P \cdot C$ 表示风险等级。建立三个风险带，作为风险等级数值边界的依据（见图 3-4）。

下风险带：$0<R \leqslant 4$；

中风险带：$5 \leqslant R \leqslant 10$；

上风险带：$12 \leqslant R \leqslant 25$。

注意：以上风险带的划分，在风险等级的数值上是不连续的，且均使用了"$\leqslant$"，这是与"定量"风险矩阵的主要区别。

后果等级			极低	低	中	高	极高
			3% 以下	3%~8%	8%~15%	15%~20%	20% 以下
可能性等级			1	2	3	4	5
80%~100%	基本确定	5	5	10	15	20	25
60%~80%	很可能	4	4	8	12	16	20
40%~60%	有可能	3	3	6	9	12	15
20%~40%	不太可能	2	2	4	6	8	10
20%	极 小	1	1	2	3	4	5

图 3-4 矩阵（风险带）评价标准

注：影响后果中的 3%~25% 是指影响利润指标的%，或影响工程进度的%。

（三）优缺点

（1）优点：方便适用，很快将风险划分为不同的重要性水平，有利于决策者参考。

（2）缺点：必须设计出比较合适的矩阵，但是企业很难设计出适用于企业各自环境的通用系统矩阵；很难清晰地界定等级；也无法对风险进行总计。

五、群策分析打分法

（一）方法简介

群策分析打分法是约集部分对识别评价风险事项了解情况的人员，采用"背靠背"的方法，对评估对象发生可能性及影响后果分别在"风险评估表"打分。然后根据参评人员所处岗位不同分别给予不同赋值。在参评人员打分基础上进行加权计算，最后得出 C 值、P 值。

（二）应用实例

某公司为扩大生产修建厂房，对周边 5 户居民 A、B、C、D、E 进行拆迁。对拆迁中可能发生的风险进行评估。挑选 10 位对拆迁涉险情况有所了解的人员参加。其中公司级经理 2 人、部门经理 2 人、一般工作人员 6 人。由于参评人员职务不同，对内外部环境和情况掌握的不同，给予了不同的权重，分别是：公司经理层"0.5"、部门经理层"0.3"、一般工作人员"0.2"。主要对评估对象评估两项内容。一是评估各户能接受拆迁费额外补贴款，用 C 表示；二是评估发生的可能性，用概率 P 表示。打分中出现特殊异常值可考虑除外。具体步骤如下：

（1）根据风险评估对象设计"风险值评估表"，列出 5 户评估对象，发给参评人员。

（2）参评人员根据自己掌握的情况，采用"背靠背"的方式分别对 5 户的 C 值及 P 值给予"打分"。

（3）收回"风险值评估表"进行整理，并填入汇总表（见表 3-3）。再对 5 户 C 值、P 值进行加总计算。

（4）汇总计算评估的结果，得出 C 值、P 值，为制定决策提供依据（见表 3-3）。

表 3-3　评估汇总

参评者	权重	A		B		C		D		E	
		C	P（%）	C	P（%）	C	P（%）	C	P（%）	C	P（%）
总经理的风险评估（C、P）	0.5	60	60	30	70	50	80	50	30	30	30
副总经理的风险评估（C、P）	0.5	50	50	40	50	60	50	40	30	30	30

参评者	权重	A		B		C		D		E	
		C	P (%)	C	P (%)	C	P (%)	C	P (%)	C	P (%)
经理级的综合风险评估 ($\omega\sum C$、$\sum P$)		55	55	35	60	55	65	45	30	30	30
中层管理张岚的风险评估 (C、P)	0.3	80	50	50	40	50	70	30	40	30	30
中层管理张峰的风险评估 (C、P)	0.3	70	70	60	50	50	70	30	30	20	20
中层级的综合风险评估 ($\omega\sum C$、$\sum P$)		45	36	33	27	30	42	18	21	15	15
职员曹竞风险评估 (C、P)	0.2	70	60	60	50	60	60	40	30	20	20
职员白光的风险评估 (C、P)	0.2	70	90	50	80	50	70	40	40	15	30
职员任意的风险评估 (C、P)	0.2	70	90	50	80	50	70	40	40	15	30
职员王化的风险评估 (C、P)	0.2	60	50	50	60	50	70	50	40	30	30
职员丁准的风险评估 (C、P)	0.2	50	70	30	40	30	70	40	40	10	20
职员李供的风险评估 (C、P)	0.2	40	50	50	40	40	80	40	30	20	20
职员级的综合风险评估 ($\omega\sum C$、$\sum P$)		68	72	56	66	54	86	48	44	25	28
各评估对象的综合 (C、P) 值		60	58	44	55	50	69	40	34	25	26
风险评估对象的风险值 (R=C×P)（万元）		34.8		24.2		34.5		13.6		6.5	

注：某级别的综合风险评估：$\omega\sum R = \omega_1\sum C_1 + \omega_2\sum C_2 + \cdots + \omega_n\sum C_n$；

全员综合风险评估：$SC = (\omega_1\sum C_1 + \omega_2\sum C_2 + \cdots + \omega_n\sum C_n)/(\omega_1 N + \omega_2 M + \cdots + \omega_n L_n)$；

例如，A 户：后果 60 = 0.5×(60+50)+0.3×(80+70)+0.2×(70+50+60+60+50+40)／0.5×2+0.3×2+0.2×6 = 168/2.8 = 60（万元）；

其余 4 户发生概率的计算方法同上。

A 户风险评估值（R）34.8 = 风险影响后果（C）60×风险发生概率（P）58%；

B 户风险评估值（R）24.2 = 风险影响后果（C）44×风险发生概率（P）55%。其余类推。

（三）方法评价

优点：便于理解、简便易行，而且考虑到不同岗位赋予不同权重。

缺点：带有较强主观性，不同岗位的赋值难以确定。

第三章 风险分析与风险评价

六、SWOT 分析法

（一）方法简介

SWOT 分析法（也称 TOWS 分析法、道斯矩阵法）即态势分析法，它最早由美国旧金山大学的管理学教授韦里克在 20 世纪 80 年代初提出。SWOT 是四个英文词第一个字母的组合，分别代表：优势（Strength）、劣势（Weakness）、机会（Opportunity）、威胁（Threat）。

所谓 SWOT 分析法，就是将与组织机构密切相关的各种主要内部优势、劣势和外部环境的机会和威胁等，通过调查列举出来，并依照一定的次序按矩阵形式排列，然后用系统分析的思想，把各种因素相互匹配起来加以分析，明确组织机构本身的优势和弱势，以及面临的机会和威胁，从中得出一系列相应的具有一定决策性的结论。组织机构可根据分析结论，本着优势和机会最大化与弱势和威胁最小化的原则，制定出相应的发展战略和策略。

SWOT 方法的用途：S、W 是内部因素，O、T 是外部因素。按照企业竞争战略的完整概念，战略应是一家企业"能够做的"（即组织的强项和弱项）与"可能做的"（即环境的机会和威胁）之间的有机组合。因此，SWOT 方法自形成以来，广泛应用于战略研究与竞争分析，成为战略管理和竞争情报的重要分析工具。

风险本身具有两面性，即正面和负面，也就是 SWOT 的优势（正面）和劣势（负面）、机会（正面）和威胁（负面）。因此，此方法在风险评估中用于组织对于战略和市场风险的分析和评价，将关键风险点按照重要程度进行分类排序，找出有效的解决方法，其分析结果带有一定的决策性。通过 SWOT 分析，可以帮助组织把资源和行动聚集在自己的强项和有最多机会的地方。

（二）应用说明

整体上，SWOT 可以分为两部分：第一部分为 SW，用来分析内部条件，主要着眼于组织自身的实力及其与竞争对手的比较；第二部分为 OT，主要用来分析外部条件，注意力放在外部环境的变化及对组织的可能影响上。

1. 优势与劣势分析（SW）

识别环境中有吸引力的机会是一回事，拥有在机会中成功所必需的竞争能力是另一回事。每个组织都要定期检查自己的优势与劣势，这可通过"组织经营管理检核表"的方式进行。组织或组织外的咨询机构都可利用这一格式检查组织的营销、财务、制造和组织能力。每一要素都要按照特强、稍强、中等、稍弱或特弱划分等级。

2. 机会与威胁分析（OT）

世界经济全球化、一体化、全球信息网络的建立和消费需求的多样化，使得组织所处的环境更加开放和多变，这种变化几乎对所有组织都产生了深刻的影响。正因为如此，环境分析日益成为一种重要的组织职能。

对环境的分析也可以从不同的角度展开。对宏观环境的分析可用 PEST 分析法，对中观环境的分析可用波特的五力分析法。

3. SWOT 分析法的一般步骤

（1）组建分析团队，并明确职责和任务。

（2）确定本次分析的目标、范围和依据。

（3）形成适宜的调查问卷，收集资料。①确认当前的战略是什么。②确认企业外部环境的变化（波特的五力法或者 PEST 分析法）。③根据企业资源组合情况，确认企业的关键能力和关键限制。

（4）构建 SWOT 矩阵，如图 3-5 所示，先把识别出的所有优势分成两组，即它们是与组织中潜在的机会有关，还是与潜在的威胁有关。用同样的方法把所有的劣势分成两组，一组与机会有关，另一组与威胁有关。将结果在 SWOT 分析图上定位，再将调查得出的各种因素根据轻重缓急或影响程度等排序方式，构造 SWOT 矩阵。在此过程中，将那些对组织发展有直接的、重要的、大量的、迫切的、久远的影响因素优先排列出来，而将那些间接的、次要的、少许的、不急的、短暂的影响因素排在后面。

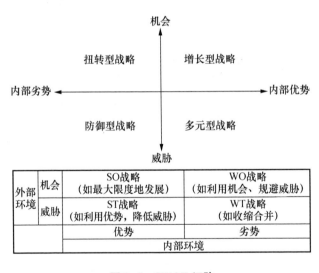

图 3-5 SWOT 矩阵

（5）战略分析，也就是制订相应的行动计划。在完成环境因素分析和 SWOT 矩阵的构造后，便可以制订出相应的行动计划。制订计划的基本思路是：发挥优势因素，克服劣势因素，利用机会因素，化解威胁因素；考虑过去，立足当前，着眼未来。运用系统分析的综合分析方法，将排列与考虑的各种环境因素相匹配加以组合，得出一系列组织未来发展的可选择对策（根据 SWOT 分析组合来选择相应的战略对策）。

（6）形成可核查的记录文件。

4. 成功应用 SWOT 分析法的基本要求

（1）必须对组织的优势与劣势有客观的认识。

（2）必须区分组织的现状与前景。

（3）必须考虑全面。

（4）必须与竞争对手进行比较，比如优于或劣于竞争对手。

（5）保持 SWOT 分析法的简洁化，避免复杂化与过度分析。

5. 常见的错误

下列两个常见的错误有时会严重误导分析结果：

（1）在整体目标尚未明确和达成共识前，就进行 SWOT 分析。整体的组织或计划的目标都尚未被确认时，可能 SWOT 团队成员都各想各的，导致 SWOT 分析七零八落，不能聚焦，最后分析出的结果也无法落实。有时可能目标已经提出了，但每个人理解的状况仅在他们大脑中，没有经过分享与确认，从而造成误解。

（2）将 SWOT 分析当作可行的策略。SWOT 分析仅是对现况的基本陈述。也许多数人在优势、劣势与威胁方面都能做到客观的陈述，但在机会这一象限，许多人会将策略写进去，而非现象。解决的办法是：可以试着把机会想成是对"理想情况"（Auspicious Conditions）的描述。

（三）方法的优点及局限

1. SWOT 分析方法的优点

（1）具有显著的结构化和系统性的特征。首先在形式上，SWOT 分析法表现为构造 SWOT 结构矩阵，并对矩阵的不同区域赋予了不同的分析意义；其次在内容上，SWOT 分析法的主要理论基础也强调从结构分析入手，对企业外部环境和内部资源进行分析。

（2）考虑问题全面是一种系统思维，而且可以把对问题的"诊断"与"开处方"紧密结合在一起，条理清楚，便于检验。

（3）分析直观、使用简单。

2. SWOT 分析方法的局限性

（1）时代局限性。SWOT 模型已提出很久了，带有时代的局限性。SWOT 没有考虑到组织改变现状的主动性，组织是可以通过寻找新的资源来创造组织所需要的优势，从而达到过去无法达成的战略目标。

（2）精度局限性（缺乏定量分析）。SWOT 分析采用定性方法，通过罗列 S、W、O、T 的各种表现，形成一种模糊的企业竞争地位描述。以此为依据做出的判断，不免带有一定程度的主观性。所以，在使用 SWOT 方法时要注意方法的局限性，在罗列作为判断依据的事实时，要尽量真实、客观、精确，并提供一定的定量数据弥补 SWOT 定性分析的不足，构造高层定性分析的基础。

（3）重点突出不够。在对组织的机会、威胁、优势和劣势因素进行 SWOT

识别后，就根据 SO、WO、ST 和 WT 的组合制定相应的战略，而没有考虑各关键因素的重要性差异。例如，在制定 SO 战略时，将所有的机会和优势均同等考虑，这往往导致制定的战略没有很好地抓住最主要的机会和优势，从而使制定出的战略可操作性差。

（四）应用举例

[例 3-5] 某炼油厂是我国最大的炼油厂之一，至今已有 50 多年的历史。目前已成为具有 730 万吨/年原油加工能力，且能生产 120 多种石油化工产品的燃料、润滑油、化工原料型的综合性炼油厂。该厂有 6 种产品获国家金质奖，6 种产品获国家银质奖，48 种产品获 114 项优质产品证书，1989 年获国家质量管理奖，通过国际 GB/T 19001 质量体系认证，成为我国炼油行业首家获此殊荣的企业。

该厂研究开发能力比较强，能以自己的基础油研制生产各种类型的润滑油。但是，该炼油厂作为一家生产型的国有老厂，在传统体制下，产品的生产、销售都由国家统一配置，负责销售的人员只不过是做些记账、统账之类的工作，并没有真正做到面向市场。上海市的小包装润滑油市场每年约 2.5 万吨，其中进口油占 65% 以上，国产油处于劣势。之所以造成这种局面，原因是多方面的。一方面是在产品宣传上，进口油全方位大规模的广告攻势可谓是细致入微。到处可见有关进口油的灯箱、广告牌、出租车后窗玻璃、代销点柜台和加油站墙壁上的宣传招贴画，还有电台、电视台和报纸广告和新闻发布会、有奖促销、赠送等各种形式。而国产油在这方面的表现则苍白无力，难以应对。另一方面是该厂油品过去大都是大桶散装，大批量从厂里直接售出，供应大企业大机构，而很少以小包装上市，加上销售点又少，一般用户难以买到经济实惠的国产油，只好使用昂贵的进口油。

根据上述情况，该炼油厂对自己做了 SWOT 分析（见表 3-4）。

表 3-4 SWOT 分析法案例

SWOT 矩阵	S 优势	W 劣势
	●研究开发能力强 ●产品质量高、价格低 ●通过质量管理体系认证	●营销人员和销售点少 ●产品小且包装少 ●缺少品牌意识 ●无形投资少
O 机会	SO 战略	WO 战略
●产品需求增加 ●产品需求多样化 ●产业优惠政策	●根据国际标准开发并研制新产品 ●根据国际标准继续提高产品质量水准 ●根据国际标准进一步降低产品成本，获取更多的利润空间	●制定营销战略 ●增加营销人员和销售点 ●增加产品小包装

T 威胁	ST 战略	WT 战略
●进口油品广告攻势强 ●进口油品占据很大市场份额	●通过研究开发提高竞争能力 ●发挥产品质量和价格优势 ●宣传质量管理体系认证效果	●实施品牌战略 ●开展送货上门和售后服务

根据分析结果，为了扭转该炼油厂在市场营销方面的被动局面，企业决定加强自己的优势、弱化自己的劣势，采取全方位的立体战略来应对市场：制定新的营销战略；增加营销人员和销售点；增加产品小包装；实施品牌战略；开展送货上门和售后服务；开发研制新产品；继续提高产品质量和降低产品成本；发挥产品质量和价格优势；宣传 GB/T 19001 认证效果；通过研究开发提高竞争能力。

第三节　风险损失衡量

风险损失是指纯粹风险发生后给目标造成的影响。根据风险等级结合式（R＝P×C），决定风险损失 C 的方法估测衡量。

一、风险损失衡量的概念、作用及步骤

（一）风险损失衡量的概念

风险损失衡量也称风险计量或风险衡量，是在风险识别、分析的基础上，运用一定的技术方法，对某一特定风险事件发生的概率和损失后果做出估测，为制定风险应对策略提供依据。

风险衡量的具体内容包括：①估计风险事件在一定时间内发生的可能性及造成损失的严重性，即发生概率大小和损失的程度；②根据测算风险事件的发生概率及损失的严重程度，估计总体损失额度的大小；③根据以上测算的结果，预测风险事件的发生次数及结果，为决策者提供依据。

风险损失衡量应依据本组织拟定《风险准则》即风险评价标准（详见本书第一章），一是广泛收集和整理分析风险资料；二是运用一定方法对风险进行衡量。

（二）风险损失衡量的作用

风险的有效衡量，对组织乃至整个社会都有十分重要的作用，具体表现为：

（1）能够使企业上下获得稳定安全感，从而增强扩大业务开辟市场的信心。

（2）有利于增加领导层经营管理决策的正确性，减少风险损失。

（3）在决策从事某项业务时，能对纯粹风险进行正确的处理，使经营者变得更为明智有效。

（4）有利于增加企业效益和减少现金流量的波动性。

（5）有利于与顾客、供应商及债权人等方面的交往，提升企业的信誉及知名度。

同样，有效的风险衡量对于个人和家庭，做好风险防范和抑制也有重要的意义。

（三）风险损失衡量的步骤

（1）根据风险识别与分析的条目，有针对性地调查、收集有关资料。

（2）根据调研结果和经验，运用数理统计等工具，预测发生的可能性，并予以量化。

（3）根据风险程度的高低排定次序。比如，产品的质量风险，可以通过与客户交谈，发调查表等形式进行调研。同时，根据调研结果和经验，可确定该产品在产品条目中退出的可能性。

这里应注意的是，风险是一种变化的动态事物。基于动态条件的预测和分析，其结果不可能做到精确可靠。所有衡量风险的目的，都是尽量避免项目失控，或发生突发事件后留有足够的后备措施和缓冲空间。

二、风险损失资料的收集与整理

（一）风险损失资料收集要求

收集资料的目的是分析过去找出模型，用于未来的风险管理决策。但未来可能不发生变化，也可能是意料之中的变化，或未曾意料的变化。为通过过去损失数据获得未来损失模型，风险管理人员应尽力收集损失数据。这些数据要求具有完整性、一致性、相关性和系统性，并且数据的获取必须使用合理的财力和时间。

1. 完整性

收集到的数据尽可能地充分、完整，它不仅要求有足够的损失数据，还要求收集与这些数据相关的外部信息。风险管理人员必须依靠个人的洞察力和判断力来收集和整理数据。

2. 一致性

为正确找出过去的模型，损失数据至少在两个方面保持一致：一是所有记录在案的损失数据必须在统一的基础上收集；二是必须对价格水平的差异进行调整，并且所有损失价值必须运用同种货币来表示，否则会影响模型的准确性。

3. 相关性

过去损失额的确定，应以与风险管理相关性最大为基础。对于财产损失，应是修复或重置财产的费用，而不是财产的原始账面价值。对于责任损失，不仅包括各种责任赔偿，而且包括调查、辩护和解决责任纠纷的费用。对于营业中断损失，不仅包括停工造成的收入损失，还包括在努力恢复营业至正常状态下的许多额外费用。

4. 系统性

对收集到的各种材料必须根据风险管理的目标与要求，按一定的方法进行整理，使之系统化，才能成为预测损失的一个重要基础。

（二）风险损失资料的整理

依据调查收集的相关资料，必须经过仔细的审查与科学整理，才能发现其特征与规律。

［例3-6］某供电公司车队全年发生35次事故，每次事故的损失金额经调查列示如表3-5所示。

表3-5　某供电公司车队每次事故的损失金额　　　单位：万元

3.1	19.2	12.9	1.2	8.8	6.6	4.6
6.7	14.0	10.5	3.3	17.0	21.3	2.2
13.2	1.1	7.2	6.8	1.9	12.5	10.9
15.3	22.5	2.3	18.1	4.1	17.7	8.1
9.1	11.8	0.3	4.0	0.9	7.9	5.0

经过详细观察发现，每次事故损失最小金额是0.3万元，最大金额是22.5万元，而且损失额大于20万元的极少，但不能很快地说明，损失金额在5万~10万元和10万~12万元的事故发生次数是否同样多，因此需要对数据进行整理，才能看出它们的主要特征。资料整理的最简单办法是将损失数据按递增顺序排列。这样可形成一个阵列。表3-6是按表3-5的数据按递增次序整理排列。

表3-6　某供电公司车队每次事故的损失金额（按递增排列）　单位：万元

0.3	0.9	1.1	1.2	1.9	2.2	2.3
3.1	3.3	4.0	4.1	4.6	5.0	6.6
6.7	6.8	7.2	7.9	8.1	8.8	9.1
10.5	10.9	11.8	12.5	12.9	13.2	14.0
15.3	17.0	17.7	18.1	19.2	21.3	22.5

经过对排列表的简单考察，现在可以明显地看出损失值小于5万元的约占1/3，并且损失额越大，发生次数越少。

但是要得出进一步的结论还要继续研究这些资料。由于许多人不喜欢考察大量数据，另外也没有时间去这样做，所以将上述排列的数据加以简缩，从而使观察值的分布情形能够一目了然将是十分有益的。

1. 资料分组

资料分组是用来缩减资料的。将损失数据的变动范围（如本例中的 22.5 万元 - 0.3 万元 = 22.2 万元）分为许多组，虽然组距不一定要相等，但组距相等在处理问题时比较方便，因此若不特别说明，我们都采用组距相等的分组方法。

资料分组首先必须决定要分多少组。解决这个问题取决于资料数量以及运用数据的目的。一般来说，数据个数之和大于 50，可分为 10~20 组。数据个数较少，组距大，不能充分揭示损失数据中所含的有用信息。如果组数多，组距小，分析工作量增大，会造成烦琐和浪费。在上述资料中，数据变动范围为 22.2，数据量为 35，若分成 5 组，则组距为 4.44；若分成 6 组，组距为 3.7，可选取组距为 4.5。正如在合理的范围内可任意决定组数和组距一样，起始组的起点可以在小于或等于最小观察值的范围内任意决定。如第一组从 0.25 开始，则分组如下：0.25~4.75、4.75~9.25、9.25~13.75、13.75~18.25、18.25~22.75，每组的两端值称作组界。组界的精确度根据原始数据的精确度来确定，若原始数据的精确度为 0.1，则组界的精确度可选 0.05，每组两端的中点为组中值第 3 组的组中值 = （9.25+13.75）÷2 = 11.5。一般规定，每组的左组界属于该组，右组界归属下一组，这样可使全部损失数据在各个组内，落在每一组中的损失数据个数叫作组频数。

2. 频数分布

当组距（用组界或组中值表示）与相应的组频数一起以表格的形式展示出来时，所得到的表叫作频数分布表，简称频数分布，表 3-7 是表 3-6 的相应频数分布表。

表 3-7 某供电公司车队每次事故损失频数分布表

组号	分组（万元）	频数	频率（%）	组中值（万元）
1	0.25~4.75	12	34.3	2.50
2	4.75~9.25	9	25.7	7.00
3	9.25~13.75	6	17.1	11.50
4	13.75~18.25	5	14.3	16.00
5	18.25~22.75	3	8.6	20.50
合　计		35	100	—

尽管频数分布表可以着重说明某些损失数据的特征，但有时也存在缺点。如表 3-8 中清楚地表明了第 3 组损失值大于 9.25 万元小于 13.75 万元的占损失次数的 17.1%（6÷35），而仅有 8.6%（3÷35）的汽车事故造成 18.25 万元以上的损失。但是它得不到每次事故究竟造成多少损失的信息，因此使用频数

分布表时，需要估计每组的代表数值，一般使用每组的组中值，组中值是最有代表性的估计值。

3. 累积频数分布

累积频数分布表是一个用以说明损失值在某特定数值以下的损失数据个数的表，因此各组对应的累积频数是该组及以前所有各组的频数之和，也可表示为：

第 n 组所对应的累积频数 = 第 n-1 组所对应的累积频数 + 第 n 组的组频数

表 3-8 是表 3-6 的累积频数分布表。

表 3-8　某供电公司车队每次事故损失累积频数分布表

组　号	分组（万元）	频　数	累积频数
1	0.25～4.75	12	12
2	4.75～9.25	9	21
3	9.25～13.75	6	27
4	13.75～18.25	5	32
5	18.25～22.75	3	35

三、风险损失衡量

风险损失衡量的指标既有机会性效益指标，又有威胁性损失指标。在占有大量数据与资料的基础上，衡量风险损失需要做两方面的工作：一是估计损失发生的可能性，即损失概率；二是估计损失程度（损失幅度），即每发生一次风险事件所造成的最大损失额。

（一）风险损失的概率

损失概率是指损失发生的可能性。确定损失概率是风险衡量的一个重要方面。某一事件是否发生往往存在一个统计规律性。例如，掷一枚硬币，出现正面朝上，或反面朝上均有可能，若以"正面朝上"为一事件，那么每掷一次硬币，这一事件都有可能出现，如果重复掷多次，出现正面或反面朝上的次数，称为事件发生的频率。随着所掷次数的增加，频率趋向一个定值为 1/2。这种事件发生频率随着重复掷的次数的无限增加，频率趋向于一个常数的性质，我们称这个事件的发生存在着统计规律性，这个常数即事件发生的概率。例如，掷币出现正面的概率是 1/2。例如某单位有各种车辆 100 辆，1 月出车 1000 次，发生事故 2 次，则事故发生频率为 0.2%；2 月出车 2005 次，又发生事故 4 次……如果其他月份也类似，则事故的频率为 0.2%，则事故频率趋于常数 0.2%，存在着统计规律性，即在一个月内事故的概率为 0.2%。

由此可以看出，交通事故频率实际上是事故概率的估计值，在风险衡量中常常通过损失频率的计算来达到估计损失概率的目的。

关于损失概率在风险衡量中的应用，目前有两种说法：一是时间性说法；二是空间性说法。前者是指在一段时间内发生的概率。如交通事故若以月为单位，发生的概率是 0.1%，则一年发生的概率为 1.2%。故采用时间性说法须注意两点：①时间单位不同，则概率也不同；②通常在经济单位内不存在多种同类风险情况下使用。

空间性说法侧重于在特定期内遭受损失的风险单位数，是众多风险单位在空间上的平均结果。如对民航飞机失事率，不仅要考虑一个国家民航失事的状况，更要考虑全球民航飞机失事的状况，飞机的保险费率确定的依据之一就是全球民航飞机失事率。

当然，如果一家企业自己拥有多个独立的同质风险单位，也可采用空间性说法。在采用此法时，应该注意：被观察的风险单位应该是"相互独立的"和"同质的"两项条件。所谓"相互独立的"，是指风险单位之间绝对存在差异（包括所在地区及防护等级等），就某种风险而言，某个风险单位遭受损失，并不意味其他风险单位也遭受损失。"同质的"是指风险单位面临的风险是相同的，而且所遭受的来自特定风险事故的损失概率和损失程度也是相同的。例如，企业有 5 辆轿车，其中有宝马牌一辆，价值 60 万元。其余 4 辆共值 60 万元，如发生撞车事故，宝马车的损失幅度大于其他 4 辆的损失幅度，故两者之间是不同质的。

（二）风险损失的程度

风险损失程度（也称风险损失幅度）是指风险事故一旦发生，可能造成的最大损失值。在衡量风险损失程度时，应根据单位的自身特点，采用不同的方法来衡量损失程度。最基本的是估算单一风险单位在每一事件或意外事故发生后最大可能损失和最大预期损失。所谓的"事件"与意外事故的概念有所不同，意外事故是指事故的发生是不可预料的；而事件包括的范围较大，不仅包括意外事故，而且包括意料内的事故。例如，一家企业的财产进行安全保险，假如发生火灾，对这家企业来说是"意外事故"，而对保险公司来说，就其全部承包的财产险来分析，则是预料到的可能"事件"。从企业来说，重点研究的显然是"每一事件"，因为企业所考虑的是可能引起企业财产损失的所有因素；而保险公司为限制其赔偿责任，常采用"每一意外事故"的观念。但有时也采用"每一事件"的观念，如终身寿险中的死亡给付责任。

最大可能损失与最大预期损失的区别。最大可能损失是一种客观存在，与人们的主观认识无关。而最大预期损失则是一种与概率估算有关，即与人的主观认识有关的概念，它随着个人选择的概率水平不同其估计值也有所不同。一般来讲，最大的可能损失不会低于最大的预期损失。例如，对价值 1000 万元的一幢楼房遭受地震损失的预测。最大的可能损失就是 1000 万元；如果从概率角度考虑，该地区大地震发生的概率很低，百年不遇一次，如损失概率为 1%，估计最大损失风险值 10 万元。还有的估计可能 50 年有一次，则估计最大损失风险值为 20 万元。可见估测最大损失较为困难，但也最为有用。

估测最大可能损失与最大预期损失后，有时还需要估计年度最大可能损失和年度最大预期损失，这两种损失均可成因于单一风险，也可成因于多种风险，它们包括各种风险事故所致众多风险单位的所有类型损失。年度最大预期损失率是面临风险的单个单位或单位群体在一年内可能遭受的最大总损失量。与最大预期损失率一样，这种损失量依风险管理人员选择的概率水平而定，但与最大预期损失不同的是，这种量度并不仅是指一次事件的严重性，是依事件的个数以及它们的严重性而定。

> **根据阿兰·费雷德兰德提出的用四种方法衡量一幢建筑物因发生一次火灾遭受的实质损失**
>
> （1）正常期望损失。当单位和公共保护系统均有效时，发生一次火灾造成的预期损失金额。
>
> （2）可预期的最大损失。即当保护系统的一个关键设施，如自动灭火器不能提供服务或无效时，发生一次火灾造成的预期损失金额。
>
> （3）最大可预见损失。即当单位的保护系统和任何设施都失去作用时，发生一次火灾预期的损失金额。
>
> （4）最大潜在损失。即当单位和公共保护系统均不起作用或失效时，发生一次火灾造成的预期损失。

有时由于损失概率较小，而一旦发生，造成的经济损失又非常可怕，甚至是毁灭性的，因此估算损失程度与估算损失发生概率更为重要。虽并不是任何情况都是如此，但有时估测损失概率比估测损失程度更为重要。

（三）风险损失概率和损失程度估测

1. 风险损失概率的估测

（1）用二项分布估测损失次数。假如有 m 个风险企业均遭受同一风险事故的威胁，但每家企业一年中是否发生此风险事故是个随机事件，其结果只有两种：发生与不发生。如果设 m 家企业在一年中发生的所述风险事故的次数为 n，且满足下列条件：①每家企业发生该风险事故的概率都相同，设为 p；②任何一家企业发生风险事故，都不会影响其他企业发生同样风险事故的概率（具有独立性）；③同一企业在一年内发生两次以上同样事故的可能性极小，可认为这一概率为零。则 ξ 为一服从二项分布的随机变量。且分布律为：

$$P(\xi = m) = C_n^m p^m q^{n-m} \quad (m = 0, 1, 2, \cdots, n)$$

式中，$0 < p < 1$，$p + q = 1$。

由于 m 个风险单位在下一年度中可能遭受风险事故的次数是一个随机变量，我们无法确定来年究竟会发生多少次风险事故，但风险管理人员只要了解 m 个风险单位在来年中发生事故的平均次数及其偏离程度就可以了。我们知道 ξ 的期望值表示事故发生次数的平均值，标准差描述实际情况与期望值的偏离程度。ξ 的期望值和方差分别为：

$E\xi = np$，$D\xi = npq$

［例 3-7］某区供电公司下设 5 家变电所，假设任何一家在一年中发生雷击火灾概率为 0.1，并且各个所之间就此事故而言是互不相关的，同一所一年中发生两次以上概率可认为是零，请估算该公司来年中发生火灾的次数分布状况，以及平均将有几家遭受雷击火灾风险。

解：设 n 为 5 家在一年中发生火灾的次数，因为每家在一年中发生的概率为 0.1，故 ξ 服从 b（5，0.1）的二项分布。发生数目相对应的概率如表 3-9 所示。

表 3-9　发生停电数目及相对应的概率

发生火灾所数 X=K	概　　率
0	0.1^0　$0.9^5 = 0.5905$
1	0.1^1　$0.9^4 = 0.3281$
2	0.1^2　$0.9^3 = 0.0729$
3	0.1^3　$0.9^2 = 0.0081$
4	0.1^4　$0.9^1 = 0.0009$
5	0.1^5　$0.9^0 = 0.00001$

下一年将有 $E\xi = n \times p = 5 \times 0.1 = 0.5$（次），即下一年发生的数目预期为 0.5，可能的偏离程度，即标准差 $\sqrt{npq} = \sqrt{5 \times 0.1 \times 0.9} = 0.671$。

（2）用泊松分布估测损失次数。如果知道运用二项分布是有条件的，不仅要求每个风险单位每年至多发生一次风险事故，而且当风险单位数很大时，计算变得很复杂。然而，事实上一个风险单位可能发生多次损失事故，尽管发生的概率很小，但并不排除不发生。另外，当二项分布中的 n 很大，p 很小时可用泊松分布来拟合，而在风险管理中，风险单位数很多是常数，因此用泊松分布估测损失次数，就更为有用。

设有众多风险单位，每年估计平均有 λ 个风险单位发生事故，每一风险单位发生事故的概率相同，则一年中发生损事故数 ξ 为一服从参数 λ 的泊松分布：

$$P\ \{\xi = m\} = \frac{\lambda^m}{m!} e^{-\lambda} \quad (m = 0,\ 1,\ 2,\ \cdots,\ n)$$

式中，$\lambda > 0$ 为常数，随机变量 ξ 的可能取值为 0，1，2，…，n。

该分布的期望与标准差分别为 $E\xi = D\xi = \lambda$。

因此，关键问题是通过损失资料获得 λ 的估值，如一个车队在过去的三年内共发生两次碰撞事故，即每年平均约 2/3 次。则 λ 估值为 2/3。

[例 3-8] 假定某供电公司有一支 5 辆车组成的车队，该车队约每两年有一次撞车事故，试估算该车队来年中发生撞车事故次数的分布状况。

解：设 ξ 为一年中发生撞车事故的次数，由于年平均撞车次数为 0.5，故 ξ 服从参数 $\lambda = 0.5$ 的泊松分布，下一年撞车次数的概率分布计算如表 3-10 所示。

表 3-10　××车队撞车事故分布状况

撞车次数 m	概　　率
0	$0.5^0 e^{-0.5} / 0! = 0.6065$
1	$0.5^1 e^{-0.5} / 1! = 0.3033$
2	$0.5^2 e^{-0.5} / 2! = 0.0758$
3	$0.5^3 e^{-0.5} / 3! = 0.0126$
4	$0.5^4 e^{-0.5} / 4! = 0.0016$
5	$0.5^5 e^{-0.5} / 5! = 0.0002$
6	$0.5^6 e^{-0.5} / 6! = 0.0000$

期望值 $E\xi = \lambda = 0.5$，标准差 $\sqrt{\lambda} = 0.707$；无撞车事故的概率 $P\{X=0\} = 0.6065$；多于三次撞车事故的概率为 $P\{X>3\} = 1 - P\{X=0\} - P\{X=1\} - P\{X=2\} - P\{X=3\} = 1 - 0.6065 - 0.3033 - 0.0758 - 0.0126 = 0.0018$；多于一次撞车事故的概率为 $P\{X>1\} = 1 - P\{X=0\} - P\{X=1\} = 1 - 0.6065 - 0.3033 = 0.0902$。

泊松分布常见于稠密性的问题，因此对风险单位数很多的情况特别有效，一般来说，要求风险单位数不少于 50，所有单位遭受损失的概率都相同并小于 0.1。在风险管理问题中，许多情况均满足上述条件，损失发生概率往往很小，如果风险单位数不够，风险管理人员可通过分割风险期间来增加风险单位数，或者把同行的损失资料并入自己的损失资料中，以增加风险单位数。

2. 风险损失程（幅）度的估测

（1）每次事故损失金额估测。为估测每次事故的损失金额，可利用一些概率分布，如正态分布、对数正态分布和帕累托分布等，这些分布将会给出一次事故中损失金额可能取值的概率。对于一些损失频率分布类似一个正态分布的密度函数图形，即只有一个峰，且图形关于峰是近似对称的，这样的损失频率分布可用正态分布来拟合，并通过正态分布来估测损失额落在某区间上的概率，以及损失额超过某一数值时的概率。现通过实例来说明估测方法。

[例3-9] 某地区若干年间夏季出现暴雨共84次，每次暴雨以一天计算，一个夏季（6~10月）共153天，表3-11是每次暴雨造成的损失频率分布表，试估算下次暴雨的：①期望损失；②损失额落在什么区间内的概率为95%；③损失额大于100万元的概率有多大。

表3-11　某地区若干年间夏季暴雨致损金额分布

组　别	分组（万元）	频数（f_i）	频　率
1	5~25	4	0.0476
2	25~45	8	0.0952
3	45~65	14	0.1667
4	65~85	19	0.2262
5	85~105	21	0.2500
6	105~125	10	0.1190
7	125~145	5	0.0595
8	145~165	3	0.0357
合　计	—	84	0.9999

解：上述损失分布近似于正态分布（某地区若干年间夏季暴雨致损金额直方图略）。

1）用损失资料的算术平均数去估计正态分布的数学期望，即用算术平均数估计暴雨的平均损失（见表3-12），因而下一次暴雨的期望损失是81.19万元。

表3-12　估计暴雨的平均损失

组　别	组中值（m_i）	频数（f_i）	$f_i m_i$	m_i^2	$f_i m_i^2$
1	15	4	60	225	900
2	35	8	280	1225	9800
3	55	14	770	3025	42350
4	75	19	1425	5625	106875
5	95	21	1995	9025	189525
6	115	10	1150	13225	132250
7	135	5	675	18225	91125
8	155	3	465	24025	72075
合　计	—	84	6820	74600	644900

2）根据正态分布的特点，损失额落在（81.19-33.14×2，81.19+33.14×2），即落在（14.91，147.47）内的概率为95%。

3）因损失分布是 N（81.19，33.14²），而要求的是损失值 ξ 大于 100 万元的概率，即其中 N 是标准正态分布的分布函数，已编制成表可供查阅，经查 $E\xi$=0.7157，即损失值大于 100 万元的概率为 0.2843。

然而，需要注意的是，大多数损失分布并不是正态分布，而常常是分布密度呈右偏状，即小额损失发生概率大，大额损失发生概率小，如对数正态分布、威布尔分布等，另外如地震损失的分布，则是左偏的。

此外，我们还可以利用对数正态分布估测损失值。利用对数正态分布来估测损失值与正态分布相比要复杂得多，在此不再赘述。

（2）未来某一时期总损失金额估测。未来某一时期总损失金额是指具有同类风险的众多风险单位在某一期间（如一年）因遭遇相同风险所致事故，而产生的损失总和。估测年总损失金额同样要解决三个基本问题：①年平均损失多少；②企业遭受特定损失金额的概率；③"严重损失"发生的概率。

表 3-13 是一个假设的概率分布，描述了 6 辆汽车每年总损失金额的分布状况，每辆汽车价值 4000 元，我们用此例来说明估测方法。

表 3-13　6 辆车年总损失金额的概率分布

每年损失金额（x_i）	概率（p_i）
0	0.606
500	0.273
1000	0.100
2000	0.015
5000	0.003
10000	0.002
20000	0.001
总计	1.000

1）年平均损失估测。在估测年平均损失时，风险管理人员首先应当考虑用于估计年平均损失的年度损失资料的适用性。在任何情况下，损失数据应满足完整性、一致性和相关性。其次在整理过程中，还应考虑年度损失数据的变化趋势，如果一列年度损失数据按时间次序呈递增状态，则显然来年的年度总损失仍有一种递增的趋向，此时如再用平均值来估计将产生较大的误差，所以应使用时间序列分析方法估算。

许多单位遭受风险损失的总和值，根据中心极限定理，只要各风险单位之间的某一风险是相互独立的，且所致损失分布相同，那么总损失金额近似服从正态分布。如一辆车发生碰撞，不影响所研究的另一辆车发生碰撞，而且损失分布相同，如果汽车数很多，则所有汽车的损失金额服从正态分布。这样通过估计正态分布的两个参数 μ、σ^2 就可以完全了解总损失金额的分布状况，并且用正态分布的数学期望来估计年平均损失。这个估计额叫作期望总损失金额，期望总损失金额即长期的年平均损失金额，既反映了损失频率，又反映了损失的严重性。这种衡量表明，如果企业自留这种风险，则它在长期中将蒙受年平均损失。

2）遭受特定损失金额的概率。风险管理人员常常需要知道年总损失金额大于或等于某一特定数值的概率，为风险管理决策提供依据。如年总损失金额大于或等于购买全部保险所需的保险费的概率有多大？如果风险自留，则引起企业严重财务问题的损失应大于什么数额，发生这样的"严重损失"概率有多大？

表3-14是6辆车总损失金额大于或等于某些特定数值的概率。在考虑年总损失金额大于或等于购买全部保险所需的保险费的概率时，应将损失和保费换算成税后价值，因为同样金额的损失和保费其税后价值是可以不同的。现假定表3-14的损失为税后损失，且全部保险的税后保费为600元，则税后损失金额大于或等于600元保费的概率约为0.12。假定税后损失大于或等于18000元被认为是重大财务损失，则产生严重财务问题的概率为 $P\{X \geq 18000\} = P\{X > 18000\} = 0.001$，如果我们得到了精确的统计分布，则上述概率问题也可精确地通过理论概率分布计算出来。

3）最大可能损失与最大预期损失。最大可能损失（Maximum Possible Loss）与最大预期损失（Maximum Probable Loss）都用以表征研究对象的损失幅度。保险承保人经常使用这两个概念，以确定是否设置责任限额或办理分保及分保费。企业风险管理人员也常用此来估测特别严重损失发生的可能，并在事前选择恰当的风险管理方法来处置。

表3-14　6辆车总损失金额大于或等于某些特定数值的概率

特定价值（X）	概率（P）
500	0.394
1000	0.121
2000	0.021
5000	0.006
10000	0.003
20000	0.001

这里所称的最大可能损失是指单一风险单位遭遇单一风险事故所致的最大损失。例如，一幢价值100万元的建筑物对火灾风险来说，其最大可能损失为100万元。一辆价值20万元的汽车因碰撞所致的最大可能损失为20万元。而这里的最大预期损失则是在一定的概率水平下，单一风险单位因单一风险事故所致的最大损失。例如，风险管理人员相信不可能有发生机会小于1‰的损失，那么最大

预期损失对于建筑物来说就要小于 100 万元，对于汽车来说也要小于 20 万元，假定我们已知这幢建筑物的损失分布，记 X 为单一事故所致的损失金额这个随机变量，则在 1‰ 的概率水平下，最大预期损失 L 可通过下式求得：

P {X≥L} ≤1‰

这时的 L 应是满足不等式的最小 L。

因此一旦概率水平不同，则最大预期损失也将不同，可以肯定选定的概率水平越低，最大预期损失越接近于最大可能损失。至于年度最大可能损失，它可指一个风险单位在一年中因遭受同一风险的多次风险事故所致的最大总损失，也可指许多同质风险单位在一年中遭受同一风险的不同风险事故所致的最大总损失。根据年损失次数的估测，同一风险单位在一年中发生多于一次的同性质风险事故的概率是很小的，但是年度最大可能损失仍不能用简单的代数和将最大可能损失累加而成，需要考虑损失次数的分布情况而定。

年度最大预期损失与最大预期损失在有些地方类同，它是在一定的概率水平下的年度最大损失总和，根据如表 3-14 所示分布，可分别估计出在概率水平为 3‰ 和 6‰ 下的年度最大预期损失。

概率水平为 3‰ 的年度最大预期损失为满足 P {X>L} ≤3‰ 的最小 L 值，从表中查得 L=10000 元。

概率水平为 6‰ 的年度最大预期损失为满足 P {X>L} ≤6‰ 的最小 L 值，容易知道 L=5000 元。

最后，关于年总损失金额的估测，若能获得年损失发生次数和每次事故的损失分析，则可以获得年总损失金额的概率分布，当然也能有效地估测年总损失金额。

另外还有风险值法，见本书第二章第三节。

第四节　风险评价过程

风险评价应明确风险评价含义及任务、评价依据及风险评价输出要求。

一、风险评价的概念、目的及原则

风险评价是在风险识别、风险分析的基础上，以风险准则为依据，对风险大小及如何应对做出选择。

（一）风险评价的概念

ISO《标准》指出，"将风险分析结果与风险准则相比较，以决定风险和/或其大小是否可接受或可容忍的过程"。

由定义可以看出：风险评价是在风险识别/分析结果的基础上，根据估测的风险后果和可能性与确定的"风险准则"对比（或在各种风险分析结果之间进行比较），确定风险等级，进行风险排序，决定是否可接受或可容忍以及应关注的重点和优先控制风险过程。风险评价的方法通常用"比较"法。

风险评价过程应完成三项基本任务：一是把风险分析的结果与风险准则相比较；二是根据比较的结果确定风险等级；三是决定是否可接受或容忍，以及应关注的重点和优先控制风险，从而为风险决策提供依据。

（二）风险评价的目的

ISO《标准》指出"风险评价有助于风险应对决策"。

风险应对决策的主要内容是哪些风险需要应对、应对的优先顺序及重点风险、应选择哪些应对方式等。因此，风险评价结果应满足风险应对输入要求，才有利于做出正确决策。但是，要明确风险评价的目的是"协助决策"，不是实施决策，实施决策是风险应对过程的内容。

（三）风险评价的原则

1. 影响风险评价的因素

风险管理者在进行风险评价时，由于受到人为因素、机器设备因素、环境因素等影响，其实际结果与评价有时存在较大的偏差，导致的原因有以下几方面：

（1）人为因素。它是指由于评价主体——人的判断失误、操作失误、违章指挥、精力不集中、疲劳和身体缺陷等，导致实际发生的风险事故远远偏离风险评价的结果，其主要原因是风险管理者事先未预见的风险因素所造成的风险评价失误。

（2）机械设备因素。它是指由于设备和装备结构不完善、安全设备和防护器具的缺陷等，使风险管理人员未能预见到风险因素的存在，造成财产损失和人身损伤，未预见到的机器设备缺陷也是风险评价偏离实际损失的重要原因之一。

（3）物的因素。它是指由于有毒、有害、易燃、易爆等危险性物质，在储存、运输和使用过程中，未按照有关管理规定进行操作和使用，结果造成财产损失和人身伤害。这些物的因素的侵害，由于风险管理人员未充分认识，也会导致风险评价的结果偏离实际损失。

（4）环境因素。它是指作业环境中的色彩、照明、湿度、通风、噪声、振荡、卫生等风险因素，以及相邻的单位因火灾、爆炸和有毒气体泄漏等对财产和人身造成的损害。这些损害会使实际发生的损失偏离风险评价结果。此外，一个国家或地区的政局稳定性、政策连续性及社会意识和法律建设等，也是风险评价需要考虑的重要因素。

（5）管理因素。它是指企业安全生产规章制度不健全、安全管理水平不完善，影响风险评价的结果与实际发生有较大差异。可见，风险评价不仅要参考风险分析衡量的结果，还要考虑管理不健全和管理缺陷等因素给风险评价结果造成的影响，避免风险评价的失误。

2. 风险评价的原则

要做好风险评价，风险管理评价人员必须遵循以下原则：

（1）整体性原则。风险造成的损失往往是多方面的，因此，风险评价时必须从整体出发，全面、系统地考虑造成损失的各种因素及损失的各个方面，并考虑这些因素之间的相互联系和相互作用。

（2）统一性原则。风险评价是针对某一风险事件或某一风险单位进行的，因此风险评价要保持统一性。不能将与风险因素和风险单位无关的资料考虑进去，不能作为风险评价的依据，以保持风险评价的客观性。

（3）客观性原则。风险评价的方式和方法多种多样，不同的测量、评价风险的方法可获得不同的结果，因此，风险评价应尽可能地使风险预测、风险评价的结果与实际发生的相一致，尽可能反映客观存在的风险。偏差过大，会造成不必要的损失。

（4）可操作性原则。风险评价是涉及面广、管理难度大的项目，这要求风险管理人员灵活运用具有可操作性和通用性的风险评价技术方法，尽量避免使用高深、烦琐的评价技术方法。这不仅可以减少风险评估的工作量，还可提高风险评价的质量。

（四）风险评价应考虑的主要因素

1. 风险损失的有关概念

为了准确地评价风险为决策提供科学依据，许多公司引入了评价损失程度的几个重要概念：

（1）正常损失期望值。它是指风险管理单位在正常的风险防范措施下遭受损失的期望值。在风险衡量中，根据过去发生的损失数据而进行加权平均计算的期望损失就是风险评价中的正常损失期望值指标。风险衡量中的期望损失指标侧重于损失程度的计算和测量，而风险评价中的正常期望损失偏重于对风险的评价，侧重于为风险应对决策提供依据。

（2）可能的最大损失。它是指风险管理单位在某些风险防范措施出现故障的情况下可能遭受的重大损失。可能的最大损失评价，可以矫正风险管理人员未曾预见的风险因素所带来的损失，是风险决策的重要依据。

（3）最大可能损失。它是指风险管理单位在最不利的条件下，估计可能遭受的重大损失。最大可能损失为风险管理部门提供了评价损失造成最坏影响的依据，也是风险管理单位可能遇到的最大损失。一般来说，超过最大可能损失的风险事故很可能不会发生，但也不是绝对不可能发生。

2. 风险评价应考虑的因素

预测正常期望损失可能的最大损失和最大可能损失，需要考虑以下几方面因素：

（1）财产的物质特性和财产对损害的承受力。财产的物质特性和财产对损害的承受力是确定正常期望损失、可能的最大损失和最大可能损失的依据。例如，保险公司风险经理认为，某幢楼房在装有喷水装置和防火墙的情况下，发生火灾的正常期望损失将不超过楼房价值的 10%，而在喷水装置发生故障的情况下，楼房可能的最大损失是其价值的 30%，最大可能损失是其价值的 60%。如果这幢楼房没有安装防火墙和喷水装置，那么，楼房的正常期望损失、可能的最大损失和最大可能损失就会更高一些。

（2）损失评价的主观性。正常期望损失、可能的最大损失和最大可能损失的确定具有主观性。尽管在多数情况下，风险管理经理对于正常期望损失、可能的最大损失和最大可能损失的估计会受到主观因素的影响，但人们还是发现了一些复杂的模型化方法，以帮助风险经理和保险公司估计正常的期望损失、可能的最大损失和最大可能损失。如果有些风险管理经理不能容忍实际损失超过最大可能损失，那么，风险管理经理确定的最大可能损失就比较大；有些风险经理对实际损失超过最大可能损失持较宽容的态度，那么，风险管理经理确定的最大可能损失就可能小。

（3）损失评价可以是单独物体，也可以是许多物体。正常期望损失、可能的最大损失和最大可能损失估计的对象可以是单独的物体，如一幢大楼；也可能是许多物体，如汽车队、一个楼群、一段时间（如一年或几年）。

（4）损失的管理成本。确定正常期望损失、可能的最大损失和最大可能损失是估计风险管理成本的依据。例如，某保险公司在给某个地区的居民楼签发保单时，需要估计单个事件如风暴、地震等带来的最大损失。在这种情况下，最大可能损失是一种灾害对许多财产造成的损失逐项累计估算出来的，而不是许多灾害对单个财产造成的损失。正常期望损失、可能的最大损失和最大可能损失不仅是保险公司核定风险管理成本的依据，也是其确定保险费率的依据之一。如果以年作为衡量损失的时间单位，就可以得到年度正常损失期望、年度可能的最大损失和年度最大可能损失。

二、风险评价依据

风险评价的依据是风险准则。

（一）风险准则的概念

ISO《标准》指出：风险准则是"评价风险重要性的参照依据"。包括风险评价过程的主要内容，是风险管理中极为重要的概念。

风险准则所含的内容较为广泛，涉及风险管理的各个方面。企业制定风险准则应体现 11 项风险管理原则。

（二）风险准则的用途

风险准则主要用于"风险重要性评价"，包括风险发生可能性大小及后果程度、风险等级等。风险准则的应用不仅限于"风险评价"过程，而且贯穿于整个"风险管理过程"。在确定和运用风险准则时，应注意时机，时机不同，内容也有差别。

（三）风险准则制定的依据

风险准则的制定需要依据组织的目标、外部环境和内部环境。脱离组织所处的内部/外部环境、背离组织实际情况而制定的"风险准则"，并用此标准作为尺度评价企业风险的大小，制定应对风险决策，无益于实现企业的经营目标。

1. 来自外部环境

包括国内/外的法律、法规、相关政策等其他要求、行业内要求等。例如，《企业内部控制基本规范》，美国COSO《企业风险管理》等。

2. 来自内部环境

包括企业的组织机构、内部控制文件、相关的规章制度，业务过程相关规定，如产品生产、产品质量、公司战略、资产安全、财务安全、社会责任、品牌、信用、标准、产品说明书、预算计划、合同等，在制定风险准则时都应考虑。所以"风险准则可以源自标准、法律、政策和其他要求"。

三、风险准则确定

（一）企业风险偏好确定

风险偏好是企业愿意追求和保留的风险数量和种类。风险偏好是可以计量的。组织对风险的分类可依据行业、产品和历史等，在分类基础上再进行分级。从某种程度上讲，风险偏好是"风险态度"的量化表示。它可以针对某项业务过程，或多项业务过程综合，或某一项业务。有些具体表现在风险控制清单中。

（二）风险后果C准则确定

风险后果C是风险事件对目标的影响结果。影响可能是正面的也可能是负面的，可能是质量的，也可能是数量的。

由于准则是评价风险大小的依据标准。所以C准则的确定应覆盖后果影响程度的所有范围。

风险影响后果可划分为不同形态。例如，生命的、伤害的、产品的、经济的、声誉的、品牌的、资产安全的、进度的、文化的、组织结构的……不同业务过程中的风险后果会有不同的后果形态。风险后果形态划分直接影响风险准则的核心内容。风险后果准则——C准则应与风险形态相对应。

后果对目标影响的程度可用定量、半定量方式表示，应与风险形态相一致。一般不用定性方式表示，因为定性不能用于测量，定性C无法与定量的可能性P相结合，使风险等级R具有大小的意义。但在特殊情况下可以考虑。

企业应以文件的形式对C准则做出规定，并对各项测量指标进行详细全面的描述。

［例3-10］现以国资委印发《中央企业全面风险管理指引》中列举的某公司对风险发生的影响后果的定量、定性准则列示如表3-15所示。

表 3-15　某公司风险损失分析

		定量方法一	评分	1	2	3	4	5
适用于所有行业		定量方法二	企业财务损失占税前利润的百分比	1%以下	1%~5%	6%~10%	11%~20%	20%以上
	定性方法	文字描述三	文字描述一	极轻微的	轻微的	中等的	重大的	灾难性的
			文字描述二	极低	低	中等	高	极高
			企业日常运行	不受影响	轻度影响(造成轻微的人身伤害,情况立刻受到控制)	中度影响(造成一定人身伤害,需要外部支持才能得到控制)	严重影响(企业失去一些业务能力,造成严重人身伤害,情况失控,但无致命影响)	重大影响(重大业务失误,造成重大人身伤亡,情况失控,给企业致命影响)
			财务损失	较低的财务损失	轻微的财务损失	中等的财务损失	重大的财务损失	极大的财务损失
适用于开采业、制造业	定性与定量相结合		企业声誉	负面消息在企业内部流传,企业声誉没有受损	负面消息在当地局部流传,对企业声誉造成轻微损害	负面消息在某区域流传,对企业声誉造成中等损害	负面消息在全国各地流传,对企业声誉造成重大损害	负面消息流传世界各地,政府或监管机构进行调查,引起公众关注,对企业声誉造成无法弥补的损害
			安全	短暂影响职工或公民的健康	严重影响一位职工或公民健康	严重影响多位职工或公民健康	导致一位职工或公民死亡	导致多位职工或公民死亡
			营运	①对营运影响微弱②在时间、人力或成本方面不超出预算1%	①对营运影响轻微②受到监管者责难③在时间、人力或成本方面超出预算1%~5%	①减慢营业运作②受到法规惩罚或被罚款等③在时间、人力或成本方面超出预算6%~10%	①无法达到部分营运目标或关键业绩指标②受到监管者的限制③在时间、人力或成本方面超出预算11%~20%	①无法达到所有的营运目标或关键业绩指标②违规操作使业务中止③时间、人力或成本方面超出预算20%
			环境	①对环境或社会造成短暂的影响;②可不采取行动	①对环境或社会造成一定的影响;②应通知政府有关部门	①对环境造成中等影响;②需一定时间才能恢复;③出现个别投诉事件;④应执行重大的补救措施	①造成主要环境损害;②需要相当长的时间来恢复;③大规模的公众投诉;④应执行重大的补救措施	①无法弥补的灾难性环境损害;②激起公众的愤怒;③潜在的大规模的公众法律投诉

（三）风险发生可能性 P 准则确定

风险发生的可能性是指事件发生的机会及可能程度。如何对风险事件发生的可能性进行度量是风险管理中最重要的内容之一。度量的是否准确关系到企业目标的达成与否。在实践中，习惯用概率来表示可能性的大小，范围为"0<P<1"。通常是先有了影响目标的事件，再确定事件发生的可能性。

由于准则是评价风险大小的依据标准。所以 P 准则的确定，应覆盖发生可能性的所有范围。

风险发生可能性可用定量、半定量方式表示，一般不用定性方式表示，但在特殊情况下可以考虑。

企业应以文件的形式对 P 准则做出规定，并对各项测量指标进行详细全面的描述。

现以国资委印发《中央企业全面风险管理指引》中列举的某公司对风险发生可能性的定量、定性准则列示如下，供实际操作中参考，如表 3-16 所示。

表 3-16　风险发生可能性定性与定量准则（标准）

定量方法一	评分	1	2	3	4	5
定量方法二	一定时期发生的概率	10%以下	10%~30%	30%~70%	70%~90%	90%以上
定性方法	文字描述一	极低	低	中等	高	极高
	文字描述二	一般情况下不会发生	极少情况下才发生	某些情况下发生	较多情况下发生	常常会发生
	文字描述三	今后 10 年内发生的可能少于 1 次	今后 5~10 年内可能发生 1 次	今后 2~5 年内可能发生 1 次	今后 1 年内可能发生 1 次	今后 1 年内至少发生 1 次

（四）风险等级 R 准则确定

ISO《标准》指出风险等级是"以结果与其可能性相结合表示的一个风险或组合风险（R）的大小或量级"。一般用发生可能性（P）与影响后果（C）的乘积公式表示：

R=P×C

对任何单一风险或组合风险，在获得发生的可能性 P 值大小及影响后果 C 值大小后，即可依上式计算出该风险等级，或称风险程度大小。

根据风险等级公式可求出风险等位线，建立风险带［详见矩阵（风险带）评价法］。运用风险带可以确定单项风险或组合风险的风险等级。

［例 3-11］某供电公司对影响企业目标的 7 项风险进行定量分析，其中，风险 1 发生的可能性为 83%，发生后对企业造成的损失为 2100 万元；风险 2 发生的可能性为 40%，发生后对企业造成的损失为 3800 万元……风险 7 发生的

可能性在 55%~62%，发生后对企业造成的损失在 7500 万~9100 万元，在风险坐标图上用一个区域来表示，则绘制风险坐标图如图 3-6 所示。

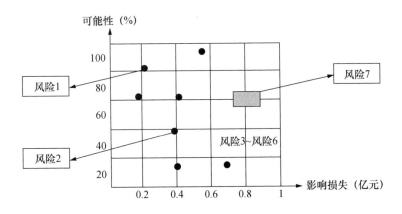

图 3-6　风险损失坐标图

绘制风险坐标图的目的在于对多项风险进行直观的比较，从而确定对各风险进行管理的优先顺序和策略。例如，某客运公司绘制了如图 3-7 所示的风险坐标图，该公司确定将该图划分为 A、B、C 三个区域，公司决定承担 A 区域中的各项风险且不再增加控制措施；严格控制 B 区域中的各项风险且专门补充制定各项控制措施；确保规避和转移 C 区域的各项风险且优先安排实施各项防范措施。

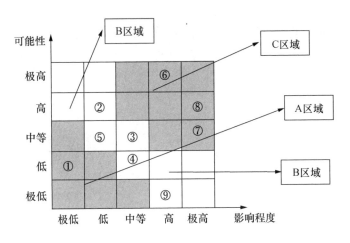

图 3-7　××客运公司风险坐标图

（五）风险接受/风险容忍确定

风险接受是企业做出的愿意"承担某一特定风险的正式决定"。是在"风险评价"后做出的选择之一。风险接受可以发生在未进行"风险应对"之前，或发生在"风险应对"过程中，已经接受的风险也要接受监测与评审。

风险容忍是指"组织或利益相关方为实现目标在风险应对后愿意承受的风险"。与风险容忍相关的概念是风险容忍度，风险容忍度是一个量化值，由企业根据自身情况及评价准则来决定。企业通常将风险分为三类（当然也可以分为五类或十类），运用风险矩阵中上、中、下带方式进行。在风险评价时，低于风险容忍度的风险一般可以视为可容忍。

风险容忍可能受到法律或监管要求的影响。

（六）风险组合和利益相关方意见

在组织的风险准则中，应对是否进行及如何进行风险组合给出要求、做出安排，风险组合应以组织的风险偏好为基础，满足风险组合的相应条件。

要考虑利益相关方意见，如企业在确定风险偏好时，应与利益相关方沟通，征求利益相关方的意见，因为他们的风险偏好可能与企业的风险偏好不相同。

四、风险排序及应关注的事项

（一）风险排序方式

为满足风险排序需要，ISO《标准》提供采用风险带方式，对评估风险事件进行排序。

基于风险带下的由（P、C）二维所决定风险图谱，全部覆盖了企业所有风险。如图 3-8、图 3-9 所示。

图 3-8 是半定量风险矩阵中基于风险带下的风险图谱举例。

图中将"风险准则"所决定的二维（P，C）平面中的最大面积分成了三个风险带（以 Ⅰ、Ⅱ、Ⅲ 表示）。图中小矩形面积中的数字为该区域中风险的数量。

极高	5	6	3		6	4
高	4	7	Ⅱ	8	Ⅰ	
中	3	15				7
低	2	Ⅲ	12	11		
极低	1	8		7	5	9
后果 C		1	2	3	4	5
	可能性 P	极小	不太可能	有可能	很可能	基本确定

图 3-8 半定量风险矩阵中基于风险带下的风险图谱举例

图 3-9 是定量风险矩阵中基于风险带下的风险图谱举例。

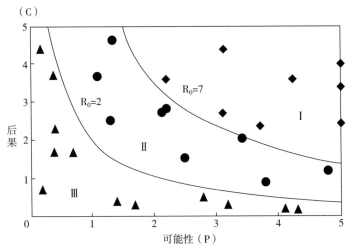

图 3-9　定量风险矩阵中基于风险带下的风险图谱举例

图中分别有 $R_0=2$、$R_0=7$ 两条风险等位线，将风险矩阵的"最大面积"划分为 Ⅰ、Ⅱ、Ⅲ 三个风险带。在经过风险分析后，不同风险按不同（P，C）坐标落入不同的风险带，分别以◆、●、▲表示。

有了评价风险的标准（即风险准则）及具体风险带图谱，可将经过风险识别、风险分析确定的风险，填入风险图内相应位置就完成了风险排序。如图 3-9 中"▲、●、◆"即为识别分析后的"风险事件"，也可用清单形式进行排序。

［例 3-12］丰堂商场风险事件评估排序。

丰堂商场对经营活动中经常出现的风险事件进行评估，发生次数 P 及损失后果 C（金额）均采用"5级"评价标准。根据以往发生的记录，经识别、分析整理出 8 项，对每一风险事件发生可能性（次数）及后果损失 C（金额）评估，如表 3-17 所示。

表 3-17　风险事件评估清单

风险事件	风险评估			风险事件	风险评估		
	P	C	R		P	C	R
①商品丢失	3	2	6	⑤客户信息被盗	3	5	15
②现金被偷	2	1	2	⑥信用卡欺诈	4	5	20
③价格欺诈	4	4	16	⑦雇员偷窃	2	4	8
④量具作弊	2	2	4	⑧购买欺诈	3	3	9

风险等级 R 越高，表明风险越大。以上 8 项风险也可填入图 3-9 进行反映。

（二）风险评价输出应关注责任要求

风险评价输出图谱应根据不同风险控制责任主体分别编制，因为责任分工不同，就某一项风险事件来说对甲可能是无所谓的，但对乙来说则是非常关键的风险，故应根据不同风险责任主体分别编制。

在实务中，风险识别、风险分析与风险评价工作难以严格区分，且与风险应对结合进行，其成果体现在风险控制清单之中。

（三）风险评价应关注的事项

（1）明确风险评价的中心任务是对企业风险事件的重要性做出划分，为"风险应对"提供输入，应满足风险决策的要求，并协助做出"风险应对"的决策。

（2）当风险评价不能满足风险应对需要时，必须实施进一步的风险识别和风险分析，以满足风险应对的需要。

（3）对有些正处于实施的控制中风险事件，其性质正处在改变之中，其效果可能是预期的，所以不需要进行风险应对。

（四）风险准则评审

评审是指"为实现所建立的目标而进行的决定适宜性、充分性、有效性的活动"。风险准则是在一定内外部环境条件、组织规模及战略目标的情况下制定的。环境条件具有时间特征，随环境条件、企业规模及战略目标等变化，风险标准也应与时俱进不断调整才能发挥应有的积极作用，这也是 ISO《标准》的要求。

风险准则的评审主要审核其决定的"适宜性、充分性和有效性"，评审内容包括风险准则涉及的各方面。

第五节　风险评价方法

风险评价对风险管理决策的影响比较大，科学地分析和准确地评价风险是至关重要的，采用适当的风险评价方法具有重要意义。目前，国际上流行的风险评价方法有以下几种：

一、风险度评价法

风险度评价法是指风险管理单位对风险事故造成故障的频率或者损害的严重程度进行评估。风险度评价分为风险事故发生频率评价和风险事故造成损害程度评价。一般来说，风险度评价可分为 1~10 级，级别越高，风险程度越重。如表3-18 所示。

表 3-18　风险发生的评价标准和评价分值

风险事故发生的可能性	可能发生的概率	风险评价类别
很高：风险事故的发生几乎不可避免	≥1/2	10
	1/3	9
高：风险事故的发生与以往经常发生的事故相似	≥1/8	8
	1/20	7

风险事故发生的可能性	可能发生的概率	风险评价类别
中等：风险事故的发生与以往有时发生的事故有关，但是与不占主要环节的过程有关	1/80	6
	1/400	5
	1/2000	4
低：风险事故的发生较少与以往偶尔发生的事故有关	≥1/15000	3
很低：风险事故的发生很少与过去极少发生的事故完全相同	1/15000	2
极低：风险事故不太可能发生，与过去极少发生的事故完全相同	1/150000	1

为了评价风险，也可以根据风险造成的损害后果细分为以下 10 类，如表 3-19 所示。

表 3-19　风险度的评价标准和评价分值

后果	风险度评价标准	风险评价类别
无警告的严重危害	风险可以严重影响系统安全运行或者不符合政府法规，风险度很高。事故发生时无警告	10
有警告的严重危害	风险可以严重影响系统安全运行或者不符合政府法规，风险度很高。事故发生时有警告	9
很高	生产线严重破坏，可能 100% 的产品报废，系统无法运行，丧失基本功能	8
高	生产线破坏不严重，产品需要筛选部分（低于 100%）报废，系统能够运行，性能下降	7
中等	生产线破坏不严重，部分（低于 100%）产品报废（不筛选），系统能够运行，舒适性或方便性项目失效	6
低	生产线破坏不严重，产品需要 100% 返工，系统能够运行，舒适性或方便性性能下降，但无须报废	5
很低	生产线破坏不严重，部分（少于 100%）需要返工，产品有缺陷	4
轻微	生产线破坏较轻，部分（少于 100%）产品需要在生产线其他工位返工。部分产品有缺陷	3
很轻微	生产线破坏较轻，部分（少于 100%）产品需要在生产线原工位返工。极少部分产品有缺陷	2
无	没有影响	1

风险度评价法可以按照风险度评价的分值确定风险的大小，分值越大，风险越大；反之，则风险越小。

131

第三章　风险分析与风险评价

二、检查表评价法

根据安全检查表,将检查对象按照一定标准给出分数,对于重要的项目确定较高的分值,对于次要的项目确定较低的分值。再按照每一检查项目的实际情况评定一个分数,每一检查对象必须满足相应的条件时,才能得到这一项目的满分,当条件不满足时,按一定的标准将得到低于满分的评定分,所有项目评定分的总和不超过 100 分。由此,就可以根据被调查风险单位的得分,评价风险的程度和等级。

这种风险评价方式的优点是可以综合评价风险单位的状况,而检查表设计得是否翔实、是否考虑到引发风险的各方面因素是检查表评价法准确的关键。

三、优良中劣评价法

优良中劣评价法是从企业特点出发,根据企业以往风险管理的经验和状况,对人为因素、机械设备因素、物的因素、环境因素和管理因素等风险列出全面的检查项目,并将每一检查项目分成优良中劣若干个等级。在进行风险评价时,由风险管理人员和操作人员共同进行,以确定被检查单位的风险状况。

优良中劣风险评价标准比较直观,可操作性强。如果被检查单位达不到规定的标准,评价结果为可以或者较差时,就需要采取相应的措施加以控制。

四、单项评价法

单项评价法是指风险管理单位列举的各项符合标准的项目所进行的评估,凡是具有一项或者一项以上的项目符合标准者,就评价为风险管理项目。例如,某风险管理部门从产量、质量、成本、交货期、安全生产等方面将设备分为七类,只要有一项符合下列情况,即为风险管理中的重点管理项目:

(1) 不管有没有备用机器,一旦突然停机,马上会使整条生产线停工的设备。

(2) 产生故障后,会影响到关联设备的正常作业,无备用机器或虽有备用机器,但是转换难度大,转换时间长的设备。

(3) 对产品的加工质量有较大影响的设备。

(4) 意外事故需要大笔抢修费或者会使产品制造的成本有较大上升的设备。

(5) 计划外故障会经常影响交货期,引起索赔或失去较多销售机会的设备。

(6) 精度高而且修理难度大的设备。

(7) 发生意外事故会影响安全操作和污染环境的设备。

单项评价法的风险管理设计比较难，风险评价比较简单，但是，容易突出风险管理的重点。

五、群组风险评价法

由于风险标的多样性及特殊性，矩阵式评判方式难以适应需要，有些单位可根据自身特点及管理需要采用群组指数评价法，以适应管理需要。群组指数评价法是根据风险分析的结果，结合调查情况和风险事件等，从一组（两个以上）或整体上评价风险指数、确定风险等级的一种方法。具体做法是：在单一风险因素等级评价的基础上，综合判定某一决策项目或单位组的风险等，其步骤如下：

第一步，确定单个风险因素（W）的权重。根据实际情况，组成专家组（一般5位以上，对单一风险因素（W）按照重要性等级进行排序，并对排序后的风险因素进行赋值，统计计算权重，并对单一风险因素的（R）进行评估。

第二步，计算群组风险指数。建立群组风险指数计算表（见表3-20），将单个风险的权重值（I）与风险等级（R）相乘，即为单个风险因素的风险指数，但是在一定期间（如一年）这些风险因素发生的频率不是相同的，因此统计计算一定期间的风险指数，还应评估该期间单项风险因素发生的频率，将所有单项风险因素的风险指数相加即为群组风险指数。群组风险指数值越高，则决策风险程度也越高。

第三步，确定群组风险等级。根据单项风险因素的风险程度、群组风险指数、调查的结果以及风险事件等进行分析，达到其中一项标准的，即可判定为相应等级。风险等级评判标准参考下表：

风险等级	A级	B级	C级
群组风险程度等级	2个及2个以上重大风险，或5个及5个以上较大单一风险因素	1个重大风险，或2~4个较大单一风险因素	1个较大风险，或1~4个一般单一风险因素
综合风险指数	A>0.64	0.36~0.64	C<0.36
调查结果分析	明确反对者超33%	明确反对者10%~33%	明确反对者10%以下

实例：斯特公司对下属投资单位进行风险评估，经调查分析该单面临潜在风险主要有10项，通过讨论研究决定，以每项风险因素发生的可能性（p）、影响后果（c）、权重（I）及发生频率（H）次数等综合指数为依据评估风险等级。评估指数结果如表3-20所示。请评估该单位面临的风险等级。

表3-20　群组风险指数计算结果

风险因素	权重 （w）	发生概率 （p）	影响后果 （c）	发生频率 （H）	风险等级 （R）	风险指数 （lxR）
①滥用职权/营私舞弊	0.16	0.5	0.94	2	0.94	0.1504
②违纪违法/顶风作案	0.14	0.4	0.9	2	0.72	0.1008
③重大事故/申报不实	0.14	0.3	0.8	1	0.24	0.0336
④贪污盗窃/侵吞受贿	0.12	0.4	0.8	2	0.64	0.0768
⑤突发事件/利润受损	0.10	0.4	0.9	4	1.44	0.144
⑥监管失职/勾结作弊	0.10	0.4	0.8	2	0.64	0.064
⑦资产不实/手续不清	0.08	0.4	0.5	2	0.4	0.032
⑧凭证混杂/审核宽松	0.06	0.3	0.7	1	0.21	0.0126
⑨财报不实/信息失真	0.06	0.1	0.9	1	0.21	0.054
⑩部门利益/影响合作	0.04	0.5	0.6	2	0.09	0.024
合计	1.00					0.6922

根据综合指数评价标准，该单位风险等级评定为"A级"，属高风险范围，需要进行高度重视并根据不同的风险因素确定相关责任者，似定出切实可行的防范措施。

六、直方图评价法

直方图形象、直观地反映了数据分布的情况，通过直方图可以观察和分析风险的概率分布。建立直方图的步骤是：首先，将各组端点 u_1，u_2，…，u_{r-1}，u_r 标在直角坐标系的横轴上；其次，分别以线段 u_i（$i=1$，2，…，r）为底边，以该组频率密度 f_i 为另一边做矩形，那么 r 个矩形构成直方图（见图3-10）。显然，频率直方图中每个小矩形的面积等于相应组的频率，而各矩形的总面积恰好等于1。直方图图形分为两种：正常型和异常型。

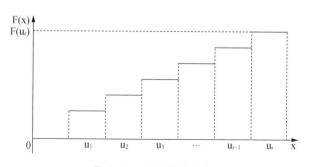

图3-10　累积频率分布

（1）正常型。正常型是左右对称的山峰形状（见图3-11）。图的中部有一峰值，两侧的分布大体对称，且越偏离峰值方柱的高度越小，符合正态分布。该图表明数据代表的风险处于稳定状态。

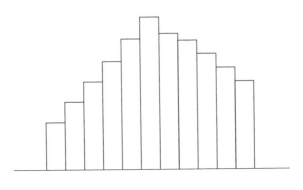

图3-11　正常型

（2）异常型。与正常型分布状态相比，带有某种缺陷的直方图为异常型直方图，这类图形表明数据所代表的风险处于不稳定状态。常见的异常型直方图主要有：①偏向型。直方的顶峰偏向一侧，这往往是由只控制一侧界限或者一侧控制严格另一侧控制宽松所造成的。根据直方的顶峰偏向的位置不同，有左偏峰型（见图3-12）和右偏峰型（见图3-13）。②双峰型。一个直方图出现两个顶峰，这往往是由于两种不同的分布混在一起造成的。虽然测试统计的是同一项目的数据，但是，数据来源条件差距较大（见图3-14）。③平峰型。在整个分布范围内，频数（频率）的大小差距不大，形成平峰直方图，这往往是由于某种缓慢变化的因素所造成的（见图3-15）。④高端型（陡壁型）。直方图的一侧出现陡壁状态，这是由于人为地剔除了一些数据，进行不真实的统计造成的（见图3-16）。⑤孤岛型。在远离主分布中心处出现孤立的小直方图，这表明项目在某一短时间内受到异常因素的影响，使生产条件突然发生较大变化造成的（见图3-17）。⑥锯齿型。直方图出现参差不齐的形状，即频数不是在相邻区间减少，而是隔区间减少，形成了锯齿状。造成这种现象的原因不是数据本身的问题，而主要是绘制直方图时分组过多（见图3-18）。

观察直方图的形状只能判断风险管理过程是否稳定正常，并不能判断是否能稳定地管理风险，而将直方图与公差相比，就可以达到风险管理的目的。对比方法是观察直方图是否都落在规定或公差范围内，是否有相当的余地以及偏离程度如何。几种典型的直方图和公差标准的比较情况如下：

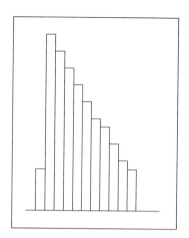

图 3-12　左偏峰型

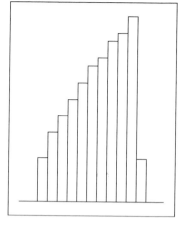

图 3-13　右偏峰型

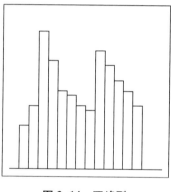

图 3-14　双峰型

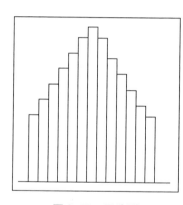

图 3-15　平峰型

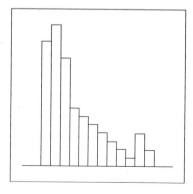

图 3-16　高端型

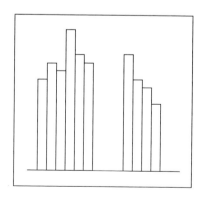

图 3-17　孤岛型

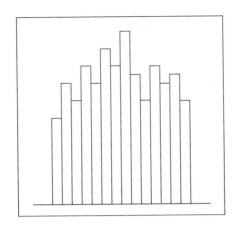

图 3-18　锯齿型

一是理想型。理想型表示数据分布范围充分居中，分布在规定上下界限内，而且具有一定余地，这种状态表明风险管理处于正常状态，目前不需要调整。

二是偏向型。偏向型表示数据虽然分布在规定范围内，分布中心偏向一侧，说明存在着系统偏差，必须采取措施，使平均值接近规定的中间值。

三是无富余型。无富余型表示数据分布虽然在规定范围内，但是两侧均无余地，稍有波动就会出现超差，产生风险事故。在这种情况下，应该考虑减少波动。

四是能力富余型。能力富余型表示数据分布过于集中，分布范围与规定范围相比，余量过大，说明控制偏差严，风险管理不经济，必要时可以减少不必要的管理费用。

五是能力不足型。数据分布范围已经超出规定范围，已经产生风险事故。在这种情况下，需要采取措施，减少偏差（波动）。

六是陡峭型。数据分布过于偏离规定中心，已经造成偏差，产生风险事故，造成这种状态的原因是控制不严，应该采取措施使数据中心与规定中心重合。在这种情况下，既需要使平均值接近规定的中间值，又要减少波动。

综上所述，通过观察直方图的分布状态以及将其与公差标准相比，可以判断企业单位是否存在异常因素，以便采取措施，将异常因素消除在萌芽状态。风险管理下限越偏离规定的标准，风险越大。

案例 1　日本八佰伴的失败

1997 年 9 月 18 日，日本商界爆出特大新闻：素有传奇色彩的日本八佰伴公司当日下午已向法院申请《公司更生法》保护，实际上等于宣告破产。

这是第二次世界大战后日本流通领域最大的一起企业破产案。八佰伴风风雨雨60年，从欣欣向荣到入不敷出，令人感到震惊和惋惜，其教训也发人深省。

八佰伴公司创业于1930年，总部设在日本静冈县沼津市，属于八佰伴集团，是一家在东京证券交易所上市的骨干食品超市。

中国许多人都知道日本电视剧《阿信》，剧中的女主人公阿信，就是现实生活中创立八佰伴的和田良平的夫人和田胜。《阿信》所描写的就是和田胜一生创业的奋斗过程。直到1993年和田胜去世，人们还一直在传颂着有关她一生勤俭节约、艰苦创业的故事。

八佰伴起初是和田胜一家在静冈县热海市开办的蔬菜水果店。经过三年多的苦心经营，小商店有了相当大的发展，1962年正式更改店名为八佰伴百货店。长子和田一夫秉承父业，出任八佰伴百货店总经理，一夫的母亲和田胜担任最高顾问。从此，八佰伴大举拓展海内外事业，开始增辟生产线，兼营家庭生活用品和服装，并先后在巴西、新加坡、中国香港和上海、英国、美国建立了一系列分号，掀起一股流通业国际化的浪潮。八佰伴集团逐步发展成为一家拥有236亿日元资本、42家日本国内骨干店铺、26家海外超市的连锁企业。

尤其值得一提的是八佰伴在中国香港的迅速发展。1984年12月，其在香港设立的八佰伴一号店开业。1989年，和田一夫利用香港经济出现低潮之际，再次大举向香港投资，并与香港富商建立关系，生意越来越兴旺，八佰伴的名声在香港越来越响。1989年10月，和田一夫宣布将八佰伴环球业务总部迁到香港，并且以2.2亿港元购买了香港会展办公大楼的顶楼两层。后来他又先后购入天水围商场和江景广场。1990~1991年，和田一夫先后将八佰伴饮食、八佰伴食品公司的股票上市，1993年又将八佰伴国际集团的股票独立上市，以支持总公司的发展。接着，和田一夫将重点转向上海浦东，与上海方面合资成立了上海第一家八佰伴公司。

现年68岁的和田一夫曾被人们称为"流通风云儿"，何以遭到破产的厄运呢？比较一致的看法是，他至少犯了盲目投资和经营不善的错误。

首先，八佰伴在日本国内根基不深，却一味强调实施全球战略，在国外开拓过头。据《日本经济新闻》报道，在日本，八佰伴仅以静冈为中心就拥有几十家中坚超级市场，未能很好地把握日本国内商情和商业机会。其次，举债过头，难以为继。八佰伴主要依赖债务开展经营，通过庞大的营业额及现金周转支持生存。据报道，其负债总额达1613亿日元（约合13.4亿美元）。1994年，美国联邦储备局接连6次提高利率，这使八佰伴集团承受了很大的压力，迫使它不得不设法减债，开始陆续出售一些店铺。从20世纪90年代初开始，八佰伴发行公司债券，从金融市场直接筹措资金，渐渐地脱离了过去所依靠的东海、住友信托、日本长期信用这三家银行。八佰伴这种由通过银行间接融资转换为直接融资的做法虽然符合金融自由化的时代潮流，但是，当资金周转恶化时，没有主要银行的支持，就必然要陷入孤立无援的困境。八佰伴正是尝到了这一苦头。

被称为企业发展奇迹的八佰伴集团从 1996 年开始陷入困境后，曾试图通过更换招牌来改变这一情况，1996 年他们正式将该集团的标志由"地球"图案改为"八"字图案，即取八字的吉祥之意，又有象征双手合十，知遇感恩之意，并表明八佰伴是"世界市民企业集团"，以"服务世界"为宗旨。但是，更换招牌后，八佰伴不仅没有扭亏为盈，反而风波迭起。和田一夫被迫出售自己的豪宅，以缓解债务，但却毫无起色。1996 年 5 月，他又将日本国内的 16 家收益较好的店铺卖给了大荣公司。最后，为了避免更糟的结局，他终于在 1997 年 9 月 18 日向静冈地方法院申请了《公司更生法》保护。

由于八佰伴的资金周转从 7 月以来日益恶化，7 月 7 日该公司的股票由 200 多日元下跌到 184 日元，7 月 11 日又跌到 95 日元，9 月 18 日竟下降到 70 日元。东京证券交易所 9 月 18 日宣布，从 19 日起停止八佰伴日本公司股票的交易，并且将于 12 月 19 日废止该公司的股票上市。同时，根据《公司更生法》的申请，八佰伴公司所发行的 400 亿日元的转换公司债已不能偿还，银行是不会收购的。但是，这次倒闭的只是八佰伴日本公司，八佰伴集团依然存在。八佰伴日本公司总经理和田一夫的四弟和田光正近日向记者表示，尽管他本人将引咎辞职，但八佰伴集团在日本国内的其他店铺及在海外的分号仍将照常经营下去。

资料来源：百灵新闻，2002 年 9 月 18 日。

案例 2 "三 Z"公司风险评估研讨案例

以下所列的投资大纲是虚构的，旨在让各位参加讨论人员分析认识到一系列风险管理相关问题。

贵公司，ZZZlnc.（"3Z"），是一家有色金属开采公司，在整个非洲和亚洲拥有一系列积极的项目投资。近期以来，3Z 的项目发展部开始把注意力更多地放在了非洲现有的商机上，特别是已经对非洲之角（Horn of Africa）地区的商机进行了初步的研究。

由此，3Z 公司项目发展部向该地区派出了一个投资调研小组，旨在进一步更深入地考察对该地区进行投资的机会和存在的风险，调研小组中给出的项目建议书，其中包括项目风险的背景资料。可能的投资方向是对位于埃塞俄比亚东部的一个高品位镍矿进行投资。作为公司风险管理部的项目风险管理专员，需要对该项目的风险进行识别与分析，并给出风险评估结论。

项目调研小组的报告称，可能的投资项目将会与埃塞俄比亚当地的公司 Ethini Inc 共同组建一个合资公司。调研小组认为，该公司的形象很好，资金也相当雄厚。另外该公司的管理层与埃塞俄比亚总统的关系也密切。初步的讨论结果显示，Ethinil Inc 只能作为资金方面的合作伙伴，而 3Z 应该为运营商，并且项目的建设也应该由 3Z 负责较好。在项目建设之前，尽管 Ethini Inc 有时会陪同 3Z 人员进行现场勘查，但 3Z 应该独自承担起绝大部分的勘探工作。可能的投资地点位于埃塞俄比亚的索马里州。

项目调研小组称，他们有几个当地代理商，并且这几个代理商已经与埃塞俄比亚矿产和能源部（Ministry of Mines and Energy）就取得矿产勘探许可证问题展开了谈判。项目调研小组认为，因为他们与这些代理商和 Ethini 的关系很紧密，将会很快并很容易地获得这个许可证。而且在当地的一家报纸上还出现了 3Z 与埃塞俄比亚矿产和能源部就获得镍矿勘探许可证问题展开谈判的报道。

公司风险管理专员作了一些初步的研究，发现有一系列初步的安全、人文、政治问题可能会影响到可能的投资项目。

（1）尽管埃塞俄比亚局势比较稳定，但安全环境并不稳定。

（2）这种不稳定的部分原因是由于埃塞俄比亚邻国间的复杂关系——特别是厄立特里亚和索马里的关系。这些国家间的仇恨也造成了埃塞俄比亚国内的一些动乱，埃塞俄比亚政府也正在试图镇压这些动乱。

（3）埃塞俄比亚政府也面临着许多根深蒂固的反叛活动和大规模的动乱，特别是在该国索马里地区（Somali region）尤其明显。

（4）反叛组织 ONLF（"Ogaden National Liberation Front"）在该国索马里地区（Somali region）发起暴力活动要求自治。该组织强烈反对外国投资进入该国索马里地区（Somali region）。

（5）在该地区还存在着其他一些叛乱组织，包括 the Oromo Liberation Front，the AI-lthiad al-Islamia，and the Al-Shabab militia。

（6）绑架、谋杀、对护送车队的伏击和其他形式的暴力袭击事件很普遍。

（7）埃塞俄比亚军队（"Ethiopian National Defence Forces"-ENDF）发起了针对打击 ONLF 反叛组织的行动，也在一定程度上增加了该地区的暴力冲突事件的发生。

（8）在该国索马里地区（Somali region），部族或者种族间的暴力冲突也会影响到勘探工作的开展。

（9）犯罪活动对外国公司同样是一种威胁。

（10）目前矿产储量依据为 5 年前一家意大利矿产调查公司提供的数据。在当地社区，难以得到在矿产勘探方面的支持。

（11）埃塞俄比亚本国货币较稳定，但当地银行结算使用美元的较多。

（12）埃塞俄比亚全国约有 80 多个民族，主要有奥罗莫族（40%）、阿姆哈拉族（20%）、提格雷族（8%）、索马里族（6%）、锡达莫族（4%）等。居民中 45% 信奉埃塞正教，40%~45% 信奉伊斯兰教，少数人信奉新教、天主教和原始宗教。拟投资镍矿主要是索马里族聚集区，也有部分部落民族。

（13）埃塞俄比亚实行联邦制，各州有一定立法权，部落地区自主权较大。

（14）埃塞俄比亚是非洲最古老的国家，有 3000 多年的文明史，首都是非洲联盟总部所在地，该国加入了所有环境保护相关的国际公约，居民环保意识较强。

（15）镍矿所在地区基础设施很差，只有一条低等级公路，生活用品需从外部运进。距离最近货物集散城市约 650 千米。

（16）当地人工成本便宜，但可招募的工人平均受教育为 7 年。地方政府要求投资项目雇当地工人必须在 80% 以上。企业中工人一般结成工会。

问题：

1. 请依据上述背景资料和你了解的其他相关资料确定本项目风险评估的范围（风险类型）、环境（参与的部门和岗位）。可能风险类型提示：

（1）治安风险。

（2）政府及政治安定稳定。

（3）地方或部落组织干预。

（4）储量估算误差。

（5）交通运输不便。

（6）腐败和贿赂。

（7）与邻国关系的稳定性。

（8）工会与劳工组织。

（9）环境问题。

（10）绑架。

（11）矿山设施失窃。

（12）本国员工心里安定。

（13）汇率。

（14）燃料供应波动大。

（15）不可预见成本大量增加。

2. 如何来确定这些风险发生的可能性（概率）和将造成什么样的影响（后果）？

3. 风险准则是如何确定的？（风险等级的标准、风险带）。根据该准则，确定本项目设定范围的最大的 5 项风险。

4. 针对前 5 大风险，你认为这些风险可以解决吗？可能的风险防范策略是什么？

备选策略提示：

①转移　　②回避　　③控制（降低）　　④承担

5. 需要什么样更进一步的资讯？建议的来源或承担方。

6. 请从风险管理角度，给出该投资项目是否可行结论。

思考角度（虚拟的公司）：

①公司的战略

②公司风险文化

③公司的风险承受能力

④公司的风险管理目标

本案例由朱军博士提供。

思考与讨论

1. 风险分析目标及任务是什么?

2. 风险损失程度的计算方法,举例说明。

3. 如何进行预警临界值分析,它有什么意义?

4. 什么是期望—标准差法?举例说明如何运用。

5. 群组风险评价法用于何种情况,怎样运用?

6. 直方图有几种类型,如何运用它进行风险分析?

第四章

风险应对与实施方案

导读：

经过风险分析、评价与排序，明确了企业潜在风险及应对优先次序，为实施风险应对提供了依据。本章着重论述风险应对的方式，风险应对决策，风险管控实施方案等。为实施风险管控奠定基础。

关键词：

风险应对方式、风险保留、风险避免、风险转移、风险利用、风险分散、风险控制、金融衍生工具、风险应对决策、风险决策树法、损失期望值、效用分析法、效果评价

风险应对是根据风险评价、排序的结果，结合组织风险承受度，权衡风险与收益、选择风险应对方式、实施风险应对决策、进行风险应对决策效果评价，拟定风险管理方案，为实施风险管理提供依据

内容结构：

```
                    ┌ 风险应对概念、风险应对过程、选择应考虑因素
          ┌ 风险应 ┤                    ┌ 风险保留、风险避免
          │ 对方式 ┤                    │
风        │        └ 风险应对的方式 ┤ 风险转移、风险利用
险        │                             │
应        │                             └ 风险抑制、风险组合观
对  与    │        ┌ 风险应对决策含义及特征，风险应对决策流程
实        │ 风险应 ┤
施        ┤ 对决策 ┤ 风险应对决策方法：决策树图法、损失期望值决策法、效用分析法
方        │        └ 风险应对决策效果评价，效果评价内容、程序与方法
案        │ 风险管 ┌ 方案制定的基础、方案制定应考虑因素、遵循原则
          └ 控方案 ┤
                   └ 方案制定流程、方案制定实例、风险控制体系、风险管控实施计划
```

风险应对是根据风险评价、排序的结果，结合组织风险承受度，权衡风险与收益，选择风险应对方式，实施风险应对决策，评价风险应对决策效果，拟定风险管控方案，为实施风险管控提供依据。

第一节　风险应对方式

风险应对方式也称风险应对策略或风险应对措施，是指企业根据自身条件和外部环境，围绕企业发展战略及确定的风险偏好、风险管理的有效性标准等，选择风险承担、风险避免或风险转移等方式的总称。

一、风险应对概念、过程及应考虑因素

（一）风险应对的概念

ISO《标准》指出："风险应对包括选择一个或多个改变风险的方式，并实施这些方式。一旦付诸实施，这些方式就会提供和改进控制措施。"

可见风险应对是对一个风险或多个特定风险而言的。组织对潜在风险事项做出评估后，就面临一个如何处置的问题。需要做出是否需要进行应对，如不需应对就不启动应对方式，如需应对就应选择用什么方式应对，进而选择风险应对方式。

（二）风险应对任务

一是挑选风险应对方式；二是拟订风险应对方案。

（三）风险应对过程

风险应对包含一个循环过程：①评估一个风险事件应对方式；②确定剩余风险的等级是否可容忍；③如果不可容忍，则需产生一个新的风险应对方式；④评估新的应对方式的有效性（见图4-1）。

二、选择应对方式考虑的因素

选择风险应对方式应根据自身条件和外部环境，围绕企业发展战略、风险偏好、风险承受度、风险管理有效性标准等。这些应对方式有的可用于机会风险，但多数针对威胁风险。

（1）考虑应对方式的可行性及影响后果。风险应对方式（或称应对策略）的选择应考虑法律、法规和其他要求，如社会责任和自然环境保护等。

（2）选择风险应对方式要考虑企业的风险承受度，不能选择企业承受不了的方式。所考虑的内容不仅是降低已识别出来的风险，也要考虑给主体带来的新机遇，或其他的间接影响等。

（3）选择风险应对方式要权衡成本与收益。因为任何应对风险方式都需要付出一定代价，企业的资源是有限的；要充分考虑方案所需的直接成本及可计量

的间接成本。有些还要考虑与使用资源相关的机会成本，从而权衡两者之间的关系，决定采用何种应对方式。

（4）选择风险应对方式要看重考虑面临风险的特征、类型、领域，做到有的放矢，取得成效。

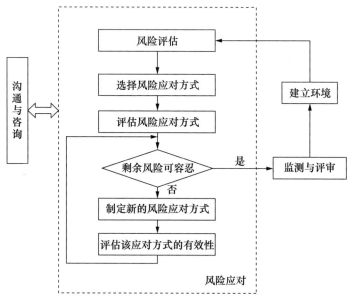

图4-1　风险应对过程

（5）企业在选择应对方式时，应考虑利益相关方的价值观、感知，并与其沟通。在决策应对方式时，应考虑到所采取的应对方式对风险可能产生的影响，以及更容易被利益相关方所接受的应对方式。

（6）选择应对风险方式应考虑的重点是合理分析，并准确掌握董事、经理及其他高级管理人员、关键岗位员工的风险偏好，采取适当的控制措施，避免因个人风险偏好给企业经营带来重大风险损失。

在许多情况下风险应对方式不是相互排斥和适宜所有情况的。因此，在选择风险应对方式时，应特别关注应对方式适用性。

三、风险应对方式列示

风险应对方式有风险保留、风险规避、风险转移、风险利用、风险抑制与控制、风险组合等（见图4-2）。

（一）风险保留

风险保留又称风险接受，是指企业自己承担某一特定风险损失。当某种风险不能避免或因冒风险可获得较厚利益时，由企业自己保留承担或增大的风险。

第四章　风险应对与实施方案

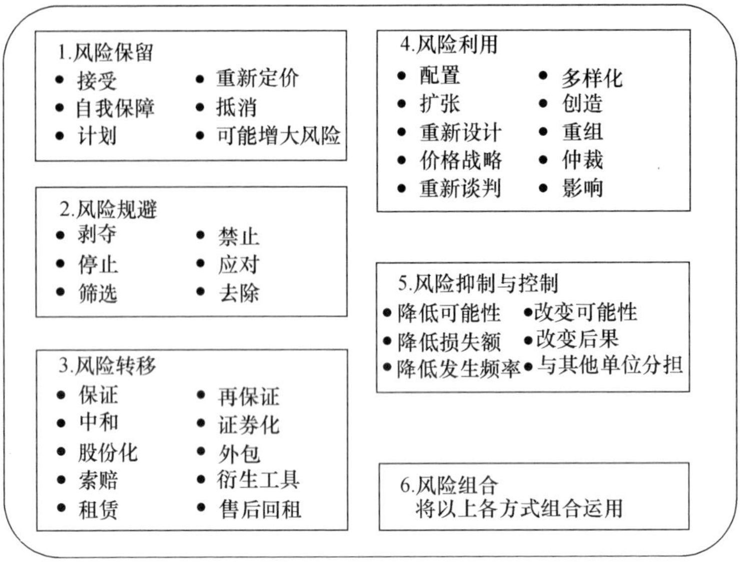

┌───┐
│ 1.风险保留   │ 4.风险利用   │
│ ● 接受   ● 重新定价   │ ● 配置   ● 多样化   │
│ ● 自我保障 ● 抵消   │ ● 扩张   ● 创造   │
│ ● 计划   ● 可能增大风险 │ ● 重新设计 ● 重组   │
│   │ ● 价格战略 ● 仲裁   │
│   │ ● 重新谈判 ● 影响   │
│ 2.风险规避   │   │
│ ● 剥夺   ● 禁止   │ 5.风险抑制与控制   │
│ ● 停止   ● 应对   │ ●降低可能性 ●改变可能性   │
│ ● 筛选   ● 去除   │ ●降低损失额 ●改变后果   │
│   │ ●降低发生频率 ●与其他单位分担 │
│ 3.风险转移   │   │
│ ● 保证   ● 再保证   │   │
│ ● 中和   ● 证券化   │ 6.风险组合   │
│ ● 股份化 ● 外包   │   将以上各方式组合运用   │
│ ● 索赔   ● 衍生工具   │   │
│ ● 租赁   ● 售后回租   │   │
└───┘

图4-2 企业风险管理策略图示

风险保留按照处理的顺序和情况可分为主动保留和被动保留两种。

企业使用这种方式，则需要自行承担风险发生后的损失，并要求能够获得足够的资源来置换受损的财产，满足责任要求的赔偿，以维持企业的经营。

1. 风险保留条件

一般情况下，企业遇到下列情形可以采用保留风险方式：

（1）接受管理风险的费用比采取其他方式的附加费用低。

（2）预测的最大可能损失比较低，而这些损失是企业在短期内能够承受的。

（3）企业具有自我保险和控制损失的优势，一般来说，企业每年接受管理的风险最高额为公司年税前收入的5%左右，超过这个限度就不宜采取保留风险策略。

按照风险接受程度，保留风险方式可以分为全部保留风险和部分保留风险。全部保留风险是企业主动采取决策，全部承担某个项目可能出现的损失，并拥有充分的财力应对损失的发生；而部分保留风险是指根据企业的实际情况，决定部分担负可能面临的风险损失。

2. 风险保留处置方式

风险保留的处置方式有：

（1）将损失摊入经营成本，即将发生的损失计入当期损益。它通常适用处理那些损失频率小、损失程度较低的风险，或损失频率高但损失程度低的风险。这些风险通常被企业视为摆脱不掉或不可避免的风险损失。

（2）建立意外损失基金。意外损失基金又称自保基金或应急基金，是企业根据风险评估所了解的风险特征，并根据企业本身的财务能力，预先提取用以补偿风险事件损失的一种基金。它通常适用于处理风险损失较大，无法摊入经营成本的风险损失。这种做法的优点是可以节约附加保费、获取投资收益、降低道德风险和理赔迅速；其缺点是受自保基金规模限制，可能发生财务周转困难或应急基金严重不足。

（3）建立专项基金。即为应付可能面临的各项损失风险，企业根据不同用途设置的专项基金。例如，意外损失基金、设备更新基金等。它要求企业每年从资金中提取一定数额，形成这些基金。采用此种方法，企业可以积累较多的资金储备，形成一定的抗风险能力。但是，专项基金的管理成本较高，管理不好会引发挪用资金等问题。

（4）从外部借入资金。当企业无法在风险损失发生后，从内部筹集到足够的资金时，可以选择从企业外部借入资金，弥补风险事故带来的损失。企业可以与金融机构达成应急贷款和特别贷款协议。当某些风险事故发生概率比较小且损失未发生时，签订应急贷款协议具有优势。而当重大的损失事故发生后，企业无法从内部筹措到资金时，只能向外部金融机构申请特别贷款。金融机构批准这两种贷款条件较高，都要求企业具有较强的竞争优势、资信状况较好、偿还贷款的能力较强等。尤其是特别贷款，要求条件会更加苛刻。例如，要求企业在未来一段时间内有条件偿还贷款，提供质押担保或第三方的担保等，获得贷款很不容易。

除了筹集资金提高企业自身的抗风险能力以外，企业还可以通过以下两种方法自留风险：

（1）套期保值。企业运用金融协议，通过持有一种资产来冲销另一种资产可能带来损失的风险。套期保值的典型应用是抵消价格损失的风险，企业需要的某种资产可能与企业持有的另一种资产的价格呈负相关。例如，如果煤炭公司的股票收益与火力发电企业的股票收益呈负相关，投资企业可以利用这种负相关，在持有电力公司股票的同时持有燃料公司的股票，这样就可以消除煤炭价格变动给投资者带来的收益减少的风险。

（2）设置专业自保公司。比较正规地接受管理风险策略，一般是完全按照保险的机制来运行的，即自我保险。其中，尤其以面临风险的企业设立专门的分支机构来做风险的自我保险最为正规，这样的专门的分支机构就是专业自保公司。

专业自保公司是由母公司设立并受母公司控制的实体，其存在的目的就是为母公司提供保险。由于企业利用传统保险时可能会遇到一些困难，如有些情况下无法得到保险，或者获得传统保险成本太高等，这时就需要企业自己设立专业自保公司承担风险。同时做得好的专业自保公司也可以通过对外提供保险为母公司创造利润。目前，自保公司大多由大企业举办，主要集中在能源、石化、采矿、建筑材料等行业。但是，仍然需要注意的是，与保险公司相比，专业自保公司也具有接受业务有限且业务来源不稳定、经营规模较小、不易吸引专业人才等局限性。

3. 风险保留优缺点

（1）优点。

1）成本较低。因为从长远来看，保险费等其他费用总金额可能会超过平均损失。以保险来说，其费用中除了必须包含补偿损失所需的费用外，还包括保险公司的运营成本以及利润和各种税收。因此，在保险费中只有一部分是用来补偿损失的，而另一部分则是保险公司的各种成本和税收。显然，接受风险可以使企业直接避免其中许多费用的支出。

2）控制理赔进程。企业可以通过采用接受风险策略控制理赔进程。在很多情况下，保险公司复杂的理赔过程以及赔偿数额不能使企业满意，而其理赔工作又常常不及时，使企业的损失不能得到赔偿，影响企业恢复生产的进程。

3）提高警惕性。在采用接受风险策略的情况下，企业更注重损失控制，会尽可能减少损失发生的频率和损失的严重程度。企业一旦决定自己控制风险，由于经济利益关系，就必须以高度的警觉来实施这一计划，注重风险管理的教育与培训；相反，在采用购买保险等其他方式的情况下，企业往往不注意用控制手段的办法防范风险。

4）有利于货币资金的运用。与购买保险相比，对于企业来说，如果不发生损失事件，就丧失了对所缴纳保险费用的所有权和使用权；而即使发生了损失事件，企业获得了经济赔偿，也会在一定时间内丧失对货币资金的使用权。而在采用接受风险策略下，则可以使这笔资金得到较好的运用。虽然在损失发生之前，需要准备一定数量的货币资金，但可以不必支付这笔费用。那么在一定时间内一定程度上，企业可以灵活运用这笔资金并以此获得一定的效益。

（2）缺点。

1）可能的巨额亏损。在特殊情况下，如发生巨灾等，采用接受风险策略可能会使企业面临承担巨额的风险损失，以致危及企业的生存与发展。这说明，接受风险策略只适用于风险保持在一定限度内的情况，超过则会给企业带来不利的后果。

2）可能更高的成本费用。在接受风险策略下，企业往往需要聘请专家进行指导和评估，在某些情况下，可能会比采用其他策略支出的费用更大。同时如果采用购买保险的方式分散风险，保险公司可以将各种费用在很多的投保公司之间分摊，具体到每家公司自身的部分不可能很多。而如果仅仅依靠企业自身的力量，其费用开支就远比保险公司大得多。因此，在某些情形下，接受风险的费用开支可能比其他方式更高。

3）获得服务种类和质量的限制。由于企业自身实力有限，当采用风险自留策略时，本来由保险公司提供的一些专业化的服务就失去了作用。当然，风险可以通过另外单独向保险公司或其他的专业性风险管理公司购买，但在决策时，企业应考虑这些费用的大小。

4）可能造成员工关系紧张。如果企业自己安排某些风险预防策略，例如，为企业职工安排福利补偿问题，无论如何处理，在很多情况下都会有员工认为不公平，造成企业与员工、员工与员工之间的关系紧张，影响企业组织工作的效率和对外形象。而如果通过企业外部保险公司来处理，则会避免此类情况的发生。

（二）风险避免

风险避免也称风险规避，即选择放弃、停止或拒绝等方式处理面临的风险。例如，采取终止交易、减少交易量、放弃交易或离开市场等方式避免风险的发生。

风险避免是各种风险应对技术中最简单也是最消极的一种方法。其结果是，风险规避措施对风险损失的可能性消除了，但可能的好机会也丧失了。例如，2001年对某国有大型企业的销售风险进行考察，发现由于多年来因"三角债"困扰，流动资金严重不足，而且发生大量坏账，为避免坏账、呆账损失，采取风险规避策略——不予赊销。这种措施确实避免了呆账、坏账的发生，但却失去了客户。在市场竞争条件下，你不赊销有人赊。"抽刀断水水更流"，结果很快就出现更大的问题。如果要重新建立客户关系，需要付出很大的努力。对个别客户可以采用此办法，但不适宜对全部客户都采用此办法。

1. 风险规避的条件

采取风险规避策略，必须考虑以下条件：

（1）风险不可避免。欲避免某种风险也许是不可能的。

（2）经济上划算。采用规避风险的方式最经济，可能未来收益大于控制成本。

（3）防范副作用发生。例如，避免一项风险可能产生另外新的风险，如赊销问题。基于以上分析，适合风险规避策略的情况有以下两种：第一，某种特定风险所致的损失概率和损失程度相当大；第二，采用其他风险处理方法的成本超过其产生的效益。

2. 风险规避的方式

企业应该在恰当的时候调动自己的能动性，分情况采取以下几种风险规避方式：

（1）完全拒绝承担。即通过评估后，企业直接拒绝承担某种风险。例如，2003年，大连华泰用品有限公司突然增加了进货金额，同时出现回款不及时的现象。澳大利亚AFV公司即委托华夏信用调查公司对其进行信用调查，发现大连华泰用品有限公司虽然是合法存在的法人实体，但长期经营混乱。通过对该公司的相关财务资料进行分析，发现企业的偿债能力很弱，与其开展业务存在很大的经营风险。据此，澳大利亚AFV公司立即终止了与大连华泰用品有限公司的合作，避免承担可能带来更大损失的风险。

（2）逐步试探承担。即通过评估发现，进行某项经营活动一步到位的风险太大，企业难以承担，此时采取不与风险正面冲突，运用分步实施的策略，则可以回避掉一部分风险，也可以使得企业有机会、有时间，待竞争能力和抗风险能力增强后再进行此项经营活动。例如，梧州电子仪器厂在开发生产接高频插件时，面临多种策略选择：如果从日本引进全套设备需投资 800 万元，这对当时仅有百人小企业的微薄财力来说是无能为力的。若借款引进设备，稍有差池，则会使企业承担巨额债务，可能导致破产。于是该厂采用逐步试探策略，先用 200 万元引进散件和后道工序设备，待收回投资后再成套引进，结果使新产品开发最终获得成功。这说明在企业财力有限，不能一步到位实现投资时，可以采取分步实施策略来避免风险。

（3）中途放弃承担，即进行某项经营活动时，由于外在环境变化等原因，使得企业中途终止承担此项风险。

［例 4-1］凯马特（Kmart）成立于 1897 年，是美国第二大零售商，也是美国历史最悠久的零售商之一。但在 2002 年 1 月 22 日正式申请破产保护，从而成为美国历史上根据《破产法》第 11 章提出破产保护的最大零售商。其中，导致 Kmart 破产的原因之一是忽略了外部技术环境变化。凯马特不愿意把资金投资于现代信息技术，在信息系统建设上行动迟缓，如在跟踪销售和订货系统上，1973 年沃尔玛 64 家商店已有的 22 个都在使用计算机系统时，凯马特还在让公司的 673 名商店经理用手写方式将订货簿填上，然后每天以发货清单的形式寄往总部；在建设收款机扫描系统上，为节约资金，公司把一套系统嫁接到旧的设备和软件上，结果无法运转，1987 年后虽重新实施，但公司并没有迅速有效地使用所收集的数据，员工缺乏库存控制方面的训练和技能，商店经理拒绝计算机和程序操作，多数采购员不愿利用电脑输入价格、查询价格、订货、记账等，甚至坚持"秘密记账"的做法。不能及时有效地利用信息技术促进公司核心竞争力的建立，成为凯马特在与沃尔玛较量中失败的关键因素。

3. 风险规避优缺点

（1）优点。

1）有效避免了可能遭受的风险损失。采取此种策略在风险还没有发生时就可以将其消除掉。

2）企业可以将有限的资源应用到风险效益更佳的项目上，这样就节省了企业资源，减少了不必要的浪费。

（2）缺点。

1）虽然企业主动放弃了对风险的承担，但这也是无奈的选择，风险规避同时也意味着经济收益的丧失。

2）由于风险时时刻刻都存在，所以绝对的风险回避是不大可能实现的，而且过度回避风险也会使企业丧失驾驭风险的能力，降低企业的生存能力。

3）虽然回避是消除风险比较有效的方法，但对于已经存在的风险，风险回避策略则不适用。所以此项策略一般适用于在某项工作的计划阶段确定，以避免投资失误或者中途改变工作方案造成的经济损失。

4）风险回避必须建立在准确的风险识别的基础上，而企业的判断能力是有限的，对风险的认识总会存在偏差，因而风险回避并非总是有效的。

（三）风险转移

风险转移也称为风险分摊，是企业通过契约、合同、经济、金融工具等形式将损失的财务和法律责任转嫁给他人，达到降低风险发生频率、缩小损失幅度的目的。风险转移与风险规避相比，它不是通过放弃、中止的方法，而是寻求转移的方式积极防范风险。风险转移和风险抑制与控制相比，它们都属于积极应对风险的控制方式，只是从控制力量看，转移风险更注重与企业外部力量的合作来处置风险；而风险控制与抑制在于发挥自身的力量来处置风险；从风险控制手段达到的结果看，风险控制与抑制是通过直接的控制手段来防范风险，风险转移则通过间接手段控制风险。

1. 控制型非保险转移

控制型非保险转移是通过契约、合同将损失的财务和法律责任转嫁给他人，从而解除自身的风险威胁。风险转移的形式中，外包、租赁、出售、售后回租等方式属于控制型非保险风险转移。

（1）外包。又称转包或分包。转让人通过转包或分包合同，将其认为风险较大的业务转移给非保险业的其他人，从而将相应的风险全部或部分转移给承包人。

（2）租赁。出租人通过合同将有形或无形的资产交给承租人使用，承租人交付一定租金，承租人对所租物只有使用权。

（3）出售。通过买卖契约将与财产或活动相关联的风险转移给他人。

（4）售后回租。这是集出售和租赁合并操作的风险转移方式。为避免错过市场行情或由于资金紧张将资产整体卖掉，然后租回部分资产。

［例 4-2］大连某集团公司 2004 年 3 月在大连最繁华地段——天津街，开发完成了一个 22 层的高档房地产项目，由于市场行情特别看好，毛坯房每平方米可卖到 20000 元，考虑到另一个房地产项目需要资金，于是他们决定将项目整体卖掉，然后回租 1~4 层，经营珠宝行、餐饮业生意；既得到了资金又占据了有利的商业地段。

2. 财务型非保险转移

财务型非保险转移是利用经济处理手段，转移经营风险。风险转移的形式中，保证、再保证、中和、证券化、股份化等方式属于财务型非保险转移。

（1）保证。保证是保证人与被保证人通过某种契约签署的、为使保证人履行相关义务以确保被保证人合法和既得利益的文件，其中有执行合约双方应尽责任的要求，如有违背，保证可能被取消或做相应调整。

（2）再保证。由于事项重大，为使被保证人的利益确实得到保护，在"保证"的基础上，由实力或声望更高的团体或个人通过合约或契约对被保证人所做的承诺。

（3）中和或集合（Combination）。是利用套期保值、远期合约等方式将损失威胁与获利机会平衡，通常用于投机风险的处理。

（4）证券化。利用可转换债券、双汇率债券等金融工具方式，满足投资人、筹资方利益的需要。这是一种双赢的风险转移。

（5）股份化。又叫公司化，实际属于风险的分散（Pooling Segregation Separation Duplication）。通过发行股票的方式，将企业风险转嫁给多数股东，这种操作实际上只是分散原股东的风险，增强了企业抵抗风险的能力，企业的运营风险并未得到转移。

3. 保险转移

企业对于自身既不能控制或抑制，也不能转移的风险，或者根据外部与内部环境的变化对控制效果有一定的担忧，可以采用投保的方式转移风险。

控制型、财务型风险转移与保险型风险转移比较有优点，同时又受到相关条件、政策的限制，它们的优缺点比较如表 4-1 所示。

表 4-1　控制型、财务型风险转移与保险型风险转移的比较

风险转移	控制型、财务型	保险型
优点	①适用对象广泛，既可以是纯粹风险，也可以是投机风险；既可以是可保风险，也可以是不可保风险； ②直接成本低； ③操作手法灵活多样	①合同条款经过严密的审核； ②保证系数大，重大事项的投保，可能有再保险的保证； ③损失保证相对确定
局限	①由于受让人能量限制，无论是操作时还是面临损失时，存在一定的不确定性； ②有关法律许可的限制； ③合同条文理解的差异，有时会引起经营效率与效果的问题	①受到合同条款的严格限制； ②费用相对较大
使用条件	①应该是以"双赢"为目的的合作关系； ②契约当事人对相关内容必须理解，争取一致； ③受让人有能力并愿意承担财务和法律责任	保险机构规定的业务事项

4. 利用衍生工具转移

金融衍生工具是一种合约，该合约的价值取决于一项或多项标的资产或指数的价值。标的资产包括范围很广泛，可以是股票、债券等基础证券，也可以是真金、白银等贵金属，还可以是小麦、玉米、咖啡等大宗商品等。其形式有期权、远期合约、期货和掉期等。企业充分利用衍生工具可以转移风险，当然利用不好可以招来风险，给企业造成更大损失。

例如某公司承接 K 国的一电站锅炉建造合同，当地货币虽然可自由兑换货币，但该公司主要设备均从日本采购，为避免汇率变动损失，经同业主商谈同意

该项目全部采用日元定价和结算，签约时 1 美元兑换 225 日元，竣工结算时 1 美元兑换 160 日元，仅此项该公司就获利 100 余万美元。

货款采用硬通货，可能会给企业带来额外收益，反之则可能带来额外损失。本案采用了升值的日元结算，带来了额外收益。

（四）风险利用

风险利用是把风险当作机遇，利用运营中的困难通过风险战略，开拓市场，实现更大的战略目的。风险利用是最为积极的风险管理战略，它对于培养经理人风险偏好、建立企业文化有重要的意义。

海尔集团正是利用劣质冰箱的风险事件，引以为戒，把企业做大做强，建立起世界瞩目的"海尔文化"。

1. 风险利用方式

风险利用的方式有配置（Allocate）、多样化（Diversity）、扩张（Expand）、创造（Create）、重新设计（Redesign）等。

（1）配置。通过增加或更换新的技术设施、人力资源或管理系统，使原来的系统发挥更大的效能。

（2）多样化。又叫作多元化。利用资源优势，开拓市场，以纵向或横向为方向，开发产品，多元化经营。

（3）扩张。企业为抢占市场或为获得财务的利益，有效利用资源，通过吸收合并、创立合并、控股合并等形式投资，实行战略扩张。

（4）创造。这是一种前瞻性风险管理战略。在企业产品的生命周期刚进入成长期不久，便利用技术和资源优势，设计新颖产品，引导消费者需求。

（5）重新设计。又叫作企业流程再造，是对企业流程根本性的再思考和重新设计，从而使成本、质量、服务和反应速度等具有时代特征的关键指标获得巨大的改善。

2. 风险分散方式

另外，在风险利用方式中还可通过对风险进行分散、分摊以及对风险损失进行控制，也可化大风险为小风险，变大损失为小损失，实现风险控制的目的。

（1）风险分散。风险分散是指将企业面临的风险，划分为若干个风险较小而价值低的独立单位，分散在不同的空间，以减少企业遭受风险损失的程度。其目的是减少任何一次损失发生造成的最大可能损失的幅度。风险分散可以采用的方式有多种，这里主要介绍投资组合方式。

"不要把鸡蛋放在一个篮子里"，企业适度、恰当的投资组合（或项目组合、产品组合）可以降低机会成本并分散企业风险。需要注意的是，投资组合并不能降低企业面对市场的总体风险，只能降低单个投资项目的独有风险。在进行投资组合时，需要对可供选择的投资、项目、产品进行评价（见图 4-3 和图 4-4）。

需要强调的是，在进行投资组合时，切忌盲目分散投资。将资金投入过多的项目，有可能会使得分给每个投资项目的资金产生不足，难以保证项目的顺利达成，也相应保证不了投资收益。同时，由于资金的分散也很难使企业产生核心竞争产品，形成不了竞争优势。这种"乱撒胡椒面"的现象不仅不会分散企业的风险，反而会加剧投资风险，造成风险损失。例如，巨人集团盲目追求多元化经营，涉足了电脑业、房地产业、保健品业等行业，跨度太大，而新进入的领域并非优势所在，却急于铺摊子，有限资金被牢牢套死，其结果导致的财务危机拖垮了整个公司。

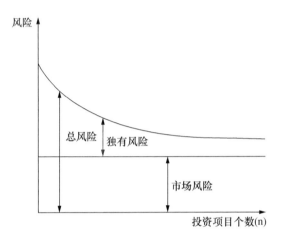

图 4-3　分散风险与投资组合

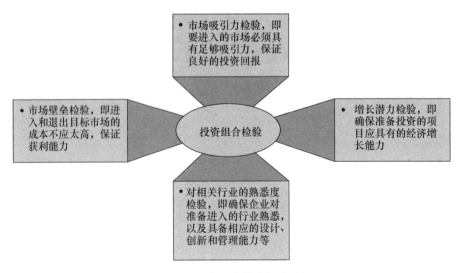

图 4-4　投资组合检验标准分析

[例 4-3] 我国大型肉类加工企业春都集团进入 20 世纪 90 年代以后，取得了不错的经营业绩，并迅速发展起来。但其急于把企业做得更大，发展得更快，

走上了一条非相关多元化的发展战略。先后投巨资新增了医药、茶饮料、房地产等多个经营项目，导致企业资源分散，新项目与原有核心业务之间资源争夺严重，加重了企业财务负担，竞争优势消失，使企业经营面临极大的困境。

（2）风险分摊。风险分摊是指由于单个企业抗风险能力有限，则选择与多个风险承受企业承担属于某个市场的一定风险，从而降低本企业所承担的风险。由于风险与收益的相互配比，风险分摊与收益分摊是相辅相成的。

具体到单个具有一定风险的项目来说，风险分摊最常见的形式是联合投资。通过联合投资协议，投资企业根据各自的情况选择不同的资金进入时期、进入金额条件，在保证投资项目顺利实施的情况下，投资各方在共享收益的同时，分散各自承担的风险，从而达到提高资源利用效率、分担资金风险的目的。同时，可以减少市场上同行业的竞争度，从而降低整个领域的非系统风险。

［例4-4］朗新信息科技有限公司是一家从事行业和企业的解决方案与服务的IT企业，Intel、高盛、PSINET和深圳创新科技投资公司联手向其投资取得了巨大成功。其中，Intel在联合投资中充当战略投资者的身份，其作为全球互联网经济的重要推动者，与朗新合作开发了一系列基于Linux的互联网解决方案。高盛公司作为金融投资者和全球著名的投资银行，拥有强大的IT行业分析队伍，为朗新加强财务管理、提高管理水平、了解行业动态、把握技术方向以及寻找行业并购对象提供了强有力的支持。PSINET作为本地投资者和世界著名的专业从事互联网数据中心的公司，与朗新在互联网领域开展广泛合作，为公司开辟业务市场、了解行业动态、寻找合作伙伴提供了帮助。深创投是具有本地背景的大型风险投资公司，熟悉国内资本市场运作模式，为朗新在开拓南方市场、树立境内资本市场形象方面起到了重要作用。这是通过联合投资来分散风险从而达到"双赢"的典型。

但是，需要注意的是，联合投资的运作实施建立在多家企业合作的基础之上，各个投资企业都谋求以更少的成本获得更多的利润分配，而在合作契约通常不完备的情况下，各个投资主体之间可能会存在利益冲突，出现"搭便车"的情况。例如，联合投资中某一企业付出的努力较少，但仍按照比例分摊了投资收益，另一投资企业却同时承担了大部分风险。这样会严重打击联合投资人的积极性，不利于发挥联合投资的协同管理效果，也不利于项目的顺利进行，无法实现正常的风险分摊。

（3）备份风险单位。备份风险单位是指企业再备份一份维持正常的经营活动所需资源，在原有资源因各种原因不能正常使用时，备份风险单位可以代替原有资产发挥作用。需要注意的是，备份风险单位并没有使原有风险变小，而是重复设置风险或者风险单位的一部分，在风险事故发生时使用备份的风险单位。也就是说，备份风险单位可以减少一次事故的损失程度，但并未减少风险损失发生的概率。例如，计算机文件备份并将备份文件隔离存放，有助于减少损失。而公司的重要财务资料的缺失，会给企业带来严重的问题和财务风险，备份风险单位可以起到损失抑制的作用。

（五）风险抑制与控制

风险抑制与控制是指企业对既不愿放弃也不愿转移的风险，通过查找风险因素借助风险事故形成损失的源头，采取措施改变风险可能性及后果，从而降低损失发生的可能性、频率，缩小损失程度，达到风险控制目的的控制措施与方法。这一系列系统的控制措施与方法统称为"企业内部控制制度"，或称"内部控制系统"，如财政部等五部委发布的《企业内部控制基本规范》及 18 项指引。风险抑制与控制是一种积极的风险管理策略。

潜在风险在一定条件下产生风险事故形成风险后果，影响经营目标。通过风险控制创造条件改变环境、改革工艺、配方或重新配置资源，可以改变风险发生的可能性及影响后果，从而改变风险性质。

风险控制与抑制的方法有预防性控制、检查性控制、纠正性控制、指导性控制、补偿性控制等。

（六）风险组合观

近年来，企业越来越多地从整个主体范围或组合的角度去考虑风险。管理部门通常所采取的方法是：首先从各个业务单元、部门或职能机构的角度去考虑风险，让负有责任的管理人员对本单元的风险进行复合评估，以反映该单元与其目标和风险容限相关的剩余风险。通过对各个风险单元的了解，一家企业的高层管理者能够很好地采取组合观来确定主体的风险与其目标相关的总体风险容量是否相称。不同单位的风险可能处于该单元的风险容限之内，但是放到一起后，风险可能超过该主体作为一个整体的风险容限，这种情况下需要附加风险应对，以便使风险处于主体的风险容量内。或者相反，主体范围内的风险可能自然地互相抵消，这样整体风险就在主体的风险容量之内，不需要另外的风险应对。

［例 4-5］制造业公司对于它的经营性盈利目标采取风险组合观（见图 4-5）。管理部门采用通用的事项类别来获取各个业务单元的风险。接下来按照类别和业务单元编制了图表，说明用一个时间范围内的频率来表示的风险可能性，以及对盈利的相对影响。其结果是对公司所面临风险的一个复合性的或组合的观点，管理部门和董事会据此考虑风险的性质、可能性和其相对大小，以及它们可能对公司的盈利产生怎样的影响。

风险事项类别：

（1）资本使用权，业务单元得不到充足的资金。

（2）供应商的有效性，供应商没有根据约定交货。

（3）流程的效率，尽管流程是有效果的，但还不能说是高效率。

（4）流程的有效性，流程没有那么有效，导致有缺陷的产品出现。

（5）诉讼，召回和集体诉讼的风险。

（6）资产管理，资产管理还欠完善，造成损失。

（7）市场需求，不能满足顾客需要。

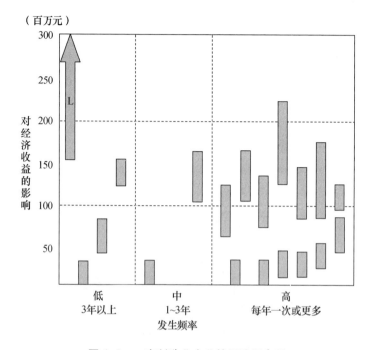

图4-5　一家制造业企业的风险组合观

（8）知识产权，专利侵权或研发泄露的影响。

（9）领导，正确的管理企业，做出有效的决策。

（10）监管，内部控制规范、道德与政府合规。

（11）系统，升级，加强。

（12）集中，集中（如客户、产品类别、地域等）的有效性。

（13）竞争，新的低成本竞争者。

（14）相关性，业务单元之间。

（15）经济，市场需求、物价变动、汇率利率变动、股票价格变动。

（16）员工安全，职业安全健康、环境变化。

（17）政府法规，出台新法规。

（18）员工能力，技能，失去关键员工。

（19）资料保密，信息资料丢失。

　　如果从组合的角度看待风险，管理部门就可以考虑它是否处于既定的风险容量之内。此外，它能够重新评价它所愿意承担的风险类型。在组合观显示风险显著低于主体的风险容量的情况下，管理部门可以决定鼓励各个业务单元的管理人员去承受目标领域更大的风险，以便努力增进主体的整体增长和报酬增加。

第二节　风险应对决策

风险应对决策是在风险识别、风险分析和风险评价的基础上所进行的一项选择性决定。它也具有不确定性，决策的正确与否直接影响风险管理的效果。选择科学、合理有效的风险处置手段是风险应对决策的核心。

一、风险应对决策含义、特点和流程

（一）风险应对决策的含义和特点

风险应对决策就是从几项备选方案中进行筛选，挑选出最经济、最合理、最有效的风险应对方案，为制订风险管理的总体方案和行动措施提供依据。与其他决策行为相比具有以下特点：

1. 它是以风险识别、风险分析和风险评价为基础

风险管理决策是在风险识别、风险衡量和风险评价的基础上进行的一项选择。它要求风险分析、衡量、风险评价及其他有关信息资料必须正确、可靠，盲目的和没有根据的决策，难以实现风险管理的目标。

2. 它是风险管理目标实现的前提

风险管理的目标是以最小的成本获得最大的安全保障。没有科学的风险管理决策，也就无法实现风险管理的目标。

3. 它选择的方案具有主观性

风险管理决策的一个重要特点是在不确定性情况下进行的选择，带有一定的主观性。因此在贯彻实施中，必须不断地评价风险管理决策的效果，并依据情况适时地加以调整。

4. 它与管理决策的贯彻执行密切相关

风险管理决策的贯彻和执行，需要各风险管理部门的密切配合。贯彻和执行风险管理措施中的任何失误，都有可能影响风险管理决策的效果。因此，必须区别风险管理决策与决策贯彻执行两者界限。

（二）风险带与风险应对关系

风险带（见图3-9）与风险应对方式的关系如表4-2所示。

（三）风险应对决策流程

风险应对决策流程如图4-6所示。

1. 确定风险应对目标

风险管理单位在进行风险管理决策时，首先要确定风险管理目标，即以最小的成本获得最大的安全保障。在进行风险管理决策时，决策者必须根据不同的风

险状况，确定单位的风险应对目标。

表 4-2　风险带与风险应对方式的关系

风险带		风险应对方式	风险应对原则
上带风险	可控	风险控制 风险转移 风险规避 其他	优化现有内控制度和业务流程，使该风险的剩余风险落入低风险范围内。如无法将剩余风险降到低风险范围内，可考虑寻求外部单位分担该风险，如剩余风险仍然较大，考虑规避该风险
	不可控	风险规避 风险转移预案 风险控制 其他	考虑规避该风险，如无法规避则可寻求外部单位分担该风险，或制订事前、事中、事后应对方案，并建立预警指标体系，保持每月跟踪
中带风险	可控	风险控制	优化现有内控制度和业务流程，将风险负面后果及发生概率最小化，正面后果及发生概率最大化，使该风险的剩余风险落入低风险范围内
	不可控	风险转移预案 风险控制	制订应急预案和预警指标，保持每月跟踪，推迟或避免风险的发生，或降低风险影响程度
下带风险	可控	风险接受	保持现有内控力度不放松，或相关内控措施的贯彻执行
	不可控		制定风险事后应对方案

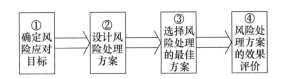

图 4-6　风险应对决策流程

2. 设计风险处理方案

根据风险管理目标，提出若干有价值的风险处理方案。对于某一特定风险的处理手段，也就是在特定的风险和特定的条件下，才体现出其最直接、最有效的效果。离开特定的条件和特定风险而设计的风险管理方案是没有意义的。

在处理风险的众多手段中，保险具有独特的地位和作用。特别是在识别风险和处理风险具有一定的条件限制，而损失控制又不能减少损失程度的情况下，保险是重要的转嫁风险、获得风险融资的手段。选择保险的方式转嫁风险以后，风险管理部门需要根据风险的轻重缓急选择其他风险管理技术。

3. 选择风险处理的最佳方案

在设计各种风险管理方案后，风险管理部门需要比较分析各种风险处理手

第四章　风险应对与实施方案

段，比较实施各种风险管理手段的成本，进行选择和决策，并寻求各种风险处理手段的最佳组合。

二、风险应对决策方法

风险应对决策的方法是风险管理决策中所运用的技术与技巧。这些技术在风险管理决策中的运用，可以有效地提高风险管理决策的效果，有效地防范风险决策中出现偏差和失误。常用方法有：

（一）风险过程决策顺序图法

风险过程决策顺序图法是指为了完成某项任务或者达到某个目标，在制订行动计划或进行方案设计时，预测可能出现的障碍和可能出现的后果，相应地提出多种应变计划，这样，在计划执行过程中遇到不利的情况时，仍可按照第二、第三或者其他方案进行，以便达到预定的目标。

在确定风险管理措施时，风险管理单位可能未将所有可能发生的风险事故全部考虑进去。虽然编制了"风险控制清单"，但是，随着风险管理决策的实施，原来没有考虑到的风险可能会逐步地暴露出来，或者原来没有想到的办法、方案已经逐步形成。这时必须根据新的情况，再重新考虑风险应对措施，增加新的方案和措施，修订原来已经做出的决策。

［例4-6］现以大华风险投资公司资金保值增值的投资风险决策管理为例，分析投资风险过程决策顺序如图4-7所示。

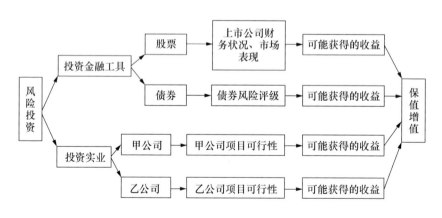

图4-7　投资风险过程决策顺序

从图4-7可以看出，风险投资过程中面临的风险多种多样，需要决策者综合考虑投资管理过程中可能面临的各种风险，并提供风险过程决策管理技术的方法。该方法的优点：

（1）可从全局而不是局部掌握风险决策系统的状态，从而做出全局性的决策，避免某一过程的决策与整个系统的决策相矛盾。

（2）可按照时间的先后顺序掌握风险系统的进展状况，观察风险系统的变化，预测整个系统可能发生的重大事故，以便及时选择适当的风险对策。

（3）可发现风险管理的问题。在密切注意风险系统进展的同时，风险决策顺序法能够发现产生风险的状态和原因，以便采取适合的风险管理决策。

（4）可发现未曾注意的风险因素，可不断地补充、修改以往的风险管理决策措施，使风险管理决策更适应风险管理实务发展的需要。

（二）决策树图法

决策树图法是风险应付决策的重要分析方法之一。它是将风险管理目的与可供采取的各种措施、手段和可能出现的概率，以及可能产生的效果系统地展开，绘制成决策树图，寻求最佳的风险管理措施和手段。

应用决策树分析多级决策可以达到层次分明、直观易懂、计算手续简便的目的。

1. 决策树的结构

决策树是由方块和圆圈为节点，通过直线连接而成的形状像树枝的结构，如图 4-8 所示。

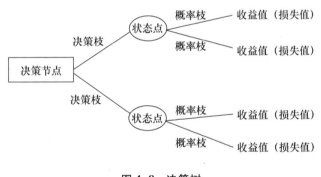

图 4-8　决策树

图 4-8 中的方块节点称为决策点，由决策点画出若干条直线，每条直线代表一个方案，故又称为决策枝。圆圈节点代表自然状态的节点，从这个节点引出若干条直线，表示不同的自然状态，这些直线又称为概率枝。在概率枝的末端，列出在不同状态下的各自收益值或损失值。决策树一般用于问题较多，而且具有多种方案和多种自然状态的风险情况下的决策。因此，决策树图形由左向右、由简而繁地组成一个树状的图形。决策树不仅能够表示出不同的决策方案在各种自然状态下的结果，而且能够显示出决策的全过程；决策树的结构形象、思路清晰，是帮助决策者进行决策分析的有力工具。

2. 风险决策树的绘制

绘制风险决策树主要有以下几个步骤：

（1）收集各种风险管理措施。为了达到预定的风险管理目的，必须集思广益，提出必要的风险管理手续、措施，并依次记录下来。然后，从较重要的手段、措施开始，按顺序思考，并提出改变风险发生条件的手段、措施。

（2）评价风险管理的手段和措施。在广泛收集各种风险管理措施的基础上，需要对提出的手段和措施逐一进行评价，每项手段、措施是否适当、可行或者是否需要调查才能确定。在有限的风险管理措施中，也要对风险管理措施进行评价。一般来说，评价风险管理措施可以用"○"表示可行；"△"表示需要调查后，才能确定是否可行；"×"表示不可行。

在对风险管理措施进行评价时，需要注意以下几点：①不要用粗浅的认识进行评价，不要轻易否定别人提出的手段、措施，对这些措施、手段要反复推敲、思考和调查。许多风险管理措施，初次提出是不可行的，而实践证明又是可行的。②越是新的、别人不曾使用过的风险管理措施，越容易被否定。但是，实践证明，这些风险管理措施实施后，其管理效果会更好、收益会更大，因此，需要慎重对待一些新的不曾使用过的风险管理措施。③在进行风险管理措施的评价过程中，往往又会出现新的设想，需要不断地补充、完善。

（3）风险决策树的绘制。为了实现风险管理目标，在绘制风险决策树时，应该将要达到的目的与相应的管理措施结合起来。这些管理手段、措施还不能变为具体的行为，还必须对下一步手段和措施展开分析。

3. 决策树的种类

（1）单阶段决策树。单阶段决策树是指需要决策的事件，只需要进行一次决策活动，就可以选择出理想的决策方案，从而达到风险管理的决策目的。

[例4-7]某公司投资某一项目设计了两套建设方案，一套方案是投资建立一家大厂，预计需要投资300万元；另一套方案是投资建立一家小厂，预计需要投资160万元。两套建设方案的使用期约为10年，估计在使用期间，产品销路好的可能性是0.8，销路差的可能性为0.2，两个方案的年度利润值如表4-3所示。

表4-3　两种投资方案下年度利润值　　　　　　单位：万元

投资方案	销路好	销路差
	0.8	0.2
建大厂（利润）	100	-10
建小厂（利润）	40	20

根据投资方案可以画决策树图，如图4-9所示。

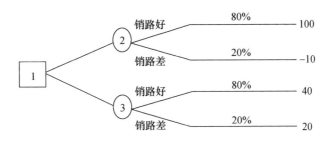

图 4-9　决策树（一）

根据决策树图，确定不同投资方案可能获得的预期利润值，其结果如下：

建大厂预期的利润值：0.8×100×10+0.2×(−10)×10−300＝480（万元）

建小厂预期的利润值：0.8×40×10+0.2×20×10−140＝220（万元）

根据计算出来的预期利润值的对比，可以看出，投资建大厂可以获得480万元的利润，而投资建小厂仅可获得220万元的利润，因此，建大厂是最优方案，可以放弃投资建小厂的方案。

（2）多阶段决策树。如果所需要解决的问题不止一次，而需要一系列决策活动，才能选出最优方案，达到最后决策的目的。此时就用多阶段决策树。

在风险管理决策过程中，为了达到某种风险管理目的，就需要选择某一种手段；而为了采取这一手段，又需要考虑下一级的相应手段，这样，上一级手段成为下一级手段行动的目的（见图4-10）。采取这种方式，将要达到的目的和所需手段的顺序层层展开，直到可以采取措施为止，并绘制成树状图，这就是多阶段决策树。

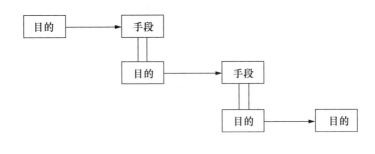

图 4-10　决策树（二）

4. 决策树方法的评价

决策树的风险管理决策方法可以把需要决策的全部解决方案及过程，以及可能出现的各种风险状态，都形象地显示在全部的决策过程中。使用决策树决策问题，思路清晰、逻辑性强，特别是针对复杂问题的多阶段决策，能够使风险管理决策的各阶段明晰，层次分明，便于决策单位集体讨论，做出较为正确的符合实际的决策。可见，决策树是风险管理决策人员进行决策十分有效的决策工具。

（三）损失期望值决策法

损失期望值决策法是以损失期望值作为风险管理决策的依据，在较多的风险处理方案中，选择损失期望值最小的风险管理方案。任何一种风险管理方案都不可能完全消除所有损失，要选择最佳的风险管理方案，需要进行损失期望值决策分析。

［例4-8］设某供电公司变电所面临雷击风险。该供电所价值1000万元，其中可保价值750万元（已扣除土地及地基价格250万元）。假定如果雷击发生，必导致变电所全毁，同时引起间接损失280万元。针对这一情况，风险管理者拟订三个风险管理方案。

（1）风险自留。风险损失全部由企业自行承担。

（2）风险自留与风险控制。通过安装防范损失装置需支出100万元，预计可使用10年，安装措施后，损失可下降1/3，间接损失下降1/2。

（3）购买保险，保险费每年6万元。

解：建立损失矩阵。

第一种方案，如果雷击发生，则损失750万元全部自留，不可保的间接损失280万元，合计1030万元；如雷击不发生则无任何损失。

第二种方案，如果雷击发生，自留损失500万元，按预防设备损失100万元，间接损失140万元，合计740万元；如果雷击不发生，则仅支付预防设备折旧费10万元。

第三种方案，如果雷击发生，则有间接损失280万元，保险费支出6万元，合计286万元；则仅支付保险费6万元。

根据以上分析，可建立损失矩阵，如表4-4所示。

方案选择：

根据以上损失矩阵，需要确定选择原则，这种原则按照损失概率能否确定分为两类：

第一类：在损失概率无法确定的情形下，有两种原则：一是最大最小化（Minmax）原则；二是最小最小化（Minmin）原则。

（1）最大最小化原则又称大中取小原则，即风险管理决策者以风险的最大潜在损失最小者为最佳方案。所谓最大潜在损失是指风险事故发生所致的最坏损失后果。风险管理者运用这种原则，是为预防可能发生的最坏损失。对于［例4-8］，如果按照最大最小化原则，那么方案三即购买保险便是最佳方案，因为三种方案的最大潜在损失分别为1030万元、740万元和286万元。需要指出的是，这种原则过于保守，由于保险费总是最大可保损失的很小一部分，因而依照这种原则选择则往往导致购买保险。所以，也有人认为，采用最大最小化原则的风险管理者属于"悲观主义者"。

表 4-4 不同风险管理决策方案

方案	可能结果	
	发生雷击的损失	不发生雷击的损失
自留风险、不采取风险管理措施	可能损失 750 万元 未投保导致的间接损失 280 万元 总损失 1030 万元	0
自留风险、采取风险管理措施	可能损失 500 万元 未投保导致的间接损失 140 万元 安全措施成本 100 万元 总损失 740 万元	10 万元
投保	未投保导致间接损失 280 万元 保险费 6 万元 总损失 286 万元	6 万元

（2）最小最小化原则又称小中取小原则，即风险管理决策者以风险的最小潜在损失最小者为最佳方案。所谓最小潜在损失就是最有利情形下的损失和费用，通常为风险事故不发生的情况。采用最小最小化原则的风险管理者属于"乐观主义者"，他们常常乐于选择最能节约费用支出和最能减轻风险负担的方案，因而风险自留方案总是被选用。在［例 4-8］中，三种方案的最小潜在损失分别为 0 元、10 万元、6 万元，最小者为 0 元，即选择风险自留这一方案。

很容易看到，用这两种原则选择风险处理方案都是有明显缺陷的。因为这只是考虑两种极端的情形，或者是出现最有利的情形，或者是出现最不利的情形，前者过于悲观，后者过于乐观。因此，这两种原则都有很大的局限性。

第二类：在损失概率能够确定的情形下，风险管理者可将风险损失与损失概率结合起来，进行选优，具体选择时也有两种原则：

（1）最可能发生的损失最小者为最优。在这种原则下，如果知道风险损失的可能性大于不发生损失的可能性，风险管理者选择投保，否则就选择自留。然而，绝大多数情形下，可保损失发生的概率不会超过 1/2，故按照这种原则，人们往往会选择自留。但是，有的损失虽然发生可能性很小，可是一旦发生，其后果却是灾难性的。因而，许多人是不用这一原则的。

（2）损失期望值最小者为最优。这是最为常用的决策原则，也是本节讨论的重点。在这一原则下，风险管理者谋求损失期望值最小。

［例 4-9］在［例 4-8］中，假定雷击发生的概率为 5%，但如安装损失预防设备则此概率降至 3%，试按损失期望值原则进行决策分析。

解：根据［例 4-8］的损失矩阵，我们可以算出各方案的损失期望值：

（1）风险自留：

$E_1 = 1030×5\%+0×95\% = 51.5$（万元）

（2）风险自留与风险控制结合：

$E_2 = 740×3\%+10×97\% = 31.9$（万元）

（3）购买保险：

$E_3 = 286×5\%+6×95\% = 20$（万元）

这里 $E_3 < E_2 < E_1$，按照损失期望值最小原则，方案三为最佳。

需要指出的是，前面的讨论中，我们没有考虑税负因素，也没有考虑由不确定性引起的忧虑价值以及决策者的风险偏好，因而具有片面性。

（四）效用分析法

效用分析法是通过对风险处理方案效用损失的分析进行风险管理决策的方法。

效用可以解释为人们由于拥有或使用某物而产生的心理上的满意或满足程度。在经济社会中，同样数量的损失给穷人带来的艰难和困窘将远大于对富人的影响。从而在不确定条件下的决策必然与决策人的经济实力、风险偏好产生不可割裂的关系。效用理论为确定条件下的决策提供了定量分析的工具。

效用理论认为人们经济行为的目的是从增加货币量中取得最大的满足程度，而不仅为了取得最大的货币数量。

损失期望值决策法是不考虑风险决策者的风险偏好及条件，这是不足的一面。效用理论用于风险管理决策，正好弥补了这一不足。事实上，期望值原则是效用理论的一个特例，当效用函数是收益的线性变换时，效用理论与期望值原则有相同的选择性，这一点很容易证明。设效用函数 $U(w) = aw+b(a>0)$，X、Y 是两个备选方案，如根据效用理论 X 优于 Y，即：

$E[U(X)] > E[U(Y)]$

从而：

$aEX+b > aEY+b$

于是有 $EX > EY$，这表明根据期望值原则也有 X 优于 Y。

效用理论用于一般的决策时，常常以收益效用最大者为最优。但在风险管理决策中，主要是进行风险损失的比较，损失越小越好，往往很少从风险收益方面考虑。因此，习惯上定最小损失的效用值为 0，定最大损失的效用值为 1，并以损失效用值最小的备选方案为最优。于是关于效用曲线的类型与前文所述也会出现相反的情形。如图 4-11 所示，第一类为保守型（A 型，下凹），此类决策者对损失的反应比较敏感而对收益反应比较迟缓，因而愿意支付高于损失期望值的费用作为转移风险的代价；第二类为中间型（B 型，直线），这类决策者认为收益值的增长与效用值的增长呈等比例关系，通常愿意支付等于损失期望值的费用作为转移风险的代价；第三类为冒险型（C 型，上凸），这类决策者对于损失的反应比较迟缓，而对于收益的反应则比较敏感，常常愿意支付低于损失期望值的费用作为转移风险的代价。

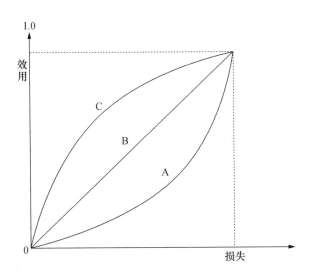

图 4-11　效用曲线

以效用理论进行风险管理决策时，其主要步骤为：

（1）确定效用函数（曲线）或效用值表。

（2）计算各备选方案中有关损失额的效用值。设损失额为 L，其效用值为 U（L），效用函数值表中与 L 相邻的两个损失额为 L_1 和 L_2（$L_1 < L < L_2$），效用值分别为 U（L_1）和 U（L_2），则：

$$U(L) = U(L_1) + \frac{L - L_1}{L_2 - L_1} \cdot \left[U(L_2) - U(L_1) \right]$$

（3）计算各备选方案的损失效用期望值。

（4）在各备选方案中选择损失效用期望值最小者作为最佳方案。

[例 4-10] 某企业有一面临火灾风险的建筑物，其最大可保损失为 100 万元，设其无不可保损失。风险管理者经过衡量，得到该建筑的火灾损失分布如表 4-5 所示。

表 4-5　火灾损失分布

损失金额（万元）	0	0.5	1	10	50	100
概率	0.8	0.1	0.08	0.017	0.002	0.001

现已拟订处置火灾风险的备选方案有三个：一是完全自留；二是部分投保部分自留，计划购买保额 50 万元，须付保险费 0.64 万元；三是全部投保，须付保

险费 0.71 万元。试对三方案进行比较并做出决策。

解：根据题意，可建立损失矩阵，如表 4-6 所示。

表 4-6　损失矩阵　　　　　　　　　　单位：万元

损失金额		0	0.5	1	10	50	100
发生概率		0.8	0.1	0.08	0.017	0.002	0.001
备选方案	（1）完全自留	0	0.5	1	10	50	100
	（2）部分投保、部分自留	0.64	0.64	0.64	0.64	0.64	50.64
	（3）完全投保	0.71	0.71	0.71	0.71	0.71	0.71

为建立效用函数值表，先设最大可保损失的效用值为 100，无损失的效用值为 0，即 $U(100)=1$，$U(0)=0$，再用对比提问法求效用函数的其他各有关值。根据公式：

$$U(x_1)+U(x_3)=2U(x_2) \quad (x_3<x_2<x_1)$$

向决策者询问其主观偏好。

（1）假若问："如果 $x_1=100$，$x_3=0$，那么 x_2 取何值时上式成立？"

答："$x_2=60$"，则 $U(60)=1/2(1+0)=1/2$。

（2）假若问："如果 $x_1=60$，$x_3=0$，那么 x_2 取何值时上式成立？"

答："$x_2=40$"，则 $U(40)=1/2(1/2+0)=1/4$。

（3）假若问："如果 $x_1=40$，$x_3=0$，那么 x_2 取何值时上式成立？"

答："$x_2=20$"，则 $U(20)=1/2(1/4+0)=1/8$。

（4）假若问："如果 $x_1=20$，$x_3=0$，那么 x_2 取何值时上式成立？"

答："$x_2=12$"，则 $U(12)=1/2(1/8+0)=1/16$。

如此继续下去，我们可以得到效用函数值表如表 4-7 所示。

表 4-7　效用函数值

损失 x（万元）	效用值 U（x）	损失 x（万元）	效用值 U（x）
100	1	1	1/128
60	1/2	0.8	1/256
40	1/4	0.7	1/512
20	1/8	0.6	1/1024
12	1/16	0.5	1/2048
8	1/32	0	0
3	1/64	—	—

据此，我们可以给出效用曲线，如图 4-12 所示。

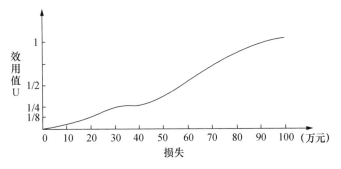

图 4-12　效用曲线

由图 4-12 可粗略看出，此决策者属于保守型。

接着计算各方案损失效用的期望值。先看方案一：完全自留风险。因为：

$U(0) = 0$

$U(0.5) = 1/2048$

$$U(10) = U(8) + [U(12) - U(8)] \times \frac{10-8}{12-8}$$

$$= 1/32 + 2/4 \times (1/16 - 1/32)$$

$$= 3/64$$

$$U(50) = U(40) + \frac{50-40}{60-40}[U(60) - U(40)]$$

$$= \frac{1}{4} + \frac{10}{20} \times \left(\frac{1}{2} - \frac{1}{4}\right)$$

$$= 3/8$$

$U(100) = 1$

所以，此方案的损失效用期望值为：

$$U(M_1) = 0 \times 0.8 + \frac{1}{2048} \times 0.1 + \frac{1}{128} \times 0.08 + \frac{3}{64} \times 0.017 + \frac{3}{8} \times$$

$$0.002 + 1 \times 0.001$$

$$= 0.00322$$

再看方案二：部分投保、部分自留。由于：

$$U(0.64) = U(0.6) + \frac{0.64-0.6}{0.70-0.6} \times [U(0.7) - U(0.6)]$$

$$= \frac{1}{1024} + \frac{0.04}{0.1} \times \left(\frac{1}{512} - \frac{1}{1024}\right) = \frac{7}{5120}$$

$$U(50.64) = U(40) + \frac{50.64-40}{60-40} \times [U(60) - U(40)]$$

$$= \frac{1}{4} + \frac{10.64}{20} \times \left(\frac{1}{2} - \frac{1}{4} \right) = \frac{383}{1000}$$

因此方案二的损失效用期望值为：

$$U(M_2) = U(0.64) \times (0.8 + 0.1 + 0.08 + 0.017 + 0.002) +$$

$$\frac{383}{1000} \times 0.4001$$

$$= \frac{7}{5120} \times 0.999 + \frac{383}{1000} \times 0.0001 = 0.00175$$

最后看方案三：全部投保。由：

$$U(0.71) = U(0.70) + \frac{0.71 - 0.70}{0.80 - 0.70} \times [U(0.80) - U(0.70)]$$

$$= \frac{1}{512} + \frac{0.01}{0.1} \times \left(\frac{1}{256} - \frac{1}{512} \right) = \frac{11}{5120}$$

可知方案三的损失效用期望值为：

$$U(M_3) = \frac{11}{5120} \times 1 = 0.00215$$

经比较知道：$U(M_2) < U(M_3) < U(M_1)$。

这表明，方案二即"部分投保、部分自留"为最佳方案。值得指出的是，如果按照损失期望值分析法，则方案一"完全自留风险"为最佳方案，因为这种方案的损失期望值最小。这说明不同的决策方法即选择不同的决策标准会有不同的决策结果，也说明决策者个人的风险偏好对决策的影响很大。进一步还可以看到，如果采用不同的效用函数即不同的决策者，决策结果也不同。关于这一点读者可自行验证。

（五）财务分析法

风险管理决策中的某些问题可以借助财务分析方法加以解决。

1. 现金流分析

现金流是指执行某一方案的全过程所产生的现金流出（资金投入）和现金流入（资金收回）。现金流出包括执行这一方案的各种成本和费用支出，现金流入包括由执行这一方案带来的各种收益。现金流入总额与流出总额差额，称为"净现金流量"（Net Cash Flow，NCF），反映这一方案的净收益或净亏损，回收全部投入资金的期间称为回收期。如果不考虑资金的时间价值，决策时当以现金净流量大、回收期短的方案为可取方案。事实上，一个方案的现金流动（投入与回收）往往不在同一时间发生。因此，需要考虑资金的时间价值。

（1）投资回收期法。

$$回收期（T） = \frac{现金流出量}{净现金流量}$$

投资回收期越短，表示投资收回迅速，方案因此越可行。

[例 4-11] 某发电公司计划采购一台新设备以维护发电设备正常运行。此种设备如不配有安全装置则价值 10 万元，如配有安全装置则价值 10.5 万元。估计采用此种新设备（不论有无安全装置）后，公司每年可因此节省燃料等成本 5 万元。假设：①该公司的风险成本为每年 2 万元，如采用配有安全装置的设备则风险成本可降低 30%；②此种设备（不论有无安全装置）的使用寿命均为 10 年且无残值，公司采用直线折旧法；③公司适用的所得税率为 25%。要求：就采购此种设备是否要配备安全装置进行决策。

解：首先，算出在有、无安全装置两种情况下，每年增加的现金净流量（NCF），如表 4-8 所示。

表 4-8　现金流量　　　　　　　　　　单位：元

项目	有安全装置		无安全装置	
	账面价值	现金流动	账面价值	现金流动
营业成本节省	50000		50000	
风险成本节省	6000			
节省额合计	56000	56000	50000	50000
折旧费	10500		10000	
收入增加	45500		40000	
税额增加	11375	11375	10000	10000
每年增加的现金净流量		44625		40000

其次，计算两种情况的回收期 T_1 和 T_2。

有安全装置的情况：$T_1 = \dfrac{105000}{44625} = 2.35$（年）

无安全装置的情况：$T_2 = \dfrac{100000}{40000} = 2.5$（年）

因为 $T_1 < T_2$，所以公司应该选购有安全装置的设备。

（2）净现值法。

净现值法（Net Present Value Method）是将不同方案的现金流出和流入，都按一定的利率折算为同一时点的"现值"，然后再进行比较的方法。净现值也就是现金净流量的现值之总和。

无疑，在风险管理决策时，应该选择净现值较高的方案。净现值的计算公式是：

$$NPV = \sum_{k=1}^{n} \frac{NCF_k}{(1+r)^k}$$

或者，

$$NPV = \sum_{k=1}^{n} \frac{CF_k}{(1+r)^k} - I_0$$

式中，NCF_k 为第 k 期（年）现金净流量；CF_k 为第 k 期现金流入量；r 为资本成本（贴现率或回报率）；n 为期数；I_0 为原始投入资金的现值。

[例 4-12] 同 [例 4-8]，并假定资金成本为 12%，请按净现值法进行决策。

解：先分别计算净现值，这里 n = 10 年，r = 12%。

根据 [例 4-8] 的结果，在有安全装置的情况下，每年增加的现金净流量为 44625 元，原始投资额为 10.5 万元，于是：

$$NPV_1 = \sum_{k=1}^{10} \frac{44625}{(1+12\%)^k} - 105000$$

$$= 44625 \times \sum_{k=1}^{10} \frac{1}{(1+12\%)^k} - 105000$$

$$= 44625 \times 5.6502 - 105000$$

$$= 147140.18 \text{（元）}$$

同理，在无安全装置的情形下：

$$NPV_2 = \sum_{k=1}^{10} \frac{40000}{(1+12\%)^k} - 100000$$

$$= 126008 \text{（元）}$$

再比较两个净现值，因为 $NPV_1 > NPV_2$，公司应当选购有安全装置的设置。与此投资回收期法结论一致。

（3）内部报酬率法。

内部报酬率法（Internal Rate of Return Method）是根据内部报酬率的大小而决策的一种方法。决策中，应当选择内部报酬率较高的方案。内部报酬率是净现值为 0（即 NPV = 0）时的贴现率，按此贴现率计算的现金流出现值与现金流入现值相等。

根据定义，内部报酬率满足：

$$\sum_{k=1}^{n} \frac{CF_k}{(1+IRR)^k} - I_0 = 0$$

计算步骤如下：

第一步，计算使上述方程左端取正数的最大 IRR 数值和左端取负数的最小 IRR 数值，这两个数值相差 1%。

第二步，用插值法或线图法得到内部报酬率。

[例 4-13] 资料同 [例 4-9]。请按内部报酬率法进行决策。

解：先算有安全装置情形下的内部报酬率。

因为：$CF_k = 44625$ 元（k = 1，2，…，10），$I_0 = 105000$ 元。

所以：$44625 \times \sum_{k=1}^{n} \frac{1}{(1+IRR_1)^k} - 105000 = 0$

$$\sum_{k=1}^{n} \frac{1}{(1+IRR)^k} - 2.35294 = 0$$

查年金现值系数表，取 IRR＝41%时，上式左端取负数，而取 IRR＝42%时，上式左端取正数，故 IRR_1 必在 41%～42%，即：

41%＜IRR_1＜42%

用内插法求 IRR_1。贴现率为 41%时，现值因子 2.3605，贴现率为 42%时，现值因子 2.3095。于是：

$$IRR_1 = 41\% + \frac{2.3605 \times 44625 - 105000}{2.3605 \times 44625 - 2.3095 \times 44625} \times 1\%$$

$$= 41.15\%$$

同理可得，无安全装置情形的内涵报酬率为：

$$IRR_2 = 38.33\%$$

比较 IRR_1 与 IRR_2 得知该公司应选购有安全装置的设备。这与前面两种方法所得结论一致。

2. Houston 公式

美国学者戴维·休斯敦（David B. Houston）1964 年提出的两个公式可作为企业进行购买保险决策时的参考。

公式一：购买保险后企业年底的财务报表净值（FPb）为：

FPb＝NW－P＋r（NW－P）

式中，NW 为年初报表的净值；P 为保险费；r 为资金运用于非流动性资产或投资于一般企业有价证券的报酬率。

公式二：不购买保险时企业年底的财务报表净值（FPnb）为：

$$FPnb = NW - \frac{P}{2} + r\left(NW - F - \frac{P}{2}\right) + iF$$

式中，F 为不购买保险时必须提存以吸纳损失的基金；$\frac{P}{2}$ 为平均保险费；i 为基金（F）存放于银行或购买短期债券的利率。

于是，FPb 与 FPnb 之差即表示保险的经济价值，如用 V 表示，则：

V＝FPb－FPnb

$$= NW - P + r(NW - P) - \left[NW - \frac{P}{2} + r\left(NW - F - \frac{P}{2}\right) + iF\right]$$

$$= F(r-i) - \frac{P}{2}(1+r)$$

注意到此式中不含 NW，表明 V 与年初报表净值 NW 无关，这给我们的计算带来了便利。显然，如果 V＞0，则购买保险对企业有利；如果 V≤0，则购买保险对企业无益。

［例 4-14］某企业购置一套新机器，价值 30 万元。如果不买保险，则应该

建立 30 万元基金以备不测；如果购买保险，则年费率为 2%。假设当时银行利率为 4%，投资于其他途径的有价证券报酬率为 10%，试就该企业是否应该购买保险进行决策。

解：已知 F＝30 万元，r＝10%，i＝4%。

又算得保险费 P＝30 万元×2%＝0.6 万元，于是：

$$V = F(r-i) - P/2(1+r)$$
$$= 30 \times (10\% - 4\%) - 0.3 \times (1+10\%)$$
$$= 1.8 - 0.33 = 1.47 （万元）$$

由于 V＞0，该企业应当为此新机器投保。

3. 保本分析

保本分析是管理会计中研究量、本、利关系的一种分析方法。风险管理者可以运用这种方法来评估某一具体风险处理措施对于保本点销售量的影响，进而决定此种风险处理措施是否应该实施。

保本点又称损益两平点、盈亏临界点，是指企业的产品销售收入扣减变动成本后所余刚好补偿固定成本，企业处于不盈不亏状态时的销售量，其计算公式如下：

$$保本点的销售量 = \frac{固定成本}{\dfrac{销售收入-变动成本}{销售收入}} \times 50\%$$

引入保本点概念后，量、本、利三者之间的某些规律可陈述如下：

（1）在保本点不变的条件下，销售量越大，能实现的利润越多，或亏损越少；销售量越小，能实现的利润越少，或亏损越多。

（2）在销售量不变的条件下，保本点越低，能实现的利润越多，或亏损越少；保本点越高，能实现的利润越少，或亏损越多。

（3）在销售收入既定的条件下，保本点的高低取决于单位变动成本和固定成本总额的多少。单位变动成本或固定成本总额越小则保本点越低；反之，则保本点越高。

［例 4-15］某供电公司计划购买一种预防雷击的设备，成本 20 万元，估计可用 20 年，利息和维护费每年 2 万元，为决定是否安装此种设备，现已获得有关资料如下：当期（年）销售收入 200 万元，利润 20 万元，固定成本 80 万元，变动成本率是 50%，试就此进行分析。

解：

（1）如不安装此种预防设备，则保本点（BEP）为：

$$BEP_1 = \frac{80}{\dfrac{200-200 \times 50\%}{200}} = 160 （万元）$$

如安装此种预防设备，则固定成本增加 3 万元（其中折旧费 1 万元，利息及维护费 2 万元），于是，保本点变成：

$$BEP_2 = \frac{80+3}{\dfrac{200-200\times50\%}{200}} = 166（万元）$$

这说明，如果销售收入和变动成本率都不变，则安装预防设备会使保本点提高，此时安装预防设备会降低利润。

（2）如果安装此种预防设备能使变动成本率下降，如由 50% 降至 46%，则保本点相应变为：

$$BEP_3 = \frac{80+3}{\dfrac{200-200\times46\%}{200}} = 153.7（万元）$$

此时，安装预防设备可增加利润。

（3）如果我们希望安装预防设备后保本点不变，则变动成本率应降为 VC，VC 由下式决定：

$$\frac{80+3}{\dfrac{200-200VC}{200}} = 160（即\ BEP_1）$$

$$VC = 48.125\%$$

（4）如果企业不安装预防设备，也不采取其他风险处理方法，而只是自留风险，那么意外损失可能产生，这时变动成本率要上升，假定由原来的 50% 上升为 55%，此种情形下保本点必提高为：

$$BEP_4 = \frac{80}{\dfrac{200-200\times55\%}{200}} = 177.78（万元）$$

这时应当选择安装预防设备。

由此可见，保本分析法对于风险管理决策也很有用，不过此法未考虑时间因素，这是缺点。

（六）统计分析法

统计分析法是风险管理人员借助数理统计方法，通过对风险处理方案的评估，实施风险管理决策。其具体步骤是：①搜集损失资料，进行风险衡量；②评估各风险处理方案；③选择最合理的风险管理方案。

[例 4-16] 某公司根据以往资料年火灾损失的概率分布如表 4-9 所示。

对公司存在的火灾风险，风险管理者提出以下两种应对方案，进行评析。

方案一：购买自负额为 50 万元的保险，每年需支付保险费 90 万元。

方案二：采用控制法，即公司每年投资 30 万元进行损失预防，火灾总损失的概率分布如表 4-10 所示。

评估该两种处理方案如下：

表4-9 火灾损失的概率分布（一）

损失金额（万元）	概率	损失金额（万元）	概率
0	0.140	250	0.075
5	0.081	500	0.016
10	0.220	1000	0.010
25	0.250	2500	0.008
50	0.110	5000	0.001
100	0.089	合计	1.000

表4-10 火灾损失的概率分布（二）

损失金额（万元）	概率	损失金额（万元）	概率
0	0.170	250	0.045
5	0.140	500	0.012
10	0.240	1000	0.005
25	0.245	2500	0.003
50	0.075	5000	0.000
100	0.065	合计	1.000

解：先评析风险处置措施之前的状况：

措施之前，公司年总损失平均值为：

$\overline{X}$ = 0×0.140+5×0.081+10×0.220+25×0.250+50×0.110+100×

0.089+250×0.075+500×0.016+1000×0.010+2500×0.008+

5000×0.001

= 85（万元）

表4-11 总损失方差（一）

X	X-$\overline{X}$	(X-$\overline{X}$)^2	P	(X-$\overline{X}$)^2·P
0	−85.005	7225.850025	0.140	1011.619004
5	−80.005	6400.800025	0.081	518.464802
10	−75.005	5625.750025	0.220	1237.665006
25	−60.005	3600.600025	0.250	900.1500063
50	−35.005	1225.350025	0.110	134.7885028
100	14.995	224.850025	0.089	20.01165223
250	164.995	27223.35003	0.075	2041.751252
500	414.995	172220.85	0.016	2755.5336
1000	914.995	837215.85	0.010	8372.1585
2500	2414.995	5832200.85	0.008	46657.6068
5000	4914.995	24157175.85	0.001	24157.17585
合计	—	—	1.000	87806.92498

总损失方差通过表 4-11 计算得到：标准差 $\sigma = \sqrt{87806.92498} = 296.32$；

变异系数 $\upsilon = \dfrac{\sigma}{\overline{X}} = \dfrac{296.32}{85} = 3.49$。

1. 对两种方案进行评析

方案一：

计算采用购买自负额度 50 万元的保险公司所面对的火灾风险情况：由于在发生超过 50 万元的火灾时，公司只承担 50 万元的损失，其余部分由保险人承担，于是投保与否公司的损失分布比较如表 4-12 所示。

公司年总损失平均值为：

$\overline{X} = 0 \times 0.140 + 5 \times 0.081 + 10 \times 0.220 + 25 \times 0.250 + 50 \times 0.309 = 24.3$（万元）

表 4-12　损失分布比较

损失金额（万元）	不投保		投保	
	概率	累积概率	概率	累积概率
0	0.140	0.140	0.140	0.140
5	0.081	0.221	0.081	0.221
10	0.220	0.441	0.220	0.441
25	0.250	0.691	0.250	0.691
50	0.110	0.801	0.309	1.000
100	0.089	0.890	—	—
250	0.075	0.965	—	—
500	0.016	0.981	—	—
1000	0.010	0.991	—	—
2500	0.008	0.999	—	—
5000	0.001	1.000	—	—

表 4-13　总损失方差（二）

X	$X-\overline{X}$	$(X-\overline{X})^2$	P	$(X-\overline{X})^2 \cdot P$
0	−24.305	590.733025	0.140	82.7026235
5	−19.305	372.683025	0.081	30.18732503
10	−14.305	204.633025	0.220	45.0192655
25	0.695	0.483025	0.250	0.12075625
50	25.695	660.233025	0.309	204.0120047
合计	—	—	1.000	362.041975

总损失方差通过表 4-13 计算得到：

标准差 $\sigma = \sqrt{362.041975} = 19.0274$；

变异系数 $\upsilon=\dfrac{\sigma}{\overline{X}}=\dfrac{19.0274}{24.302}=0.78$。

方案二：

采取预防措施后的年总损失平均值为：

$$\overline{X}=0\times0.170+5\times0.140+10\times0.240+25\times0.245+50\times0.075+100\times$$

$$0.065+250\times0.045+500\times0.012+1000\times0.005+2500\times0.003+$$

$$5000\times0.000$$

$$=49.225（万元）$$

表 4-14　总损失方差（三）

X	X−$\overline{X}$	(X−$\overline{X}$)²	P	(X−$\overline{X}$)²·P
0	−49.225	2423.100625	0.170	411.9271063
5	−44.225	1955.850625	0.140	273.8190875
10	−39.225	1538.600625	0.240	369.26415
25	−24.225	586.850625	0.245	143.7784031
50	0.775	0.600625	0.075	0.045046875
100	50.775	2578.100625	0.065	167.5765406
250	200.775	40310.60063	0.045	1813.977028
500	450.775	203198.1006	0.012	2438.377208
1000	950.775	903973.1006	0.005	4519.865503
2500	2450.775	6006298.101	0.003	18018.8943
5000	4950.775	24510173.1	0.000	0.000
合计	—	—	1.000	28157.52438

总损失方差通过表 4-14 计算得到：

标准差 $\sigma=\sqrt{28157.52438}=167.802$

变异系数 $\upsilon=\dfrac{\sigma}{\overline{X}}=\dfrac{167.802}{49.225}=3.409$

2. 将采用预防措施前后的资料进行比较，列出损失概率的不同，如表 4-15 所示

表 4-15　损失概率比较

损失金额 （万元）	采取预防措施前（不投保）		采取预防措施后	
	概率	累积概率	概率	累积概率
0	0.140	0.14	0.170	0.170
5	0.081	0.221	0.140	0.310
10	0.220	0.441	0.240	0.550

损失金额（万元）	采取预防措施前（不投保）		采取预防措施后	
	概率	累积概率	概率	累积概率
25	0.250	0.691	0.245	0.795
50	0.110	0.801	0.075	0.870
100	0.089	0.890	0.065	0.935
250	0.075	0.965	0.045	0.980
500	0.016	0.981	0.012	0.992
1000	0.010	0.991	0.005	0.997
2500	0.008	0.999	0.003	1.000
5000	0.001	1.000	0.000	1.000

3. 讨论

（1）采用方案一后，公司的火灾总损失平均值从 85.005 万元降低至 24.3 万元，发生 50 万元损失的火灾的标准差从 296.32 降至 19.0274，变异系数也从 3.49 降低至 0.78，表明遭受火灾损失的总平均值和遭受损失的不确定状况得到明显改善。

（2）采用方案二后，公司的火灾总损失平均值从 85.005 万元降低至 49.225 万元，发生 50 万元损失的火灾的标准差从 296.32 降至 167.802，变异系数也从 3.49 降低至 3.409，表明遭受火灾损失的总平均值和遭受损失的不确定状况得到明显改善。

（3）采用方案二后，公司不发生火灾的概率从 14% 提高到 17%，而发生 2500 万元损失的概率从 0.1% 降低至 0.0%，表明 2500 万~5000 万元的火灾损失不会发生了。

（4）采用方案二后，公司的损失 100 万元火灾发生的概率有所上升，从 89% 提高至 93.5%，而损失在 100 万元以上的火灾的概率从 11.00% 降至 6.5%，表明遭受巨大火灾损失的可能性减少了，即遭受损失的破坏性状况得到明显改善。

（5）采用方案二后，公司的火灾总损失平均值降低了 34.78 万元，可以抵消为降低火灾损失而投资的 30 万元。

4. 比较

（1）采用方案一，虽然公司的火灾总损失平均值降低了 60.7 万元，但公司每年需支付保险费 90 万元，这样公司每年支付在火灾损失中的总费用将增加至 114.3 万元，比不缴纳保险费用前的 85 万元要高 29.3 万元。从这点上看，公司不应购买保险。但公司避免了总额超过 50 万元的损失，特别是避免了总额超过 1000 万元的巨大火灾损失，这样巨大额度的损失可能对公司持续经营产生严重影响，如果会导致公司不能承受甚至关闭，公司应考虑多支付这 29.3 万元以换取消除公司经营不下去甚至关闭的保障。这样的决策需要公司决策者对损失与支

第四章 风险应对与实施方案

出的慎重比较和决策层的风险偏好。

（2）采用方案二后，公司的火灾总损失平均值从85.005万元降低至49.225万元，降低了35.78万元，大于为预防火灾损失而投入的30万元，因此是值得的。

（3）但采取方案二公司必须自己承担所有火灾造成的损失，其中造成的100万元以上损失的概率仍有6.5%，超过500万元的火灾损失仍有0.3%的概率，因此此方案是否为选择的方案还要考虑决策者对方案的态度，以及对公司造成的间接损失、公司的社会责任和社会形象等。

三、风险应对决策效果评价

风险应对决策效果评价是对风险应对决策实施过程及结果的总体进行评价。

企业应定期总结和分析已制定的风险应对策略的有效性和合理性，并结合实际不断修订和完善。其中，应重点检查风险偏好、风险承受和风险控制预警线实施的结果是否有效，并提出改进意见。

（一）风险应对决策效果评价的概念

风险应对决策效果评价是指对风险处置手段的效益性和适用性进行分析、检查、评估和修正。风险应对决策效果评价是以风险应对措施实施后的实际资料为依据，分析风险管理的实际收益。这就会产生双重作用：一方面有助于减少风险事故的发生，提高风险应对水平；另一方面可以根据风险管理中存在的问题，提出一些建设性意见，改进风险应对措施，提高风险管理的效益。风险应对决策效果评价和风险评价不同，其差异主要表现在以下几方面：

1. 阶段不同

风险评价是针对可能发生风险事故的因素进行评价，而风险应对决策效果评价是针对风险应对决策的评价。风险评价处于风险管理计划阶段，而风险决策效果评价则处于风险应对的执行阶段。

2. 作用不同

风险评价的作用是为风险应对提供依据，其结论直接影响风险应对决策的制定，而风险应对决策效果评价是风险应对决策的信息反馈。通过风险应对决策效果评价，可以对风险管理状况进行全面考察，分析存在问题的产生原因，纠正风险应对决策中的失误，调整风险应对措施，提高风险管理水平。

3. 依据不同

风险评价的依据是风险识别及风险衡量的结果，经过评价使风险主体的风险状况更加明确；而风险应对决策效果评价的依据是实施风险应对措施以后，风险事故实际发生的状况。

（二）风险应对决策效果评价的内容

风险应对效果评价的任务是客观地评价风险应对方案，总结风险管理工作的经验和教训，分析风险应对决策所导致失误偏差的程度。这不仅可以提高风险应对的有效性，充分有效地利用资源，而且可以防止或者减少风险事故的发生。

风险管理决策效果的评价包括以下几方面内容：

1. 评价风险应对决策的效果性

风险应对决策效果评价主要评价风险应对措施是否降低了风险事故发生的频率，是否降低了风险事故造成的损失，这是风险应对决策效果评价的首要任务。如果已经采取的风险应对措施对于防止或减少损失发挥了很大的作用，则采取的风险应对措施是可行的；反之，则是不可行的。

2. 评价风险应对决策的科学性

风险应对决策是否科学，需要风险管理的实践来检验。如果企业风险应对决策有助于降低风险事故造成的损失，有助于促进企业的进一步发展，如降低能源消耗、治理环境污染等，则其风险应对决策是有效的。

3. 评价风险管理者的管理水平

风险管理者的知识结构、经验和业务水平是否适合风险管理的需要，风险管理者是否适合风险管理单位经营活动，通过风险应对决策效果评价可以得到正确评价。

4. 评价风险管理决策的执行情况

风险应对措施的执行情况，直接影响风险应对决策的效果。风险应对决策执行中的任何偏差，都有可能导致风险管理的失败。因此，评价风险应对决策的执行情况是风险应对效果评价的重要方面，不仅有助于风险应对决策的实施，而且还有助于改进风险应对措施执行中的失误，强化风险管理措施的执行。

（三）风险应对决策效果评价的程序

1. 制订应对效果评价计划

风险应对效果评价的单位可以是企业管理部门、风险管理部门、保险公司等。风险应对效果评价机构应根据风险单位的具体特点，确定风险应对效果评价的对象、范围、目标和方法，据此制订风险应对评价计划，评价计划应该能够较好地反映风险管理单位的管理绩效。

2. 收集与整理有关资料

风险的特点决定了风险应对的效果在短期内是难以考察、评价的，需要长期的观察和大量相关资料的支持。这一阶段需要收集的资料包括以下几方面：

（1）风险管理的有关资料。这方面的资料主要包括风险管理意见书、风险管理措施的可行性报告、风险评价报告、设立风险管理设施的成本概算以及其他有关的合同文件。

（2）风险实施后的有关资料。这方面的资料主要包括风险应对措施实施后的运行状况、风险应对的成本、风险应对措施的收益状况等，这类资料可以通过实施前后发生风险后果和概率及其以此为依据计算出的技术指标的对比中获得。如果风险事故的发生呈现出上升的趋势，则应该分析产生问题的原因，并对以往的风险应对决策效果做出评价，然后提出调整建议。

（3）国家有关政策与规定方面的资料。这方面的资料主要包括与风险应对措施有关的国家政策、法规等，评价风险应对措施是否符合国家的政策和法规。

（4）有关部门制定的风险应对措施评价的方法。风险应对效果评价不仅要求有充分的数据资料，而且还与评价方法有很大关系。风险应对效果评价应该符合风险主体单位的具体情况，兼顾风险管理单位的管理目标。

（5）其他有关资料。如风险管理技术资料、产品质量记录、设备安全运行情况资料等。

3. 编制效果评价报告

风险应对措施效果评价人员应当根据国家有关部门制定的评价格式，将风险分析评价结果汇总，编制出风险应对措施效果评价报告，并提交委托单位和被评价的单位。效果评价报告的编制必须坚持客观、公正和科学的原则。

（四）风险应对效果评价的技术方法

效果评价具体技术方法有以下几种：

1. 资料收集法

资料收集是效果评价的重要基础工作，其质量与效率直接关系到效果评价报告的进度和质量。收集资料的方法主要有：

（1）专家意见法。它是通过听取专家意见来收集资料的方法。运用该方法的一般程序：①由资料收集人员编制意见征询表，将所要征询的内容一一列于表中；②将征询意见表分别送给专家由专家填写；③由资料收集人员将填好的意见征询表进行汇总整理，最后提出结论性意见。这种方法的优点是费用较低，可以在较短的时间内获得有益的信息。

（2）实地调查法。有关人员深入到实际中，通过现场考察、现场调查，与有关专业人员交换意见等搜集资料。该办法的优点是搜集的资料信息量大，简便易行、真实可靠。

（3）抽样调查法。根据随机的原则，在全体（总体）调查对象中，随机选择一部分进行调查，从而推算出全体的一种调查方法。抽样调查法主要有简单随机抽样法、分层随机抽样法和分群随机抽样法。

（4）专题调查法。通过召开专题调查会议的方式进行资料搜集。可以广泛地汲取不同意见，有利于克服片面性。例如，调查风险管理绩效的研究报告、风险应对成本对比的报告等，对于风险应对措施效果的评价具有重要意义。

2. 过程评价法

过程评价法是指将风险管理措施从计划、决策到实施各个环节的实际情况进行调查，发现风险管理中存在的问题，将风险应对措施实施的各阶段同风险管理目标进行比较，分析问题产生的原因，进行效果评价的一种方法。通过分析可以确定风险应对成败的关键因素，可为以后的风险管理提供有益的借鉴。

3. 指标对比法

指标对比法是指通过风险应对措施实施后的实际数据或实际情况，同风险应对措施实施以前的实际数据或者实际情况进行比较的方法。例如，将风险应对措施实施后发生风险事故的实际损失同以前发生风险事故的实际损失进行对比，可以发现风险管理的效果，也可以为未来的风险管理决策提供依据。

4. 因素分析法

因素分析法是指通过对影响风险应对措施实施后的各种技术指标进行分析，进行效果评价的一种方法。风险应对效果评价的过程中，评价人员应将影响风险效果的各种因素加以分析，寻找出主要的影响因素，并具体分析各影响因素对目标的影响程度。

以上各种风险应对措施效果评价方法各有特点，在评价中，可将各种方法有机地结合起来，进行系统的分析和评价，才能达到评价的目的。

（五）风险管理决策绩效指标

1. 效果指标

风险应对措施效果指标可以用金额、百分比、比率、损失或索赔次数等加以评价。例如，今年企业风险的管理成本是销售收入的 65%，这样可以根据市场变化的情况确定明年风险管理的成本。又如，风险管理部门根据以往各年工伤事故的状况得出结论，明年工伤事故造成的直接费用低于 300 万元的概率是 95%。再如，统计意外事故、责任事故损失频率和程度的下降。

2. 作业指标

风险管理的业绩也可以用作业指标进行评价。例如，规定设备保养人员每年检修的次数和维修的台数。又如，要求一些风险管理人员至少每年对各种设施检查一次等。

3. 工作指标

风险管理业绩还可以通过"风险控制清单"建设考核评价风险控制业绩，检查清单内容是否完善、是否切合实际、是否经常更新内容、是否能对照工作实施控制。

第三节　风险管控实施方案

风险管控实施方案是在风险应对决策的基础上，根据企业所处的内外部环境制定的，是企业风险管理的行动纲领。方案的制订及执行直接影响到风险管理的效果。因此，制定科学、合理、全面、可行的风险管控实施方案（以下简称方案）是实施风险管理的重要任务。

一、方案制订依据及原则

（一）方案制定的依据

企业在制定风险管理实施方案之前，应全面考虑企业面临的各种风险因素，这些因素构成了方案制定的前提条件，也是方案制定的依据。

1. 企业面临的主要风险

企业面临的主要风险见图 4-13。

环境风险	过程风险	决策所需信息风险
• 政治风险 • 行业风险 • 监管风险 • 金融市场风险 • 竞争风险 • 客户风险 • 技术创新风险 • 灾难性风险	• 操作风险 • 金融风险 • 授权风险 • 信息技术风险 • 诚实性风险	• 操作性信息风险 • 决策所需商务报告信息风险 • 决策所需环境风险 • 决策所需战略风险

图 4-13　企业面临的主要风险

（1）环境风险，是指外部的能够影响企业的经营目标的风险因素。如政治风险、行业风险等。

（2）过程风险，是指由于企业未能有效地获得、管理、更新与处置资产；或者企业未能有效满足客户的需求；或者存在资产的误用、滥用，导致企业未能创造价值的风险，如图 4-14 所示。

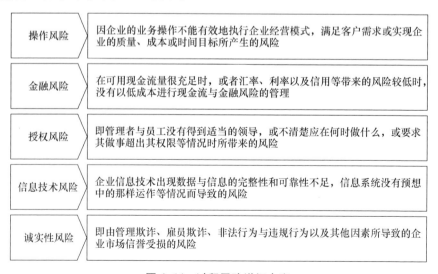

操作风险	因企业的业务操作不能有效地执行企业经营模式，满足客户需求或实现企业的质量、成本或时间目标所产生的风险
金融风险	在可用现金流量很充足时，或者汇率、利率以及信用等带来的风险较低时，没有以低成本进行现金流与金融风险的管理
授权风险	即管理者与员工没有得到适当的领导，或不清楚应在何时做什么，或要求其做事超出其权限等情况时所带来的风险
信息技术风险	企业信息技术出现数据与信息的完整性和可靠性不足，信息系统没有预想中的那样运作等情况而导致的风险
诚实性风险	即由管理欺诈、雇员欺诈、非法行为与违规行为以及其他因素所导致的企业市场信誉受损的风险

图 4-14　过程风险详细内容

（3）决策所需信息风险，是指用以支持企业经营模式、报告企业业绩、评估企业绩效等信息的不相关和不可靠所导致的风险如图4-15所示。

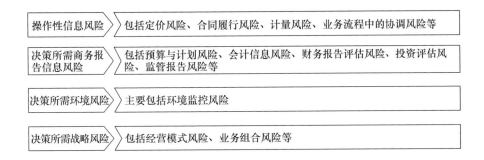

操作性信息风险	包括定价风险、合同履行风险、计量风险、业务流程中的协调风险等
决策所需商务报告信息风险	包括预算与计划风险、会计信息风险、财务报告评估风险、投资评估风险、监管报告风险等
决策所需环境风险	主要包括环境监控风险
决策所需战略风险	包括经营模式风险、业务组合风险等

图4-15　决策所需信息风险详解

2. 涉及方案的主要因素

在制订企业风险管理实施方案时：一要考虑与管理方案决策有关的因素；二要考虑风险的性质。与管理决策有关的因素如图4-16所示，如在制订方案前应该考虑未来会发生什么风险，这些风险对企业产生哪些影响，影响程度如何。只有把未来可能发生的情况搞清楚，其方案才能切实可行。

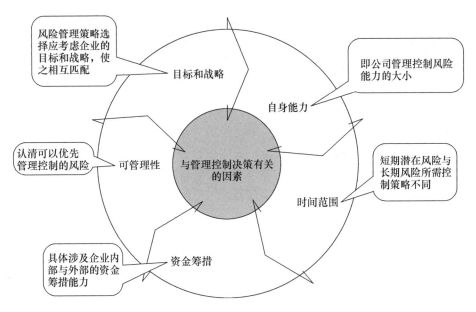

图4-16　与管理决策有关的风险策略选择因素

3. 方案制订应遵循的原则

（1）可行性。制定风险管理方案的目的是更好地进行风险管理。因此制定的方案必须切实可行，执行所需的条件也是企业能够承担和接受的。

（2）全面性。企业面临的风险是多种多样以及错综复杂的，不同的风险对企业目标实现会产生不同的影响。因此制订的方案必须做到全面具体。

（3）匹配性。由于风险管理策略有多种，各种策略都有所长亦有所短，而且解决的矛盾也不相同。因此制订的方案，应做到风险管理与管理策略相匹配。

（4）成本效益性。不同方案会发生不同的成本，也会产生不同效果。一般来讲，成本越高，效果越好，但成本与效益并不成比例。故应考虑方案的效益性。

（5）灵活性。风险的防范与抑制没有唯一的标准模式，企业可以根据需求灵活地选择和组合，形成符合自身特点的风险管理解决方案。

（6）综合性。方案制订要照顾到全面性和灵活性，确保方案的有效性，但是还要注意方案的综合性，使方案能够综合地反映企业的风险管理的成果与效益。

4. 方案内容要求

企业应根据风险应对策略，针对各类风险和每一重大风险制订风险决策实施方案。方案一般应包括风险解决的具体目标，所需的组织领导，所涉及的管理及业务流程，所需的条件、手段等资源，风险事件发生前、中、后所采取的具体应对措施，以及风险管理工具（如关键风险指标管理、损失事件管理等）。

（二）方案制订流程

制订方案需要经过以下四个步骤，如图 4-17 所示。

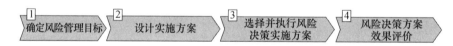

图 4-17　风险控制流程

1. 确定风险管理目标

企业在进行风险管理时，首先要确定风险管理的目标。根据成本—效益性原则，企业风险管理的目标就是以最低的成本获得最高的安全效益保障。

企业应根据公司的状况，建立整体的风险管理目标及监督结构，并考虑所面临的不同风险情况，从而确定风险管理目标。

2. 设计实施方案

根据风险管理目标，以及企业面临的特定风险和特定条件可以设计特定的一个或多个风险应对方案，如表 4-16 所示。

表 4-16　风险管理实施方案组合

程度　　可能性 方案	高	低
高	避免/转移	转移/自留
低	转移/自留	自留

3. 选择并执行风险管理实施方案

在设计各种风险管理方案后，风险管理部门需要比较分析各种风险管理解决方案，比较实施各种方案的成本，进行选择和决策，并寻求各种风险管理策略的最佳组合。需要注意的是，方案的执行贯穿于整个风险管理活动始终，它是一个动态的、双向的制订过程。根据情况的不断变化，需要对风险解决最佳方案进行调整与改进，以适应其变化。

4. 实施方案效果评价

管理方案的效果评价是指对方案的效益性和适用性进行分析、检查、评估和修正。企业需要注意的是，风险方案的效果在短期内可能难以表现出来并进行评价。又由于风险的特性，如隐蔽性、复杂性和多变性，可能会使得风险管理实施方案有时可能不能发挥其应有的作用，达不到预期的目标和效果。这时就需要对风险管理实施方案执行效果做出反馈，进行适时的评价和调整，使得风险管理实施方案更加完善。

二、方案制订实例

现以企业在经营活动中面临的主要风险——战略风险、财务风险、市场风险和组织风险为例，说明风险决策实施方案的内容。

（一）战略风险管控方案

企业战略面临风险较多，现以并购活动为例，说明在面临风险时具体应采取的风险解决方案。

由于并购能够给企业带来规模经济、扩大市场势力、财务协同及降低经营风险等优势，使得很多企业积极进行并购活动，并把其作为重要的战略发展手段之一。企业并购与企业的整体发展战略密切相关，在一定程度上关系到企业长期发展的成功与失败。虽然在现实中并购活动具有很高的发生率，但是其成功率也较低。企业并购活动中隐含着大量风险，必须采取有效措施，加以防范。

［例 4-17］春都集团为了扩大经营，获取规模效益，跨地区跨行业收购兼并了洛阳市璇宫大厦、平顶山肉联厂、重庆万州食品公司等 10 家扭亏无望的企业。这些并购更加分散了企业有限的资源，加大了企业的财务负担，使企业面临的风险进一步扩大。

如何制订并采取方案控制好其中的风险，是并购活动成功与否的关键。针对并购活动中存在的各种风险，有效的控制方法如下：

1. 并购信息风险防范的方法

防范因信息不对称为企业并购带来的风险，企业必须建立完善的组织机构，制定完备的信息管理制度，加强信息的收集与处理。另外，除了建立自己的信息收集机构外，企业还可以利用"外脑"（如管理咨询公司等中介机构）帮助企业完成信息的收集和处理。在实际操作中，如果处理得比较谨慎，或者外界的服务到位，那么许多风险是可以避免的。

2. 并购决策风险防范的方法

并购单位必须与企业的发展战略保持一致。在做出并购决策时应做好如下工作：

（1）对目标企业进行全面的调查和研究，收集与并购企业相关的各方面信息，并依据这些信息对并购企业进行详细、全面、具体的分析、评价与对比，最终确定并购符合企业发展要求的目标企业。

（2）对并购方案进行可行性分析研究。只有对目标企业的发展前景、经济效益以及并购方式等情况进行全面系统的分析与论证，才能为选择目标企业提供依据。

3. 并购整合风险控制的方法

目标公司被并购后，必须对其组织结构、管理体制等进行调整，使之与并购企业相适应。此时，应根据双方的管理风格与管理风险进行结合考虑。如果两者相近，则可以以并购方的管理风格对目标公司的管理予以彻底改造；如果相差太远，就应在充分尊重目标公司管理风格的基础上逐步改造，以避免管理冲突的风险。同时，目标公司具有的管理优势也应大胆吸收。

4. 并购财务风险控制的方法

并购企业在实施并购活动时，应采取如下措施对财务风险进行控制：

（1）应对并购各个环节的资金需要量进行预算，并据此制定出目标企业完全融入并购企业所需的资金预算量。同时，根据企业财务状况和融资的可能性，确保企业进行并购活动所需资金的有效供给。

（2）为了不影响并购的效果，减少信息不对称所带来的风险损失，应谨慎对待并购过程中的资产评估问题，并进行详细的成本效益分析。

（3）应全面了解、掌握目标企业的债务情况，对目标企业的业务往来账目进行周密而细致的审查，并与目标企业提供的债务清单进行详细对比。

（4）采取灵活的并购方式减少并购过程中的现金支出。可以采用效益补偿方式、① 连续抵押方式②等防止企业并购过程中资金风险的出现。

（二）财务风险管控方案

企业财务风险根源于自然和社会环境的不确定性、市场经济运行的复杂性、

———————————

① 效益补偿式并购是指并购企业在承担被并购企业全部债权债务的同时，对于被并购企业资产大于债务的投入部分，并购企业用被并购企业资产加入后实现的利润，按双方商定的基数和年限逐年递增清偿，直至全部清偿完毕为止。

② 连续抵押式并购是指一家企业在并购另一家企业时，以被并购企业作抵押向银行申请相当数量的用于并购的贷款，在成功并购后，再以被并购企业做抵押，向银行申请并购新的企业贷款，如此连续抵押下去，不断完成并购。

企业理财过程和经营活动的复杂性、经营者认识能力的滞后性以及手段方法的有限性。财务风险贯穿于企业资金运行的整个过程。企业进行财务风险管理的目标是以最小的成本确保企业资金运行的连续性、稳定性和效益性，也就是说以最小的成本获得企业理财活动的最大安全保障。通过专家意见、指标分析、报表分析等方法对财务风险识别后，针对风险的类别，采用不同的应对措施。下面就以各类财务风险分别对其解决方案进行介绍。

1. 筹资风险防范方法

[例4-18] PT网点是一家从事房地产开发的公司，于1992年上市募集资金1.26亿元，主要投向双龙、双狮、宝都等10个房地产项目。在公司房地产项目仅竣工了3个，并且在盈利指标比预期减少的情况下，1994年上半年又上了7个项目，在1995年公司资产负债率从1994年的57.45%上升到74.2%的情况下，又上了4个对外投资项目。2000年审计报告显示其对外财产抵押共计13699.7万元，公司实际上已经破产。PT网点筹资规模不当、筹资投入欠妥是其经营失败的重要原因。并且企业的风险意识十分淡薄，在资产负债率大幅度上升的情况下，没有采取有效的措施控制筹资风险；相反，却一再"借新债还旧债"，导致债务负担越来越重，企业丧失了持续经营能力。

企业在筹资过程中，应该做到以下几点：

（1）合理确定企业在一定时期所需资金的总额，在满足企业生存发展需要的同时，不造成资金的闲置。合理的筹资量应该与企业的经济周期、财务状况，以及企业未来现金流量相匹配。

（2）合理安排企业不同时期的收支，分散债务到期日。如果企业购货付款与偿还债务的时间过于集中，就很容易发生资金周转困难，造成不能在债务到期日及时归还本金和利息。如果这种现象经常出现，会给企业日后筹资带来很大的风险。因此，企业应合理安排收支，保证在债务到期日有足够的资金用于偿债。同时，可采用分散债务到期时间的方法，避免集中偿债。

（3）制定合理的筹资策略，使筹资结构与资产结构相匹配，降低风险。

（4）利用衍生金融工具，如利用利率期货、期权或外汇期货、期权，进行套期保值，把企业的利率或汇率确定在企业可以接受的水平，避免利率、汇率变动可能给企业带来的不利影响。

2. 投资风险防范方法

投资按照对象的不同可以分为证券投资和项目投资。下面介绍两种方法进行风险管理的解决方案。

（1）证券投资风险防范方法。首先，企业应当对证券进行深入的分析。例如，对利率环境、通货膨胀状况、行业状况进行分析。其次，应正确选择证券的种类及其组合，以分散风险。再次，应利用衍生性工具作为套期保值工具，规避企业可能面临的商品价格风险、利率风险、汇率风险等。最后，应加强对证券投资的管理，以增加企业收益，减少投资风险，保证企业理财目标的实现。

（2）项目投资风险防范方法。与证券投资类似，进行项目投资时，首先，应分析投资环境，充分了解市场行情，确定投资规模。其次，在可能的情况下对规模投资降低成本风险。最后，进行多样化投资分散风险时，一定要谨慎地选择投资的行业、业务、时机等因素，认清企业的能力，避免投资风险损失的发生。

［例4-19］2004年4月，曾经是中国最大的民营企业的德隆轰然倒下。当初被人们称作"股市第一强庄"的德隆系，这个旗下拥有177家子孙公司和19家金融机构的巨型企业集团瞬间瓦解，就是由于公司面对的风险失控。从融资和投资角度来看，其搭配不合理。支撑企业战略发展的长期股权投资，因为关联公司之间的控制权交易，而没有新的资金注入，使得长远发展的资金储备严重缺乏。德隆只是通过旗下的金融机构协调各集团内部资金的运作，并依靠资产、股权、信用等为抵押，大量增加银行的借贷，甚至深入银行内部，通过持有商业银行的股权，获得庞大的资金流动。短期融资用以支撑长期投资项目的不同阶段开发，这就导致投资没有后续庞大连续的资金作为保障，由此导致企业面临的风险巨大。

3. 资金回收风险防范方法

在这里，主要介绍应收账款以及存货的风险管控方法。

（1）应收账款风险防范方法。应收账款的风险主要是发生坏账损失时的风险。应收账款所带来的效应实质上是企业为客户垫付了一笔相当数量的资金，而其回收会产生机会成本，造成应收账款的风险来源。因此，首先，企业应制定合理的信用政策，加强对客户的信用调查，利用可靠的手段对客户进行信用评级。其次，企业应加强应收账款的内部控制，把应收账款压缩在合理的限度内，并尽可能收回应收账款，减少坏账损失。例如，通过建立分工明确、配合协调的内部管理机制，建立应收账款回收责任制等手段，加强对应收账款的回收。

（2）存货风险防范方法。企业的存货过少，可能满足不了客户的需求；而存货过多，也可能造成企业资金积压，这都会造成企业财务风险。同时，如果存货管理不善，也会产生由于意外损失所带来的风险。加强存货风险管理的关键，在于确定合理的经济存货量和做好存货的日常管理工作。

［例4-20］在市场竞争激烈的行业中，销售和回款两难的问题非常突出。山东某制药股份公司通过强化内部的应收账款管理，有效地控制了拖欠账款的发生，同时保证了销售额的稳步增长。该公司对现有客户进行财务评估并进行信用分类，再根据客户的信用级别，实施不同的风险管理策略。对信用状况良好的客户进行信用销售，对信用不良的客户进行限制信用销售或只限于现金结算。对新客户给予一定的信用额度，并实行信用登记和调查制度，经过信用评估后，根据信用级别调整最初的信用额度。同时，该公司对销售人员实行销售额和回款额相结合的考评制度，要求销售人员定期收集客户信用资料，并对客户进行信用评

估。这一措施有效地加强了客户信用的定期跟踪，减少了拖欠账款的现象。

4. 收益分配风险防范方法

收益分配是指企业对其实现的利润向投资者进行分配。其风险是指由于收益分配可能给企业今后的生产经营活动产生不利的影响。由于在特定时期、特定环境下，合理的收益分配政策，能够调动投资者的积极性，提高企业的声誉，增强企业的盈利能力；不合理的收益分配政策，会降低企业的偿债能力，挫伤投资者的积极性，增加企业的经营风险。

防范收益分配风险的关键在于制定正确的收益分配政策，此政策的制定应既有利于保护所有者的合法权益，又有利于企业长期、稳定的发展。不可盲目提高分配标准而减少企业的积累，也不可盲目降低分配标准而损害投资者的积极性。以股份公司为例，其收益分配政策集中表现为股利分配政策。企业可以在不同的情况下使用不同的股利分配政策。

（1）稳定增长或固定的股利方案。即把每年股利固定在某一水平上，并在较长的时期内保持不变，在企业对未来利润显著增长有信心的情况下，再提高股利发放额。此时，在企业亏损的年份，发放的股利也是保持不变的。这样有利于稳定投资者信心，反映出企业的财务风险也较低。

（2）固定股利支付率方案。即用盈余的一个确定的百分比作为股利发放。由于企业每年实现的净利润是不同的，因此采用该政策时，公司股利支付也会随之大幅度变动。在这种情况下，容易造成公司不稳定，对稳定股价不利。但是，在企业收益锐减甚至亏损时，股利分配额将急剧下降甚至没有，不会给企业带来更进一步的负担。

（3）低股利外加额外股利方案。即在一般情况下，公司只派发固定的低股利，但在盈余多的年份，可以视情况派发额外的股利。此方案灵活性较大，当企业的各年收益变化较大时适合采用该政策。但是投资者对可获得的股利数还是不确定的，使其可能丧失信心。

［例4-21］2005年，山业公司提取了公积金、公益金后的税后利润为1000万元，第二年公司的投资计划所需资金为800万元，公司的最佳资本结构为权益资本和债务资本，分别占70%和30%，公司以前年度股利风险防范政策采用的是低股利外加额外股利政策。现在公司为了提高市场投资者对公司股票的信心，希望采用新的股利政策。问：山业公司可以采用哪种新的股利政策？

答：公司可采用稳定增长或固定的股利方案。

（三）市场风险管控方案

企业竞争是指在市场经济条件下，企业作为商品生产者和经营者为了谋求长期的生存和发展，追求经济利益最大化，获得有利的生存能力和生存空间而发生争夺、较量和对抗的经济关系。由于企业现有的竞争性资源非常有限，企业为了获得对自己有利的各种经济资源，如技术、资金、人力等就必须参与竞争。企业在市场中面临的竞争是多样的，下面以价格竞争为对象对企业应采用的风险解决方案进行介绍。

企业采用的有效价格竞争策略是不同的。在全面考虑产品成本和市场需求的情况下，制定合理的产品价格以获得竞争力的策略就是有效价格竞争策略。例如，一般情况下，在开发新市场的过程中，企业为了迅速打开市场局面，获得市场份额以及先入优势，往往会采用低价格进入策略。在企业传统产品市场中，由于产品、技术等优势丧失，企业也会选择降价手段保持市场份额，或希望减少库存、快速获得回报。

企业发动价格战的初衷在于根据市场供需平衡机制，当价格降低时，市场总需求会增加。不可否认的是，价格竞争作为企业参与市场竞争的一种表现或策略，在某一段时间内为企业所创造的利润是不可低估的。但由于竞争对手的效仿，短期内企业的市场份额或需求量会有所增加，但长期范围内企业的市场份额并不一定增加，这就使得企业面临很大的竞争风险。因此，企业在发动价格战前一定要"三思而后行"。不但应具有维持低成本优势的能力，还要考虑竞争对手的反应速度和反应程度。

[例4-22] 从国内汽车行业可以看出价格战正硝烟弥漫。自2003年初开始，红旗明仕Ⅱ代降价1.08万元，挑起汽车的首轮降价风潮，到2003年末有将近50种车型以不同的方式降价。接着从2004年至今，新款车型在最初上市不久以后，都在不断降价。不可否认，价格战确实可以在一定程度上、在一定时期内给企业带来立竿见影的效果，但价格战究竟应该在什么时候打才能给企业带来利益最大而伴随风险的最低呢？就国内汽车销售市场来说，目前存在的问题是市场上消费者对汽车的价格持观望态度。同时中国汽车生产厂商的规模和对价格的承受能力却较弱，并且产品品种单一，成本互补性较差。这个矛盾导致了中国汽车企业发动价格战的风险太高，从而不适宜发动价格战。

（四）组织风险管控方案

企业的组织结构是否合理决定了该组织在解决问题时是否有效，在遇到风险时是否能够及时做出反应。这在很大程度上决定了企业在面临风险时的处理能力。不同类型的企业组织由于其结构特点面临着不同的风险。下面就两种不同类型的企业组织风险进行分析：

1."大企业"组织风险

"大企业"组织风险是指在企业成长过程中，因为企业规模扩大、涉及领域较广和管理层次增加后，可能产生的信息传递失真、指令执行出现偏差以及组织机构功能失调等情况所带来的风险。主要表现在以下几个方面：

（1）组织结构臃肿，部门繁多。这主要是由于组织结构设置不合理、不科学造成了企业大量无关紧要部门的出现，这些部门之间业务范围交叉，责任和权利分配不清，并且部门之间信息难以沟通，协调困难。同时，在遇到问题时，可能会导致各个部门之间相互推诿，严重影响组织的工作效率。

（2）员工缺乏工作积极性，组织内部缺乏竞争。由于岗位设计可能存在重叠、不必要的情况，使得企业组织内部缺乏竞争，员工缺乏工作热情。这会进一步使得企业整体缺乏凝聚力，缺乏对真正人才的赏识和重视，最终造成人才的大量流失。

（3）审批程序复杂，组织效率低下。在"大企业"中，一项决策的最终审批实施往往需要多个部门领导的签字才能通过。审批程序的复杂容易造成信息的阻塞和决策的滞后，面对瞬息万变的市场，无法采取灵活机动的策略，反应能力很差，效率低下。

防范"大企业病"所带来的组织风险，应从"病症"入手进行组织创新，同时调动员工的工作积极性。

[例 4-23] 当海尔在其发展过程中出现了类似"大企业病"的症状时，首次提出了 OEC 管理体系，即"日事日毕，日清日高"，其核心在于每个员工都有自己负责的事项，并且尽量避免重复劳动。后来的 SBU（战略事业单位）的提出，更倡导"每个人都是一个盈利单位"。海尔倡导的内部实行市场链的做法把员工的积极性调动了起来，把外部竞争效应内部化，每个员工的收入不是部门领导说了算，而是市场说了算，市场链制度非常有效。除此之外，海尔还正在进行自主管理建设，已涌现出不少自主管理班组，以此防范"大企业病"。

2."家族式企业"组织风险

"家族式企业"面临的组织风险主要表现在以下几个方面：

（1）无法为组织扩张引进大批适用人才。当企业发展到一定规模以后，企业就需要大批相应的配套经营管理人才和生产技术人才，使得家族成员利益与企业组织利益可能产生不一致，从而引发家族成员与企业组织的矛盾冲突。

（2）家族成员之间矛盾重重。在企业初创时期，家族成员之间具有团结互助的向心精神。而随着企业规模的不断扩大，投奔企业的家族成员会越来越多，来自不同关系的组织成员会结成不同的利益共同体，为了利益而相互倾轧，造成整个企业的停步不前，甚至衰落。

（3）家族情结干扰组织效率。这会使得真正的人才在企业中受到冷落，或产生报酬分配不均等问题，造成人才的流失与企业业绩的下降。

（4）缺乏对组织其他成员的吸引力。家族式管理的凝聚力只局限于家族成员内部，而对组织其他的成员来说，他们可能并没有感到应有的主人感和归属感。当组织管理缺乏其他成员的参与配合时，家族企业的家族领导人会变得视野狭小，判断力不敏锐，甚至刚愎自用，从而阻碍企业的健康发展。

[例 4-24] 王安电脑一度是美国 500 强大企业，而在 20 世纪 80 年代却迅速衰败。其原因是多方面的，公司在组织方式上的家族式管理，是造成经营失败的重要因素。背离了现代企业"专家集团控制，聘用优才管理"的通用方式，任

人唯亲，造成用人不当。1986 年，王安不顾众多董事和部属的反对任命儿子王烈为公司总裁。其实王烈在研究部门时就表现不佳，才识平庸，令董事会大失所望。一些追随王安多年的高层管理人员愤然离去，公司元气大伤。仅一年多时间，公司财务状况急剧恶化，亏损数亿美元。同时，晚年的王安在经营上故步自封，使公司失去了原有日新月异的优势，不但未赶上发展兼容性高的个人电脑这一新潮流，而且失去了王安电脑原有的特色和性能，导致了公司的全面瓦解。

防范"家族式企业"组织风险最主要的是杜绝任人唯亲。家族式企业相对于其他企业而言更具有凝聚力和向心力，因此任人唯贤的用人机制有利于扬长避短，发挥其家族式组织管理优势。同时，有效的家族式企业组织管理需要合理、有效的规章制度，加强制度的约束与激励。

除了以上两类具有典型特点的企业面临着特殊的组织风险外，大多数企业还都面临着一项共同的组织风险，即"代理风险"。主要是指由于经理人市场机制不完善造成对经理人能力的错估，或者授予企业经理人权、责、利的不对称，以及企业所有者与经理人的目标不一致等原因，造成经理人给企业带来组织风险。为了防范经理人带来组织风险，企业应建立并完善现代企业制度，制定行之有效的企业管理人员激励机制、约束机制、合理的甄选机制以及业绩考核标准等。但是，最主要的防范企业"代理风险"的手段还是建立良好的经理人市场，通过市场来选拔、任用、监督和激励经理人，而这需要政府部门、企业界以及经理人本身的共同努力与参与。

总之，企业在面对不同的风险时，应该充分考虑所面临风险的内在属性特征以及企业能力大小，采用不同的风险管理策略，制订有效的风险管理解决方案，减少风险所带来损失对企业目标的影响。在这里还要补充强调的一点是，在企业中应相应地设置风险管理组织职能，即以风险管理线条搭建的，包括风险管理职能部门和其他相关部门的组织架构。风险管理组织职能是风险管理解决方案必不可少的一部分，无论风险管理解决方案如何制订，最终都要落实到管理职责，否则风险管理只是空谈。风险管理职能部门承担着风险评估、汇总风险信息、落实风险管理责任、风险管理制度建设、维护更新风险信息库等职责，在风险管理中起着不可替代的作用。企业可以通过设立风险管理职能部门，与其他相关部门组成有效的风险管理组织体系，把风险落实到部门，把责任落实到人，保障风险管理解决方案的实施。

三、风险管控体系

公司总体目标通过层层分解落实形成企业的目标体系。每个部门和员工的分目标，都是企业对他们的要求，也是他们对企业实现总目标应负的责任，上级通过目标对下级进行领导，下级通过目标对上级提供保证。在商定目标时，上下级之间、部门之间，必须以开诚布公的态度，相互了解，充分协商，积极支持，通过协商平衡，实现目标纵向的体系化和横向的紧密化，形成完整的目标体系，在目标体系基础上评估影响目标实现的风险，拟订风险应对方案，落实控制责任，实现风险控制，如图4-18所示。

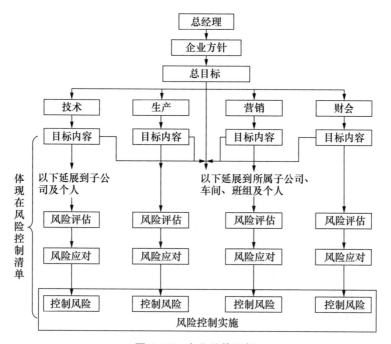

图4-18　企业总体目标

在目标体系基础上，评估影响目标实现的风险，拟订风险应对方案，落实控制责任，实现风险控制。

[例4-25] 某公司风险管理路线如图4-19所示。

四、风险管控实施计划

风险管控实施计划也称风险管理计划，它是公司及各个领域的风险管理方案、管理层面的风险管控计划和不同风险管理内容的综合，如风险管理行动计划、风险沟通计划、风险管理知识培训计划、危机管理计划或商务可持续性计划等。但是这些计划都与公司战略计划、经营计划、财务计划、产品开发计划等业务计划融为一体。公司在编制预算同时就要评估预算执行中可能发生的风险，并拟定出相应的应对策略与措施、明确控制责任，确保预期目标实现。最后编制"风险管理计划"书，报经管理当局批准后执行。有条件的也可编制"风险管理计划方案汇总"，作为管控风险依据。如表4-17所示。

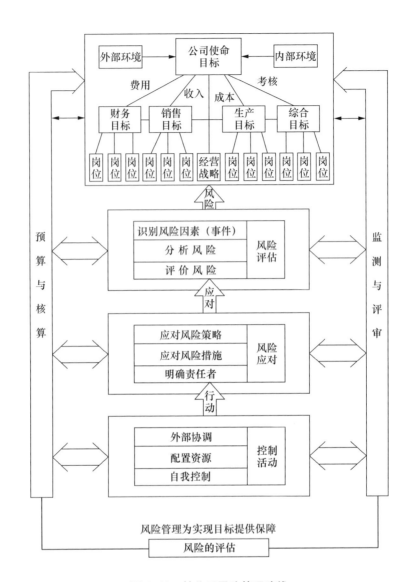

图 4-19　某公司风险管理路线

表 4-17　风险管理计划方案汇总

序号	风险域	预算目标			风险因素描述	风险评估			管控风险策略与措施	所需资源	剩余风险	责任者	说明
		项目	指标	金额		P	c	R					

案例　公共安全风险防范预案

访奥运安全顾问——清华大学袁宏永教授

　　袁宏永教授最早学的是测量与遥感，经常与具体的测量和计算打交道，而后转入消防安全研究，一直工作了14年，成为国内消防领域的专家。

　　然而进入21世纪以来，各种不可预测的灾害增加，使他改变了研究方向。2003年SARS暴发，清华大学成立公共安全研究中心，袁宏永调入该中心任副主任，主要从事火灾探测与智能扑救、公共安全监测、监控预警系统等研究工作。2008年，他带领清华的专家组赶往南方雪灾区、汶川地震灾区、广东洪水灾区。这名搞消防研究出身的科学家，现在一方面做着类似"国家灾害消防员"的抗灾工作，另一方面则极力呼吁从国家到各级单位都要"居安思危，防患于未然"。令他骄傲的是，作为奥运安保顾问，他的清华大学团队负责31个北京奥运场馆和40多个训练场馆的消防应急动态预案系统开发和建设。

一、"应急系统"提前使用

　　汶川地震发生后第三天袁宏永就奔向地震灾区，这时他们研制出的"国家应急平台体系综合应用系统"刚刚进入测试和试用期。

　　这个系统属于科技部"十一五"科技支撑专项规划项目。研发了近两年之后，该系统已在国家重要部门开始试用。以后，其通用软件将具备各省政府部署的条件。当灾害发生的时候，这个系统软件可以作为灾害管理的一个平台，整合各类数据，进行资源优化，合理应急调度。地震发生后，在成都的四川省政府抗震救灾指挥中心，他与同事们利用应急平台应用系统汇总军队、公安和其他部门的数据，可支持抗震救灾的统筹调配工作。

　　"救灾不能不够，也不能过度"，他举例说，灾害早期因为信息中断等原因，基本上灾区要多少资源，就尽最大能力给多少资源，但时间一长也会带来一些弊端，如果没有经过科学统筹和合理安排，也容易造成问题。在救灾物资等物力、志愿者等人力分配上，如果没有统一规划，这样的情况也会出现。

　　不过，汶川地震发生后，这套应急系统并没有立即发挥出全部的功能和作用。"软件系统运行面临最大的问题就是数据收集问题，它的高效运转是建立在大量基础数据基础上的"，他说。如果灾前的数据库没有建立起来，灾时很多工作的开展就会受到限制。"地震时，因为交通、通信等中断，很难知道哪个村哪个乡有多少条道路可用，平时是否有物资储备，这些在很大程度上限制了我们的行动。"

第四章　风险应对与实施方案

在数据库受到限制的情况下，工作人员后来用得更多的是标绘和统计分析功能。当某个部队到达某个地方，某个地区得到物资的时候，工作人员就会在三维地图上进行标绘，然后对这些已有的数据，以及从北京带来的 GIS 数据、人口等数据统一起来进行分析，计算一些如堰塞湖、滑坡等次生灾害影响区域等预警工作。

二、奥运安全尽在掌握

相比突发事件和灾害控制，袁宏永在消防方面娴熟多了。他被聘为奥运安保顾问，他领导的清华工作小组负责 31 个北京奥运场馆和 40 多个奥运训练场馆的消防应急预案系统开发，其中的很多工作在国际上是第一次。

所谓的消防应急，远不是发生火灾时，让消防人员及时赶来这么简单。事实上，在比赛场馆完工之前，袁宏永的小组已经忙碌起来了。他们将未来的场馆图输入电脑，进行模拟，并在施工中随时关注消防设计。

"一般的体育场馆危险源有大屏幕、电器设备间、中央空调系统以及一些可燃物集中的地方。然后就是恐怖袭击，就是说尽管我们有很多道防线，人家还是把汽油瓶放进去了等所有想到的情况，都要用计算机进行模拟。"

"我们要计算在最不利的情况下会伤亡多少人，以及需要多长时间，我们必须在人还没被窒息之前，把所有人都疏散。"他说。从场馆还在建造时，他们就开始做这些计算：建筑材料如何防火；如果发生了火灾，在一定人数观众情况下，该采用多宽的疏散口；多高的疏散坡度；多少个紧急出口；疏散距离有多远……"一般来说，8 分钟内就可以疏散全部人员，"他说。

针对可能发生的火灾，消防人员的应急也是演练了无数遍的。"场馆还没建立起来，消防人员就已经在网上进行练习了，要对场馆内的建筑细节了如指掌。"假设一个奥运场馆发生了火灾，消防人员很快就能知道是否在薄弱区域出事，随即就要开始施救，接水、断电、救人，前方分头工作，后方统筹处理。

除了消防人员之外，场馆工作人员和志愿者也会很快行动起来，在不同的区域疏散、搀扶、指导等，也都会进行演练。据袁宏永说，一般小的事件在 3 分钟内就可以完全处理完，否则我们开发的这个系统在世界上也是没有的。

北京市内的其他公共设施同样拥有类似的应急处理准备。拿地铁来说，所有的车厢使用的都是阻燃材料。重建的地铁通风排烟系统可以在发生火灾时把烟排到地面去。地铁里设有探测报警器，疏散标志和疏散指示灯以及自动灭火器。与 20 世纪 60 年代建的原地铁相比，现在的地铁早就脱胎换骨了，消防人员做了大量的工作。

袁宏永的工作，与公共安全相关，尽管他也是一名科学家，但出于保密的原因，他的很多研究成果并不能像其他科学家一样公开发表。当人们安居乐业的时候，他与他的小组正在紧张地模拟灾难一旦发生后的应急预案，当灾难发生时，他们又像消防员一样第一时间赶往现场救灾。"我们是默默地为人民工作着"，他笑着说。

三、救灾要"有序、高效、科学"

新京报：在你看来，灾害应急最重要的因素是什么？

袁宏永：灾害应急最重要的因素就是平时的应急能力建设。这次地震因为受灾区域平时的数据缺乏，我们的应急平台功效会大打折扣。平时应急能力的建设是相当重要的，这个能力其一是我们的防灾意识和演练训练，其二是平时的物资储备。我们平时要对环境做风险评估，评估出来后要针对存在的风险进行抗御灾害的能力建设。

新京报：灾害并不是单独的事件，经常会出现灾害链，结果造成巨大的损失，如何来预防灾害链的发生呢？

袁宏永：平时就要把数据库建立起来，一个事件发生后到底会影响哪些单位，事件影响多大，应急能力怎样，装备如何，全部在电脑里做推演。我们目前研究的重点就是"事件链"研究。比如，一个事件可能导致 5 个次生事件，那我们至少有 5~10 个预案来应对。

新京报：应急救灾最重要的是什么？

袁宏永：六个字："有序、高效、科学"。"有序"就是短时间内开展有序的救灾。"高效"强调专业技能。地震、防洪很多灾害都是专业性很高的，比如什么地方有人，救的过程如何不产生二次伤害，救出人后怎么先期治疗。"科学"是指救灾不是蛮干，是需要进行科学指导的。

新京报：我国的危机体系建设情况如何？

袁宏永：国家目前已经有了突发公共事件总体应急预案，有 25 个专项应急预案，80 多个部门应急预案，下面涉及各省、市县、企业应急预案，应该说我国基本建立起应急预案体系，一旦发生情况，很快就会启动不同性质、不同级别的应急预案。真正让这些预案在灾害应对过程中发挥作用，这些预案还需要演练，要让参与应急的所有人知道，各自是什么角色，怎么疏散到安全的地方去，突发事件发生后通知谁，用什么工具通知，等等。另外，就是需要有实施预案的工具和手段，保证预案能发挥应有的作用，这就是我们现在正在从事的应急平台体系建设，这是非常重要的任务。

资料来源：《新京报》。

思考与讨论

1. 风险应对方式有哪些？选择应对方式应考虑哪些因素？

199

第四章 风险应对与实施方案

2. 风险应对决策特点及方法有哪些？

3. 如何运用损失期望值决策法？

4. 如何制订风险管控实施方案，并举例说明。

5. 风险应对决策效果评价的方法与指标有哪些？

6. 风险管控方案的制订方法有哪些？如何制订财务风险管控方案？

第五章

风险控制与方案调整

导读：

风险管控方案确定后关键是执行，为此首先要确定正确的，风险管控任务与目标，其次要掌握管控风险的工具、方法与措施增强驾驭风险本领，要充分利用风险清单、做好风险预警、既要高度警惕"黑天鹅"事件，也要防范"灰犀牛"事件，既要有防范风险的先手，也要有应对和化解风险挑战的高招，抓住风险预兆苗头，打好化险为夷、转危为机主动战，必要时可适当调整风险管控实施计划。

关键词：

风险控制、内部控制、不相容职务、风险清单、风险预警、风险预兆、风险预警报告、风险控制目标调态。

内容结构：

风险控制与方案调整	风险控制	风险控制目标、任务及控制原则：风险控制具体方法措施
		风险控制组织措施、领导重视与参与，控制制度保障措施
	风险清单	风险清单在风险管控中的重要性，清单编制要求及遵循原则
		风险清单的作用，详例×××公司用于防范化解风险的清单
	风险预警	风险随环境变化而变化，企业应建立风险预警系统
		基本指标动态、全面预算动态、质安环健动态的预警报告
	方案调整	根据内外部变化的情况，必要时经过一定程序对预期目标作调整
		并监督调整后目标的执行情况，发现异常情况及时沟通信息

风险管控方案确定之后，能否得到有效贯彻执行而实现预期目标，关键是将风险管控方案融入日常生产经营活动之中，明确责任发挥内部控制作用。

第一节　风险控制

风险管控方案确定之后，能否得到有效贯彻执行而实现预期目标，关键是将风险管控方案融入日常生产经营活动之中，明确责任发挥内部控制作用。

一、风险控制目标、任务及原则

（一）风险控制目标

在经营战略目标确定后，按目标管理要求将目标层层分解落实到部门及岗位，评估实现目标过程中可能发生的风险，拟定应对措施，并分别编制"风险控制清单"，将控制责任落实到部门及个人，作为业绩考核的依据。

（二）风险控制任务

风险控制的基本任务是：抓机遇避威胁，善于化危为机，转危为安，使损害最小化，绩效最优化，为经营目标的实现提供保障。具体任务有以下几项：

1. 确保企业经营合法、合规

合法经营是企业生存和发展的前提，违法经营是企业最大风险。也是企业法人资格的基本组成部分。企业各种经济行为及所获取的盈利必须是合法的，否则最终会受到法律的制裁，严重的可能会被逐出市场判刑入狱。因此为了保证企业的可持续发展、保证市场的公平和公正，风险控制必须使企业能够严格遵守所有的法律、法规和规章。

2. 确保企业财产安全完整

企业的资产是生产经营活动的基础，必须保证其安全完整，为此需要设计科学合理的内部控制措施，建立明确的财产保护责任制度，安装防盗门、聘用保安、设置计算机密码等，确保企业财产不受损失。

3. 确保财务报告及相关信息真实完整

财务报告是企业利益相关者进行与企业有关决策时所必需的依据，也是企业经营者实施经营决策的依据，以及评价企业经营绩效、缴纳税金的依据。企业风险控制必须保证财务信息及相关资料内容完整、真实可靠。

4. 确保企业经营的效果与效率提高

企业存在和发展的根本动力在于企业的产出必须大于其投入，即要获得盈利。这就要求在生产过程中必须减少耗费，提高效率，企业才能获得竞争优势，才能在激烈的市场竞争中获胜，才能实现企业的经营目标。

（三）风险控制原则

企业建立内部风险控制既要以《会计法》《公司法》及《企业内部控制基本

规范》《企业内部控制应用指引》为依据，又要结合企业的实际情况，有效增强内部管理，防范或抑制风险发生，增加企业效益。因此，企业风险控制要符合以下原则，如图 5-1 所示。

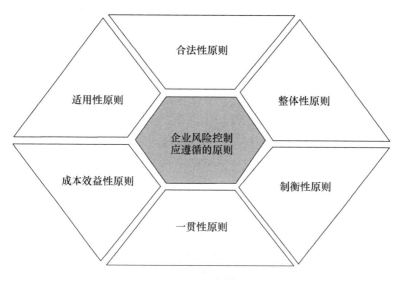

图 5-1　风险控制原则

（1）合法性。国家的法律法规是企业风险管理制度及措施的依据。有些企业出现违规违法，甚至受到国家法律的制裁，其根源：一是不依法办事、任意妄为；二是企业的风险管理及内控制度本身脱离了国家的法规，结果给国家、企业及个人造成不应有的损失。

（2）整体性。风险控制的内容及措施应涉及企业生产经营的各个方面，既要符合企业的长远战略，又要注重短期的经营目标，把握全局，注重风险控制的整体实施效果。

（3）制衡性。凡涉及不相容职务的经济业务，应当严格加以分离，不得由一个人或一个部门包办到底。

（4）一贯性。风险控制的制度与措施必须具有连续性和一致性，不能朝令夕改，任意变动，否则就难以贯彻执行。

（5）成本效益性。风险控制必须考虑经济效果，从经济角度讲是合理的，否则得不偿失，风险控制也没有必要。

（6）适用性。风险控制制度及措施的制定，必须符合企业实际情况，同时还要随经济发展及管理要求而不断更新，具有可操作性，做到内容规范、易于理解、便于操作、灵活调整。

二、风险控制方法措施

风险控制是指通过系统的、有效的内部控制的措施与方法，化解和消除潜在风险。根据《企业内部控制的基本规范》及配套指引等文件，企业内部控制措施与方法有不相容职务分离、授权审批、预算控制、会计控制、财产保护控制、单据控制、营运分析控制、绩效考评控制等。

（一）不相容职务分离控制

不相容职务分离控制要求企业全面系统地分析、梳理业务流程中所设计的不相容职务，实施相应的分离措施，形成各司其职、各负其责、相互制衡的工作机制。

所谓的不相容职务是指那些不能由一人同时兼任的职务，否则有可能使既可弄虚作假，又能掩盖其舞弊行为的职务由同一人担任。不相容职务分离是将这些不相容的职务分派给两个或两个以上的人分别担任，以利于相互制约与监督。其原因：一是两个或两个以上的人和部门，无意识地犯同样错误的概率要低于一个人和一个部门犯该种错误的概率；二是两个或两个以上的人和部门有意识的合伙舞弊的可能性大大低于一个人和一个部门舞弊的可能性。

实施不相容职务分离是企业内部控制最基本的要求，是保证提高经营效率、保护财产安全以及增强会计数据可靠性的重要条件及措施。

企业要做到不相容职务分离，首先应根据各项经济业务与事项的流程和特点，进行系统而完整的分析、梳理该项经济业务与事项的不相容职务，并结合岗位职务分工采取分离措施。有条件的企业，可以协助计算机信息技术系统，通过权限设定等方式自动实现不相容职务的分离。企业在进行时，应遵循实质重于形式原则，既要弄清哪些业务之间存在联系和牵制，又要弄清哪些职务之间存在利害关系。例如，材料采购业务与审批业务之间存在着内在联系和利害关系。另外，还应掌握员工在企业中的人际关系。如丈夫在企业任总经理，而妻儿在企业任会计或出纳，这就应采取回避原则。

企业的不相容职务一般有：授权审批职务与申请审批职务、授权审批职务与执行业务职务，执行业务职务与监督审核职务，执行与会计记录职务，会计记录与财产保管职务，费用审批职务与费用支付职务，业务执行职务与绩效考评职务，等等。不相容职务渗透于各项业务活动之中，必须严加注意。

（二）授权审批控制

授权审批控制要求企业根据常规授权和特别授权的规定，明确各岗位办理业务和事项的权限范围、审议程序、相应责任。

授权审批是指企业在处理经济及业务时，必须经过授权批准才能执行，以便进行控制。授权审批按其形式分为常规性授权和特别性授权。常规性授权是指企业在日常经营管理活动中按照既定的职责和程序进行的授权，它通常稳定不易变动，时效性较长。例如，采购部门采购材料，会计部门账务处理，等等。企业可以根据常规性授权编制"权限指引"，并以适当形式予以公布，以提高权限的透明度，加强对权力行使的监督和管理。

特别授权是指企业在特殊情况、特定条件下进行的授权，它通常是临时性、应急性的，因此，也称为暂时性授权。例如，某企业明确规定 10 万元以上的订单必须由被授权的经理亲自审核签字，但由于该经理要出国 1 个月，故可暂时授权销售副经理代替行使该权力。企业应当加强对特别授权的管理，规范暂时性授权的范围、权限、程序、责任和相关的记录措施。有条件的企业可以采用远程办公等方式逐步减少临时性授权。

企业实施授权控制都必须建立授权批准体系。具体内容包括：

（1）授权批准的范围。企业的所有经营活动都应纳入授权范围，不仅包括各种经济事项，还要对相应的办理手续、业绩报告、业绩考核等明确授权。

（2）授权批准的层次。应依据经济活动的重要性和额度大小，实行分层分级授权。从而保证各管理层级有权也有责、用错要追责。

（3）授权审批的责任。应当明确被授权者在履行权力时应对哪些方面负责，以避免授权责任不清、一旦出现问题又难辞其咎的情况发生。

（4）授权批准的程序。应明确规定每类经济业务审批流程及程序，以便按程序办理审批，避免越权审批、违规审批情况的发生。

企业应该严格要求各级管理人员在授权范围内行使职权和承担责任，坚决杜绝越权行使职权的现象。对于金额重大、重要性高、技术性强、影响范围广的经济业务与事项，应当实行集体决策审批或者联签制度，任何个人不得单独进行决策和擅自改变集体决策意见。未经授权的部门和个人，不得办理企业的各类经济业务与事项。

授权审批控制贯穿于企业所有业务之中，如材料的购买与发出，需经过申请、批准、供应商选择、验收入库、货款支付、存货发出与清查等过程，分别由不同被授权的职能部门及岗位完成。因此，各级相关部门及岗位必须依职定岗、分岗定权、权责明确，防止岗位职责不清、设权界限混乱等现象存在。

（三）预算控制

预算控制是指企业结合生产经营目标及资源调配能力，经过综合计算和全面平衡，对当年或者超过一个年度的生产经营和财务事项进行相关额度、经费测算、计划及安排的过程，包括预算的编制、审定、下达和执行程序。预算由经营预算、资本预算和财务预算构成，是企业战略管理的重要组成部分。

预算控制要求企业实施全面预算管理制度，明确各责任单位在预算管理中的职责权限，规范强化预算约束，并作为考核责任制的重要依据。

预算控制是利用预算对企业内部各部门、各单位财务及非财务资源进行分配、考核和控制，以便有效地组织和协调企业的生产经营活动，完成既定的经营目标。预算控制的主要内容有五项：

1. 预算责任分工与授权控制

它是在预算控制的基础上，明确职责分工与权责分配、机构设置和人员配备，且做到科学合理。重点应关注以下三点：

（1）预算决策机构。其最高权力机构为股东大会，或企业章程规定的类似最高权力机构，负责企业年度预算方案的审批。

（2）预算管理部门。在董事会的领导下设立预算管理机构，负责预算管理及相关日常工作，小单位也可指定财务部门负责。

（3）各预算部门的职责权限。预算委员会下设预算编制组、内部仲裁组、内部审计考评组。并明确各自职权范围及责任，确保预算工作的全过程得到有效控制。

2. 预算编制控制

预算编制是预算控制的首要环节。编制质量的高低直接影响控制成果。为此，应关注以下三点：

（1）关注预算编制依据合理性。应在企业战略的指导下，以上一年度实际完成状况为基础，结合业务发展情况，在综合考虑预算期内经济政策变动、行业市场状况、产品竞争能力和自身特点的基础上汇总编制年度预算方案。

（2）关注预算编制程序性，一般按照"上下结合、分级编制、逐级汇总"程序进行。具体做法是：下达预算目标→编制上报→审查平衡→审议批准→下达执行。

（3）关注预算编制方法科学性，应该采用定期预算与滚动预算相结合、固定预算与弹性预算相结合、增量预算与零基预算相结合的编制方法，并对这些预算方法进行综合运用，以达到预算科学的目标。

3. 预算执行控制

预算一经批准下达，各单位必须认真组织实施，将预算指标层层分解，落实到部门、环节和岗位，并建立预算执行情况通报及预警机制。在日常运营中，各部门要相互沟通、支持协调与发展，当发生预警信号时应及时采取措施确保指标完成。企业还应建立预算执行结果质询制度，对背离预算的重大差异责任者应做出解释，并记录采取措施的情况。

4. 预算调整控制

预算一经下达不得随意调整。在执行过程中出现市场环境、经营条件，国家法规政策等发生重大变化，或出现不可抗力自然灾害、公共紧急事件时，致使预算编制基础不成立，将会导致预算执行结果产生重大差异。在出现上述情况时则需要调整预算。调整应遵循申报程序报审批机构批准，然后下达各部门执行。预算调整应符合下列要求：

（1）调整事项应符合企业发展战略和现实生产经营情况。

（2）调整重点是预算执行中出现的异常重大变化所造成差异。

（3）预算调整方案应客观合理。

对不符合上述预算调整要求的，审批机关应予以否决。

5. 预算分析与考核控制

企业应当建立预算执行分析制度，定期召开预算执行分析会议，运用比较分析、因素分析等方法，研究分析预算执行中存在的问题，针对不同的情况及原因，提出改进措施或建议，提交决策机构研究决定。

企业还应建立预算执行审计与考核制度。通过审计与考核及时发现和纠正预算执行中的问题，采取措施。预算执行情况考核应坚持公开、公平、公正的原则，考核结果应有完整记录，并建立预算执行情况奖惩制度，落实奖惩措施。

（四）会计控制

它是指利用会计功能（记录、归集、分类、编报）对企业经济活动进行监督、检查与报告，确保会计信息真实完整。控制功能主要有：

（1）会计凭证控制。会计凭证是证明经济活动的记录，也是记账的依据。对内容填写不全或不合规的凭证，应要求经办人补充或重新填制；对弄虚作假的凭证，会计人员应扣留并向上级报告，由上级追查有关人员的责任。记账凭证应统一编号，确保每一张凭证合法合规、内容正确。

（2）会计账簿控制。企业应按制度要求设立账簿，按照《会计基础工作规范》要求登记账簿。一般不允许不相关人员借阅或查看会计账簿，确有需要的应报经主管批准。会计账簿应与实物资产、会计凭证相互对应，保证账证相符、账账相符和账实相符，做到数字真实、内容完整、计算准确。

（3）会计报告控制。会计报告是会计信息系统运行的最后一个环节，也是向社会公开的信息资料。企业应按照会计准则规定的格式和内容，根据登记完整、核对无误的会计账簿记录和其他资料精心编制，确保数字真实、内容完整、计算准确、时间适当，严禁错报、漏报、虚假信息的产生。

（4）会计机构和人员控制。企业应依法设置会计机构，配备会计人员。从业会计人员必须取得从业资格证书，会计机构负责人应具备会计师以上专业技术职务资格。大中型企业应设置总会计师，负责组织领导本单位的财务管理、成本管理、预算管理、会计核算和会计监督等方面的工作，参与本单位重要经济问题的分析和决算，并直接对单位主要行政领导人负责。

（五）财产保护控制

保护企业的财产安全完整及使用有效是内部控制的目标之一，因此，企业必须加强财产保护控制，建立资产日常管理制度和定期清查机制，采取资产记录、实物保管、定期盘点、账实核对等措施，确保资产安全完整，从资产价值量与资产实物量两方面加强管理。财产保护控制的主要措施有：

（1）接触控制。严格限制无关人员直接接近相关财产，只有经过授权批准的人员才能够接触。

（2）定期盘点。定期对存货、固定资产等实物资产进行清查盘点与账簿核对。

（3）资产变动记录及建档。对财产的采购、耗用和处置都要进行记录及归档。

（4）实施财产保险。财产一旦发生意外损失，可获得补偿机会。

（5）明确财产管理流程。做到财产领用、维修保养、报废、出售等都有流程可循，有据可依。

（六）单据控制

根据国家有关规定和企业经济活动流程，在内部管理制度中明确界定各项经济活动所涉及的表单和票据，相关人员应按规定填制、审核、归档和保管单据。实施单据控制应关注下列内容：

（1）报销单据控制。对外来的费用类报销单，应填写单据的内容、附件张数、日期、金额等，所有的报销单据，都必须经报销人、所在部门负责人、会计、财务部门负责人签字方为有效；外来的其他单据，应具有对方单位的公章或发票专用章、收款人签字、日期、经济活动内容或摘要、金额；购销发票还应填列商品名称、规格、型号、单位、单价、金额。所有外来单据的金额栏必须有大小写。

（2）财产盘点单据控制。财产盘点表由资产保管人、部门负责人、盘点人、监盘人签字确认；年终盘点表由资产保管人、部门负责人、盘点人、监盘人等核实并签字。所有记账凭证要按会计制度规定装订成册，所有电脑单据同手工单据保管，各部门年终时应将所有装订成册的与财务有关单据交财务部门管理。

（3）重要空白凭证与银行印鉴控制。空白支票、预留银行印鉴。支票密码或密码生成器、汇票委托书等要由专人负责管理，必要时按不相容岗位分离原则实施控制，避免管理空白支票委托书等工作人员同时掌管单位的公章、财务专用章、负责人名章或财务负责人名章、支票密码或密码生成器。发票及收据也参照上述规定处理。

（七）营运分析控制

营运过程中应定期开展运营情况分析，随时了解企业的营运情况，避免盲目行动。对于不理想状态或存在的问题，应及时调整方向或采取营救措施。分析时应关注三方面内容：

1. 确定分析对象

通常分析五方面的内容：

（1）营运能力。它反映企业资产利用效率，营运能力强的企业有助于获利能力的增长，进而保证企业具备良好的偿债能力。反映企业营运能力的指标有存货周转率、应收账款周转率、流动资产周转率、固定资产周转率、总资产周转率等。

（2）偿债能力。它反映企业偿还到期债务的能力。短期偿债能力是指企业的流动资产与流动负债的保证程度。衡量能力的指标有流动比率、速动比率和现金负债率等。同时，还要考虑可动用银行贷款指标、准备很快变现的非流动资产、偿债能力的剩余及资金周转的能力、与担保有关的或有负债等。长期偿债能力是指企业偿还一年以上债务的能力，与企业盈利能力、资金结构有非常密切的关系。它可通过资产负债率、长期负债与营运资金的比率及利息保障倍数等指标反映。

（3）盈利能力。盈利能力是指企业利用各种经济资源赚取利润的能力，企业经营的好坏都会通过盈利能力表示出来。盈利能力分析主要以资产负债表、利润表、利润分配表为基础，通过表内各项目之间的逻辑关系，构建一套指标体系，包括销售利润率、成本费用利润率、总资产报酬率、利息保障倍数等。然后对盈利能力进行分析与评价。其中，销售能力分析是盈利能力分析的重点，对外投资情况和资金来源的构成也是影响盈利能力的因素。分析时还要注意企业的商业信誉、企业文化、管理能力、专有技术以及宏观环境等对盈利能力的影响。

（4）筹资能力。筹资能力是指企业筹集生产经营所需资金的能力。内部筹资主要取决于企业盈利水平及留存收益。外部筹资主要来源于金融机构、证券市场、商业信用、租赁市场等，还取决于企业的综合状况，包括资产状况、公关能力、经营状况、盈利能力、发展趋势和潜力等因素，市场资金的供求状况、证券市场的行情等外部因素也影响企业筹资能力。

（5）发展能力。发展能力是企业通过生产经营活动不断扩大积累而形成的发展潜能，它取决于多种因素。衡量企业发展能力的核心指标是企业价值增长率，通常用净收益增长率描述企业价值的增长情况，并作为企业发展能力分析的重要指标。另外，营业收入增长率、资本保值增值率、资本积累率、总资产增长率、营业利润增长率、技术投入比率等，均可作为评价企业发展能力的指标。

2. 信息收集

充分收集与分析对象相关的信息，是提高分析效果的基础。这些信息既包括企业内部的也包括企业外部的，既包括财务的也包括非财务的，既包括数据型的也包括非数据型的，等等。在搜集信息过程中，应坚持准确性、全面性和及时性的原则，确保信息的质量。企业应通过财务会计资料、经营管理资料、调研报告、专项信息、内部刊物、办公网络等渠道获取内部信息；还可以通过行业协会、社会中介机构、市场调查、网络媒体以及监管部门等获取外部信息。

3. 分析方法

企业应选择适当的方法对信息加工分析，才能获得理想的效果。常用的方法有因素分析法、对比分析法、比率分析法、趋势分析法等。

（八）绩效考评控制

企业应当建立和实施绩效考评制度、科学设置考核指标体系，对各责任单位和员工的业绩进行定期考核和客观评价，将考核结果作为确定员工薪酬以及职务升迁及辞退的依据。做好绩效考评应关注以下五点：

（1）建立一个有效的绩效评价体系。该体系应具备五大特点：一是注意与发展战略、总体目标、企业文化要求的一致性。二是注意考核目标的明确性，应让职工明确考核哪些指标，考核标准及水平。三是注意考核对象可接受性，对设定的考核指标体系及标准是否能接受？其中能否做到程序、人际和结果公平性至关重要。四是注意考核效度。通过绩效考核应有助于生产力提高，如果考核系统效度偏低，主要是因为考核系统缺失和污染造成。所谓缺失是指考核系统不能衡量工作绩效的所有方面。污染是指考核评价了一些与工作无关的方面。五是注意信度。它是指绩效考核系统是否可靠和可以信赖，通常用考核评价方法信度和考核评价者信度检查其信度。

（2）确定一个恰当的考核范围。考核指标并不是越多越好，应抓住关键业绩指标。对部门的考核应以完成目标任务为主，兼顾内部管理、员工管理、沟通协作、遵纪守法等。对员工考评应重点考评业绩指标（即工作行为产生结果）、能力指标（指与工作岗位或内容相关的工作技能）和态度指标（即在工作时的精神状态）。

（3）引入多主体评价。企业可以适当引入自我评价、下属评价、同事评价、客户评价，等等，并赋予合适的权重。如果评价主体还不具备评价条件，则宁缺毋滥，否则会影响考核结果的公正性或引发考核者的不满。

（4）考评人员应具有较高的业务素质和政治组织。他们应精通业务、熟悉流程，明确工作目标。政治素质要求是敢于坚持原则，不怕得罪人，实事求是，公平公正。另外，绩效考评要坚持考评标准一致性原则，消除主观因素，客观评价被考评者业绩，不能厚此薄彼。

（5）考评结果要同奖惩挂钩。定期发布考评通报，表彰先进，鞭策后进。考评结果和员工薪酬、职务晋升、降级、调岗、辞退等挂钩，树立正确的用人观，使绩效考评成为推动目标实现动力。

（九）信息内部公开控制

信息内部公开可以对各类舞弊形成一种强大压力。内部信息公开有多种形式，内部报告是其中重要的一种。通过内部报告向管理层传递信息，帮助管理层决策。需要注意的是，内部报告的渠道要非常畅通，单位可以规定发生什么类型的风险必须在多长时间内向谁汇报等，充分发挥信息作用。

总之，上述控制活动措施只涉及了控制风险的某些方面，企业是一个不可分割的整体，在实际经营过程中不能只使用其中一个或几个控制措施，应根据具体风险特性及控制目标，结合相应的风险应对策略，科学、合理地综合运用这些控制措施，对各项业务、事项及权责实施有效控制，确保将剩余风险控制在可接受范围内，从而合理保障内部控制目标的实现。

三、风险控制组织措施

（一）最高管理层的支持及参与

整个企业范围内的风险管理的成功推行，必须有高层领导的鼎力支持，这是由他的地位和作用所决定的。如果最高管理层不以高姿态做出公开承诺和支持，领导不带头履行内控制度，任何风险管理项目都难以启动，企业就不可能成功地建立起整个主体范围内新的风险管理模式，也不可能得到有效的实施。除了促成风险管理模式的转变外，高层管理者必须参与后续工作，不能把风险管理方案的实施视为下属的职责。只有高层管理人员把自己看作是风险管理的引导者，并带头贯彻、身体力行，风险管理方案的贯彻执行才有保障。

（二）选择/发展最佳风险管理人才

风险管理方案确定之后，能否实现其目标，选择和培养人才是决定因素。全面风险管理过程是由人操作的。为了更好地贯彻执行企业的风险管理方针、政策，企业必须拥有一支德才兼备的人员队伍，具备风险管理知识、专业技能和丰富经验的一线领导，将那些真正有能力的人安排在各个风险管理岗位上，才能确保风险管理方针、政策的有效执行，发挥其保障的功能。

（三）合理分配权责、落实管理责任

风险管理战略计划及方案确定后，就要委任称职的风险责任者，由责任者设计和实现所承担的风险管理任务，完成他所负责的具体战略计划、负责推进过程、提供报告，贯彻相应的方法及实施既定的风险战略目标。风险管理方案的有效执行必须清楚地理解角色和分工的责任，明确管理的职责，将风险管理的责任落实到各有关职能部门的业务单元，并对不同层次的岗位设置不同信息处理和管理决策权限，做到责权匹配。

1. 落实风险管理责任应遵循的原则

要做好风险管理，落实控制责任，必须遵循以下原则：

（1）介入原则。它要求风险管理方针必须介入生产经营全过程及其所有人员，包括工作计划介入、工作过程介入、职工人员介入及奖惩制度介入。

（2）预防原则。风险控制贵在预防，因为预防控制代价最小。它要求管理者必须有预见性，对影响风险的根本原因有所了解和把握，事先采取防范措施。

（3）重点原则。风险控制的重点原则强调风险控制的对象应该是重大风险、重点领域及重要岗位，即对企业的经营目标影响较大的风险因素、岗位及事项。

（4）现场原则。企业经营中的风险大多数是在生产经营现场发生的，现场控制原则强调风险控制要通过现场观察、跟踪检查、追求工作成效等防范或抑制风险产生。

（5）全面原则。所谓全面原则是强调风险管理必须贯彻到生产经营的

全过程及全体员工。因为形成风险高低的因素虽然有轻重缓急之分，但具体到企业的每一个部门、每一个环节，就很难分清哪些风险因素重要，哪些风险因素不重要。因此，风险控制必须坚持全过程，不得由于所好而偏于一面。

2. 明确领导责任

在落实风险控制责任时，首先应建立健全规范的公司法人治理结构，股东会、董事会、监事会、经理层应依法履行职责，形成良性循环及有效制衡的监督约束机制。行使全面风险管理职责；企业总经理负责主持全面风险管理的日常工作，负责组织拟订企业风险管理机构设置及职责确定方案，并对全面风险管理工作的有效性向董事会负责；企业应设立专职部门及确定相关职能部门，履行全面风险管理职责，研究提出全面风险管理的方案，负责组织协调全面风险管理日常工作，指导、监督有关职能部门、各业务单位开展全面风险管理工作；把风险管理的各项要求融入企业管理和各项业务流程，建立风险管理三道防线，动员广大职工结合本职工作参与风险管理，使企业形成完整的风险防范体系，确保经营活动正常运行。

3. 取得责任人认可

根据风险因素的性质不同，可分为可控风险与不可控风险（如地震与自然灾害）。在落实风险控制责任时主要落实可控制风险。就每一风险域而言，可控与不可控是相对的。对该部门来说是不可控的，而对另一部门来讲可能是可控的。在落实责任过程中，必须贯彻统一领导、分级管理、人人有责、全面落实，根据"干什么、管什么、用什么、接触什么就控制什么风险"的原则，落实到部门及个人。例如，行车中的风险事故控制责任、燃油消耗责任、维护保养责任，应落实到有关司机人员；车床运行中的风险控制责任，应落实于操作者；原材料消耗和成材率风险控制，劳动定额、出勤率应落实在实际操作人员；生产安全风险控制责任，应落实到安全员；产品质量风险如产品合格率、返修率、废品率等应落实到生产人员和检验人员；等等。在落实风险管理责任时，应该做到：责任者知道在自己工作范围内，可能发生哪些风险；责任者能够发现、预测该风险发生后可能带来的威胁或机遇；责任部门及责任者在风险发生前，能主动采取措施加以防范和抑制，以防范风险事故发生或减少风险造成的损害。

在落实风险管理责任时，对重大风险事故应制订出防范与抑制风险的方法与措施，以及风险发生后的应急策略、办法及措施，同时将责任落实到人。例如，火灾、水灾的防范措施，恐怖事件防范、重大工伤事故及重大产品质量事故等风险的防范及抑制措施。并将这些风险因素列示在"风险控制清单"或警示牌上，放在明显处公布于众，使风险防范意识深入人心，落实在行动上，将风险消除或控制于潜伏期。

（四）将风险控制融入业务流程

经营中的风险时时有、处处在，要实施有效的控制，发挥其保障作用，必须融入企业的业务流程。因为业务流程直接构成企业脉络的组织，融入业务流程就可以有效地控制风险事故产生。

一般来说，企业的风险管理由首席执行官全面负责，但是从其特性看，风险管理要求企业内部各方面必须相互协调，它需要企业内部各级人员的广泛参与。企业内部每个人不仅应该清楚本部门以及本岗位所面临的风险有哪些，怎样防范风险产生和减少风险损失，还要了解其他部门和岗位所面临的风险。风险管理计划的执行需要与其他单位的工作结合在一起，特别是重大事件风险管理和突发事件等紧急应对方案，更需要多部门的通力协作。

为确保企业全面风险管理正常运转，所有员工的目标必须相互协调，统一行动，发布并分享各自领域的相关信息；为了更好地发挥整体风险管理程序作用，还应认清各独立职能部门风险管理之间的相互作用，理解各种风险之间的相互关系。企业还可以组织一个由各业务部门及监管人员代表参加的风险管理委员会，按月召开会议，交流管理经验，共享管理信息，提高管理能力，并协调风险管理与其他领域管理活动。正如微软财务总监所说，通过这样的交流，风险管理部门至少可以掌握企业面临的90%风险。这样就可以有效地防范风险的产生。

（五）强化业绩、奖励和风险控制之间的联系

企业应该将不同利益的个体，团结为有着共同利益的统一整体。企业的激励方案应使管理者和员工，不仅能从实现盈利中得到奖励，还要从成功的风险管理中得到回报，以此提高组织的风险意识，如风险调整资本收益（RAROC）指标综合考虑了项目的预期利益和风险大小。按照风险调整资本收益决策，一项风险更高的投资必须产生高于低风险的投资回报。应用该指标能测算出每一层次的风险应该有多高的回报，其收益是否足以抵消风险损失。该指标与激励方案结合将有助于企业风险管理计划的有效执行。

企业的激励方案应该促进不同部门之间风险管理的相互协调。在许多企业，信息在其范围内是垂直向下流动，大多数经理只是对其所属的人员、所控制资源及其必须承担的工作负责，其决策的范围也只是涉及自己的部门，而在协作战略方案方面，他们只是简单地接受高一层领导的指示，很少与其他部门进行水平式沟通，也很少与其他部门的上级或者下级经理进行沟通。因此，企业必须促使大家在风险管理控制过程中加强相互协作和沟通，了解企业每一项重大决策对其他决策的影响，促进经理们在决策时考虑企业整体的利益。

（六）形成企业风险管理文化

在实施全面风险管理过程中，应通过宣传教育使广大员工深刻认识到开展风险管理的目的、意义、途径和方法，并明确各部门的工作职责和流程，使风险意识及风险防范融入企业文化之中，成为企业文化的一部分。从某种意义上讲，企业的风险管理是企业中每一名员工的责任，企业的风险管理能否实现预期的效果关键在于企业员工全面接收风险管理的态度、知识与行为模式。从企业领导到每一个员工，都把风险管理作为自己的一项职责，确保每一员工在日常工作中有效

地发现新风险因素或原有风险因素的变化情况，并及时地向风险管理责任部门和人员汇报，提醒相关管理层设计并实施应对措施，达到预期的目标。

四、风险控制制度措施

《指引》规定企业制定内部风险控制制度，一般至少包括以下内容：

（1）建立内控岗位授权制度。对内控所涉及的各岗位明确规定授权的对象、条件、范围和额度等，实行分事行权、分岗设权与分级授权。合理界定岗位职责和内部权力运行结构。任何组织和个人不得超越授权做出风险性决定。

（2）建立内控报告制度。明确规定报告人与接受报告人，报告的时间、内容、频率、传递路线，负责处理报告的部门和人员等；建立内控批准制度，对内控所涉及的重要事项，明确规定批准的程序、条件、范围和额度、必备文件以及有权批准的部门和人员及其相应责任。

（3）建立内控责任制度。按照权利、义务和责任相统一的原则，明确规定各有关部门和业务单位、岗位、人员应负的责任和奖惩制度。

（4）建立内控审计检查制度。结合内控的有关要求、方法、标准与流程，明确规定审计检查的对象、内容、方式和负责审计检查的部门和事项等。

（5）建立内控考核评价制度。具备条件的企业应把各业务单位风险管理执行情况与绩效薪酬挂钩。

（6）建立重大风险预警制度。对重大风险进行持续不断的监测，及时发布预警信息，制订应急预案，并根据情况变化调整控制措施。

（7）建立健全以总法律顾问制度为核心的企业法律顾问制度。大力加强企业法律风险防范机制建设，形成由企业决策层主导、企业总法律顾问牵头，企业法律顾问提供业务保障，全体员工共同参与的法律风险责任体系。完善企业重大法律纠纷案件的备案管理制度。

（8）建立重要岗位权力制衡制度，明确规定不相容职责的分离及定期轮岗。主要包括授权批准、业务经办、会计记录、财产保管和稽核检查等职责。对内控所涉及的重要岗位可设置一岗双人、双职、双责，相互制约；明确该岗位的上级部门或人员对其应采取的监督措施和应负的监督责任；将该岗位作为内部审计的重点等。

第二节　风险控制清单

风险控制清单也称风险清单，风险控制库是控制风险的有效工具，在防范化解风险过程中发挥着极其重要的作用。

中国有位哲人说过：聪明者从自己的错误中吸取教训；智慧者从别人的错误中吸取教训；愚蠢者则从不吸取教训。我们大多数人都宁愿自己是聪明和有智慧的，而不愿意成为愚蠢之人。设立风险控制清单是总结自己并向他人学习的最有效手段，是有效防范与化解风险损失的有效措施之一。

一、风险控制清单含义及作用

早期的风险控制清单只不过是一张卡片，上面记录了各种可能出现的问题（主要指负面风险），包括已发生过的或可能发生的、问题产生的原因、如何处置等，从而避免风险事故的发生。它是实践工作经验/教训的总结和群体智慧的结晶，也是操作人员的指南与规范。随着科学技术的发展和知识的积累，经过逐步改进与完善形成了现代的风险控制清单，将许多风险清单分别归类装订成册，便形成现在的《风险控制手册》。

现在人们掌握知识的数量和复杂程度，已经远远超过了一个人正确、安全和稳定地发挥其功效的能力范围。知识的确成就了人类，但知识也让我们不堪重负。我们的责任应该是正确认识和分析差错产生的原因，别再让相同的错误一再发生。正确编制和运用《风险控制清单》是防止相同错误发生的有效手段。

控制清单从来都不是大而全的操作手册，而是理性选择后的思维工具，其作用如下：

（1）可以提高工作效率、减少差错。

（2）可提醒人们不要忘记某些必要的步骤。

（3）可协调工作，充分协调发挥集体能量。

（4）可把解决复杂问题的权利分给现场责任者。

（5）可提高大脑的思维模式，帮助人们提高决策效果。

［例 5-1］从 8 家试点医疗单位疗效的变化看风险清单的能量。

安全清单在手术室投入使用之后，手术后严重并发症的发病率下降了 36%，术后死亡率下降了 47%，而且所有结果在统计上都非常明显。

感染发病率几乎下降了一半，因大出血或手术技术问题而需要再次接受手术治疗的患者数量减少 1/4。从整体来看，在研究涉及的近 4000 名患者中，原本应该有 435 人发生严重并发症，但实际的发病人数只有 277 人。风险清单的使用让 150 多人免受伤害，更让死亡人数减少了 27 人。

> 　　弄清风险是客观存在的，人是主动的，通过人的主观能动性发挥及科技发展，能对风险产生的条件及原因认知清楚，能够创造条件利用风险、规避威胁，改变风险的不利因素，确保目标的实现。这也是学习风险管理的根本目的。
>
> 　　但是也要明确风险很少是非黑即白，通常处于灰暗之中，需要依靠"风险商"。

二、风险清单编制要求及遵循原则

风险控制清单是管理风险的有效工具，风险又嵌入各项业务流程。要使风险控制清单切实可行并发挥其作用，在编制时应关注六点要求：

（1）关键控制点的设定要明确清晰。

（2）选择合适的清单类型。

（3）清单简明扼要，不宜太长。

（4）清单用语精练、准确。

（5）清单版式整洁，切忌杂乱无章。

（6）必须在现实中接受检验，逐步完善。

清单要素的遴选与编制，必须坚守简单、可测、适用、高效的原则。

无论在编制清单的过程中多么用心，多么仔细，清单还必须在现实中接受检验，通过验证不断补充修正。因为现实往往比我们想象的更为复杂。

就算是最简单的清单也需要不断改进。简洁和有效永远是矛盾的结合体，只有持续改善，才能让清单始终确保安全、正确和稳定。

清单的力量是有限的。它们能够帮助专家记忆如何操作复杂的程序和设备，它能够帮助人们搞清楚哪些事情是最重要的，并且促使人们进行团队合作，但解决问题的主角毕竟是人，而不是清单。我们需要让事故的教训转变为实用的清单，供后来人学习借鉴。

三、风险控制清单列示

（1）××公司层级风险控制清单（摘录），如表5-1所示。

（2）××公司销售业务风险控制清单，如表5-2所示。

要了解更多清单格式及内容请参考第八章的清单格式。

企业建立起规范化的风险控制清单后，可让普通员工通过自己的努力取得卓越业绩，从而使公司更少地依赖为数不多的精英。尽管这些精英通晓业务在公司是不可或缺的，尽管既有才华又有能力的精英对公司来说仍然重要，但有了规范和清单，公司的成败就不再由他们决定。

表5-1 公司层级风险控制清单（摘录）

序号	关键业务	涉及部门岗位	业务描述	风险成因	风险评估 发生(%)	影响后果	等级	防范措施	控制责任者
1	新产品新技术开发	总经理及专责人员	开发与引进新产品、新技术，变更产品结构，创造消费，开发新市场	①创造条件、程序欠完善，开发不成功，设想欠缺 ②条件不具备，情况不明，工作不深入，创收性大缺			4级	加强领导、及时掌握信息动态、配置资源，资金支持、落实进度日程，明确责任者	总经理 专项办
2	高端人才开发与引进	董事长及人事部	拟订人才需求计划，主动招聘与积极培养高级管理人才、高级技术人才	①引进与培养不成功，不适应需要 ②引进数量不足，业务素质不高或不对路、被散诉，经济受损，时间拖延			3级	明确岗位需求，把握技术要求、配置设计划、做好同密协聘者沟通	董事长 人事部
3	同业竞争环境	市场总监与销售经理	了解销售动态，观察客户动向，听取客户意见，汇总信息沟通、部信息沟通、汇总汇报	①竞争失利，政策失效，市场丢失 ②对手的竞争策略不清，方法手段及动态服务水平不清，内外勾结			4级	深入市场，倾听客户意见，提高服务质量，保密自有信息，防范吃里爬外，敌共舞	总经理 销售部
4	商业模式优化	董事长 销售部	积极发展代理商，同代理商搞好关系，听取代理商意见，合理奖励及时兑现	①市场模式创新不足，未有效促进市场发展，模式创新不够，方向失误 ②市场模式滞后，不利于调动积极性			3级	探讨改革商业模式，发展代理商，遵守相关规范，健全代理商的信息与联系	董事长 市场

第五章 风险控制与方案调整

表 5-2 销售业务流程风险评估与控制清单

流程	关键控制点	涉及部门岗位	活动描述	潜在风险	风险级别	控制措施	制度援引
1	销售计划	销售部、生产部、采购部、财务部、销售副总经理、总经理	销售计划由销售部经理制订，经过销售副总经理和总经理的批准，生产、仓储以及采购等后提交采购、财务等部门，作为编制采购计划和生产计划的依据。销售计划调整、履行销售计划，编制审批程序。对已批准的销售计划，执行计划考核程序	销售计划的编制没有充分的订单依据，背离市场需求	二级	编制销售计划的依据充分：销售专员对市场充分调研，正确编制评估报告，并提交公司评估审核；取得公司制度规定之内的有效订单数量	（企业销售相关制度编号）
				订单依据中所接受的订单不符合公司产品体系	二级	销售专员所取得的销售订单必须复核公司经营范围及产品生产能力体系	
				所接受的订单没有预付款，且不在公司客户名单额度之内	三级	销售专员所取得的订单必须具备预付款，或存在于公司授信范围之内的客户	
				编制的销售计划未履行授权体系审批程序，自作主张	二级	销售计划必须按公司审批授权体系执行，应经过销售副总及总经理的审批	
				未经授权体系批准，擅自变更销售计划	二级	对销售计划的变更，必须履行销售计划审批程序；对擅自变更销售计划的行为，公司行政部门给予严肃制裁	
				销售计划的下发，执行未进行认真的考核，使销售计划流于形式，失去应有作用	三级	公司健全销售计划考评制度、办法，认真履行对销售计划执行的考核；考核结果进入部门绩效	

流程	关键控制点	涉及部门及岗位	活动描述	潜在风险	风险级别	控制措施	制度援引
2	销售价格	销售部 财务部 生产部 相关副总 总经理	销售部负责制定具体的销售价格表和公司授权授权客户报价，并按权限执行销售价格。财务部对销售部价格执行情况进行日常的审核监控。审计部不定期或不定期对各部门执行审查监督。公司定价管理进行审查监督。公司定价管理人员负责新产品价格、重要客户销售价格的审核、标准价格和销售价格的审核、确定和调整等，并对公司产品价格执行情况进行管理和监督	由于定价依据不充分，价格不能弥补投入或价格超出市场接受能力，影响产品销售	二级	应制定并执行公司产品定价制度，特别是基本评估价与标准报价定表价定价制度	（企业销售相关制度编号）
				价格确定未经过公司的有效授权批准。私自向客户泄露价格信息，或私自给予优惠价	二级	未经授权批准，公司任何人员不准自行对外提供价格变动信息及新产品报价	
				销售专员擅自对外报价	二级	禁止业务人员未经授权人员批准，擅自接受客户提出的降价要求	
				销售价格调整未履行审批程序	二级	销售部门回应客户提出的降价范围内波动在公司的标准价格范围内波动	
				新产品定价缺乏市场信息支持，未经过评估审核	二级	公司确定新产品价格，必须有该产品详细的市场分析和预测结果作为支持。新产品价格出台必须办理审批手续	

流程	关键控制点	涉及部门岗位	活动描述	潜在风险	风险级别	控制措施	制度援引
3	销售合同	销售员销售部经理财务部销售副总总经理	销售谈判→合同协议内容会审与审批→授权签订合同→合同盖章→合同存档与下发→合同履行→合同完结	合同条款欠缺、规定不明确	二级	公司应制定统一的格式合同，格式合同应经过法律专家的审核。现场起草合同必须经过公司专家的审核	（企业销售相关制度编号）
				合同未经过公司会审程序审核	三级	公司制定合同会审制度，规定会审程序，销售合同必须经过会审程序	
				销售合同未按公司审批权限审批	二级	公司制定授权表，规定销售合同授权标准及金额，按照审批权限审批批准	
				销售合同的变更未使用书面形式	三级	销售合同的变更或终止，应采用书面形式进行	
				销售合同变更未履行审批程序	二级	销售合同变更必须履行相应的会审和审批程序，报销售副总和总经理审批	
				空白和已签销售合同未妥善管理，造成信息泄露或不当履约	三级	加强对空白合同、已签合同的管理，确定合同管理责任者，保留使用规定	
				合同用章未进行有效管理，造成用章不当给公司带来损失	二级	建立销售合同用章管理制度，明确规定用章审批、记录等规定	
				销售合同未按规定存档或销售计划未及时提交有关部门，造成销售信息不畅、履约不利的后果	三级	公司建立销售合同归档、传递及使用规定，明确归档的时间、交接等要求，并严格执行。对已签订的销售合同和变更的销售合同归档、销售计划分送财务、仓储等部门备查	

流程	关键控制点	涉及部门岗位	活动描述	潜在风险	风险级别	控制措施	制度援引
4	客户信用管理	销售专员 销售部经理 财务部 法务部 销售副总经理 总经理	建立客户信用档案，按信用等级、划分不同的信用等级，销售策略等，销售部门与客户协商后草签购销合同，对并将其转到信用管理人员，对授信额度和授信期进行审核，并签署意见	未建立客户档案，或未及时准确地更新客户信息。不能规避信用风险即赊销风险的发生	三级	建立全面的客户档案管理制度，客户信息更新要及时、准确	（企业销售相关制度编号）
				未建立客户信用等级标准，不能规避客户信用度与信用期，设置标准不统一，或发生销售人员随意处理客户授信情况	三级	建立并执行客户信用管理制度，明确客户信用等级和授信额度的审批程序，信用等级评定办法确定后，应当对所有同类客户保持一致	
				未建立信用情况评估程序，可能出现客户信用管理的人为因素	二级	建立客户信用情况调查和评估程序，设立独立于销售部门的评估机构，定期对客户信用情况进行评价和调整	
				客户授信未履行公司授权审批程序。可能导致坏账损失	二级	禁止不经过审核或越权审批的客户授信现象出现	
				擅自调整客户授信等级与额度	二级	未经授权人员批准，任何人不得自行调整授信参数和额度	
				未建立客户"黑名单"管理制度或随意调整客户"黑名单"信息	二级	建立"黑名单"制度，对认定违背信用规定的客户，及时归入"黑名单"；未经授权书面批准，任何人不得对"黑名单"进行修改	
				与进入"黑名单"的客户未终止交易	二级	对列入"黑名单"的客户，公司应立即终止交易，或采取其他措施避免、减少损失	

第五章 风险控制与方案调整

流程	关键控制点	涉及部门岗位	活动描述	潜在风险	风险级别	控制措施	制度援引
5	货物发送与销售退回	销售员 销售部经理 会计 仓库 销售副总	销售员开具"发货通知单",交承运部门去仓库提货装运;仓储部门在确认承运人身份后,对销售发货单据进行审核,按照"发货通知单"注明的发货时间、发货方式,接货地点组织发货,安全发运,完成交接手续。客户退货经销售主管审批后进行。退回的货物由质检部门检验和仓储部门清点后入库,退货数据报表会计处理	未经授权批准销售人员不准对外发货	一级	禁止销售人员不经授权人员审核批准,直接通知仓库向外发货	(企业销售相关制度编号)
				仓储部门未接到发货单擅自发货。可能被骗	一级	仓储部门只有在收到"发货单"后才能发货	
				仓库未对承运人验证身份;且发货未取得承运人货物接收证明	一级	仓储部门要验证承运人的身份符合性手续,并以此办收货物交接手续	
				门卫未核查相关合法手续,对物发货出擅自放行	二级	门卫对承运人要核实货物发运单的合法性,并对货物查验确认后放行	
				未取得发货回执,没有相关人员签字确认。可能发生纠纷	三级	承运人将货物送达目的地后,必须要收货人员将回执在上签字盖章	
				未取得相关人员签字确认的回执	三级	销售部要及时跟踪货物运输及客户收货情况,及时督促客户收货单回笼	
				财务部门在未确认客户已收到货物的前提下再付运输费用	三级	如果对方人员在货物清单上未签字盖章,财务部门不得办理运费结算手续	
				未经客户的书面确认承运,办理退货,易造成损失	二级	所有的退货必须取得客户的书面确认或其他类似支持文件	
				客户退货理赔行为未得到公司授权批准	二级	退货理赔手续由销售部履行,手续,批准书要附在退货验收报告上	
				仓库部门验收客户退回货物未经公司质检部门检验信息的准确性	二级	货物退回后应经质量部门的检验,确认属于本公司产品质量问题后,仓储部门方可接受退货	
				仓库部门未及时将客户退货验收报告传递财务部入账,影响销售信息的准确性	三级	退货验收报告要及时务及财务人账,及时修正客户账款的余额	
				未办妥客户退货手续前,向客户发货。可能发生信用危机	三级	在收到客户退货通知而未完成退货检查鉴定,公司不得向客户办理补充发货	

流程	关键控制点	涉及部门岗位	活动描述	潜在风险	风险级别	控制措施	制度援引
6	收取款项	销售员 销售经理 会计 出纳 总经理	出纳收取款项，存入银行，并编制收款原始凭证，定期与客户核对交款及账目情况；财务部定期进行账龄分析，销售部实行专员负责制，对到期末收回的账款，销售部实行专员负责制，必要时提交总经理，申请采取法律手段	未经公司授权，销售部门擅自收取客户现金，易产生舞弊现象	二级	销售款项不论是向何种形式必须由出纳负责收取并存入银行，特殊情况经授权批准方可收取，并在规定时间内交财务	(企业销售相关制度编号)
				销售部门擅自收款，且不及时提交财务部入账，易生弊病	二级	会计通过各种方式定期与客户核对交款情况，保证收款全部入账	
				应收账款未及时催讨，形成呆死账，造成损失	二级	销售人员负责货款的回收，应做到按合同及时、足额收回贷款	
				未取得客户应收账款确认单，易产生纠纷	二级	销售部应定期与客户核对账务，取得对账单；并进行账龄分析，做好应收账款回收工作	
				在法律失效期内未对应收款采取法律手段，可能导致损失	一级	对到期末回货款，应采取催款凭据，通过法律得到保护	
				未经授权或未取得有效凭据擅自对应收账款调整和进坏账处理	三级	财务对应收账款调整和坏账处理应有充分支持文件，并按金额大小设定批准权限	

第五章 风险控制与方案调整

> 迈克尔·波特指出"把公司的存在和发展建立在精英人物的英雄行为上，一旦精英跳槽，就会使公司陷入危机。然而，规范的业务流程和'风险控制清单'与公司同在。如果一些员工离开了，其他人不用费力就可以补上来把工作做好"。
>
> "……有了规范化的业务流程和'风险控制清单'，业务工作就不再是一种掷骰子的游戏，而是一种可考核、可管理、可控制、可改进的活动。"
>
> "但是，要获得规范化和'风险控制清单'的这些益处，就必须彻底改变组织文化。实现规范化需要有新的视角，需要组织中的每个员工，尤其是处于一线的经理人员和作业员工，学会系统思考。"

第三节 风险预警

树欲静而风不止，在实施"风险管理计划方案"中必然遇到众多风险甚至想都想不到的风险，及时准确掌握这一动态过程变化，及时采取有效措施，是关系到预期目标实现关键。下列几种报表可供适用于不同类型风险的预警报告。

一、基本指标风险动态预警报告

基本指标风险动态预警报告见表5-3。

二、全面预算实施状况预警报告

现以某公司运用滚动预算法实施预算控制，按月滚动。如发现背离预算额，应及时进行反映，滚动计算方法如表5-4所示。

表 5-3 基本指标动态风险预警报告

风险域	风险指标	权重	重要程度	预警临界值	目标值	运行状况	预计完成	影响额	预计走向	指标完成状况（等级=预计完成值/目标值×100%）					因素指标计量公式
										5（极差）	4（差）	3（中）	2（良）	1（优）	
基本指标	资本保值增值率	12	A	100.0%	104.0%	中				80%以下	80%~90%	90%~100%	100%~110%	115%以上	年末所有者权益/年初所有者权益
	主营业务利润率	8	B	15.0%	19.0%	良				90%以下	90%~95%	95%~100%	100%~105%	105%以上	主营业务利润/主营业务收入
	盈余现金保障倍数	8	B	4.0	5.1	良				90%以下	90%~95%	95%~100%	100%~105%	105%以上	经营现金流量净额/净利润
	成本费用利润率	10	A	4.2%	5.1%	良				80%以下	80%~90%	90%~100%	100%~110%	110%以上	利润总额/成本费用总额
	存货周转率（次）	5	C	5.5	6.9	中				88%以下	88%~94%	94%~100%	100%~106%	106%以上	主营业务成本/存货平均额
	应收账款周转率	5	C	7.9	9.9	差				85%以下	85%~90%	90%~95%	95%~100%	100%以上	主营业务收入/应收账款平均额
	不良资产比率	8	B	2.3%	1.9%	良				110%以下	100%~110%	90%~100%	80%~90%	80%以下	年末不良资产/年末资产总额
	现金流转负债比率	10	A	7.6%	9.6%	良				90%以下	90%~95%	95%~100%	100%~105%	105%以上	经营现金流量/流动负债
	速动比率	10	A	78.0%	98.3%	良				90%以下	90%~100%	100%~110%	110%~120%	120%以上	速动资产/流动负债
	技术投入比率	7	B	0.6%	0.6%	良				90%以下	90%~95%	95%~100%	100%~105%	105%以上	技术利研开发费/销售收入
	净利润增长比率	9	B	7.8%	9.8%	良				90%以下	90%~95%	95%~100%	100%~105%	105%以上	净利润增长额/上年净利润额
	固定资产增长比率	8	B	10.4%	13.0%	良				90%以下	90%~95%	95%~100%	100%~105%	105%以上	固定资产增长额/上年固定资产总额
合计		100													

第五章 风险控制与方案调整

表 5-4　全面预算实施状况（风险预警）报告

序号	预算项目	预算变量	标识	期初余额	预算指标	1月（实际）A	3月（实际）A	4月（调后预算）F	10月 B（预算）	11月 B（预算）	12月 B（预算）	合计		
												实际	滚动	预算
1	周数					4	5	4	4	4	5	L3		52
2	天数					28	91	119	301	329	364			
3	销售收入		I		50 000	2980	2890	2980	4251	3951	4905	8180	48940	50 000
4	销售成本	67%	C		-33 500	-1 997	-1 936	-1 997	-2 848	-2 647	-3 286	-5 481	-32 794	-33 500
5	经营费用		C									—	—	—
6	变动费用	8%	I		-4000	-238	-231	-238	-340	-316	-392	-645	-3916	4000
7	固定费用		C		-6000	-462	-577	-462	-462	-462	-577	-1500	-6000	-6000
8	财务费用（利息）	6%	C		-83	-6	-8	-6	-6	-6	-8	-21	-83	-83
9	存货贬值	15%	C		-254	-114	-1119	-1202	-9	-3	-3	-1259	-241	-254
10	坏账准备	5%	C		-263	-165	14	-12	-6	-2	-2	-113	-254	-263
11	折旧费	20%	I		-1240	-95	-119	-95	-95	-95	-119	-310	-1240	-1240
12	现金流入（YID）													
13	销售回款		L		47016	1945	8187	10922	37369	41278	46145	—	46145	47061
14	贷款注入		L		1500	1500	1500	1500	1500	1500	1500	—	1500	1500
15	现金流出（YID）													

序号	预算项目 滚动状态	预算变量	标识	期初余额	预算指标	1月 (实际)	3月 (实际)	4月 (调后预算)	10月 B (预算)	11月 B (预算)	12月 B (预算)	实际	合计 滚动	合计 预算
18	费用支出		L		-9283	-1752	-2875	-3427	-7783	-8413	-9198		-9198	-9283
19	采购支出		L		-35432	-5421	-11233	-10462	-28852	-31493	-34776		-34776	-35432
20	固定资产支出		L		-17000	-17000	-17000	-17000	-17000	-17000	-17000		-17000	-17000
21	流动资产													
22	现金金额		I	1200	3302	-4228	-4921	-1968	1734	2731	3731		3171	3302
23	存货期	45	I			45	45	45	45	45	45			
24	存货额		C	3670	4141	3209	10841	2828	4016	4036	4054		4054	4141
25	存货跌值准备		C	-367	-621	-481	-1626	-424	-602	-605	-608		-608	-621
26	收账期	63	I			63	63	63	63	63	63			
27	应收账款		C	5670	8654	6705	5663	5908	8391	8433	8471		8471	8654
28	坏账准备		C	-170	-433	-335	-283	-295	-420	-422	-424			-433
29	固定资产		I	4500	6200	6200	6200	6200	6200	6200	6200		6200	6200
30	累计折旧		C	-1800	-3040	-1895	-2110	-2205	-2825	-2921	-3040		-3040	-3040
31	负债		1	—										
32	短期借款		1		-1500	-1500	-1500	-1500	-1500	-1500	-1500		-1500	-1500
33	采购付款期		1			63	63	63	63	63	63			

序号	预算项目	预算变量	标识	期初余额	预算指标	1月 A（实际）	3月 A（实际）	4月 F（调后预算）	10月 B（预算）	11月 B（预算）	12月 B（预算）	合计		
												实际	滚动	预算
34	应付账款	63	C	-7340	-5880	-3455	-8759	-3512	-5694	-5720	-5742		-5742	-5880
35	预提费用		1	-1200	-2000	-154	-500	-654	-1654	-1808	-2000		-2000	-2000
36	权益		1	-4163	-8824	-4065	-3005	-4377	-7646	-8065	-8582		-8582	-8824
37	合计		C	—		—	—	—	—	—	—			
38	平衡检查		C											

（1）在已经批准的预算书上加入一行，其标识为"滚动状态"。

（2）在"滚动状态"一行中，用"A"表示"实际"，用"F"表示"调整后预算"，用"B"表示"预算"。

（3）当某个月份结束后，将实际数输入该月份，将该月份的标识改为"A"，当以后用月份如果有预算外审批调整事项，在需要调整的月份的预算项目进行修改，修改结束后标识"B"改为"F"，表示该月份的预算数是已经被修改的预算。

（4）在合计栏中设立"实际""预算""预测"合计，以观测实际运行结果，预测结果与年初预算目标的偏离程度。

（5）标识栏的"I"表示原生项目，"C"表示派生项目，"L"表示连续派生项目。主要用来说明该项目性质，及数值形成依据等。

可在上表右侧增加"偏差栏"，在该栏中增加"实际偏差"和"预测偏差""预算偏差"，以便及时报告造成目标预算项目、使管理者及时采取补救措施。

滚动预算是预算管理"理性化"的重要体现。通常，各责任中心在某个月份终了，要对以后月份中的预算指标进行依次确认。如果需要调整，各责任中心需要在其滚动预算中进行修改，以预告企业管理人员年终可能的经营结果，以及可能出现的偏差。

滚动预算的编制和年度预算编制一样，业务预算应由业务系统根据情况的改变修订，财务预算也仍然由财务系统调整，以保证目标和资源的最有效匹配。国外有些企业的经理经常出差，但在每月25日左右，他必然回到公司办公室编制预算，一是预测本月底的业绩，二是修改以后各月份的预算方案和资源需求，然后将结果在28日报财务部门。31日公司预算管理委员会对滚动预算进行讨论和审批。

滚动预算只能修订该年度剩余月份的预算，不可连续"滚动"12个月的，年度预算由12个月构成，过一个月，少一个滚动月，不能把下一个年度预算中的部分拿到本年度预算中来。因为下年度预算还不知道是多少。

三 "质安环健"指标动态与风险预警报告

表 5-5 质量、环境、安全、职业健康目标实施运行状况

报告日期：　　　年　　月　　日

序号	公司/部门	目标/指标	考核方法	考核周期	考评周期	运行状况	预警临界值	影响目标值
1	公司	质量	合同履约率：100%	履约合同/签订合同	每季度	100%		
			顾客满意率超过90%	满意数量/调查数量	每半年	95%		
			主设备完好率100%，辅助设备完好率不低于90%	完好设备数/统计设备数	每半年	100%		
			非计划停运≤2次/台·年；汽机≤1.5 次/台·年	安全月报表	每年	1台次·年		
			全厂设备消缺率≥95%	缺陷消除量/缺陷发现量	每季度	96%		
		环境	重大环境污染事故为0	环境月报	每月	0		
			废气、废水、噪声100%达标排放	监测报告、报表	每月	100%		
			灰渣综合利用率100%	灰渣利用量/产生量	每月	100%		
			供电煤耗≤360g/kw·h；供热煤耗≤38.15kg/GJ；厂用电率≤15.15%	生产统计报表	每月	完成		
		安全	人身重伤及以上人身伤害事故为0	安全月报	每月	0		
			职业病事故、火灾和重大交通事故为0	安全月报	每月	0		
			一类障碍不大于1次，一般及以上设备事故0次	安全月报	每月	0		

序号	公司/部门	目标/指标	考核方法	考核周期	考评周期	运行状况	预警临界值	影响目标值
2	运行部	质量	供电煤耗≤360g/kw·h；供热煤耗≤38.15kg/GJ；厂用电率≤15.15%	生产统计报表	每月	完成		
		环境	各项污染物达标排放	监测报表	每月	完成		
		安全	各类安全事故为0	安全月报	每月	0		
3	检修部	质量	设备完好率达到98%	完好设备数/统计设备数	每季度	100%		
			检修计划完成率100%	完成计划项目数/计划项目数	每季度	100%		
			设备消缺率95%以上	缺陷消除量/缺陷发现量	每月	96%		
		环境	可回收物资100%回收	监督检查	每季度	100%		
		安全	检修过程中避免人身伤害，各类安全事故为0	安全月报	每月	0		
4	技术部	质量	检修技改计划按时编制完成率100%	已编制计划量/应完成计划量	每季度	100%		
			技术标准更新及时率100%	技术标准清单	每季度	100%		
			产品入库验收及时率100%	监督检查	每季度	100%		
		环境	污染物定期监测100%按时完成	监测报告数/应监测次数	每月	100%		
		安全	不发生人身伤害事故	安全月报	每月	0		
5	供应部	质量	物资到场验收合格率97%以上	验收合格率/验收数	每季度	100%		
			物资采购及时率95%	采购完成数/采购计划数	每月	100%		
		环境	节约用水、用电、用纸符合公司要求，固废处理100%符合公司要求	监督检查	每月	100%		
		安全	不发生火灾事故	安全月报	每月	0		
6	略	略	略	略	每月	100%		

四　公司层面重大风险防范化解动态报告

表5-6　公司层面重大风险控制报告

序号	关键业务	涉及部门岗位	活动描述	风险成因	等级	防范措施	责任部门
1	新产品新技术开发	总经理及专责人员	开发与引进新产品、新技术，变更产品结构、创造消费，开发新市场	①创造条件、程序欠完善，开发不成功；②条件不具备，情况不明、政策不清，工作不深入，创收性欠缺	3级	加强领导及时掌握信息动态，配置资源、资金支持、落实进度日程，明确责任者	总经理、专项办
2	高端人才开发与引进	董事长及人事部	拟定人才需求计划，主动招聘与积极培养高级管理人才、高级技术人才	①引进与培养不成功，不适应需求；②引进数量不足，业务素质不高或不对路，被欺诈，经济受损，时间拖延	2级	明确岗位需求，把握技术要求、配置必要资源，做好周密计划、诚恳与应聘者沟通	董事长、人事部
3	同业竞争环境	市场总监与销售经理	了解销售动态，观察客户动向、听取客户意见、内部沟通、汇总汇报	①竞争失利，政策失效，市场丢失；②对手的竞争策略动向、方法手段动态，业务水平不清，内外勾结	4级	深入市场、倾听客户意见，提高服务质量、保密自有信息，防范吃里爬外，与敌共舞	总经理、销售部
4	商业模式优化	董事长、销售部	积极发展代理商，同代理商搞好服务、听取代理商意见、合理奖励及时兑现	①市场模式创新不足，没有效促进市场发展、模式创新不够，方向失误；②市场模式滞后，不利调动积极性	3级	探讨改革商业模式、发展代理商，遵守相关规范、健全代理商的信息与联系	董事长、市场
5	略						

在发生风险预警报告中所采取措施，取得成效应做好记录，必要时与出书面报告，报送给相关方。

第四节　风险应对方案调整

一定环境下的有效内部控制，而在另一种环境下未必有效。风险评估的本质就是一个识别变化的环境并拟定相应行动布局。因此，企业应结合不同发展阶段及业务拓展情况，持续收集与风险变化相关的信息，进行风险识别、分析与评价，当发现情况发生变化时应及时调整风险应对方案，从而抓住机遇、规避威胁，较好地实现预期目标。为此应关注以下两个方面：

一、关注特别变化的情况

应对策略的调整是以外部环境和内部环境的变化为前提。下列条件应引起高度关注：

1. 经营环境发生重大变化

国家政策法规、方针政策的变化、税种税率调整、国际国内竞争环境变化、自然灾害等。

2. 重要人事发生变动

如高层领导变更，新来的高层管理人员可能不理解企业的文化，或只关注当前业绩而忽略与其相关控制活动。在缺乏有效培训和督导情况下，关键技术人员高度流动也容易导致企业瘫痪等。

3. 新建或修订信息系统

由于下属不熟悉，容易失控。或为取得竞争优势及战术出击而建立新系统，在时间限制特别紧急时，也容易使控制失效等。

4. 营业规模迅速增长

当经营迅速扩张，现有内控制度局限性，可能导致控制失败；当程序变动和新人员增加时，现有的监督有可能失去充分的控制等。

5. 新技术的运用

让新技术运用到生产和信息系统，内部控制就很可能需要修改。例如，适时（JIT）存货制造技术应用，就需要改变成本系统和相关的控制，以确保及时报告有效信息等。

6. 新产品新业务的开拓

当企业进入新的商业领域或从事不熟悉交易时，现用的控制系统可能受到影响。如银行存款采用网络结算等直接影响会计核算系统。

7. 业务重组或合并/分立

可能伴随着机构重组、人员调整、监督机构和职责分割，成本费用控制系统调整，或者关键控制功能工作消失而替代控制尚未到位等，从而使原有控制系统失效。

8. *海外经营*

海外经营扩张或收购带来新的或独特风格。其控制环节可能受到当地管理层文化和风俗的影响。另外，当地经济法规和环境也可能带来独特的风险因素。

上述环境及条件的变化，要求应对风险的策略与方法也要作相应的调整和变化，才能应得面临的潜在风险。

二、预见性应变机制

企业必须建立识别重要风险假设条件发生变化的机制，实施早期的预/报警系统，以识别那些警示新风险将要发生的征兆，做到有预见、早预防。

一般情况下，越能早识别出那些影响风险变化的因素发生变化预兆的，就越有助于提早采取措施进行有效应对，等风险威胁已到临头再采取措施就来不及了。因此，企业应完善信息机制，及时预测影响企业目标的风险变幻及条件，发现后及时填写"风险预警报告单"（见表5-7）向有关部门报告。各相关部门及责任者，针对预警风险采取必要措施。这样才可能做到"未雨绸缪""有备无患"，将风险事件化解于发生之前，这是最佳方法。

如果防范不利化解无效，就会爆发风险事件，从而进入危机阶段，危机管理也是风险管理重要内容，管理者必须认真处理。三株口服液15万销售大军、年销售80亿元、一个错案事件全军覆灭；而强生制药公司却利用毒药片事件赢得更高声誉，换来更高发展。对危机万万不可粗心大意！请看所附两个案例。

三、监测调整方案实施动态管理

由于风险的隐蔽性、复杂性和环境变幻性，决定了风险应对决策预见性有时不能全面正确地反映未来环境变化趋势，不能发挥应有的作用，达不到预期的目标，这就需要对风险应对决策方案实施动态监测，该变则变，必要时对原方案进行适当调整，以适应新形势需要，同时还要继续监测动调整态指标实施情况。

公司/事业部/业务领域：

汇报人：×××　　　　　　日期：　　　年　　月　　日

表5-7 "目标、风险、机遇"一表化统筹管理

风险编号	风险影响目标	风险描述	风险动因	风险责任者	发生地点	当前风险应对措施	影响程度	发生可能性	风险发展趋势	可接受性	可控性 紧迫性	短期或长期	模式及特定事件	监测与审查	额外的风险应对	额外的资源需求	采取新措施成效预期	存在机遇的目标	针对此机遇管理计划	说明

风险标准：分5级　级别越高风险越大；可控性描述：　　　　治理措施（可控/不可控）

建议：

案例1　忽视风险管理，"人命官司"毁三株

一、事件描述

众所周知，三株公司是一个靠 30 万元起家的民营企业，主要产品为吴炳新发明的三株口服液，曾创造出中国保健品发展史上的"三株神话"：

1994 年销售额达 1.25 亿元；

1995 年销售额达 23 亿元；

1996 年销售额达 80 亿元；

1997 年销售额达 70 亿元。

然而，这一神话却被"人命官司"击得粉碎。1998 年，三株的年销售额从 80 亿元骤跌至 20 亿元，灿烂的"三株"枯萎了。

1996 年 6 月，身患冠心病、肺部感染、心衰Ⅱ级、肥大脊柱炎、低钾血症等多种疾病的 77 岁老人陈伯顺，经医生推荐服用三株口服液。1996 年 9 月，在一家诊所治疗无效后病故。1996 年 12 月，陈伯顺之子向常德市中级人民法院起诉三株集团。经法院审理于 1998 年 3 月 31 日做出一审判决：消费者陈伯顺因喝了三株口服液后导致死亡，由三株公司向死者家属赔偿 29.8 万元，并没收三株公司非法所得 1000 万元。

三株这一"人命官司"震惊全国，各种媒体纷纷报道。"八瓶'三株'喝死一老汉""谁来终结'三株'""三株红旗还能打多久"等爆炸性新闻，很快出现在 200 多家报纸、杂志上。三株公司对这一突如其来的意外危机事件缺乏应对措施，1998 年 4 月三株口服液销售量一下就从 1997 年的月均销售额近 6 亿元下降至 600 多万元，15 万人的营销大军，被迫削减到不足 2 万人，生产经营陷入空前的灾难之中。官司给三株公司造成的直接经济损失达 40 多亿元，国家税收损失也达 6 亿多元。

时隔一年，湖南省高级人民法院做出二审判决：三株公司胜诉，陈伯顺的死亡与三株口服液没有关系，三株口服液是有益于身体健康的合格保健品。由于这一判决为终审判决，"人命官司"至此画上句号。对于三株公司来说，虽在这场官司中最终胜诉，但却成为事实上的失败者。

二、事件点评

长期以来，人们对利用公共关系处理危机管理没有足够的重视和研究，国内品牌普遍缺乏危机处理经验，"成功时得意忘形，危机发生时手足无措"是最真

实的写照。

在这场"人命官司"中，三株公司所表现出来的公关危机处理能力应该说是极其低下的，主要表现在以下四个方面：

（一）没有危机应急管理措施

如果从风险管理学的观点看，危机管理是必须正视的课题。对于竞争的品牌来说，危机就像"人的死亡和纳税一样谁都不可避免"。任何危机的出现，往往都具有突发性、破坏性、聚重性和持久性。企业如果没有面对危机到来的心理准备及防范措施，没有相应的处理危机的公关部门，就会被危机打倒，就会出现不正常的浮躁、混乱和无序，就有可能使一个正在走俏的品牌跌入"冷宫"，甚至消失。

（二）缺乏与媒体的有效沟通

媒体的作用是不可低估的。良好的社会舆论，能使企业树立一个"高、大、好"的社会形象，从而出人意料地为企业带来巨大的效益。恶劣的社会舆论能使企业的信誉一落千丈，甚至造成破产倒闭。由于三株公司没有重视媒体的作用，未能建立自己的新闻中心，没有及时、迅速、准确、有效地向各种媒体提供全面、客观、翔实的新信息，也没有与社会公众和舆论进行广泛而有效的沟通，致使三株公司出现了若干信息真空地带，并很快被不全面、不公平、不客观、不具体甚至不真实及诋毁性的报道所占据。如果三株公司能够抢在第一时间，并通过《人民日报》、中央电视台等权威媒体公布审判结果，以及公司自己的不服上诉等信息，三株公司绝不会在短期内遭到灭顶之灾。

（三）反应迟钝，缺乏应急措施

从1996年6月事故发生，至1998年3月判决，在将近两年的时间里，三株公司始终没有提出富有创造性和实质性的危机处理解决方案，从而看出三株公司自身对危机的处理软弱无力，使事态不断扩大、升级和蔓延。三株公司应当在事发之初，敏捷地找到避免走上法庭的道路，抑或在诉诸法律以外，实施更为有效的应对措施，如采取灵活的办法让原告撤诉是最好的办法。不然，一旦介入官司，无论胜败，企业都会成为"败者"。

（四）未能赢得公众的信任

消费者的权益高于一切，保护消费者的利益，减少受害者的损失，是运用公关手段进行危机处理的第一要义。因此，危机发生后，如果是公司的错误，就应当及时向消费者表示歉意，必要时通过新闻媒体向社会公众发表谢罪公告，表示公司对消费者和受害者的真诚；如果不是公司的错误，公司应当向消费者做诚恳的解释，从道义的角度体谅消费者的损失，大度地帮助消费者解决困难。

从以上所举事实可以看出，三株公司的危机管理和公关能力何其薄弱无力，可以说三株公司是一个没有风险管理措施、缺乏危机意识、忽视公关在企业中的重要地位及作用的企业。因此，它的失败，不是偶然，而是必然。

案例 2　强生制药公司泰诺毒药片事件的处理

案例背景

1982 年 9 月，美国芝加哥地区发生有人服用含氰化物泰诺药片中毒死亡的严重事故，一开始死亡人数只有 3 人，后来却传说全美各地死亡人数高达 250 人。其影响迅速扩散到全国各地，调查显示有 94% 的消费者知道泰诺中毒事件。

事件发生后，在首席执行官吉姆·博克（Jim Burke）的领导下，强生公司迅速采取了一系列有效措施。首先，强生公司立即抽调大批人马对所有药片进行检验。经过公司各部门的联合调查，在全部 800 万片药剂的检验中，发现所有受污染的药片只源于一批药，总计不超过 75 片，并且全部在芝加哥地区，不会对全美其他地区有丝毫影响，而最终的死亡人数也确定为 7 人。但强生公司仍然按照公司最高危机方案处理原则，即"在遇到危机时，公司应首先考虑公众和消费者利益"，不惜花巨资在最短时间内向各大药店收回了所有的数百万瓶这种药，并花 50 万美元向有关的医生、医院和经销商发出警报。

事故发生前，泰诺在美国成人止痛药市场中占有 35% 的份额，年销售额高达 4.5 亿美元，占强生公司总利润的 15%。事故发生后，泰诺的市场份额曾一度下降。当强生公司得知事态已稳定，并且向药片投毒的疯子已被拘留时，并没有将产品马上投入市场。当时美国政府和芝加哥等地的地方政府正在制定新的药品安全法，要求药品生产企业采用"无污染包装"。强生公司看准这一机会，立即率先响应新规定，结果在价值 12 亿美元的止痛片市场上挤走了它的竞争对手，仅用 5 个月的时间就夺回原市场份额的 70%。

强生处理这一危机的做法成功地向公众传达了企业的社会责任感，受到了消费者的欢迎和认可。强生还因此获得了美国公关协会颁发的银钻奖。原本一场"灭顶之灾"竟然奇迹般地为强生赢来了更高的声誉，这归功于强生在危机管理中高超的技巧。

对此《华尔街日报》报道说："强生公司选择了一种自己承担巨大损失而使他人免受伤害的做法。如果昧着良心干，强生将会遇到很大的麻烦。"泰诺案例成功的关键是因为强生公司有一个"做最坏打算的危机管理方案"。该计划的重点是首先考虑公众和消费者利益，这一信条最终拯救了强生公司的信誉。

资料来源：雷盟，雨阳. 强生制药公司泰诺毒药片事件的处理［J］. 中国企业家，2002（4）.

思考与讨论

1. 风险控制目标与任务是什么？

2. 风险控制方法有哪些，如何选择控制方法？

3. 风险控制清单构成要素，编制风险清单有哪些要求？

4. 什么是风险预警报告，如何实施风险预警报告。

5. 风险应对方案在什么情况下进行调整？如何调整。

第六章

监督评价与改进提高

导读：

监督评价与改进提高是风险管理过程中最后一个重要环节，具有承上启下作用，通过监督评价风险应对方案的执行情况，业务流程及其内容，通过绩效评价与风险成本计量，总结经验吸取教训，学习先进树立标杆，持续提高风险管理水平，适应风险社会需要。

关键词：

风险管理循环、风险控制原则、预防原则、内部控制、持续监控、绩效评价、风险管理成本记录、评价报告、标杆管理、知识分享、持续改进

内容结构：

监督评价与改进提高	监督与评价	风险监督形式与方法：持续监控、个别评价、监督活动
		风险监控重点、监控评价程序、评价要求、原则及方法
	评价与成本	风险管理绩效评价目的、绩效评价指标体系及方法
		风险管理耗费成本计量、成本控制与分摊的方法
	记录与报告	记录与报告意义与目标，报告种类、向谁报告、报告什么
		针对内部管理、针对不同层面需要、制定风险报告管理制度
	学习与提高	持续学习改进的意义、目标与过程，标杆管理的含义
		内容及分类、确定比较目标、持续学习、实现与时俱进

在实施风险决策方案过程中，要遇到多种波折、方法措施因时因事而变，人的思想行为也在变，有精华也有糟粕，需要自我监督与评价，发现偏离目标的差异，及时采取措施加以纠正，从而达到预期的目标。风险管理循环过程如图 6-1 所示。

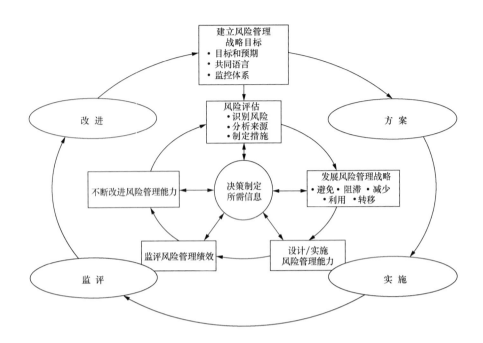

图 6-1　风险管理循环过程

第一节　监测与评审

监测与评审也称监督与评价是风险管理框架中的一个重要环节，是确保风险管控有效并持续健康运行的重要手段，且嵌入风险管理的全过程。

一、《准则》对监测与评审要求

为确保风险管理有效且持续支持组织的绩效，组织应做到：

（1）针对各种指标测量风险管理绩效，并定期评审这些指标的适宜性。

（2）针对风险管理计划定期测量其进展和偏差。

（3）在给定的组织内部和外部环境下，定期评审风险管理框架、方针、计划是否仍然适宜。

（4）报告风险、风险管理计划的进展情况，以及组织的风险管理方针政策遵循情况。

（5）评审风险管理框架的有效性。

二、监测与评审的对象、目的及要求

（一）监测与评审的对象及目的

监测与评审的对象是企业管理风险的"框架"。

通过监测与评审实现两个目的：①有助于确保企业的风险管理有效；②有助于确保风险管理对企业的绩效提供持续支持。

（二）监测与评审的要求

监测与评审要求做好以下五方面工作：

（1）要做三项工作：①要建立健全风险管理的绩效指标体系，否则"监测与评审"将失去依据和标准；②要定期评审这些指标的适宜性，由于企业内外部环境的变化，有些指标可能需要调整，有些指标可能被取消，也有可能增加一些新指标；③利用这些指标对风险管理的绩效进行测量，并对测量的结果进行分析和评价。

（2）要对"风险管理计划"进行监测与评审，"风险管理计划"是框架中的一项重要内容，是企业实施风险管理的总体计划。企业在编制并实施风险管理计划后，为了对框架进行监测与评审，要定期测量该计划的进展情况和偏离情况。

（3）要对风险的管理框架、风险管理方针政策、风险管理计划的适宜性进行定期评审，这三项是企业风险管理工作中最基本的内容，企业需要根据内外部环境的变化定期对它们的适应性给予评审。

（4）对"监测与评审"的报告要求：一是在评审时要看其报告制度、报告途径、报告周期等内容；二是要报告风险管理计划的进展情况；三是要报告风险管理方针政策的遵循情况。

（5）对框架的整体有效性进行评审。

三、监测与评审的好处

（1）可检查验证风险管理方案设计的有效性和方案执行的有效性。

（2）可发现成效与不足，为改进风险管理提供有效依据。

（3）可检测风险应对措施的成功与失败，从中吸取经验与教训。

（4）可为企业验证及改进风险应对方式和优先排序提供依据。

（5）可进一步发现新识别的风险和正在显现的风险。

四、监测与评审的形式与方法

企业风险管理的监测有持续监测和个别评价两种方式：持续监测行为发生在

企业的日常经营过程中，包括对企业的日常风险管理行为监测、对员工履行各自职责行为监测，具有普遍性，因此它比个别评价更加及时有效。个别评价发生在事后，不能及时迅速地识别问题。所有企业既要有日常的持续监控活动，也要有定期的个别评价活动，以促进风险管理的正常运行。

（一）持续监测活动

持续监测关注要点包括以下几个方面：

（1）在日常工作中获取能够判断内部控制与风险管理执行情况的信息。

（2）外部反映与公司内部信息的反映是否吻合，有多大差异。

（3）财务系统数据与实物资产的定期核对。

（4）重视内外部审计师提出的改善措施，并积极配合。

（5）各级管理人员应积极了解内部控制与风险管理的执行情况。

（6）定期与员工进行沟通。

（7）关注和支持内部审计活动。

企业在正常的经营活动中，许多活动可以起到监控企业风险管理是否有效的作用。这些信息来自定期的管理活动，如差异分析，对来自不同渠道的信息比较，以及应对非预期的突发事件等。又如，管理部门审查主要经营活动指标的报告，如财务报告、新的销售方式和现金状况的快报，有关未完成订货的情况、毛利的信息和其他的财务与经营统计数据；经营管理人员把产量、存货、质量测量、定期的固定资产、现金、票据和有价证券等盘点情况，销售和其他从日常活动中获得的信息，与预算和计划进行比较；管理部门根据自己制定的风险敞口范围审查绩效，如何接收错误率及悬而未决的事项、调整的项目、外汇敞口范围或来自合约方面的风险；管理人员审查主要的业绩指标，如风险方向和大小的趋势、战略和战术行动的状态，实际结果相对于预算与前期的变化趋势和变化率等。

美国 COSO 认为：一般情况下，持续监控应由直线式的经营管理人员辅助管理人员执行，因为这些人员可以对他们所掌握的信息进行更深入的思考，通过分析可以发现矛盾和问题，寻找产生问题的环节和责任人，在进一步掌握信息的基础上，确定是否需要提出改进的措施。这里需要注意的是：应把持续控制活动与企业经营过程中的控制活动区别开来。因为前者控制的对象是风险管理的政策；后者控制的对象是经营政策。

（二）个别评价活动

个别评价是企业风险监控的另一种方式，它常常是由企业的经营目标、业务流程和管理主体等方面发生变化而引起的。个别评价的参与人员包括企业的高层管理人员、风险管理人员、内部审计部门和外部专家。个别评价一般要定期进行，进行次数由企业根据风险变化的情况加以确定。

个别评价关注要点：①评价计划的制订；②评价活动的执行情况；③评价报

告和纠正措施。

1. 个别评价的步骤

（1）计划。①规定评价的目标和范围；②确定一个具有管理该评价所需权利的主管人员；③确定评价小组、辅助人员和主要业务单元联系人；④规定评价方法、时间路线（Time Line）和实施步骤；⑤就评价计划达成一致意见。

（2）执行。①获得对业务单元或业务流程活动的了解；②了解单元或流程的风险管理过程是如何设计运作的；③应用一致同意的方法评价风险管理过程；④通过与公司内部审计标准的比较来分析结果，并在必要时采取后续措施；⑤如果适用的话，记录缺陷和被提议的纠正措施；⑥与适当人员复核和验证调查结果。

（3）报告和纠正措施。①与业务单元或过程以及其他适当的管理人员复核结果；②从单元或业务过程的管理人员处获得说明和纠正计划；③把管理反馈写入最终的评价报告。

2. 个别评价的方法和工具

个别评价有一系列评价方法和工具可供利用，包括核对清单、调查问卷和流程图技术。评价者确定支持评价过程所需要的方法和工具。现有许多成形的方法和工具可用来记录和评价企业风险管理的具体方法。

选择评价方法和工具的因素包括：它们能否易于被指派的员工使用，是否与给定的范围相关，是否与评价的性质和预期频率相适应。例如，如果该范围涉及了解和记录业务流程设计与实际执行之间的差异，评价小组要复核或规划过程流程图和控制矩阵；反之，一个范围仅限于处理具体规定的控制活动存在，就表明可以使用预先制订的调查问卷。现将使用的方法和工具列示如下：

（1）过程流程图。

（2）风险与控制矩阵。

（3）风险与控制参考手册。

（4）使用企业内部或同行业的信息确定基准。

（5）计算机辅助审计技术。

（6）风险与控制自我评价讨论会。

（7）调查问卷。

（8）动员会（Facilitated Sessions）。

［例6-1］现摘录美国COSO制定发布的《企业风险管理》中工薪过程风险与控制自我评价调查问卷，见表6-1。它充当了一个诊断参考点，关注与工薪处理风险有关的控制实际被应用的程度，其结果构成了必要纠正措施的依据。

（三）监督测评活动

监督测评活动是通过对风险控制点的实际控制情况进行有效性检测，以确定各业务流程中的控制是否依照公司内部控制的规定运行，并向公司报告测评结果

表 6-1 风险与控制自我评价调查问卷摘录

工薪问题	调查问卷回答选项					政策参考
①我的部门复核预算部门编制的预算总结	是	否	不知道	不详	不详	1 号工薪政策
②我的部门监控从我的预算中支付工资的员工数量	是	不是	不知道	不详	不详	2 号工薪政策
③我的部门复核邮寄给我们部门的月度薪酬报告	从来没有	很少	经常	总是	不详	3 号工薪政策
④在复核工薪报告时，你认为每个人超额付薪的工时是多少时才是极端高，以至于会详细复核以确定根本原因	10%~20%	20%~30%	30%~40%	大于40%	不知道	没有工薪政策

调查结果总结：

①95%的被调查者复核预算部门编制的薪酬预算报告。

②93%的被调查者复核从他们薪酬预算中支付工资的人数。

③70%的人只是复核工薪报告，18%的经常这样做，12%的很少复核这些报告。

④参见下图。

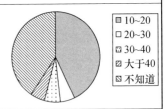

图例：
- 10~20
- 20~30
- 30~40
- 大于40
- 不知道

及失效控制点的整改建议，监督整改落实情况，并为公司董事会出具内部控制评价报告提供依据。

1. 测评人员的职责与权利

测评人员的职责：根据公司制订的测评方法对控制点进行测试，判断各项测评对象内部控制的有效性和合理性，根据测评的情况出具报告，并保证工作底稿及测评报告的真实性和完整性。

测评人员的权利：有权查阅与所测评的业务流程有关的凭证、文件；就所测评的流程询问相关经办人员；就测评过程中出现的障碍向测评项目组组长汇报。同时，测评人员不能在测试过程中进行与其测评内容无关的业务，并对了解的业务所涉及的机密内容有绝对保密的责任。

2. 测评活动流程

测评活动流程如图 6-2 所示。

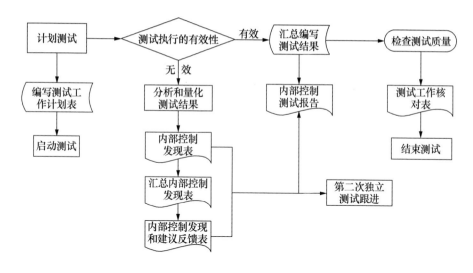

图 6-2 测评活动流程

（1）测评工作计划。为保证测评工作符合国家相关法律法规和公司内部控制制度的要求，并能够有序和周全地开展，公司测试人员在独立测试前必须妥善准备和筹划测评工作。进行测评工作的主要步骤和注意事项包括：

1）制订和编写"测评工作计划表"。它的制订和编写应该涵盖公司、各控股子公司和各业务流程的控制点三个层面。"测评工作计划表"的内容设计应该清晰、全面，有利于指导测试工作的进程，能够对测试对象和测试结果进行及时的跟踪和反馈，测试结果有利于形成统计数据，为公司内部控制工作和战略决策提供一定的分析依据。制订"测试工作计划表"还应当遵循重要性原则，并依据各控制点对财务报告的影响程度，拟订各控制点在测试单元的测试范围。

2）获取和分析被测试子公司的财务和业务资料。在准备测试计划时，测试人员要分析被测试对象的财务和业务资料，包括经营情况、上一财务年度资产净值、营业收入和税前正常业务利润等，并选出具有代表性的测试单元。各测试对象的内部审计人员应做好配合工作。

3）确认被测试对象提供的内部控制材料是最新的。为保证测试的准确性，测试范围的确定要依据测试对象最新的内部控制情况。因此，在实际工作前，测试人员应与被测试对象确认，其所提供的内部控制材料内容是否已更新，避免出现对现有控制点的误解。

4）确认测评人员已到位。公司、各控股子公司及相应的业务环节应确保测评人员到位，为日后培训和测评工作做好安排。

（2）召开测评项目启动会议。在独立测评实施工作前，测评人员应与被测试单位管理层就已制订的测试工作计划、测试范围、时间表和"测试所需资料清单"等与被测评单位充分沟通。

（3）进行有效性测评。为保证测评工作的有效运行，对于每个控制点，测评人员应根据控制点的性质，选取规定数量的交易样本，检查控制的执行情况，确定该控制点是否有效执行，并详细记录测试结果。

1）进行有效性测试具体操作步骤包括如下几项：各测评员应仔细分析研究各被测评单位的实际情况和控制点的设置特点，并修改相关工作底稿内容，确保测评方法、抽样方法和测评步骤能有效检查各控制点实际执行情况；测评员在测试年度内抽取样本进行测试，并详细记录测试结果；测试员应要求控制点负责人对运行有效性测试的结果进行签字确认；测试员需要按计划进度及时将测试工作底稿提交相关人员进行审阅，确保测试工作已按"测试工作计划表"全部完成；若测试过程中发现任何问题，测试员需及时与被测试单位的负责人进行沟通并记录；及时跟踪反馈情况；所有工作底稿和复印的文件、单据应进行顺序统一的编号，最后汇总归档。

2）进行有效性测试注意事项。控制点应依照规定设置来操作运行；控制点的执行人员应被授予必要的审批授权的资格，以分析控制点执行的有效性；问题描述应客观、简洁，将测试过程客观表达；测试文档归类清晰，方便查阅。

（4）分析测评结果。完成运行有效性测试后，测试人员要对测试结果进行分析，分析对财务报表的影响，若问题已直接影响到测试年度的报表科目和数据，而有关影响是可以量化的，测评人员应在相应的测试文稿中明确。同时还要明确，分析测试结果所显示的问题，是否为显著缺陷或实质性漏洞。

对测评结果的分析主要有以下三个方面：

1）问题的特殊性质是否可能给公司带来重大影响。

2）单个或多个问题发现导致财务报表中出现错报，或在披露中出现虚伪陈述的可能性。

3）财务报表中出现错报或在披露中出现虚伪陈述后果的重要性和严重性。

（5）编写测试报告。测试人员应根据测试结果和被测试单位的反馈内容，撰写测试报告，并把报告提交给公司相关部门审阅。报告的内容应完整和准确地反映如下问题：

1）违反风险管理要求的控制点及其重要性。

2）各测试问题可能产生的影响。

3）可能受影响的经济指标及影响程度。

4）改进建议。

5）执行时间表。

6）被测试单位的反馈意见等。

（6）召开测试项目结束会议。在测试实地工作结束前，测试项目组组长应与各运行子公司的项目管理委员会和内部审计部门召开测试项目结束会议，进行正式的汇报。

3. 测试方法

（1）适当的人员询问。

（2）相关文档的审阅。

（3）风险控制点执行的实地观察。

（4）对控制点执行重复验证等。

测试人员可根据控制点的不同性质，选择适用于该控制点测试的方法或方法组合。

4. 保存测试的工作底稿

（1）保存。测试工作底稿经过分类整理汇集后，编号归档，形成档案。

1）对测试归档资料进行清理核实检查，按周期和流程编号排放，并制作文件索引。

2）制作档案交接清单，由测试项目组组长签字。

3）留存交接清单，作为测试工作资料保留。

（2）保密。是指在测试时间内所收集的凭证、文档和样本须统一归口管理。测试人员不得向他人透露有关测试的任何资料，对涉及企业机密的内容有绝对保密的责任。

五、企业风险监督的重点

企业风险监督的内容包括两个方面：一是方法技术，即对相关人员所用方法、为执行选定的风险管理战略所设计的特别技术环节等，实施即时控制；二是程序过程，即对企业的执行官员、高级管理者、过程活动责任人和风险管理责任人、内部实施及执行人员等所使用的正式及非正式的程序进行监控。企业风险管理监控重点是：

（一）现存的重点风险

经理们应该用重点测试、系列分析等技术，附以成文的框架来判断公司风险预测报告中提及的风险变动是否真的发生。

（二）新出现的风险

对各种外在条件和因素（环境风险）及内部的条件和因素（过程风险）的改变，应按时间标准加以识别，确保对重要变化进行额外评估，以制订适用的风险管理方案。

（三）风险管理绩效

助理执行官、风险责任者在评估所选定的风险时，要运用有效的方法，采取正确的行动，将风险管理能在平衡计分卡上列出最佳做法。

（四）特定的度量措施、政策与程序

对这些方面的监控可以确保风险度量的可信性，确保风险管理过程按预期的规定进行，确保公司的政策、运作程序与风险管理相协调。

上述监控重点为公司每一个相关人员及应问的问题提供了答案，这些问题如图 6-3 所示。

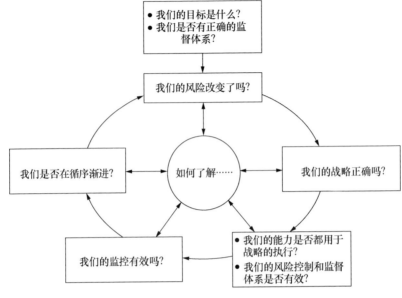

图 6-3　监控中的关键问题

总之，监控包括各种相关措施的综合运用，经常性的沟通，以及对公司相关职能机构执行人员的定期审核与评估，它为公司主管和高层经理提供了重要保证。

六、监测评价的程序及实例

企业应根据自身对风险情况的掌握进行内部定期评价和外部评价。企业定期对所属单位和流程的风险管理的有效性进行自我评估，对发现的漏洞应设计改善措施。外部评估有助于发现企业自身发现不了的风险和问题，并进行有效的改善。

（一）各部门自查、自检和评估

企业各有关部门和业务单位，应定期对本部门的风险管理工作进行自查和自检，分析风险管理的实施情况，看是否有遗漏的风险因素，决策是否合理，采用措施是否恰当，环境变化是否产生了新的风险因素，发现缺陷及时加以改正。自检评价报告应及时报送企业风险管理职能部门。

负责进行自查自检的流程负责人，应对相关流程的运作风险负责，而监督的主要工作包括业绩评价、定期对流程风险进行自我评估及日常的沟通。每一责任单位对风险进行自我评估。例如，某流程负责人应该通过对风险的自我评估中所提的相关问题予以关注，进一步评估流程的业绩表现、风险及风险控制手段。当然，风险自我评估必须确保流程责任人能识别风险及分析风险产生根源及原因，从而可以采取最佳措施和控制程序，防范重大风险的产生。

风险的自我检评可采用多种方式进行，如核对清单、调查问卷和流程图技术，还可用本企业与其他单位相比较，或以其他单位的风险管理作为标杆，设定业绩指标，或召开专门会议、调查、访谈等都是行之有效的自我评估方式。需要注意的是，进行比较时，必须牢牢把握住目标，因为事实和情况总是与目标存在差别。需要记住风险管理的八个构成要素，以及风险管理的固有局限。

有些流程所涉及的经理及所关联到的员工，可能是来自不同的职能部门，通过培训可以提高风险评估效果，同时也可减少所需的成本。

[例 6-2] ××公司技术开发部风险管理自我测评矩阵如表 6-2 所示。

表 6-2 ××公司技术开发部风险管控自我测评矩阵

测评日期：××年××月××日

关键控制活动	相关表单	控制活动痕迹	测试程序	测试方式	抽查频率	测评结果
新模具/配方可行性论证	可行性研究报告 新模具/新配方开发计划 设计开发任务单	是否有详细的可研报告分析痕迹；不适用记录痕迹；领导审批痕迹	检查新项目研发前有无详细的可行性研究报告，是否有详细的研究开发方案、有无管委会讨论及领导审批痕迹	抽查表证	2~4	
新模具/配方开发审核	有关人员对新研发项目的改进意见书面记录	提出修改意见的记录痕迹；对建议的采纳与否记录痕迹	检查是否有相关人员关于新研发项目的反馈与修改的建议	抽查表证	2~4	
新开发项目进展审核	项目开发进程计划 实际研发进度	研发开展进程记录痕迹；投入各种资源及利用记录凭证	依可行性研究报告计划及批示，人员配备/出勤、资源配置记录、到现场查看	抽查记录	2~4	
新模具/配方推广	新研发项目使用记录 客户使用反馈单	新成果生产使用/质量记录痕迹；征求、听取客户意见反馈痕迹	到生产现场查阅新项目运用状况，检查相关手续记录、听取相关方意见	抽查走访	2~4	
新模具/配方成本核算	新项目费用凭证 核算账表及审批表	新项目经费核算过程及核算过程记录痕迹	抽查新项目经费核算记录及审批表，新项目经济效益状况	抽查表证	2~4	

（二）公司整体管控风险能力评价

公司整体管控风险能力评价见表6-3。

表6-3　企业风险管控能力评价

序号	评价对象（业务单元）	综合分	权重	管控能力等级	得分（%）	授权（10）	职责（15）	规范（25）	执行（25）	留痕（15）	监管（10）
1	公司领导	6.00	8	良	75.00	4	4	4	3	4	4
2	社会责任	6.00	8	良	75.00	4	4	4	3	4	4
3	企业文化	4.32	6	良	72.00	4	4	4	3	3	4
4	采购管理	5.04	8	中	63.00	4	4	3	3	2	2
5	营销管理	3.72	6	中	62.00	4	4	3	3	2	3
6	合同管理	3.30	6	中	55.00	4	4	3	3	2	2
7	生产管理	3.60	6	中	60.00	4	4	3	3	2	2
8	资产管理	2.10	6	差	35.00	2	2	2	2	1	1
9	预算管理	1.60	8	极差	20.00	1	1	1	1	1	1
10	资金管理	2.80	8	差	35.00	4	4	1	1	1	1
11	成本控制	2.70	6	差	45.00	3	3	2	2	2	2
12	人资管理	4.08	6	良	68.00	4	4	3	3	4	3
13	财务报告	3.76	8	中	47.00	4	3	3	2	1	1
14	安全运营	4.80	6	良	80.00	4	4	4	4	4	4
15	内部审计	2.80	4	良	70.00	4	4	3	3	4	4
合计		56.62	100		862.00	54	53	43	38	27	38
百分制得分		56.62		中	57.47	72.00	70.67	57.33	50.67	36.00	50.67
管控能力等级		中			中	良	良	中	中	差	中
风险等级		3			3	2	2	3	3	4	3

注：①管控评价要素分别按：优（5分）、良（4分）、中（3分）、差（2分）、极差（1分）。

②单项业务单元权重，按每项业务单元对业务单元所处地位作用不同赋予不同权重，但所有业务单元总分之和为100分。

③业务单元管控风险能力得分（百分制）= $\sum$（该评价要素评价得分 × 权重）÷ $\sum$（该评价要素最高得分 × 权重）× 100。

④单项控制要素管控能力得分（按百分制）如授权 =（4×10+4×10+4×10+4×10+…+4×10）÷（5×10+5×10+…+5×10）×100 =（540÷750）×100 = 72（分）。

（三）风险管理职能部门评估

在企业风险管理中，要充分发挥内部审计人员在监督和评价成果方面的重要作用。内审人员在企业中不直接参与相关的经济活动，处于相对独立的位置，对企业内部的各项业务比较熟悉，对发生的事件比较了解。他们必须协助管理层和董事会监督、评价、检查、报告和改革风险管理。内部审计部每年至少一次对风险管理责任部门、业务流程进行监督和评价，找出薄弱点，发现执行中存在的不完善之处，提出改进措施及意见，促进风险管理方案计划的有效执行。评估发现的问题列示如表6-4所示。

表6-4　评估发现问题清单

风险现状	标准	原因	影响	评价	建议
没有重要的例外，内部控制设计良好	标准的控制程序流程图	风险控制和抑制措施	将风险控制在可接受水平下	控制设计适中可行	尚无更正确建议
现金的收入、记账和保管由同一人执行	原设计是相互分离的职务	另一位出纳病故	①存在挪用公款可能②怀疑贪污挪用	控制设计有缺欠、执行无效	应将收款、记账、保管实施职务分离

（四）外部中介机构检查评估

企业可聘请有资质、信誉好、风险管理专业能力强的中介机构和顾问，对企业全面风险管理工作进行评价，出具风险管理评估和检查专题报告。报告应评价风险管理计划的实施情况、存在的缺陷及改进建议。可针对企业的具体情况就下列事项中的某一项或全部提供咨询。例如：①风险管理基本流程与风险管理策略；②重大风险、重大事件和重要业务流程的风险管理及内部控制系统的建设；③风险管理组织体系与信息系统；④全面风险管理的总体目标。但是应该注意的是，中介机构和顾问只起到协助、补充和促进作用，不能取代高层管理者在风险管理中的作用。

第二节　绩效评价与成本计量

如何考评企业全面风险管理绩效？

◆风险识别的能力是否提高；

◆对特定风险的度量c概率损失额是否有改进；

◆风险评估技术能力形成，风险控制清单建立科学性提高；

◆企业预警能力和应变能力是否提升；

◆企业的效率与效果是否增加，预期目标是否实现？

一、绩效评价目的、依据与标准

绩效评价目的：一是为了促进绩效目标完成，二是为了评价其应变能力，即能否兼顾与适应环境变局。因为企业所处的内外部环境在变化、新技术不断出现、可用资源也在发生变化，有关政策法令可能调整，面临风险也是多变的等，因而需定期评估风险管理绩效，进而调整既定方针政策，以适应新的环境变化。

绩效评价依据：是企业风险管理目标与风险管理政策。企业风险管理总目标是提升企业价值，实现战略目标，进一步细分为法规目标、策略目标、报告目标、经营效率目标，以及损失前后的特定目标等。另外，企业风险管理政策说明书的政策也是评价的重要依据。

绩效评价标准、针对风险管理特性评价标准有二：一是行为标准，二是结果标准，行为标准有遵纪守法，风险政策、严格执行操作规程、按时召开安全会议；等等。结果标准，是负责任务、产量、质量效率以及风险限额标准等。

二、绩效评价指标体系

（一）量化指标

主要介绍风险管理的效能及效率指标。

1. 风险管理效能

风险管理效能＝销售额标准差/资产报酬标准差

销售额标准差反映了企业在市场风险管理方面取得业绩。资产报酬标准差反映了企业在资产利用方面管理风险的效果。该指标越高说明企业对风险因子变动引发的销售环境变化有极大应对能力，进而越能稳定企业报酬。

2. 销售风险成本率

销售风险成本率＝风险成本/销售额

3. 总资产风险成本率

总资产风险成本率＝风险成本/资产总额

这两类指标都是用来衡量风险效能的指标，如果该比率与计划（如果本期实际与原计划背离较大，应调整后再比较）低，说明本期风险管理绩效比预期好。如与同行业相比较低，也说明企业在风险管理绩效方面比同业好。

（二）质化指标

有风险控制效标、极端事件效标与策略风险效标。

（1）风险控制效标有：①企业对已暴露的风险额与该类风险辨识程度如何？②企业对风险稽核与监控的情况如何？③企业对风险的管理是否均有书面化限额与标准？④企业风险管理过程是否有预算等控制工具？⑤企业风险学习与训练过

程是否有明确制度与改进措施?

（2）极端事件效标有：①企业对极端事件的管理及实施风险管理的重视程度如何？②企业在风险管理上，有无单独针对极端事件进行情景分析？③企业在极端事件管理上是否采用过压力测试？

（3）策略风险效标有：企业在策略风险管理上，以自留风险、资产配置、风险/报酬、风险调整后绩效等，哪几项作为风险决策的参考因素。

三、风险管理成本计量

风险管理成本是指因管理风险所造成的经济耗费。风险管理的最主要功能是降低风险损耗增加企业价值，故可以用风险成本的观念来衡量、管控风险所付出的直接代价。

企业的风险成本由以下五部分构成：

（1）保险费。即企业每年买保险所缴纳的保险费。

（2）必须承担的损失。即未投保的风险，或自己承担的风险，一旦发生事故自己承担的损失额。

（3）风险及保险管理的行政费用。即与风险和保险管理有关的行政事务费用。

（4）风险控制成本。即企业采取风险管控措施所支付费用。如消防设备费用、安全训练费用，等等。

（5）残余物和其他的补偿或救济。即企业发生损失的残余物尚有的价值，或发生风险损失后政府的救济、减征税费、保险赔偿、保险奖励等。

上述1~4项之和减去第5项，即为企业的风险净成本。

根据上述方法每个企业的风险管理成本不仅可以计算出来，而且还可以事前编制预算加以控制，事后予以考核，从而降低风险管理成本，相对应的也就增加利润。

企业发生的风险管理成本，可按一定标准在各部门、各单位之间进行分担，并列入管理责任实施考评，其中最关键的是以什么为标准进行分摊？应结合单位具体情况而定。

四、风险成本分摊

值得研究的是风险不是独立存在的，它依附在经营及业务活动之中，各项经营及业务指标完成好，说明该领域风险管理也好，相反说明风险管理也差。所以人们不能脱离业务活动单独地评价风险管理的绩效。如何评价有待共同探讨，创出一条新路子。

第三节　记录与报告

国际标准 ISO31000-2018 提出风险管理的过程和结果应该通过合适机制形成文件和报告。

一、记录和报告的意义及目的

（一）记录意义

记录是对实施风险管理过程中各相关情形/要素的描述，是对"历史/事件/实践"等信息的原始的、真实的记载或描述。显然，在实施风险管理过程中的各个环节，会涉及大量的信息收集/信息整理/结论记录等工作。ISO31000 明确要求相关人员应做好针对风险管理过程中每个要素工作相关内容的记录，并整理和保留好这些记录。其目的是体现风险管理活动应是可追溯的。

在风险管理过程中，记录为方法、工具和整体过程的改进提供了基础。除了ISO31000 谈到的有关保持"记录"的意义，还包括：

·组织持续学习的需要，组织审计核验与证据保留的需要；

·以实施管理为目的，以获取信息再利用的好处；

·建立和维护记录所需要的成本和努力；

·记录的质量；

·法律、法规和业务操作需要的记录：

·考虑可接近信息的方式，以及考虑便于检索和存储；

·保存期限；

·信息的敏感度。

（二）报告意义

报告是公司治理的重要组成部分，报告可增进与"利益相关方、高端管理层、董事会各委员会"等之间的沟通质量，促进他们的"尽责"。报告管理的逻辑应包括：①考虑不同利益相关者，以及他们对报告的特殊需要和要求；②报告的成本、频率和时间跨度；③报告的方法；④报告"与组织目标和决策相关的信息"。

"报告"通常是按照上级相关方的规定及要求，由风险管理过程的执行者（参与执行者）提供的可反映"风险管理过程"总体结果（或局部结果）的工作总结。其中有的还包括：原始记录展示、信息提示、状况评价和问题建议等。

报告按风险管理过程分为风险信息框架报告、风险识别报告、风险评估报告、风险事件报告、风险清单报告、风险沟通记录与报告、风险监控报告，等等。

（三）记录与报告目的

（1）在组织内沟通风险管理活动和结果；

（2）为决策提供信息；

（3）改进风险管理活动；

（4）帮助与利益相关者互动，包括对风险管理活动负有职责和利益相关者。

> **风险报告目标**
>
> COSO—ERM2004 描述：可靠的报告为管理层提供适合其既定目的的准确而完整的信息，它支持管理层的决策并对企业活动和业绩进行监控。

组织应对"记录与报告"管理的责任、内容、留存、传递流程等制定相关的和恰当的制度规范。

二、风险报告关注的内容及种类

（一）风险报告关注内容

监测评价过程中发现的风险管理缺陷——影响企业经营战略目标设定及实现的各种现象及行为等，应向有关部门和所涉及的人员进行报告。如果所发现的问题超出了组织边界，报告也应相应超出，并且直接呈交给足够高的层次，以确保采取适当的措施。

至于向谁报告缺陷，一些公司制定了指导方针，具体内容根据 COSO—ERM2004 列示如下：

> **例示性的缺陷报告指南**
>
> - 把缺陷报告给那些直接负责实现受这些缺陷影响的经营目标的人；
> - 把缺陷报告给直接负责这些活动的人以及至少高一级的人；
> - 存在报告敏感信息（如非法或不当行为）的备选报告渠道；
> - 特定类型的缺陷要报告给更高级的管理者；
> - 针对向董事会或特定的董事会、委员会报告的内容制定规程；
> - 把已采取的或将要采取的纠正措施的信息，反馈给参与报告过程的相关人员。

另一个公司为确定哪些缺陷要报告给高级管理层制定了如下标准：

> **向高级管理层报告的例示性标准**
>
> 当一个事件发生的可能性不可忽略，而且其影响会引发以下结果时，要报告缺陷：
> - 对员工或其他人的安全产生不利影响；
> - 非法或不当行为；
> - 资产的重大损失；
> - 没有实现主要目标；
> - 对主体的声誉有消极影响；
> - 不当的对外报告。

（二）风险报告种类

围绕企业风险管理战略而设置的企业风险报告体系主要分为预测性风险报告、监测性风险报告、检查监督性风险报告、周期总结性风险报告和特殊事件报告，还包括应特别要求而出具的相关报告，如向企业利益相关者出具的报告或向监管方提供的报告等。另外，企业风险报告还可以分为单一风险报告、组合风险报告和整体风险报告，对内报告和对外报告，按传递媒体的不同分为口头、文字或信号等报告、按风险管理过程还可分为自动报告和非自动报告，财务报告和非财务报告，风险信息框架报告、风险识别报告、风险评估报告、风险事件报告、风险沟通记录与报告、风险监控报告，等等。

风险报告应针对不同层次及不同相关利益者，其报告内容及详略也有所区别。企业对外风险报告有特别法律条款要求的，应按要求内容披露；没有法律、法规要求公开披露的风险报告，一般比较笼统并常常加以美化修饰；而针对企业管理层的风险报告往往是最全面和最详细的报告。

1. 针对企业内部管理层报告种类

> - 收益/损失的原因报告；
> - 当前企业风险状况报告，周期性风险管理总结报告；
> - 关键风险的监测报告；
> - 经营中发生的意外与偏差（调查）报告；
> - 关键业绩达到的指标报告（衡量成/败）；
> - 风险审计报告；
> - 安全、质量、合规、诊断等报告；
> - 特别行动分析报告；
> - 特别事件（内部和外部）调研和分析报告；
> - 周期性的风险战略评估；
> - 某些事项的预测报告；
> - 权益方（股东、监管、第三方等）报告，如上市公司的财务报告。

以下是西方某企业建议的基层向经营决策高层进行风险报告的要点：

按企业子公司、操作区域、产品组别等几大类汇总企业层面的风险，内容包括根据风险评估结果，报告上述各类层面的主要风险，并进行风险重要性排序。

（1）分析现有的就上述风险的管理状况与理想化的管理状况之间的差距在哪里？

（2）总结出什么是最优秀的和最糟糕的风险管理资源投入，并给出解释。

（3）当前的环境扫描过程或早期预警系统显示，报告什么风险应引起或必须引起企业立刻行动或对风险的立即反应。

（4）基于企业采用的风险价值等方法进行报告，评估宏观经济的利率波动可能超出的极限对企业的收益和现金流的影响。

（5）采用情境分析法评估某些企业不可控制的风险，如通货膨胀、天气、竞争者行动、供应商运作水准差异对企业的收益、现金流、资本和商务计划的影响。

（6）操作风险报告，针对风险政策和已经界定的风险限度分析企业在操作方面重要的失误、事件、损失、险情或接近出错的情况。

（7）进行特别专题的研究或特别目标的研究报告，如就开拓一个新市场、开发一个新产品进行论证，企业是否有必要就某些计划"叫停"。

（8）总结报告企业的内部审计发现和外部审计发现缺陷及问题。

（9）总结企业在风险管理方面的创新行为，并报告下一步的创新计划，如果没有，解释原因。

2. 针对不同层面的利益相关者的风险报告

据调查显示，超过80%的西方投资者现在开始要求企业出具能令他们满意的风险管理报告；政策监管方面开始从 ERM 的观点出具系列的对企业监管的法律法规；企业的客户下订单、企业选择供应商和企业的债权人也常常要求企业出示能够证明已经实施系统性风险管理的证据和报告。因此，西方企业现在增加了一项向利益相关者出具风险报告的义务。以下具体探讨几种"风险报告"模式和应包括的具体内容：

（1）上市公司向公众和投资股东的报告。

目前上市公司向公众和投资者主动披露风险管理的内容，是根据监管部门要求，一般是在年度（半年度）对外报告中增加一个或几个部分内容公布。西方上市公司的年报由 10 多个分报告组成，企业风险管理的信息披露一般通过两大类反映。

1）把风险管理产生的财务结果从财务报告部分直接反映出来，如企业在财务报告中公布企业的损失数据，并进一步公布企业每股产生的损失数据（西方企业管理层往往在公布损失前论证该种损失股东的可接受程度，进而改变或调整对企业的风险控制水平，最终达到在公布财务报告时让股东可接受和满意）。

2）风险管理信息从年度报告总体组合中专门披露，在风险管理的分部报告中反映出来。西方企业在年度报告中目前专门披露风险管理的分报告一般包括：

①审计报告（必须包括的报告）。

②公司治理报告（一般包括的报告）。

③企业可持续发展报告。

④风险因素披露报告。

⑤企业全面风险管理报告（2000 年后逐渐开始披露这一信息）。

⑥企业的社会责任报告。

⑦环境报告。

⑧质量目标。

⑨企业内部控制程序与原则。

⑩损失事件和损失报告。

⑪某些行业特定风险报告。

企业究竟在年度报告中多大程度地披露风险管理要素，受多个因素的制约，如上市公司监管部门的法律法规制约。

美国/加拿大：监管方面对审计独立报告有强制性要求，如美国纽约证券交易所要求所有上市公司都要有内部审计，监管部门要求上市公司披露公司治理和内部控制状况，推介使用 COSO 或 COCO 框架的方式。美/加（除银行业新的惯例已经开始披露 VaR 值等风险管理参数之外）目前就企业披露其他方面的风险管理信息尚未达到强制性的程度，但未来的趋势将会越来越增多和加深。

英国：英国上市公司主要披露执行 1999 年《综合准则》（以下简称《准则》），这一《准则》强制要求上市公司"完成公开与公司目标相关的风险"，明确"公司要在年度报告中披露这些风险以及所采取的相应措施"。而《准则》的实务指南中细化了上述要求，具体内容如下：

①披露公司战略相关风险和它们的排序，追索其根源并进行一定分析。

②披露风险管理的选择方法策略（如转移或规避等）。

③披露对公司保留下来的风险的控制对策。

④披露对风险管理的有效性的监控。

⑤为确认风险管理的流程合理和运行有效，公司所采用的手段。

还有各地区要求报告格式、企业所在行业以及规模大小等。

（2）公司经营层向董事会和风险管理委员会报告。

该风险报告特点：特定风险管理报告和企业综合性/整体性风险管理报告。经营层向董事会或风险管理委员会的报告内容、时间和风险限度要严格按照企业的《风险管理手册》进行。或者特殊情况下按董事会向经营层要求的详细程度进行风险报告。一般经营层有责任 100%地向董事会和风险管理委员会报告企业风险及其管理状况。

（3）公司风险管理职能部门或风险首席执行官风险管理报告。

该风险报告特点：常规业务报告、特定/局部风险管理报告和企业综合性/整体性风险管理报告。报告内容、时间和风险限度要严格按照企业的《风险管理手册》进行。风险管理职能部门或风险首席执行官有责任100%程度（不加修饰程度）地向风险管理委员会报告企业风险及其管理状况。一般来讲，针对内部管理层的风险报告比针对董事会的风险报告内容要详细和具体。

（4）业务单位/风险经理向公司风险管理职能部门、风险首席执行官或风险管理委员会报告。

该风险报告特点：常规业务报告、特定或局部风险管理报告。报告内容、时间和风险限度要严格按照企业的《风险管理手册》进行。业务单位或风险经理有责任100%程度（不加修饰程度）地向公司风险管理职能部门、风险首席执行官或风险管理委员会报告业务单位层面风险及其管理状况。

（5）风险责任人向风险经理、风险管理职能部门或风险管理委员会报告。

该风险报告特点：常规业务报告或特定风险管理报告。报告内容、时间和风险限度要严格按照企业的《风险管理手册》进行。风险责任人有责任100%程度（不加修饰程度）地向风险经理、风险管理职能部门或风险管理委员会报告风险及其管理状况。

（6）企业员工向风险责任人、风险经理、风险首席执行官或风险管理委员会报告。

该风险报告特点：一般为工作岗位相关的风险报告。报告内容、时间和风险限度，一般要按照企业的《风险管理手册》进行。另外，企业可设置"风险报告直通车"鼓励一线工作人员直接向企业的高层报告重大风险隐患。

（7）企业向债权方、客户或其他利益相关者报告。

该风险报告特点：一般应利益相关方要求，企业不得不出具尽量能够证明企业风险管理处在合理、科学和有效的管理之下的风险报告，以打消利益相关方的顾虑和增进他们的信心。

报告要点：报告要在真实的基础上将风险管理信息艺术性地披露到让利益相关方满意。

总之，风险报告应根据不同对象的需求，其内容也应有所区别，目的是满足利益相关者需要，提高企业信誉度。

三、风险报告管理程序

管理好风险报告的程序如图6-4所示。

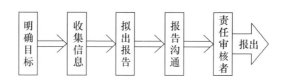

图6-4　管理好风险报告程序

（一）明确目标

这一环节主要解决风险报告送给谁，是外部还是内部，是风险责任者，还是主管上级，或公司最高管理决策者，或风险管理委员会。目标明确后，才能做到有的放矢地组织材料进行撰写。

（二）收集信息和数据

这一环节的目标是实现信息的可靠性。由于有意或无意的失误，或人的素质的局限性，或信息收集技术的局限性，或设计的信息收集方案不科学等因素，都会使收集数据的质量大打折扣，甚至导致风险报告本身是无意义和无效的。

（三）撰写风险报告

无论是自动还是手工方式出具风险报告，仍旧是人及技术因素对报告质量产生影响，另外这个过程也可能出现使报告形成的时间过长，或出现泄密问题。

（四）风险报告传递和沟通

这一过程容易出现的问题是传递速度过慢、报告泄密、报告丢失、报告渠道不畅通等风险，或出现错送地址或收件部门等，从而影响报告的可靠性和及时性。

（五）风险报告的最终责任审核者

审核者对报告解读的速度和水平，审核者组织报告综合会议的能力，审核者的"智囊团"参谋水平，审核者所拥有的决策权程度等，将影响审核者实施"措施制定质量"和"措施实施速度"。

显然，企业实施ERM并建立风险管理部门后，风险管理部担当很多基层单位所发出的风险报告最终审核者。风险管理部还需要做进一步的平衡与分析，进而产生企业层面的、综合一致的风险报告（如消除基层可能产生的不一致性报告），这些报告将供企业高级管理层、董事会、监管或其他利益相关者审阅，在这种情况下，这些人士又是报告的最终审阅者。

四、风险报告管理制度

为提高对风险管理报告的管理水平，需要一种相宜的制度作为长期的指引和保障。以下是风险报告制度应覆盖的内容提要：

（1）风险报告的目标。

（2）明确风险报告信息来源真实性、可靠性、完整性的重要意义。

（3）设定明确的风险报告程序或指引。

（4）根据识别出的风险，特别是关键性风险的种类，规范报告的种类。

（5）根据识别出的风险点绘制报告布局图、报告线路图等。

（6）明确岗位责任和相关工作的授权，明确责任追究。

（7）规范每一级管理人员应了解影响他所管辖范围内的风险信息报告。

（8）描述报告的可靠性、保密性、及时性及质量的特点和要求。

（9）明确对报告的检查和纠错机制。

（10）明确对员工的素质要求和对员工实施培训的原则要求。

（11）明确对接触各类报告信息的人员范围和最终的审阅者。

（12）明确报告的存档管理制度和具体报告类别管理的责任人。

（13）明确风险管理部门在统一管理和审核风险报告中的作用。

第四节　持续改进与提高

任何管理都存在改进、提高的问题，所以"持续改进"是风险管理原则，也是事物发展规律。

ISO《标准》指出"基于监测与评审的结果，组织应该就如何改善风险管理框架、方针、计划做出决策，这些决定应导致组织的风险管理和风险管理文化的改善"。

一、持续改进的意义、目标及过程

1. 持续改进的意义

ISO《标准》认为"持续改进"是一项循环的活动，通过过程的运行和改进来实现。改进包括日常的"渐进改进"和重大的"突破性改进"。改进是为了寻求每一个可能的改进机会，而不是在问题发生后才去改进。改进是持续的，一个改进过程的终止意味着一个新的改进过程又开始。改进是螺旋式上升，每一轮的改进不是简单的重复，而是向着更新、更高的目标攀升。

持续改进的主要内容：风险管理框架、风险管理方针、风险管理计划。

2. 持续改进的目标

（1）要促使企业风险管理的改进。

（2）要促使组织风险管理文化的改善。

3. 持续改进循环过程

（1）分析和评价现状，从而找出需要改进的内容和范围。

（2）确定改进的目标，寻找可能实现目标的解决方法。

（3）评价这些方法，并做出选择、实施所选定的方法。

（4）测量、验证、分析和评价实施的结果，以确定改进目标是否实现。

（5）正式采纳更改。

二、拟订风险管理标杆、实施标杆管理

（一）风险管理标杆内容

企业在改进风险管理的战略及方法时，应明确以下问题：

（1）企业希望拥有什么样的风险管理能力？

（2）通过培训，企业的风险管理人员应具有什么样的风险管理能力？

（3）企业内部风险管理的信息流动和沟通机制是否完善、运行如何？

对上述问题的回答必须有一个标准，这个标准称为风险管理标杆。企业可以将自己内部最佳的风险管理实践，或者与其他主体比较，或者以其他企业的风险管理作为风险管理的标杆，为持续改进树立标准榜样。

（二）风险管理标杆的类型

1. 内部风险管理标杆

它是以企业内部最佳风险管理实践为基准的标杆管理。它是以企业内部风险管理绩效最佳者为标准，作为内部实施风险管理的标杆，然后推广到其他部门，从而提高企业整体的风险管理水平。它的优点是利用企业内部的信息、方法便捷且易操作。不足之处是单独使用内部风险管理标杆，往往具有内部视野，容易产生封闭思维。因此在实践中应与外部风险标杆管理结合起来使用。

2. 竞争风险管理标杆

它是以竞争对手风险管理绩效为基准的风险标杆管理。竞争风险管理标杆的目标是与有着相同市场的企业在风险管理的绩效与实践方面进行比较，直接面对竞争者。这些风险标杆管理的实施较困难，原因在于除了公共领域的信息容易获取外，竞争企业的其他内部风险管理信息不易获得。

3. 职能风险管理标杆

它是以行业领先者或某些企业的优秀风险管理作为基准进行的标杆管理。这类风险管理的标杆合作者，常常能相互分享一些风险管理的技术和信息，企业可以在行业或者产业协会的主导下进行比较。其他企业可能会提供比较的信息，而一些行业中的同业复核（Peer Review）职能机构能够帮助一家企业对照同行业来评价它的企业风险管理。

4. 流程风险管理标杆

它是以最佳风险管理流程为基准进行的标杆管理。风险管理标杆是某种工作流程，而不是某项业务与操作职能。这类标杆管理可以跨不同类型的组织进行。它一般要求企业对整个风险管理流程和操作有很详细的了解。

（三）标杆管理的步骤

1. 收集与分析数据

首先要确定风险管理的标杆。分析和寻找最佳实践风险管理标杆是一项比较烦琐的工作，但它对风险管理的成效非常关键。风险管理标杆的寻找包括实地调查、数据收集、数据分析、确定风险管理标杆指标。风险管理标杆的确定为企业找到了对比与学习的目标。

2. 确定比较目标

比较目标就是能够为公司提供值得借鉴学习的公司或个人，比较目标的规模不一定同自己的企业相似，但在风险管理方面应是世界一流做法的领袖企业。

3. 分析总结

在前面工作的基础上，各个部门及个人通过与选定标杆的比较，寻找出自身实践的差距。这是一个系统的分析过程，尤其要明确企业在风险管理的规则和实施过程中的差距。此外，由于每个企业所处的环境有很大差别，因此，每个企业所面对的风险差别也很大。因此，企业应该对自身面对的几个主要风险的管理和应对措施进行认真的总结，提出改进的行动方案，更好地管理风险。需要注意的是，在进行比较时，企业必须考虑到不同企业的目标及资源情况，以制订适合自身的最佳风险管理方案。

4. 制订并实施改进计划

在确定了风险管理标杆并明确差距之后，企业就可以针对本身在风险管理过程中暴露出的问题进行持续的改进。

5. 持续发展，逐步提高

实施风险管理不能一蹴而就，而是一个长期、渐进的过程。例如，魁北克水力发电公司的风险管理就在不断地改进，最初只是关注最主要的风险，到第二年时他们将增加第二批风险，到第三年时会增加第三批风险。企业的风险管理确立了由主要到次要的风险管理观念，着重强调最主要的风险管理，并把企业引向成功。另外，在实施标杆管理的过程中，要坚持系统优化的思想，不是追求企业某个局部的风险管理最优，而是要着眼于企业总体的风险管理最优。

三、持续学习和改进，形成学习型组织

在企业内部进行纵向与横向的持续的信息交换与知识分享，是企业风险管理持续改进的重要因素之一。只有企业内外部进行持续的信息交换和知识分享，企业才能明确自身的业绩、内外部环境的变化、行动界限和限制，从而确立新的目标和战略，并朝着新的目标和战略进行持续改进。

系统的学习和改进是实施风险管理的关键。管理的精髓在于创造一种环境，使组织中的人员能够按组织远景目标工作，并自觉进行学习和变革，以实现组

织的目标。通常被认为是从组织的利益出发，组织员工进行知识共享的过程。风险管理是一个变动的过程，风险管理往往涉及未来的不确定性，难以客观地掌握和驾驭，因此，它必须得到企业学习与个人学习的支持。企业需要将风险管理作为企业的文化融入员工的日常行为，通过培训员工接受并了解企业统一的风险管理过程。例如，Marine Max 把风险管理培训纳入了 Marine Max 大学的课程中。推进风险管理的企业都把知识分享、教育与培训视为事关企业风险管理成败的内容。有效的风险管理培训也有助于业务单位的经理人员和风险管理责任人关注企业的风险管理观点、战略、政策与过程，并能使他们了解支持全面风险管理战略实施的信息系统。它同样有助于对企业全面风险管理的接受及责任感的树立。

员工培训应强调以下内容：

（1）企业的风险战略与政策。

（2）企业风险识别与风险评估构架及其理由。

（3）关键性的自我评估过程如何与日常业务流程结合起来。

（4）企业选择的有效风险度量方法及运用。

（5）风险管理基本框架的组成要素及其在风险管理能力方面的应用。

（6）诸多现有沟通渠道的参与。

（7）企业实现持续改进行为，对企业风险管理及员工个人的影响。

四、不断完善与提高，实现与时俱进

风险管理的完善过程是企业持续的永恒过程，因为风险管理的完善程度永远是相对的，企业的资源也是有限的，这也就意味着风险管理持续改进只能是相对的。每一阶段，企业都会面临新的问题，都能学到新东西。在风险管理过程中，管理层将会持续地提出如下一些问题：

（1）在决策过程中什么信息是最有用的。

（2）过去发生了哪些错误。

（3）哪些风险事项的发生管理层并未预见到。

（4）在过去制定战略风险管理并未使用到的外部环境信息在将来可能会更有帮助的有哪些。

（5）如果获取了该等信息，结果会有什么不同，这意味着企业现行信息获取流程存在什么问题。

（6）企业如何改进目前的风险控制机制。

总之，风险管理是一个动态的过程，随着外部环境、内部条件变化，科学技术水平的不断创新与发展，风险管理理论、技术与方法也应不断变革，才能充分发挥它应有的作用。这其中领导层的观念及风险偏好将决定一切。

案例　台塑王永庆的“推夫”

台湾“经营之神”王永庆生前为什么那么成功呢？因为他的公司有一个著名的“推夫理论”，在这里，“推夫”是指专门监督检查人员。一般的企业，往往处于“老板推一下，员工走一步”的被动状态，因此动力较小，而台塑的“推夫”有200多人！这些“推夫”直接管到企业的底层，他们传达着王永庆的命令，贯彻他的指示，严密地监督考核授权后的成效，因此推动力较大。

台塑的“推夫”，不懂技术，但长于分析。他们指出，管理不当往往是人为因素造成的，从这个角度去分析、检查、改进，常常会得到好的成绩。

正常情况下，下属只做领导者即将检查的事情。检查能有效地提高员工的执行力。检查首先要非常严格，高标准、严要求，绝不放过任何一个影响工作品质的细节，同时也要跟随员工的工作进程和规划。检查的依据是员工当初制定的目标及规划措施。一个人做同样的事情比原来的效率提高好几倍，那是因为有检查。大家想一想，如果没有检查，团队的工作效率会怎样？人们会不会马上行动？所以，措施有力、检查不力，照样执行不力，检查可以让成果提前、自我退后。因为有检查，大家都想在检查之前做出结果。

检查是很有力度的事情，可大多数公司往往只做授权，不做检查，所以很难有结果。因此，要想执行有力，必须措施有力；要想措施有力，必须检查有力。那么如何做检查呢？

一、确定监督检查人

此时，当领导者将工作交给执行人之后，就要安排检查人来监督他们的工作进展情况，选出一个好的监督检查人就变得很关键。监督检查人必须具备以下素质：

（1）廉正无私。既然负责检查，检查人就要严格把关，对执行人、领导者和公司负责。执行人工作应该帮到什么程度、什么时间完成都要掌握好。对执行人没有做到该怎样处罚、做到了该怎样奖励，检查人心中都要明确，不能因执行人与自己关系特殊，就徇私包庇，卖人情。

（2）身先律己。身先足以率人，律己方能服人。如果检查人光说不干，就不能让下属服气。检查人员要求执行人员做到的，自己首先要做到，这样才能让执行人信服。

日本东芝集团董事长士光敏夫认为，上司身先律己的管理制度可以为企业带来更大的经济效益。他曾说：“上级全力以赴地工作就是对下级的教育。职工3倍努力，领导者就要10倍努力。”

（3）坚守责任。检查人最大的责任是让结果提前和实施奖惩的依据。一个坚守责任的检查人，在接受企业的委托后就要全力以赴，并且对自身的工作也要高标、严要求，做到完善监督、完善执行。

坚守责任的检查人能够让结果提前，对执行人是奖励还是惩罚要做到胸中有数。

二、确定监督检查方式

监督检查方式可以根据实际情况灵活选择，可以是电话、E-mail、书面文字、现场式、访问式等。领导者或亲自考察考核，或下属定期不定期地汇报，或二者兼而有之，但领导不要过多地关注细节，避免乱下评语、早下结论，应重在监督评价下属的工作进展及其质量、工作态度、授权的适当性等。领导者要把握好度，既要监督工作情况，又不干涉下属的具体工作；既要提出意见、建议，又要避免影响信任度；既要该奖则奖，又要当罚则罚。

三、落实反馈的意见

当某项工作进行到一定程度时，肯定会有一些需要改进和完善的地方，如何把这项检查结果成为领导者日后奖惩的原始依据，是一个需要考虑的问题。

四、确定监督检查时间

检查时间分为两种：一种是定期检查，这个时间最好量化到天和小时；另一种是不定期检查，也就是随时抽查执行人的工作。规定了时间就要严格遵守，否则容易让执行人办事拖拉，影响执行效果。

将这些反馈意见落到实处，需要由检查人员督促执行人在限定的时间内拿出成果。

五、确定检查人责任

在确定检查人的时候，领导者一定要向检查人讲明他的责任。检查什么、怎么检查、什么时间检查、检查要达到的效果是什么，这些问题需要事先明确。

思考与讨论

1. 企业风险管理的监测与评价要求，测评方法有哪些？
2. 企业风险管理监测评价的程序及内容有哪些？

3. 风险成本应包括哪些指标内容及计算方法？

4. 风险报告对象及应具备的内容有哪些？

5. 风险管理持续改进提高的途径是什么？

第六章 监督评价与改进提高

第七章

信息沟通与信息管理

导读：

情况明、决心大、方法对是实现目标的必备条件，其中首要的是信息及时、有效沟通。为此，要明确企业信息基本要求、信息流程、信息沟通内容、达到目标、沟通形式、信息管理基本要求等。

关键词：

企业信息、内部信息、外部信息、财务信息、经营信息、市场信息、信息沟通、信息管理、信息安全、网络安全、紧急变更、信息披露

内容结构：

信息沟通与信息管理
- 企业信息
  - 对信息基本要求：信息获取要求、信息需求要求、信息质量要求、信息流
  - 信息收集措施和程序：内部信息收集与传递、外部信息收集与传递
  - 信息报告与规划：例行报告、及时报告、专题报告、综合报告
- 信息沟通
  - 信息沟通基本要求：让员工了解其职责及目标，公司内部信息畅通透明，信息应对措施
  - 信息沟通措施和程序：内部沟通渠道与次序、外部沟通内容
- 信息管理
  - 信息系统控制基本点：控制环境、控制信息安全、控制信息动作
  - 信息系统应用控制：应用系统权限控制内容、原则及措施
  - 信息披露管理：信息披露要点、信息披露管理

企业中各个层级在风险管理及经营管理活动中都需要及时获得正确信息，才能有效地识别、评估和应对风险，确保实现企业的经营目标。企业在制订战略和经营目标、识别风险、分析风险、确定风险应对策略过程中，以及另外实施企业风险管理和执行管理活动的过程中，都要获取和分析来自外部和内部产生的信息。图7-1从广义视角概括地描述了一个企业持续经营管理活动所需要的信息流入、流出及在企业主体内流动。

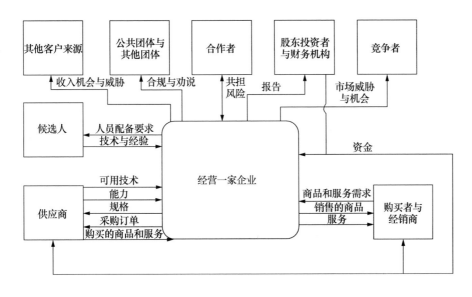

图 7-1　一般企业信息流

企业应将信息技术应用于风险管理的各项工作，建立含风险管理基本流程和内部控制系统各环节的风险管理信息，包括信息的采集、存储、加工、分析、测试、传递、报告、披露等。

第一节　企业信息

一、信息基本要求

由于企业已经变得更具协作性，并且与客户、供应商和商业伙伴密切结合，一个主体与外部方面的信息系统构造之间的分界线越来越模糊。结果，数据处理和数据管理常常变成了多个主体共担的职责。在这种情况下，一个组织的信息系统构造必须足够灵活和敏捷，以便与相关联的外部方面有效地整合起来。

（一）企业信息获取要求

（1）为随时掌握有关市场状况、竞争情况、政策变化及环境的变化，公司应该完善与加强获取外部相关信息的机制。

（2）为保证公司经营目标的实现，企业应该建立重要内部信息的获取和沟通机制，重要信息应得到及时确认并向上级及相关部门汇报。

（二）企业信息需求要求

（1）为保证决策的有效性，各级管理人员需要及时正确地获得内部及外部信息。

（2）根据不同级别管理人员的需要，提供不同详细情况的信息。

（3）为满足不同情况的需要，对信息进行适当的汇总整理。

（4）为有效地监控事件和活动，对相关信息应迅速做出反应，并及时获取和传递。

（三）企业信息质量要求

（1）信息内容要恰当，有正确的详细程度。

（2）信息应及时，需要时要能及时提供。

（3）信息应是当前最新可利用的信息。

（4）信息应是准确的，提供数据应正确可靠。

（5）信息应是易取的，需要的人应容易取得信息。

（四）企业信息管理总体规划

（1）由专设部门对所产生的信息需求，持续进行识别和跟踪。

（2）由相应的管理层决定信息的需求和优先次序。

（3）制定与战略决策相关的长期信息技术总体规划。

企业应采取措施确保向风险管理信息系统输入的业务数据和风险量化值的一致性、准确性、及时性、可用性和完整性。对输入信息系统的数据，未经批准，不得更改。

及时和拥有正确的信息，对实现企业的风险管理至关重要，企业管理层应为建立和改进信息系统提供必要的资源，并采取相应的控制措施，保证信息的质量，才能有效地满足风险管理与经营的需要。

（五）企业风险管理的信息流

图7-2说明了企业风险管理内部信息流程是如何被概念化的。

信息技术用在风险识别和分析中，提高信息过程的效果和效率。例如，某出版商为追踪竞争者前景的变化——这个过程最初是人工完成，专设一位研究员每日、每周和每月地查看挑选出的出版物的复制件，把信息提供给适当的管理人员进行分析，并形成相关报告。这些报告发给单位领导和其他人用于在风险评估过程中进行考虑。这个过程每周、每月和每季度通常需要24~48小时来完成。

现在订阅网上图书馆，研究员使用网络搜索引擎来识别相关信息，给信息加上"相关性"等级。对获取的信息进行分析，并把报告以电子文档形式分给负责管理的人员。包括人工分析在内，这个过程现在只需几个小时就能完成，并收集了更广泛的相关信息。

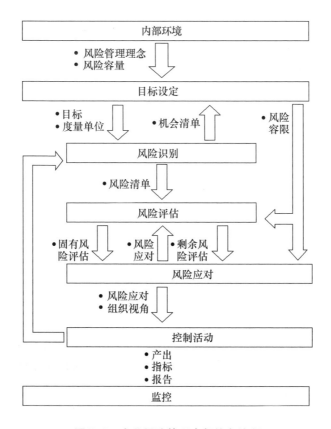

图 7-2　企业风险管理内部信息流程

二、信息收集的内容和程序

（一）内部信息的收集与传递

1. 企业价值观及经营战略内部信息的收集与传递

（1）企业价值观、道德和行为期望。根据公司统一企业精神和核心经营管理理念、企业宗旨，通过广泛深入地宣讲，引导员工实践执行。公司制定高级管理人员和普通员工诚信与道德价值观规范，并利用公司网络平台等形式持续不断宣传。

（2）公司的战略性经营目标。公司在年度工作会议上提出战略性经营目标，并通过与高级管理人员签订业绩合同的方式将经营目标层层分解。

（3）财务政策及程序。公司制定和完善统一的财务、会计、资产和资金等方面的管理制度、办法及工作规范，并严格执行。

财务会计政策发生变更时，按权限经过相关人员审批后，下发并规定执行时间。财务会计政策及核算体系可以以手册的形式发布，发至相关部门。

（4）人力资源政策。公司制定工作和岗位职责描述，对各岗位职责进行规范，使员工理解自己的职责和工作程序。

公司通过制定和施行《公司高级管理人员绩效考核办法》《公司员工绩效考核办法》等制度和实施细则，敦促员工正常履行自己的职责。

2. 其他内部信息的收集与传递

公司各单位对收集、产生的各种信息进行必要的加工与分析，以满足向各级管理人员提供详细程度不同的有效信息。

（1）财务信息。下属单位及部门编制本单位的财务报表并在公司规定的时间内报送财务部门。财务部门通过对比进行财务分析，对主要生产经营指标进行对比分析，并报公司管理层。

（2）经营信息。下属单位及部门按照统计报表的要求，每月（或每周）通过公司信息系统自下而上地报送统计资料，公司规划部门对主要生产经营指标进行对比分析，形成月度、季度、年度生产经营运行监测报告，并报公司管理层。

（3）规章制度信息。规章制度制定单位需要对下列事项进行全面论证：制度制定的依据和规范的对象；该制度解决的主要问题；该项制度的安排与其他相关制度的衔接；制度颁发实施的条件与时机；执行中需要注意的问题。在形成制度正式文稿之前必须通过公司内部网络征求职能部门和下属单位的意见，相关的部门通过邮件发布征求意见稿，在广泛吸收意见的基础上完善，最后由管理层签发执行。

（4）综合信息。审计部门或内部控制与企业风险管理部门收集内部审计方面的相关信息，收集违规、舞弊的信息，对于重大、紧急情况要严格执行重大情况报送制度，并及时报送公司管理层。

总裁办公室负责公司重要综合管理信息的收集编发，开展专题调研，及时掌握所属公司和其他部门工作动态，为管理层决策提供信息参考。

下属单位负责职权范围内管理信息的收集、编发和制度制定，开展专题调研及时掌握所属范围内的工作动态，按照公司的信息需求及时向总部提供各种所需的信息。

（5）员工提供的信息。公司设立举报电话、网上举报中心和电子举报信箱并对外公布，审计部门（或内部控制）与企业风险管理部门有专人跟进。在员工比较集中的地方还需设立举报箱，给员工提供信息举报、不服处分或处理申诉的渠道，并明确承诺：报告潜在违规或其他事件的员工不会受到任何报复或骚扰，任何进行报复或骚扰的员工将会受到严重的纪律处分，并可终止雇用。还要根据实际情况对员工的举报进行保护和奖励。

公司组织开展合理化建议活动，听取员工的合理化建议和意见，对被采纳的建议实施奖励。

（6）信息系统产生的信息。公司信息系统提供相关信息，公司职能部门、下属单位根据各自权限共享这些信息。

（二）外部信息的收集与传递

1. 法律法规信息

公司职能部门、下属单位在各自业务范围内收集相关法律法规等信息，主要来源于国家部委文件（如国资委 2006 年 6 月 6 日发布的《中央企业全面风险管理指引》）、期刊、互联网、专业法律顾问等媒介，并通过公司内部网络发布。

国外法规的变化可以通过互联网查询随时关注，或聘请当地律师提供，法律部门归集整理做成备忘录，在公司内部网发布或者交由相关部门。

2. 政策信息和监管机构信息

公司职能部门、下属单位收集国家相关政策、国内外监管机构的各种信息，通过文件形式或者在公司内部网络发布。

3. 市场信息

采购部门、下属单位采购及销售部门通过采购谈判、签订合同等形式搜集产品信息、市场需求信息、竞争对手信息等，经分析整理后及时传递至相关部门。

董事会秘书处、财务等部门收集公司在与证券机构或投资银行等第三方机构业务往来中相关的信息，经分析整理后及时传递至相关部门。

公司领导通过各种渠道从经营伙伴、投资者获得的相关信息，以工作例会等方式进行发布。

三、信息报告与规划

风险管理信息系统应能够进行对各种风险的计量和定量分析、定量测试；能够实时反映风险矩阵和排序频率、重大风险和重要业务流程的监控状态；能够对超过风险预警上限的重大风险实施信息报警；能够满足风险管理内部信息报告制度和企业对外信息披露管理制度要求。

（一）例行报告

（1）各级人员应按照公司分级管理的组织结构和岗位职责，定期向上级报告所管辖部门和所在岗位的风险管理情况及工作情况、遇到的问题及解决情况。

（2）职能部门向上级请示、报告工作，要先向相应的分管领导请示、报告，再根据请示报告类别，按照行政级别或业务级别的管理体制向对口的上级请示、报告。正常情况下不得越级请示或报告工作。

（二）及时报告

企业各级管理人员及员工，应按公司应急处理规定、举报工作有关规定等制度，及时向有关领导及部门报告和传递本单位、本岗位发生的风险事故及造成的损失等有关信息。

（三）专题报告

公司各业务部门及岗位，就某一非常规风险事项的发生及处理情况，及时向主管领导及有关部门专题汇报。

（四）综合报告

公司各部门定期向上级领导全面汇报本部门风险管理工作情况，主要包括工作总结、计划安排、重大风险事项的应对措施等内容。

（五）信息技术总体规划

负责公司信息工作的副总经理，也应根据公司整体发展战略、风险管理发展规划等，确定公司信息技术发展的总体目标和战略规划。对于重大信息技术项目，可以委派专家小组进行项目技术论证。

第二节　信息沟通

风险管理信息系统应实现信息在各职能部门、业务单位之间的集成与共享，既能满足单项业务风险管理要求，也能满足企业整体和跨职能部门、业务单位的风险管理综合要求。

一、信息沟通的基本要求

（一）让员工了解其职责及其目标

（1）采取适当的沟通方式，保证沟通目的的达成。

（2）员工应清楚他们的行为要达到的目标，以及他们的工作对于实现企业经营目标的作用。

（3）员工应清楚个人职责与他人职责的相互影响。

（二）公司内部保证充分沟通

公司信息沟通的完整性和及时性、内部沟通的充分性等。

（三）畅通的沟通渠道

公司应建立畅通的信息沟通渠道，保证相关风险管理的建议、投诉和收到的其他情况得到有效的记录、汇报、处理、反馈和跟踪。

（四）公开透明的职业道德规范

（1）针对重要信息应由相应的管理人员与外部交流。

（2）供应商、客户及其他第三方合作者应清楚，在合作过程中，公司员工应遵循的职业道德规范。

（3）强调员工在与外部机构交流合作过程中应遵循的职业道德规范。

（4）对于员工的不当行为应有相应的汇报和惩处机制。

（五）管理层对于外部信息应采取及时有效的应对措施

（1）公司应积极进行客户满意度调查，并采取适当的措施。

（2）对与客户进行交易的财务数据应严格把关，如发现错误应及时纠正。

（3）保证所获取的信息并非失真信息。

（4）对于投诉信息，管理层应认真对待。

二、信息沟通内容

（一）内部沟通内容

1. 明确职责及绩效

各部门应根据本部门的业务特点对员工进行岗位培训，使每个员工清楚他的行为、要达到的目标、自己的职责与他人职责是如何相互影响的。

人事部门应根据公司制定的各种绩效考核办法，对员工风险管理职责及绩效进行考核，并及时将考核结果反馈给被考核人；有效检查各级人员对风险控制职责的理解和有效控制。

2. 内部沟通与交流渠道

管理层定期向董事会就最新的业绩、发展、风险、重要事件或事故等问题进行汇报。

公司管理层定期或不定期召开各种会议，及时与相关职能部门领导、下属单位负责人就生产、运营等情况进行沟通、交流。

财务部门定期向各部门交流和通报财务状况、经营成果、预算执行情况等，并定期将应收账款情况反馈给销售（信用）部门和清欠办公室。

生产部门与销售部门定期沟通，及时通报市场信息及生产状况。

采购部门、下属单位采购部门定期组织与其他业务部门就采购需求、价格信息、采购经验等方面进行沟通与交流。

员工除了正常向其直属上级汇报工作这一沟通渠道外，还可通过各种方式与本单位主要领导进行直接沟通。

公司员工可以通过书信（可匿名）、电话、电子邮件等形式，向审计部门或内部控制与企业风险管理部门反映违规违纪问题以及有关意见、建议和要求；同时规定对举报的处理时限及查报结束的要求，对举报属实、查处后为公司挽回或减少重大损失的，将酌情奖励举报人。

公司组织开展合理化建议活动，鼓励员工对公司管理、生产、研发等各方面提出合理化建议，并对有突出贡献的单位和个人给予适当的奖励。

（二）外部沟通内容

1. 对外职业道德规范的宣传

公司积极参与社会公益事业，以实际行动宣传公司精神和经营理念，并利用各种形式进行公司形象和产品品牌的宣传。

公司通过公司内刊、网络平台深入报道各单位涌现出来的先进人物和先进管理经验，对公司员工的爱岗敬业、创新精神进行宣传报道。

公司销售、采购部门员工在同客户、供应商的日常工作交往中，应向客户、供应商解释公司的道德规范。

公司鼓励员工在发现其他公司员工的不当行为时，应及时向公司适当人员汇报。

2. 与客户沟通

销售部门建立定期客户拜访制度，听取客户对产品、销售等方面的意见和建议，强化售后服务，并制定相应政策，解决工作中存在的问题。

公司设立专职人员处理在销售活动中的商务纠纷。

3. 与供应商沟通

采购部门、下属单位采购部门通过采购谈判、签订合同等形式就产品或服务的需求数量、设计、质量、配送、付款等问题进行沟通。

4. 与律师沟通

公司法律部门负责公司法律顾问聘用工作，公司财务报告发布、信息披露等事项应及时与律师进行信息沟通。

公司根据需要，聘请律师参与有关重大项目和法律纠纷的处理，并随时与律师沟通处理进展。

（三）与股东、监管者、外部审计师的沟通

公司按照《中华人民共和国公司法》的规定召开股东年度会议和股东监事会议，保证股东权益。根据《公司章程》和上市的监管规定依法披露公司信息，通过季度、中期和年度报告等方式，让监管者、股东等外部相关者对公司经营状况有更深入的了解。

公司管理层不定期与外部审计师及媒体沟通，传达当前公司所做出的重要决定，以保证项目高效实施。

第三节　信息管理

企业应确保风险管理信息系统的稳定运行和安全，并根据实际需要不断进行改进、完善或更新。

已建立或基本建立企业管理信息系统的企业，应补充、调查、更新管理流程的管理程序，建立完善的风险管理信息系统。

尚未建立企业管理信息系统的，应将风险管理与企业各项管理业务流程、管理软件统一规划、统一设计、统一实施、同步运行。

一、信息系统总体控制

信息系统总体控制的基本点：

（1）利用信息系统控制环境。

（2）信息系统安全。

（3）信息系统项目建设的管理。

（4）信息系统变更管理。

（5）信息系统日常运作。

（6）最终用户操作。

（一）信息系统控制环境

1. 总体信息控制环境

（1）公司制定信息技术总体规划，定期进行审阅和调整。

（2）首席信息官领导下的公司信息管理部门（IT）作为公司信息化建设的主管部门，负责企业信息化建设，以及指导、监督各级信息技术部门工作，建立纵向汇报、沟通和监控机制。

（3）各级信息技术部门的岗位设置从安全和内部控制与风险管理的角度，考虑职责分离的要求，可在重要工作岗位建立员工储备机制。

（4）各级信息技术部门根据自身信息系统的特点和人员配置情况，制订相关的信息技术培训计划并切实执行。

2. 信息与沟通

（1）各级信息技术部门识别所属单位信息系统中的信息资产，确定受保护的信息资产清单，并进行分级，明确各信息资产的相关责任人。

（2）各级信息技术部门应明确信息技术内部控制职责，负责在其管理范围内进行各项信息技术管理政策、制度和标准的宣传和贯彻工作，定期评估执行情况并解决发现的问题。

3. 风险评估

公司信息管理部门对公司及业务层面的主要信息技术风险进行评估，并每年定期审阅信息技术风险评估结果。当发生重大的信息技术应用或者组织结构变动时，公司信息管理部门对变动情况进行风险评估，必要时调整相关风险防范措施。

4. 监控

在公司范围内，建立信息技术总体控制执行情况的测试、监督和审查制度，并根据执行情况做出相应改进。

（二）控制信息安全

1. 信息安全管理组织

公司建立信息安全组织架构，并建立完善的汇报机制。在公司总部和下属单位等各级信息技术部门设立信息安全管理负责人，负责本单位的信息安全培训以及信息技术日常工作的安全监督和检查。

2. 逻辑安全

（1）对信息系统（包括网络系统、操作系统、数据库和应用系统等）的访问，执行访问控制原则，通过安全登录验证机制，确保只有合法的用户才能访问适用的系统。

（2）公司建立用户权限申请、更改、撤销的管理流程。用户和权限根据职责分离和最合适权限原则进行分配和设置。

（3）公司制定口令规则，对用户的口令及口令的使用进行管理，包括对口令设定、重新申请、口令强度、变更周期和口令管理做出明确规定。

（4）公司建立用户账号和权限的审核流程，有正式的文档对用户获得的权限进行记录，定期审核用户账号和权限，纠正错误的权限分配，关闭无人使用的用户账号，并及时维护相关文档。

（5）根据系统的重要程度，对用户的系统活动采取不同的监控措施，并及时报告异常活动。

（6）公司建立服务器操作系统的设置和变更管理流程，并对设置进行定期审核。

（7）公司建立应用系统数据直接访问的申请和审批管理流程，防止未授权的数据直接访问。

3. 物理安全

（1）所有机房必须采取的保护措施，保证进出机房的安全控制，保护措施根据实际情况可采用电子门禁、警卫、密码、门锁等。

（2）公司建立进入机房的安全访问和登记管理机制。

（3）公司建立敏感系统文件的管理制度。

4. 网络安全

（1）公司建立网络设计和变更管理流程，各级信息技术部门负责本单位网络设计文档的归档管理工作。

（2）公司建立边界网络出口的登记管理机制，内部网络与外部机构网络之间的连接经过审批和登记管理，并且边界网络出口的设置与业务需求相匹配，只允许合法的数据流通过这些连接。

（3）在网络的内部边界和外部边界等位置，采取有效的措施实施访问控制（如进行路由过滤、配置防火墙等）。建立控制策略的设置和变更管理流程，并进行定期审核。

（4）公司建立远程访问的管理制度，保证远程访问的安全。远程登录应通过安全可靠的方式进行。建立远程登录账号的申请和变更管理流程，并定期审核远程登录用户账号。

（5）在外部网络中传输重要数据时采取适当的加密措施。

5. 计算机病毒防护

公司建立计算机防病毒规定，确定防病毒软件的安装范围。定期更新病毒库，定期扫描系统。

6. 第三方安全管理

（1）第三方服务合同中包括有关遵循公司安全规定的条款，并对第三方在合同执行过程中的安全行为，按照合同的要求进行监督。

（2）建立第三方访问应用系统的申请流程，严格监控第三方对应用系统的访问。

（3）建立第三方远程登录账号的申请流程，严格监控第三方对内部网络的远程登录。

7. 信息安全事件响应

公司建立信息安全事件的响应和升级汇报流程。

（三）控制信息系统项目建设

1. 项目立项

（1）公司建立项目立项审批流程。

（2）公司建立商业软件、硬件和服务、购买的管理流程。

2. 项目建设

（1）公司信息系统建设项目按照系统开发生命周期法分阶段进行。

（2）公司建立系统开发各阶段的管理制度，涵盖项目启动、项目需求分析、项目设计、系统开发实施、系统测试、系统上线、项目验收等。

（3）需求分析和项目设计文档得到业务部门的审批，关键的测试结果由最终用户签字认可。

（4）测试后的系统源代码应有保护措施，防止未经授权的修改。

（5）在系统上线时，采取控制措施，保证数据的准确性和完整性。数据移植结果经过数据所有者复核并签字认可。

（6）公司建立项目验收流程，项目验收完毕由用户签署项目验收报告。系统上线一段时间后，进行上线后评估，并解决发现的问题。

3. 项目管理

（1）项目开发过程中，制订项目培训计划，并编写培训文档。

（2）对业务用户和系统人员进行充分的项目培训。

（3）及时收集、整理项目开发各阶段产生的项目开发文档和项目管理文档，并妥善保管。

（4）公司建立定期向管理层汇报项目进度及其项目情况的制度。

（5）公司建立项目的变更管理流程，以及项目的问题管理流程。

（四）控制信息系统变更

1. 变更管理

系统变更包括对应用系统的升级、修改、补丁安装等改变系统功能的活动，以及对操作系统升级和补丁安装、操作系统环境配置变化、防火墙配置修改等。

根据系统变更对业务的影响程度，界定变更活动的优先级别，并对变更活动进行跟踪。禁止一切未经授权的系统变更行为。

2. 日常变更

（1）公司建立应用系统变更和系统环境变更的管理流程，包括变更申请、受理、实施、测试、上线等几个步骤。

（2）完整记录并更新应用系统变更和系统环境变更的相关文档。

3. 紧急变更

紧急变更是指由于突发事件且情况紧急，如果不立即采取措施，按照正常变更管理流程，将会严重影响公司业务的变更需求。

紧急变更要符合以下要求：

（1）公司建立紧急变更的管理流程，所有紧急变更应妥善记录以便事后审阅。

（2）紧急变更完成后补录相关变更程序记录。

（五）控制信息系统日常运作

1. 机房环境控制

公司根据机房重要程度配备必要的环境控制设备，包括空调、温度计、消防报警设备、防雷和防静电设备、不间断电源系统等。

2. 系统日常运作监控

（1）公司安排相关人员定期对设备运行状况进行巡查。

（2）公司安排相关人员定期检查关键系统和设备的系统日志（如关键的应用系统、防火墙等），审查是否有错误信息或异常情况等。

3. 备份与恢复

公司根据应用系统的重要程度，制定系统备份和恢复策略，包括备份数据内容、备份方式、备份频率、操作方法、备份及恢复操作步骤、备份介质存放地点等。备份和恢复策略进行定期审阅。系统管理员依据策略执行备份作业，定期进行备份存储介质的恢复性测试。

4. 问题管理

公司建立信息技术问题管理流程及升级汇报制度，按照问题的影响程度，对其进行分级，并根据问题的级别上报至相应的管理层。

（六）控制最终用户操作

制定最终用户计算机操作安全制度以及员工遵守该制度的声明，并要求员工签署相应的保密协议。

二、信息系统应用控制

（1）完整性：所有的交易都要经过处理，且只处理一次；不允许数据的重复录入和处理；例外情况的发现和解决应当及时处理。

（2）准确性：所有的数据都是正确和合理的；例外情况被发现后，应将交易记录在正确的会计期间。

（3）有效性：交易被适当授权；系统不接受虚假交易；例外情况发现和处理。

（4）接触性：未经授权不得对数据进行修改；做好数据的保密性和物理设备的保护。

（一）应用系统权限控制内容

（1）访问控制：主要是指用户能够访问哪些应用系统内的资源或执行哪些任务（或功能），从控制的角度考虑在系统中所拥有的功能权限和数据权限，是否超出了其工作需要。

（2）职责控制：职责控制是把一个业务（子）流程的工作内容分为几个职责不相容的部分，并由不同的人来完成，避免因同一个人操作不相容职责而产生的作弊风险。

（二）应用系统权限控制的基本原则

用户权限控制应同时满足以下基本原则：

（1）需求导向及最小授权原则：对于用户的权限，应当以其实际工作需要为依据，且只授予能够完成其工作任务的最小权限。

（2）未明确允许即禁止原则：除非用户对权限的需求得到了相关领导的明确批准，否则不应当有任何权限。

（3）职责分离原则：任何一个用户不能同时具有两种（或两种以上）不相容的权限。

（三）应用系统权限控制措施

（1）公司制定《应用系统用户权限管理工作规范》，依据该规范对用户权限需求和实际分配情况进行分析，并合理设置，为定期的测试提供规范和依据。

（2）下属单位根据实际工作的需要定义不同的数据权限，以财务报告相关的内部控制与风险管理为依据，从关键业务流程和关键控制措施出发，明确责任中心、凭证类型以及重要会计科目、报表的权限设置。

（3）权限日常管理，是依据应用系统用户的标准功能权限和数据权限，对用户权限的申请、审批、变更、删除进行管理。

（4）在日常管理工作中，要定期检查用户在系统中的访问权限，主要检查以下事项：

1）发生变动（定期或临时）后，检查所有用户权限的设置情况。

2）对于拥有关键权限的所有用户，增加检查密度。

3）在应用系统的用户权限发生变动时，按照相关的流程进行变更处理。

三、信息披露管理

信息披露要点包括以下几方面：

（1）有效沟通。确保信息披露工作的内部沟通畅通、有效，与投资者和外界媒体等沟通良好。

（2）职责分明。使员工充分认识信息披露的重要性，明确自己在信息披露中所承担的工作和责任，确保信息的及时准确披露。

（3）整体支持。有效推行信息披露，需要管理层和所有员工的充分支持和配合，有针对性地进行培训，确保员工有能力履行职责、完成任务。

（4）有效监督。管理层应监督、控制信息披露流程的良好运行，定期检查披露的质量，监控信息流程的质量，确保客观正确地执行。

（5）持续改进。管理层对信息披露应不断地改进，使所披露的信息能满足法律、法规的要求。对披露中出现的问题，能及时采取应对措施。

管理层应加强对信息披露的管理与监督，明确各部门职责，确保披露信息的客观、公正。防止虚假信息的产生，维护企业的信誉。企业最高层领导应对企业的财务报告和业绩公告进行严格审核，防止错漏产生。

案例　济南铁路局：信息混乱　车毁人亡

2008年4月28日4：48，山东胶济铁路王村段，限速80公里/小时处，时速达131公里的北京—青岛T195次列车，第9~17号车厢突然脱轨，侵入了并行的另一条铁轨，与正常运行的对开5034次列车相撞，造成71人死亡，416人受伤。

现已证实，事故线路是一条呈"S"形临时线路，而超速被认为是这起事故的直接原因。但超速的背后是信息传递混乱。行经此段的列车限速一月内竟数次更改，而且限速通知不及时下达，规章制度形同虚设。

事发前几天济南铁路局曾发文限速，但又迅速取消限速。潜伏巨大危险的临时铁路，儿戏般的调度管理，层层的疏忽与失职，最终导致了中国铁路史上最重大的惨祸之一。

一、三次机会未能抓住，风险未能避免

问题在于，列车本应被限制在80公里/小时，何以跑出131公里/小时的速

度？人们通常会理解为列车司机的疏漏所致，然而调查证明其原因极为复杂，在众多应负责任的环节中，司机因素成为最不重要的一环。

事发后，原铁道部一份内部通报，详细罗列了事故的经过，并点出了相关责任各方。从通报中或可看出，本有至少三次机会可避免灾祸发生，然而，由于相关人员的失职，机会一次次错失，导致惨祸发生。

4月23日，济南局印发154号文件，规定4天后（即4月28日）0时开始，该地段限速80公里/小时。但如此重要的文件，济南局只在局网上发布，对外局及相关单位却以普通信件的方式传递。而且把北京机务段作为抄送单位，故未引起北京机务段的重视。3天后（4月26日），济南铁路局又发出4158号调度命令，要求取消多处限速，其中包括事故发生地段的限速。

根据规定在列车运行中，唯一对车速起决定性作用的是调度命令。也就是说，即使是没有收到154号限速文，只要济南铁路局及时发布限速调度命令悲剧仍可避免。

通常的做法是，济南铁路局发出限速调度命令，T195次所属的北京机务段接到后，应将相关限速数据输入IC卡，然后插入列车上的"黑匣子"（列车运行监控记录装置）。这样就可对列车进行自动控制，若司机疏忽或其他原因未执行限速命令，列车也会自动制动减速或停车。但北京机务段并没有将限速令输入IC卡。

4月28日凌晨1时多，机会再次来临。路过王村的2245次列车发现，现场临时限速标志是"80"，与运行监控器数据"不限"不符，随即向济南局反映。济南局在4：02补发出4444号调度命令：在K293+780～K290+784，限速80公里/小时。

按常规，此调度命令通知到铁路站点后，由值班人员用无线对讲机通知司机。两者的通话会录音，并记入列车的"黑匣子"。但致命的是4444号调度命令，却被车站值班人员漏发。而王村站值班员对最新临时限速命令，又未与T195次司机进行确认，也未认真执行车机联控。信息停滞，使T195次列车司机没有收到这条救命命令。

此时只剩下最后一道防线：依靠T195次司机的肉眼观察，先发现80公里/小时限速牌，然后对列车限速。但事实证明，最后的救命稻草是如此薄弱。凌晨4：30正是司机最为疲惫之时，他显然没有注意到一闪而过的限速牌。

就这样，众多机会均被不可思议地一一错失，最终晚点的T195次列车，为了列车正点到达目的地，便加快速度使列车如同一匹脱缰的野马，飙出了131公里/小时的速度，即刻倾覆。

颇令人不解的是，事故发生后，临时线路处的限时速度指示牌由"80"字样改为"45"字样。

二、导致风险事故的原因

事后国家安监总局局长王君说：这次事故充分暴露了一些铁路运营企业安全生产认识不到位、领导不到位、责任不到位、隐患排查不到位和监督管理不到位的严重问题。反映了基层安全意识薄弱，现场管理存在严重漏洞，导致这次风险事故的发生。假如在事故产生前的任一信息，按规定能够及时正确地传达到客车司机，司机采取及时有效措施，就可避免该项风险事故的发生。可见，信息传达不畅是造成事故的主要原因，操作人员责任不到位是造成事故的源头，领导风险意识薄弱则是导致风险产生的根源。

思考与讨论

1. 信息在风险管理中的地位、作用及要求有哪些？
2. 信息沟通基本要求、措施和程序有哪些？
3. 信息控制系统如何控制信息安全性？
4. 网络安全与风险管理是什么关系？如何确保公司网络安全？
5. 信息披露管理要点及其要求有哪些？

第八章

全面风险管理实施指引

导读：

本章根据《中央企业全面风险管理指引》（以下简称《指引》）内容，首先阐述了全面风险管理意义、全面风险管理目标、重点及原则；进而介绍全面风险管理流程及具体内容，企业风险管理组织体系及其职责描述，风险管理三道防线，从而形成企业风险管理文化，为企业实施全面风险管理指明了方向及依据。

关键词：

全面风险管理、全面风险管理目标、风险管理原则、全面风险管理流程、风险管理策略、风险管理解决方案、风险管理组织体系、风险管理三道防线、风险管理文化

内容结构：

全面风险管理实施指引
- 定义、目标及使命
  - 全面风险管理定义及目标
  - 风险管理重点、原则及使命
- 管理流程
  - 全面风险管理流程与程序、风险信息收集、风险评估
  - 风险管理策略、风险管理解决方案
  - 风险管理职能部门、风险管理信息系统
- 组织体系
  - 风险管理组织架构及各职能部门职责
  - 风险管理三道防线及其职责
- 管理文化
  - 树立风险管理的理念
  - 培育良好的风险管理文化
- 电力企业全面风险管理
  - 电力企业风险管理模型、电力企业风险管理流程、电力企业风险因素模型
  - 企业风险因素、评估等级计量参考模型

全面风险管理是一项十分重要的工作，关系到企业资产的保值增值和企业持续、健康、稳定发展。《指引》为企业加强风险管理，减少风险损失，提出了要

求，指明了方向，提供了方法，明确了步骤及策略。认真学习贯彻执行《指引》，对防范风险产生，减少风险损失，增强企业的竞争力，提升企业的价值，确保经营目标的实现有重要意义。企业全面风险管理框架如图 8-1 所示。

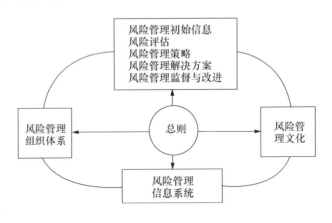

图 8-1　企业全面风险管理框架

第一节　全面风险管理的定义、目标及使命

一、全面风险管理的定义及特征

(一) 全面风险管理的定义

对于什么是全面风险管理，较具影响力的国际组织先后给出的定义如下：

风险管理是以文化、过程和结构为基础而驱动企业朝着有效地管理潜在的机会和同时是有效地管理潜在的不利因素的方向发展。

——（澳大利亚/新西兰）AS/NZS4360，1999

风险管理是组织策略管理的核心部分，它是组织以条理化的方式处理活动中风险的过程，其目的是从每项活动及全部活动的组合中获得持续的利益。

——（英国）AIRMIC/ALARM/IRM，2002

企业风险管理是一套由企业董事会与管理层共同设立，与企业战略相结合的管理流程。它的功能是识别影响企业运作的潜在事件和把相关的风险管理到一个企业可接受的水平，从而帮助企业达到它的目标。

——（美国）COSO—ERM，2004

企业风险管理是企业在制订和实现未来战略目标的过程中，试图将各类不确定因素产生的结果治理至预期可接受范围内的方法和过程，以确保和促进组织的整体利益实现。

——（亚洲风险与危机管理协会）AARCM，2007

全面风险管理是一个由企业董事会、管理层和其他员工共同参与，为识别可能影响企业的潜在事项并管理风险，使之在可容忍风险范围内，为企业目标实现提供合理保证的过程。这一过程从企业战略制定一直运用到企业各项经济活动中，进而通过四个目标、八项要素和组织层级，形成完整的全面风险管理框架。

——（美国）COSO—ERM 框架

全面风险管理，指企业围绕总体经营目标，通过在企业管理的各个环节和经营过程中执行风险管理的基本流程，培育良好的风险管理文化，建立健全全面风险管理体系，包括风险管理策略、风险理财措施、风险管理的组织职能体系、风险管理信息系统和内部控制系统，从而为实现风险管理的总体目标提供合理保证的过程和方法。

——国务院国有资产监督管理委员会制定的《中央企业全面风险管理指引》

（二）企业全面风险管理的特征

（1）一致性，风险管理的目标与企业的战略目标和发展策略相一致。

（2）双重性，风险与机会并存。这与传统风险管理的风险为负面概念有所不同。

（3）广泛性，涉及企业所面临的所有风险（投机风险与纯风险）。

（4）专业性，推进风险管理职能部门的设立，实施专业化管理。

（5）全员性，董事会、高管层、各部门、各层次和全员参与，建立风险文化。

（6）战略性，风险管理已成为经济全球化、企业战略管理的中心点。

（7）系统性，组合风险考虑了风险的系统性与相关性，不是风险的简单加和。

（8）变化性，管理风险的措施应随风险的变化而相应变化。

（9）独一性，企业风险管理的策略应做到量身制造，与企业策略不同。

（10）透明性，企业风险管理的信息应及时与决策者及利益相关者沟通。

二、全面风险管理内容

根据以上定义，全面风险管理主要包括以下几项：

（一）影响经营目标实现的因素及事项都是全面风险管理内容

企业实施全面风险管理的出发点是为了保障企业总体经营目标的实现。因此，凡是不利于或影响经营目标实现的因素或事项，都是风险管理的内容，都应落实到有关部门和个人，实施有效的防范与抑制。

（二）全面风险管理内容贯穿于生产经营的全过程

全面风险管理流程是由内部环境、目标设定、事件识别、风险评估、风险应对、控制活动、信息与沟通及监控等要素组成的一个闭环管理系统。

风险管理的基本流程应贯穿于生产经营的全过程，才能发挥风险管理的功能，确保经营总目标的实现。企业经营管理的全过程包括物资采购储备过程、产品制造过程、产品销售过程以及售后服务等。

（三）企业所有人员都要结合自己工作任务实施风险管理增强驾驭风险本领，控制不利于目标实现风险，确保自身目标实现（见图8-2）

（四）培育良好的风险管理文化

要将风险管理融入企业文化之中，培养管理层"风险偏好"，使广大职工树立"风险无处不在、无时不在"的防范意识与行为准则，形成企业风险管理文化。

（五）建立风险管理体系

企业应建立全面风险管理体系，具体包括风险管理策略、风险理财措施、风险管理的组织职能体系、风险管理信息系统和内部控制系统等。

（六）提升风险管理的固有能力

1. 全面风险管理的固有能力

（1）协调风险容量与战略。

（2）增进风险管理的应对策略。

（3）抑减经营意外和损失。

（4）识别与管理贯穿于企业的风险。

> 全面风险管理是企业的核心竞争力，是提升企业生命周期、创造资本增值和股东回报的重要手段。
>
> 全面风险管理的目标不是消除风险，而是通过主动管理风险，以实现风险与收益的平衡。
>
> 全面风险管理应支持企业的整体战略，必须与业务计划和业务策略有机结合，在风险管理过程中，企业的全部业务单位和职能部门都有风险管理的责任。
>
> 应充分了解所有风险，并建立完善的风险控制机制，对不了解或无把握控制风险的业务，应持审慎态度。

（5）提供对多重风险的整体应对能力。

（6）抓住机会，勇于进取。

（7）改善资源调配，充分利用资本。

2. 实施全面风险管理的目标

（1）损失最小化。

（2）机会最大化。

（3）利益最大化。

（4）绩效最优化。

（5）决策最优化。

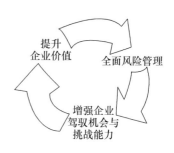

图8-2　风险管理固有能力

（6）确保经营目标实现。

三、全面风险管理目标

根据《指引》要求，企业风险管理应努力实现的总体目标是：
（1）确保将风险控制在与总目标相适应并可承受的范围内。
（2）确保内外部，尤其是企业与股东之间，实现真实、可靠的信息沟通。
（3）确保遵守有关的法律、法规，在法规指导下实施正常的运行。
（4）确保企业规章制度的贯彻，提高经营活动的效率和效果。
（5）确保企业建立重大的危机处理计划、保护企业不因灾害性风险或人为失误而遭受重大损失。

> 如果我们能够预先建立应对风险的方法和措施，则风险就可能成为一个有益的因素。风险管理的主旨不在于消除风险，因为那样只会把获得回报的机会浪费掉。风险管理所要做的应该是对风险进行管理，主动挑选那些能够带来收益的风险。

四、企业全面风险管理的作用

（1）通过全面风险管理可识别贯穿于企业的风险及关键性风险。
（2）使企业战略目标的实现得到支持与保障。
（3）使企业提高整个层面多种风险的综合能力，增强核心竞争力。
（4）使企业的风险管理战略与经营战略和业务计划密切结合。
（5）使企业风险管理战略与风险偏好、风险价值观以及风险容忍度相一致。
（6）使企业业绩的增长与风险/回报的关联更加密切、更加优化。
（7）使企业的决策能力和应变能力增强。
（8）使企业运营中的波动、意外和损失最小化，并保护资产不受损失。
（9）使企业全面风险管理能力提升，从而达到提高市场竞争力的目标。
（10）使企业提高发现风险和将风险变为机遇的能力。
（11）使企业的运营效率及效益提高。
（12）使企业的资源分配和使用更为合理化和有效化。

五、风险管理重点、原则和使命

1. 全面风险管理重点任务
（1）防范和控制风险可能给企业造成的损失和危害。

（2）应把机会风险作为企业的一项特殊资源。

（3）通过风险管理为企业创造价值，促进经营目标的实现。

2. 风险管理的原则

从实际出发、讲求实效。为此，要权衡利弊、轻重缓急，防止超额负载，应与成效结合。

3. 企业全面风险管理的使命

亚洲风险与危机管理协会名誉会长詹姆斯·林在高度总结风险管理目标和作用的基础上提出，企业全面风险管理的使命是：弱势最小化；减少不确定性和绩效最优化；为实现企业目标提供合理保障。

第二节　全面风险管理流程

一、全面风险管理的基本流程

全面风险管理基本流程包括：收集风险管理初始信息；进行风险评估；制定风险管理策略；提出和实施风险管理解决方案；风险管理的监督与改进。风险管理工作的进行离不开信息，建立健全信息系统是风险管理的必备条件。全面风险管理的基本流程如图 8-3 所示。

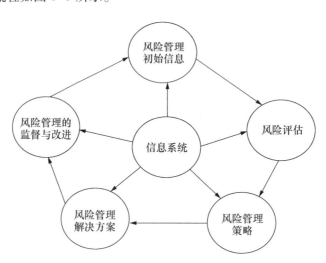

图 8-3　全面风险管理基本流程

企业全面风险管理程序主要分三步，如图 8-4 所示。

第一步，对风险因素及其发生概率，或损失范围与程度进行识别与估价。

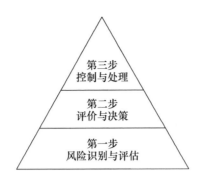

图 8-4　企业全面风险管理程序

第二步，根据各项风险管理的目标和宗旨，做出衡量与评价、寻找对策并做出相应的决策。

第三步，通过相应的风险管理策略和具体方法的运用对风险进行控制与处理。

二、风险管理信息流程

企业实施全面风险管理，应广泛、持续不断地收集与本企业风险和风险管理相关的内部、外部初始信息，包括历史数据和未来预测、建立风险数据库。风险管理信息流程如图 8-5 所示。

图 8-5　风险管理信息流程

信息收集既要及时，又要真实、可靠、全面、具体。重点收集战略风险、财务风险、运营风险、法律风险方面的资料与案例形成数据库，并把收集信息的职责分解落实到各有关的职能部门和业务单位。

三、风险评估

企业应对收集的风险管理初始信息，确定控制目标，企业对各项业务管理及其重要业务流程进行风险评估。风险评估包括风险辨识、风险分析、风险评价三个步骤。风险评估程序如图 8-6 所示。

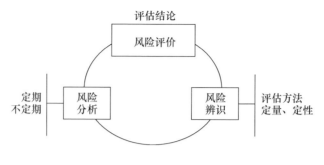

图 8-6　风险评估程序

四、风险应对策略

风险管理策略是指企业根据自身条件和外部环境，围绕企业发展战略，确定风险偏好、风险承受度、风险管理有效性标准，选择风险承担、风险规避、风险转移、风险转化、风险对冲、风险补偿、风险控制等适合的风险管理要求的总体策略，并确定风险管理所需人力资源和物力资源的配置原则。风险管理策略如图 8-7 所示。

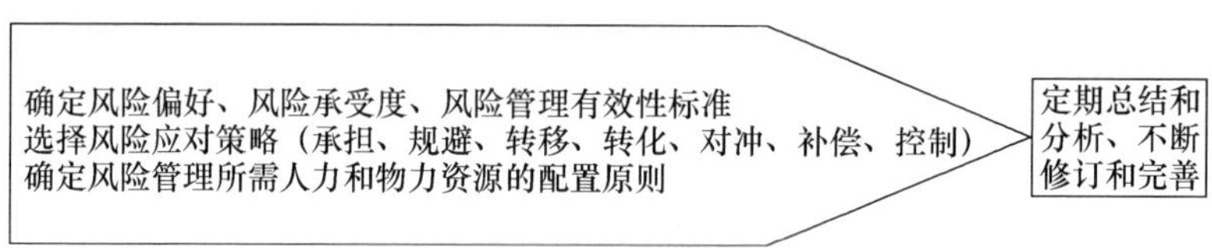

确定风险偏好、风险承受度、风险管理有效性标准
选择风险应对策略（承担、规避、转移、转化、对冲、补偿、控制）
确定风险管理所需人力和物力资源的配置原则

定期总结和分析、不断修订和完善

图 8-7　风险管理策略

企业应定期总结和分析制定的风险管理策略的有效性和合理性，结合实际不断修订和完善。其中，应重点检查依据风险偏好、风险承受度和风险控制预警线实施的结果是否有效，并提出定性和定量的有效性标准。

五、风险管理解决方案

企业应根据风险管理策略，针对各类风险或每一项重大风险，制订风险管理解决方案。方案一般应包括风险管理控制的具体目标，所需的组织领导，所涉及的管理及业务流程，所需的条件、手段等资源，风险事件发生前、中、后所采取的具体应对措施以及风险管理工具（如关键风险指标管理、损失事件管理等）。风险管理解决方案具体内容如图 8-8 所示。

图 8-8　风险管理方案实施内容

企业应当按照有关部门和业务单位的职责分工，认真组织实施风险管理实施方案，确保各项措施落实到位、责任到人。

六、风险管理的监督与改进

企业应以重大风险、重大事件和重大决策、重要管理及业务流程为重点，对风险管理初始信息、风险评估、风险管理策略、关键控制活动及风险管理实施方案的实施情况进行监督，采用压力测试、返回测试、穿行测试，以及风险控制、自我评价等方法，对风险管理的有效性进行检验，根据变化情况和存在的缺陷及时加以改进。风险管理的监督与改进如图 8-9 所示。

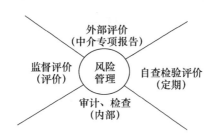

图 8-9　风险管理的监督与改进

在评价过程中企业可聘请有资质、信誉好、风险管理专业能力强的中介机构，对企业全面风险管理工作进行评价，出具风险管理评估和建议专项报告，指出全面风险管理的实施情况、存在的缺陷和改进意见。

七、风险管理组织体系

在实施全面风险管理进程中，企业应建立健全风险管理组织体系，包括规范的公司法人治理结构，风险管理职能部门、内部审计部门和法律事务部门，以及其他有关职能部门和业务单位的组织领导机构并明确其职责权限。风险管理组织体系如图 8-10 所示。

图 8-10　风险管理组织体系

八、风险管理信息系统

企业应将信息技术应用于风险管理的各项工作，建立涵盖风险管理的基本流程和内部控制系统各个环节的风险管理信息系统，包括信息的采集、存储、加工、分析、测试、传递、报告和披露。风险管理信息流程如图 8-11 所示。

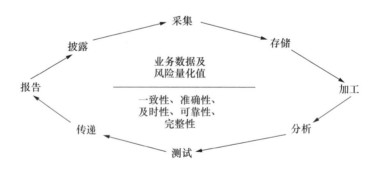

图 8-11　风险管理信息流程

企业在建立管理信息系统时，应将风险管理与企业各项管理业务流程及管理软件统一规划、统一设计、统一实施及同步运行。

第三节　企业风险管理的组织体系

风险管理要得以贯彻和实施必须有完整的组织体系及明确的职责，并形成三道风险防线。

计划、领导、执行、监督等管理活动都需要组织的保障，风险管理也不例外。企业风险管理体系包括从董事会成员、高级经理层到部门负责人，以及普通员工的各层次人员，他们形成了业务部门、风险管理职能部门和内部审计的三道风险防线，而董事会的核心地位、管理层的支持以及内部监督的实施是风险管理框架中的关键因素。当然，企业所有的风险管理活动都会受到该企业风险管理文化的影响。

一、企业风险管理组织架构

组织体系明确了企业内部各成员的权责关系，它是战略落实、风险管理计划制定、落实与执行的有力保障。企业必须根据自身的特点建立风险管理组织体系。根据《指引》要求，企业风险管理组织框架如图 8-12 所示。

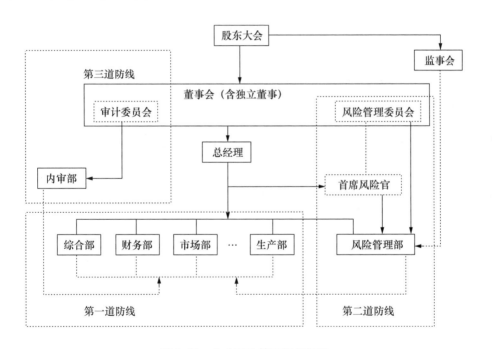

图 8-12　企业风险管理组织框架

（一）独立董事

所谓独立董事是指对公司内部董事或执行董事起监督作用的外部董事和非执行董事。其地位是完全独立的，不能存有影响其客观、独立地做出判断的因素，而要保证他们在公司发展战略、运作、经营标准以及其他重大问题做出自己独立的判断。他既不代表主要出资人尤其是大股东，也不代表公司管理层。

《指引》中则要求"国有独资公司和国有控股公司应建立外部董事、独立董事制度，外部董事、独立董事人数应超过董事会全部成员的半数，以保证董事会能够在重大决策、重大风险管理等方面做出独立于经理层的判断和选择"。

独立董事制度在风险管理中的作用主要表现在以下两个方面：一是独立董事可以凭借更加丰富的经历和宽广的视角，提高识别风险和评估风险的能力；二是独立董事们具有更强的独立性，能够减少内部人控制的风险。

（二）董事会

董事会由股东大会选举产生，对股东大会负责。董事会在风险管理中的主要职责是：

（1）审议并向股东（大）会提交企业全面风险管理年度工作报告。

（2）确定企业风险管理总体目标、风险偏好、风险承受度，批准风险管理策略和重大风险管理解决方案。

（3）了解和掌握企业面临的各项重大风险及其风险管理现状，做出有效控制风险的决策。

（4）批准重大决策、重大风险、重大事件和重要业务流程的判断标准或判断机制。

（5）批准重大决策的风险评估报告。

（6）批准内部审计部门提交的风险管理监督评价审计报告。

（7）批准风险管理组织机构设置及其职责方案。

（8）批准风险管理措施，纠正和处理任何组织或个人超越风险管理制度做出的风险性决定的行为。

（9）督导企业风险管理文化的培育。

（10）全面风险管理其他重大事项。

（三）风险管理委员会

具备条件的企业可在董事会下设风险管理委员会。其主要职责是：

（1）负责公司的全面风险管理，向董事会提交全面风险管理报告。

（2）审议风险管理策略和重大风险管理解决方案。

（3）审议重大决策、重大风险、重大事件和重要业务流程的判断标准或判断机制，以及重大决策的风险评估报告。

（4）对公司风险及管理状况和风险管理能力及水平进行评价，提出完善公司风险管理和内部控制的建议。

（5）审议内部审计部门提交的风险管理监督评价审计综合报告，对已出现的风险提出化解措施。

（6）审议风险管理组织机构设置及其职责方案。

（7）风险管理委员会在必要情况下，可以独立聘请外部中介机构为其决策提供专业服务。

（8）办理董事会授权的有关全面风险管理的其他事项。

（四）总经理与首席风险官

总经理由董事会选择聘任，向董事会负责。总经理或其委托的高级管理人员，负责全面风险管理的日常工作，负责组织制定企业风险管理组织机构设置、业务范围及其职责。主要包括是：

（1）组建并管理企业风险管理职能部门，任命风险经理。

（2）安排业务职能部门的职责分工并制定风险汇报和审批机制。

（3）审批非重大决策的评估报告。

（4）落实董事会有关风险决策和方案。

（5）组织日常风险监督和改进工作。

（6）就风险管理工作计划和结果向董事会汇报。

随着企业面临风险的日益扩大，总经理往往委任一名首席风险官全面负责企业风险管理的日常工作（见表8-1）。例如，我国的工商银行、建设银行等都设有首席风险官。风险官是现代企业的高级管理人员，是公司重要的战略决策拟定者和执行者之一。风险官的工作将根据董事会、股东大会的要求确定，并对总经理负责。主要职责是：

（1）负责组织制定、并具体执行企业整体性风险管理政策和控制策略。

（2）负责建立涵盖战略风险、财务风险、市场风险、营运风险等在内的全面风险管理组织架构。

（3）负责风险决策的评估和审批工作，确保企业按照风险控制流程进行风险管理。

（4）确保各项经营业务符合有关法律、法规和政策要求，为实现经营目标提供保障。

（五）风险管理部

风险管理部对总经理或其委托的风险官负责，对包括生产、市场、财务、人力资源、研发等在内的各业务及职能部门运营流程中各个环节进行监控，检查它们遵纪守法、实施公司规章制度的情况，并针对检查结果，向总经理和风险管理委员会汇报。主要职责包括：

（1）研究提出全面风险管理工作报告。

（2）研究提出跨职能部门的重大决策、重大风险、重大事件和重要业务流程的判断标准或判断机制。

（3）研究提出跨职能部门的重大决策风险评估报告。

（4）研究提出风险管理策略和跨职能部门的重大风险管理解决方案，并负责该方案的组织实施和对该风险的日常监控。

（5）负责对全面风险管理有效性评估，研究提出全面风险管理的改进方案。

（6）负责组织建立风险管理信息系统。

（7）负责组织协调全面风险管理日常工作。

表 8-1　COSO—ERM 2004（应用技术）对首席风险官的工作描述

报告给主席——董事会的风险委员会和CEO

直接报告

- 全球风险领导者，小组风险专家（与风险事项有关的）
- 业务单位风险联络人，内部审计部门

职责

- 使董事会风险委员会能够履行其章程中规定的职责
- 按照公司的风险管理愿景，沟通和管理企业风险
- 确保业务单元首席执行官具有适当的风险管理权和地区/经营董事会进行有效监督
- 确认企业风险管理正在每个业务单元发挥职能，而且正在及时识别和有效管理所有的重大风险
- 与风险委员会沟通有关企业风险管理的状况
- 把企业风险管理模式推荐给CEO和业务单元领导，并协助将其融入他们的经营计划和持续报告
- 确保风险管理能力在所有业务单元和企业（包括新的收购和合资经营投资）的发展和维持

特定活动

- 开发报告主要风险的综合程序
- 定期视察业务单元并与高级主管会面，以鼓励把风险管理嵌入企业文化和日常活动中
- 建立一个标准的风险信息模型和自动化的程序，并确保可用于整个组织
- 保持对企业风险管理成本—收益的关注
- 确保员工受到了风险管理教育。传递知识和信息，通常有助于有效的风险管理并帮助维持适当的风险文化
- 与业务单元领导合作，确保经营计划和预算包括风险识别和管理
- 与业务单元合作以确保监督和报告，以保证遵守组织的规则和报告最重大的风险
- 向风险委员会报告以下相关事项：

企业风险管理的进展和实施

已识别出的重大和重要风险敞口以及对组织的建议

包括分析和建议在内的综合企业风险管理计划

职业特征

- 企业风险管理的基础
- 有能力清晰地表述掌握了组织企业风险管理基础结构的宗旨
- 创造性的、"思维不合常规"的思想家
- 全球不同文化的经验
- 良好的领导气质
- 杰出的人际沟通能力
- 能够从董事会和业务单位获得尊重
- 高级管理者的经验，如负责管理小组的成员或首席财务官或首席运营官（COO）
- 优秀的表达能力，发音清晰
- 优良的促进能力
- 大型项目管理的经验
- 很强的分析能力
- 非凡的问题解决技巧

（8）负责指导、监督有关职能部门，各业务单位以及全资、控股子企业开展全面风险管理工作。

（9）办理风险管理其他有关工作。

需要明确的是，虽然风险管理部会涉及不同的部门，但绝不是说风险管理部可以控制不同部门的风险。实际上，多数企业风险都是在风险管理部门和各职能及业务部门的共同努力下得到控制和有效管理的。在风险管理部内部，也会设立不同的专业团队或组织，重点控制和管理某一方面的风险。图8-13是某企业的风险管理职能部门的内部结构。

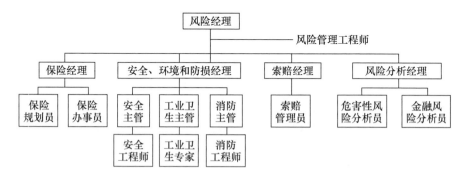

图8-13　风险管理职能部门结构

（六）审计委员会及内部审计部

审计委员会是董事会的一个专设机构，向董事会负责，其成员通常由熟悉企业财务、会计和审计等专业知识，并具有相应业务能力的董事组成。其中，主任委员需要外部董事担任。审计委员会的职责是：

（1）审议企业年度内部审计工作计划。

（2）监督企业内部审计质量与财务信息披露。

（3）监督企业内部审计机构负责人的任免，提出相关意见。

（4）监督企业社会中介审计等机构的聘用、更换和报酬支付。

（5）审查企业内部控制程序的有效性，并接受有关方面的投诉。

（6）其他重要审计事项。

审计委员会还负责指导监督内部审计部门，内审部直接对董事会负责。内部审计部门在风险管理方面，主要负责研究提出全面风险管理监督评价体系，制定监督评价相关制度，开展监督与评价，出具监督评价审计报告。内部审计还可以通过将风险管理评价作为审计工作的一部分，以检查、评价风险管理过程的适当性和有效性，并提出改进建议。在风险管理方面，内审部门职责是：

（1）对企业的财务收支、财务预算、财务决算、资产质量、经营绩效以及其他有关的经济活动进行审计监督。

（2）对企业采购、产品销售、工程招标、对外投资等经济活动和重要经济合同进行审计监督。

（3）对企业全面风险管理系统的健全性、合理性和有效性进行检查、评价和反馈，对企业有关业务的经营风险进行评估和意见反馈。

（4）将内部审计结果反馈给董事会及其相关专门机构。

内部审计参与企业风险管理具有一定的优势：①内部审计能够超脱部门之间的利益冲突，较为客观全面地评价企业风险；②内部审计人员能够充当企业长期风险策略和各种决策之间的协调人，控制和指导风险策略；③内部审计独立于企业管理部门，其评价和结论可以直接向董事会报告；④内部审计较外部审计而言具有更强的责任感，往往会就某个风险问题深入探讨分析，了解其发生的根源，探索解决的办法。

当然，由于内部审计在独立性上较外部审计具有先天的不足。所以，审计委员会还必须借助外部审计师的力量，降低企业合规风险。

（七）其他职能部门及业务单位

具体而言，风险管理的执行工作都需要落实到各业务和职能单位。比如，工厂安全方面的风险管理，需要生产部门予以落实；财务报告方面的风险控制，需要财务部门予以执行等。

各部门和业务单位的经理是本部门或本单位企业风险的管理者和汇报者。由于各部门和单位经营活动性质不同，所面临的风险性质和大小也存在较大差异。对外投资部门可能风险决策频率不高，但是每次决策的风险都非常重大，有些甚至会影响到企业的生死存亡。企业后勤总务部门，如食堂，每天都要面对饭菜剩余或不足的风险，可这些风险一般不会给企业带来致命的损失。每位部门经理必须时刻评估其经营活动所面临风险的大小，如果某项风险决策超出了其职权范围，则必须向风险管理职能部门或者总经理汇报，不能擅自决策。

各职能部门和业务单位还必须配合其他部门或单位进行风险管理。例如，销售部门需要尽可能将已掌握的客户信息反映给商业信贷审批部门，而不能为了提高销量而隐瞒客户财务状况，以免增加应收账款无法收回的风险。同时，商业信贷管理部门也需要将授信额度及时告知销售部门，只有这样，才能够有效控制商业信贷风险。

（八）风险责任者

风险责任者是指企业岗位责任中已明确其具体负责某种、某类、某几类或者说某一过程的风险，该负责人就是风险责任者。有些企业的岗位责任中可能规定，风险责任者应对相应风险所产生的损失负责。风险责任者在企业中的岗位分布常常有以下几种情形：

（1）在企业中的某一相关部门工作，如企业的质量风险负责人可能在企业的质量部门工作，企业的信贷风险负责人在企业的信贷部门工作。

（2）企业中的某些风险可能仅涉及某一个业务单位，这样风险责任者的工作岗位可能就设置在相关的业务单位层面。

（3）负责企业某一过程风险管理的责任者的工作环境分布在相应的过程环境之中，这种情况下，风险责任者往往给过程相关的每一个人，进一步分配风险管理的细化责任。做到"千斤重担大家挑，人人身上有指标"。

（4）企业往往对某一个业务或就某一个项目指定风险责任者（也可是兼职）。在这种情况下风险责任者所关注的是那些影响业务目标实现或影响项目如期保质完成的综合性风险。就风险管理的具体实施和操作方面来讲，企业的业务或项目风险管理责任者与上述的过程风险管理责任者有较大的责任相似之处；而其可能的不同之处在于过程风险责任者，往往可能更多地关注与操作过程层面相关的综合性风险管理，而业务或项目的风险责任者往往既要关注实施过程中的纯风险管理，也要关注与业务或与项目相关的企业投机性风险的管理。

（5）风险责任者在风险管理部工作。在当今实施集中风险管理程度高的企业，某些风险责任者的日常工作岗位可能由于风险管理部的成立而发生变动，或者说风险责任者已从过去任职的部门调整到风险管理部门。

显然，风险责任者在企业中事实上存在的历史，要比 CRO 或风险经理长，这是由于风险责任者在企业中所管理的风险，往往是以传统的纯风险为主，而企业对这些单一性的，或局部过程范围的风险实施管理，一般已具有一定的历史和基础。企业的风险责任者常常是其所管理的风险领域的专家，特别是对相应风险的识别、估测和控制一般有着颇深的造诣或经验，"这些人了解风险是什么、为什么会发生、对风险应该采取什么措施？"总之，在 ERM 时代，这些风险责任者的工作不会由于企业实施 ERM 而改变或取消，而是程度更有加深和效率更有增进。当今时代，在 CRO 的领导下，加强了风险责任者之间的交流、沟通与合作，促进了风险责任者系统化、整体化、协调性和关联性分析企业风险的思维与能力，提高了企业整体化风险管理的水平。

过去，这些风险责任者的工作报告一般是直接报告给其服务的部门领导，然后由部门领导报告给 CEO。而在 ERM 时代，这些风险责任者要将风险状况直接报告给部门领导和 CRO。风险责任者要在 CRO 的领导或指导下开展工作。

（九）企业风险管理员

企业无论规模大小都对风险管理员有着广泛的需求。在典型的大型企业中，风险管理员的工作岗位主要分布在 3~4 个管理层面，在风险管理师或风险经理的指导下具体执行风险管理的任务。而在小企业中风险管理员有可能被直接委任为专职/兼职风险经理或被委任为风险责任人等角色。以下具体介绍风险管理员在大型企业中的典型岗位：

（1）在企业层面的风险管理部。每一个企业的风险管理部不仅需要 CRO 的领导和风险经理们执行任务，还需要风险管理员的工作协助。在风险经理或主管们的指导下，风险管理员每日可以在信息的收集、活动的组织和对内外的联络中发挥作用，甚至可以在数据调研、风险监测和评价、风险评估、决策追踪、数据分析统计等方面发挥较大的配合作用。在这一层面工作的风险管理员主要协助风险管理部领导层或技术骨干层实施对企业综合风险的管理职能，当然也有被分配专门追踪某种特定风险工作的可能性。

（2）在企业的业务单位层面。风险管理员作为业务单位风险经理的助手，担当起在该业务单位开展风险管理综合协调和监督的工作。在业务单位层面服务的风险管理员的管理范围会相应缩小，但其工作的内容和性质与在企业层面相当的近似。业务单位层面的风险管理员一般也以协助管理业务单位的综合风险为主。在这一层面工作，风险管理员往往出现与传统的单一特定风险管理员的工作交叉和协调问题，如与安全员、质量检查员或点检员等的关系协调问题。原则上讲，在业务单位风险经理的领导下，这些单一风险员应该接受综合风险管理员的具体指导，并且这些单一风险管理员同时接受相应单一风险责任者的日常领导。

（3）作为企业风险责任者的工作助理。这种情形又分两类：一类情况是担任企业特定风险责任者的助理。企业往往就关键性风险或重大风险指派特定人员负责。而这项工作往往不止由一个风险责任者完成，有时甚至需要一个大团队的协作，风险管理员应成为风险责任者的得力助手。在这个服务层面的风险管理员的工作基本上专注于单一领域或单一过程的风险管理。如果单一风险管理员关注的风险只是质量风险，事实上这一风险管理员就是企业的质量管理员；如果单一风险管理员关注的风险只是安全风险，事实上这一风险管理员就是企业的安全管理员。因此，从这个层面来讲，风险管理员会与传统企业的特定风险管理员的工作发生重叠。解决这一现象的较好办法就是让上面提到的质量员或安全员再去进修风险管理员的课程，增进这些单一风险管理岗位人员的知识，培养他们在 ERM 时代解决问题的关联性和系统性的眼光，增进他们处理风险的新思维和新技能。另外，企业中新增补的质量管理员或安全员等岗位也可以考虑让具有风险管理员资格的人员担任（这些人员可能需要补修相关风险管理知识）。

另一类情况是担任过程、项目或某一任务风险责任者助理。这种情形使得风险管理员的作用显得更为独立和重要，因为事关过程的风险往往是综合风险，而风险管理员与特定风险管理员（如质量员）相比较，其优势就在于所受到的综合应对风险的策略训练。在企业的过程管理中聘用一些获得了风险管理员职称的员工，对企业保护资产、降低损失、避免灾难、提高绩效和实现目标都有极其重要的和综合的意义。由于企业的风险大多数是产生在过程之中，学习在过程中就控制风险和减小风险的能力比处理过程发生之后的、既成事实的损失更有意义。企业在加强建设 ERM 体系的同时将会加强对过程风险管理技能和技巧的强调及重视，这为风险管理员充分发挥专业作用提供了大有可为的空间。

二、风险管理三道防线

企业在开展全面风险管理的工作中，应与其他管理工作紧密结合，把风险管理各项要求融入企业管理和业务流程中，构建起风险控制的三道防线：以相关职能部门和业务单位为第一道防线；以风险管理部门和董事会风险管理委员会为第二道防线；以内部审计部门和董事会审计委员会为第三道防线。

（一）风险管理的第一道防线：业务单位防线

业务单位在日常工作中面对各类风险，是风险防范的最前线。企业必须把风险管理的手段和内控程序融入业务单位的业务工作流程中，才能构筑好防范风险的第一道防线。

企业建立第一道防线，就是要把业务单位的战略性风险、市场风险、财务风险、营运风险等，进行系统化的分析、确认、度量、管理和监控。

要建立好第一道防线，企业各业务单位需要做好以下各项工作：

（1）了解企业战略目标及可能影响企业达标的风险。

（2）识别风险类别。

（3）对相关风险做出评估。

（4）决定转移、避免或减低风险的策略。

（5）设计及实施风险策略的相关内部控制。

（6）企业需要把评估风险与内控措施的结果进行记录和存档，对内控措施的有效性不断进行测试和更新。

在风险处理策略上，业务部门依据风险发生的可能性和风险影响的程度，可以采取避免、转移、慎重管理和接受等策略，如图 8-14 所示。

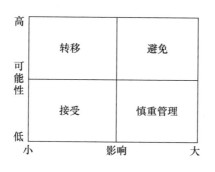

图 8-14　风险处理策略

避免风险即禁止交易、减少或限制交易量、离开市场等安排，避免风险的发生；转移风险即采取套期、保险策略性联盟或其他分担风险的安排，转移风险；慎重管理风险即通过投资、广泛保护的安排、定期反映风险程度等措施，慎重管理风险；接受管理风险即通过自我保险、预留储备、增加监督等管理风险。

（二）风险管理的第二道防线：风险职能管理部门防线

它是建立在业务单位之上的一个更高层次的风险管理防线，包括风险管理部门、投资审批委员会、信贷审批委员会等。

风险管理部门的责任是领导和协助公司内部各单位在风险管理方面的工作。其职责包括下列几项：

（1）编制规章制度。

（2）对各业务单位的风险进行组合管理。

（3）度量风险和评估风险的界限。

（4）建立风险信息系统和预警系统、厘定关键风险指标。

（5）负责风险信息披露，沟通、协调员工培训和学习的工作。

（6）按风险与回报的分析，为各业务单位分配经济资本金。

相对于业务部门而言，风险管理部门会克服狭隘的部门利益，而能够从企业利益角度考察项目和活动风险。例如，销售部门有时会为了追求更大的销售额，而忽略了销售信贷可能存在的风险。但是作为销售信用的审批部门，则会更加关注贷款不能收回的可能性。

风险管理部门还可以综合平衡各部门风险。企业往往在不同的发展阶段，各部门所面临的风险是不同的。而作为风险管理部门，则需要根据一定的原则，将风险分配于不同部门，对每个部门风险进行上限控制。

（三）风险管理的第三道防线：内部审计防线

内部审计是一个独立、客观的审查和咨询业务单位，监控企业内部和其他企业关心的问题，其目的在于改善企业的经营和增加企业价值。它通过系统的方法，评价和改进企业的风险管理、控制和治理流程效益，帮助企业实现经营目标。它具有的功能：

（1）财务监督的功能。包括审计财务账的可用性，监督企业内部管理和制度的执行。例如，检查分公司和子公司上报总部的财务报表的准确性以及执行财务管理政策的情况。

（2）经营诊断的功能。通过管理审计以及效率和效益审计，检查和诊断经营及管理过程中的偏差和失误。

（3）咨询顾问的功能。即进行企业风险管理和发展策略方面的咨询，调查领导关心的热点问题和管理薄弱环节。例如，企业兼并收购时调查被投资公司的内部管理和流程操作，了解薄弱环节或其他影响并购交易的重大事项，从而确定管理方法和并购策略等。

内部审计可以通过评估及识别风险的充分性、评价已有风险衡量的恰当性以及评估风险防范措施的有效性三方面参与企业风险管理。企业的内部审计工作一般是对各业务部门和风险管理职能部门的风险管理活动进行再监督，而不是亲自参与每项风险的评估与控制。

第四节　企业风险管理文化

所谓企业文化，即一个企业在经营过程中形成的，并为企业管理层和员工所接受和认同的理想、价值观和行为规范的总和。例如，不同管理层对财务报告的态度、对保守和激进会计政策的理解与选择、对岗位职责分离的重视等，都会影响到企业的风险管理活动。所以，企业风险管理文化就是企业对待风险及风险管理的基本理念和管理哲学，体现的是一种理念、宗旨、观念和意识。

一、树立风险管理理念

企业风险管理理念是指企业从战略制定开始到日常经营活动为止的过程中，对待风险的信念和态度。杜邦公司认为企业确定风险管理理念非常重要。杜邦公司的风险管理理念是："公司力图在一个与业务战略吻合的水平上管理风险，不从事那些违背公司财务管理风险政策的活动。"[1] 欧洲商业银行在风险管理过程中也形成了多条理念。例如，银行不能"回避"风险，只能"管理"风险；风险和回报必须对称；风险管理意识必须贯彻到全行人员，贯穿到业务拓展的全过程；风险控制要同市场营销、市场拓展有机结合起来等。先进的风险管理理念一般具有如下特征：

1. 一致性

风险管理目标与企业战略目标或业务发展目标相一致。风险管理不能彼此孤立进行，而是应该和业务发展战略相结合。风险管理和业务发展不是决然对立的，并不是说开展风险管理就阻碍了业务发展或者说业务发展必然排除风险管理。因为不考虑业务发展的风险管理规章制度，是无法在业务部门实施的，而不考虑风险因素的盲目业务扩展也是无法持久的。

2. 独立性

风险管理人员需要以一种独立的态度来识别风险、评估风险、制定和执行风险管理策略，以及监督和改进风险管理，它是保证风险管理具有客观性的前提。

---

① 托马斯·巴顿等. 企业风险管理 [M]. 王剑锋，等译. 北京：中国人民大学出版社，2004.

但是，要求风险管理具有独立性，并不排斥部门或团队之间的交流与合作。

3. 全面性

风险管理对象需要涵盖每项经济活动和每个岗位，特别是对于新产品、新业务，企业更要保证"风险先行"。也就是说在开展新业务之前，企业就必须对此项业务所面临的风险进行评估，并制订适当的风险管理方法和程序。

4. 经济性

风险管理必须同时考虑成本与收益。企业风险管理的目的不是消灭企业所面临的风险，而是将风险控制在可以接受的范围内。例如，如果在销售过程中追求商业信贷风险最小化，最好的办法是不提供赊销。但是这样做的后果可能是丢失客户与市场，不符合成本—效益原则。

二、培育风险管理文化

实施全面风险管理，除了建立具体的风险管理制度外，还需要将风险意识和风险管理理念融入企业文化之中，形成由内而外的强大支撑力，在整个组织中贯彻风险管理精神。

1. 建立良好的风险管理文化

必须将风险管理的意识和手段融入日常的管理流程，并通过讨论和培训，使风险管理的实施得到全体员工的支持，通过经验的分享，不断加强风险管理的认同性，促进企业风险管理水平、员工风险管理素质的提升，保障企业风险管理目标的实现。

2. 风险管理文化应融入企业文化建设全过程

企业应大力培育和塑造良好的风险管理文化，树立正确的风险管理理念，增强员工风险管理意识，将风险管理意识转化为员工的共同认识和自觉行动，促进企业建立系统、规范、高效的风险管理机制。企业应在内部各个层面营造风险管理文化氛围。董事会应高度重视风险管理文化的培育，总经理负责培育风险管理文化的日常工作。董事和高级管理人员应在培育风险管理文化中起表率带头作用。重要管理及业务流程和风险控制点的管理人员和业务操作人员应成为培育风险管理文化的骨干，以点带面，使风险意识具有群众基础。

3. 应加强法制和道德教育

企业应大力加强员工法律素质教育，制定员工道德诚信准则，形成人人讲道德诚信、合法合规经营的风险管理文化。对于不遵守国家法律法规和企业规章制度、弄虚作假、徇私舞弊等违法及违反道德诚信准则的行为，企业应严肃查处。同时，风险管理文化建设应与薪酬制度和人事制度相结合，有利于增强各级管理人员特别是高级管理人员风险意识，防止盲目扩张、片面追求短期业绩、忽视企业风险等行为的发生。

4. 加强风险管理培训和相关知识共享

企业应建立重要管理及业务流程、风险控制点的管理人员和业务操作人员岗前风险管理培训制度。采取多种途径和形式，加强对风险管理理念、知识、流程、管控核心内容的培训，培养风险管理人才，培育风险管理文化。风险管理文化形成如图 8-15 所示。

图 8-15　风险管理文化形成

注：应通过多种形式，努力传播企业风险管理文化，牢固树立风险无处不在、风险无时不在、严格防控纯粹风险、审慎处置机会风险、岗位风险管理责任重大等意识和理念。

《指引》与全球各类标准相比具有如下七大特点：

（1）较好地、宽泛地综合了世界上不同国家和地区的优秀实践。

（2）较好地把 ERM 结合了中国国情，避免走某些企业已走过的弯路。

（3）在信息初始化中提出了对"五大重要风险"信息收集的框架。

（4）肯定了建立风险控制三层防线的做法。

（5）为中国企业最终实施 ISO31000：2009 框架奠定了基础。

（6）对国资企业更具有针对性。

（7）对公司治理中各结构层向上一层次决策者进行风险报告的义务和责任，提出了清晰的界定和要求。

建立风险管理的总体规划如下：

（1）定位企业风险管理的哲学和风险偏好。

（2）确立或梳理企业风险管理目标。

（3）建立风险管理六大模块（组织与环境、系统和数据、风险指标、战略、内控、风险理财）。

（4）建立一个风险管理过程。

（5）建立和提升六种风险管理能力（策略、人员、过程、报告、方法与技术、数据与系统）。

（6）掌握一套理论体系、知识体系和方法工具体系。

第五节　电力企业全面风险管理事例

企业要实施全面风险管理就需要结合企业实际建立适合自身特点的风险管理

模型及其业务流程，认清企业存在哪些潜在风险因素，确定风险指标及风险评价标准，并分解落实到相关的部门及个人。从而抑制风险的发生或减少风险损失，确保经营目标的实现。

一、电力企业风险管理模型

电力企业风险管理模型如图 8-16 所示。

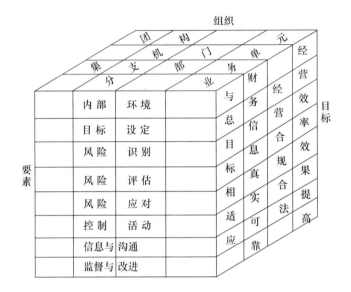

图 8-16 电力企业风险管理模型

二、电力企业全面风险管理流程

电力企业全面风险管理流程如图 8-17 所示。

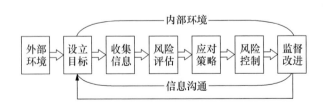

图 8-17 电力企业全面风险管理流程

[例 8-1] ××公司风险管理流程如图 8-18 所示。

信息沟通内部监督

- 设定目标
  - 建立环境
    - 外部环境：社会、文化、政治、法规、技术，自然环境、竞争环境、国际环境
    - 内部环境：企业状况、对企业目标有影响驱动因素利益相关者
    - 风险准则：风险发生可能性准则、影响后果准则、风险等级准则
  - 设定目标
    - 指标：结合企业特点，分级次设定：国家考核、企业考核、科室及班组考核指标
    - 标准：各项指标应达到水平（定量化）
    - 承受度：风险承受限度，即指标最大容许量
  - 信息收集
    - 外部信息：国家方针、政策、行业协会、网络媒体、市场调查、客户往来等资料
    - 内部信息：财务资料、经营生产、员工动态、调研、办公网络等资料
    - 信息传递：对收集资料、加工、筛选、整合传递
- 风险评估
  - 风险识别
    - 总则：系统性、连续性和全面性，对潜在风险有正确认识
    - 方法：风险清单现场调查法、问卷调查法、流程图、财务报表分析等
    - 重点：董事主管职业操守和胜任能力、研发创新能力，财务状况安全运营
  - 风险分析
    - 重点：财产风险、人身风险、责任损失风险法律及民本责任
    - 内容：分析风险发生可能性、风险影响正负后果、风险值计量及排序
    - 方法：寿命周期法、故障树分析法、会计统计指标法、因果分析等
  - 风险评价
    - 原则：整体性、统一性、客观性及可操作性原则
    - 内容：比较风险大小，确定风险等级
    - 方法：风险度评价法，风险坐标图分析法、风险带评价法、关注重点和优先排序风险，为风险应对提供依据
- 风险应对
  - 应对策略
    - 原则：结合风险承受度、权衡风险与收益、确定应对风险策略
    - 内容：风险规避、风险降低、风险分担和风险承受等
    - 方法：评估应持续进行，及时收集信息，定期不定期评估，适时更新、维护数据库，并调整应对策略
  - 控制活动
    - 要求：运用各种相应有效措施，将风险控制在可承受度之内
    - 措施：风险控制、授权审批、会计系统控制、财产保护控制、预算控制、营运分析控制、绩效考评控制
    - 关注：重大风险预警机制和突发事件应急处理机制
  - 自我评价
    - 目的：通过定期或不定期自评，检讨存在缺陷，拟定改进措施
    - 方法：采用自我检查、自我评价、相互检查评比、自我纠正
    - 文档：自评要注意做好记录建立完善文档

图 8-18　风险管理流程

三、电力企业风险管理实例

（一）经济类目标体系模型

经济类目标体系模型见图 8-19。

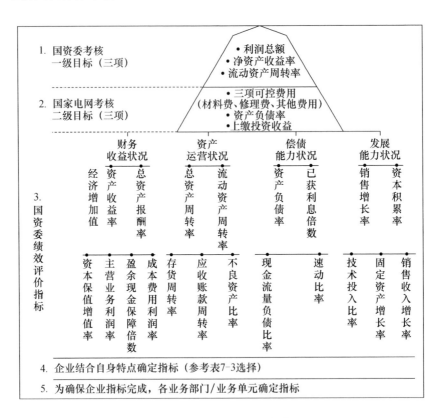

图 8-19 电力企业经济目标体系

注：经济增加值＝税后净利润-资本成本；

　　资本成本＝公司使用全部资本×资本成本率。

（二）安全类目标体系模型

安全类目标体系模型见图8-20。

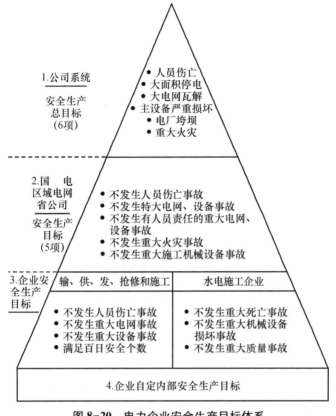

1.公司系统

安全生产
总目标
（6项）

- 人员伤亡
- 大面积停电
- 大电网瓦解
- 主设备严重损坏
- 电厂垮坝
- 重大火灾

2.国　电
区域电网
省公司

安全生产
目标
（5项）

- 不发生人员伤亡事故
- 不发生特大电网、设备事故
- 不发生有人员责任的重大电网、设备事故
- 不发生重大火灾事故
- 不发生重大施工机械设备事故

3.企业安全生产目标

输、供、发、抢修和施工

- 不发生人员伤亡事故
- 不发生重大电网事故
- 不发生重大设备事故
- 满足百日安全个数

水电施工企业

- 不发生重大死亡事故
- 不发生重大机械设备损坏事故
- 不发生重大质量事故

4.企业自定内部安全生产目标

图8-20　电力企业安全生产目标体系

（三）社会责任目标体系：质量、安全、环境、职工健康等

（四）供电企业风险因素

根据供电企业外部环境及内部条件，其风险及影响因素如表8-2所示。

表8-2　供电企业风险系统的定义及直接关联关系①

编号	风险及风险因素	描述性定义	直接影响的因素
1	自然灾害风险	严重自然灾害可直接引起人员伤亡与设备损坏，造成供电企业的资产损失和利润损失，还可直接造成大范围的发电设备和用电设备损坏，影响发电量和用电量	7，14，17，11，12

---

① 谭忠富．电力企业风险管理理论与方法［M］．北京：中国电力出版社，2006.

编号	风险及风险因素	描述性定义	直接影响的因素
2	宏观经济风险	由于国家对电力企业的投资、贷款政策的变动，金融市场上利率、汇率的波动情况等，导致电力供求发生变化，从而影响企业的生产经营	7，14
3	社会风险	由于社会的经济、政治、文化等因素的波动和变化对企业的经营产生影响	7，8
4	政策法规风险	具体包括电力行业政策、电力环保政策、地方自备电厂政策等，这些政策法规的调整和变化都将对电力企业产生经营上的风险	8，13，14，15，16，19
5	技术风险	由于技术进步或是技术上的缺陷对供电企业的安全稳定、经营管理造成的损失	9，10，11，13
6	天气风险	天气的变化在很大程度上会影响负荷的变化，也会给维修、安全运行等带来风险	9，10，11，12
7	财务风险	公司主营业务收入与利润波动、负债结构不合理导致负债增长，超过企业承受能力，或融资条件与环境的变化导致财务成本失去控制等	5
8	组织风险	由于企业部门设置不合理、部门之间协调不顺而引起的风险，导致企业生产效率降低等	11，22
9	施工风险	包括施工材料风险、安全风险、质量风险和工期费用风险等，该风险的存在会给企业带来财务上的损失和安全运行上的威胁	7，10，11
10	维修风险	维修的不经济和不合理会给财务上和安全运行上带来双重损失	7，11，18
11	安全运行	安全问题是电力企业的重中之重，安全隐患的存在对电力企业构成很大的威胁	7，18

编号	风险及风险因素	描述性定义	直接影响的因素
12	最大负荷持续时间	最大负荷是影响电力企业固定成本的主要因素，最大负荷持续时间的不确定性，给电力企业的成本和安全运行带来了风险和威胁	11，18，21
13	交易模式	不同的交易模式给市场主体带来不同的风险，对价格、管制、交易等都会带来很多不确定性	7，11，14，15，16，19，20
14	购电电价风险	从竞争的发电市场上购电的平均价格，这是电力市场风险管理文献讨论最集中的风险因素	7
15	价格管制	由于电网企业不是完全竞争企业，垄断的存在带来价格管制的存在。价格管制的程度给电网企业的经营和盈利能力带来很多的不确定性因素	7，16
16	用户成本分摊	供电成本在很大程度上取决于用户的用电，如用户的负荷率、分散率、供电电压和功率因数等。这些因素的存在，影响了企业的固定成本和变动成本	7
17	电网规划的不确定因素	电网规划面临很多市场的不确定因素，如电源规划、负荷变化、系统潮流变化等，这些因素的存在导致了电网规划的不确定性，不仅会对企业造成财务上的损失，还会引发很多安全问题	7，9，10，11，18，21
18	输电阻塞	输电阻塞将导致电能不能由供电侧安全可靠地输送到用户，电网公司将被迫改变购电计划，从不阻塞地区购买高价电能，导致购电成本增加。此外，也会对电网的安全稳定运行构成威胁	7，11，21
19	执行分时分类电价	执行分时分类电价，由于有些用户的用电类型不吻合，可能给供电企业带来财务上的损失	7，12，16

编号	风险及风险因素	描述性定义	直接影响的因素
20	发电市场力	有影响力的发电商通过容量持留或多个发电商通过共谋等措施故意抬高发电侧电价	7，14
21	辅助服务供应不足	辅助服务供应不足很容易导致电网的不安全稳定运行	11
22	用户的信用风险	因用户不愿或无力偿还债务产生损失	7
23	地方政府政策	地方政府的政策可能会影响供电成本的上升，并且影响供电企业的营业收入	12，14，20

表8-2定义的23种风险，发生在提供电力产品或输电服务等生产经营管理过程中，并不完全局限于电力市场变量本身产生的风险。理论上只要是供电企业面临的经济不确定性，都应该被考虑，但由于风险的复杂性，这里无法列举全部风险。

（五）风险计量模型

根据《指标》及电力企业特点，列出下列模型供参考："企业绩效评价指标风险评估及预警临界值"（见表8-3）；"企业风险因素评估及运行状况计量"（见表8-4）和"电力企业风险评估等级计量"（见表8-5）；"生产安全风险因素评估等级计量"（见表8-6）；"国电菏泽发电厂级风险库"（见表8-7）；"国电菏泽发电厂厂级重大风险控制一览表"（见表8-8）；"国电菏泽发电厂财务部重大风险控制一览表"（见表8-9）；"国电菏泽发电厂重大风险辨识评价一览表"（见表8-10）。

现将表中有关项目指标的内涵说明如下：

（1）风险域，是指该类风险因素所处的业务领域，这样分类便于落实控制责任，防范风险产生。

（2）风险因素，是影响企业经营目标实现的能够直接计量的各种风险因素。因素列多少，各企业应根据自身特点及经营管理需要而定。

（3）权重，是根据各风险因素在经营目标值中所占的比重。权重比例越高说明该风险因素对经营目标影响越大。各风险因素权重之和为100。

（4）重要程度，是指该项风险因素变动对企业经营目标实现的影响程度。按影响程度的大小分为A、B、C、D、E五级，A因素变动影响最大，E因素变动影响最小，各级之间差距各企业可根据自身的特点而定。

（5）预警临界值，是指该风险因素达到某一临界点时，将会导致严重影响经营目标的实现。应引起高级管理层密切关注，及时采取措施、调配资源，扭转不利趋势。表示为：预警临界值≤目标值-风险容忍度。

（6）目标值，是企业确定的经营总目标值分解到该指标的具体数值。如果该指标实现了目标值，就可确保经营目标的实现。该目标值也是评价计量风险等级的依据。

（7）运行状况，是反映该风险因素目前实际完成的情况。状况分5个等级，分别用双红、红、黄、绿、双绿来反映，等级以风险确定数值为标准。

（8）影响额，是指该风险因素截止到监测日（或报表公布日），由于未完成规定的目标值而造成损失额。例如，超额完成而带来效益用括号表示。

（9）预计走向，是反映该风险因素预计未来的可能完成情况，完成情况按风险等级分5种颜色标注，以引起相关责任者及领导的关注。

（10）风险等级，是划分各风险因素等级的标准。各风险因素等级的划分，根据该因素的特点、本企业历年实际情况及其战略目标要求等来确定。

（11）计量方法，是指该风险因素可能或已实现的数值与确定的经营目标值比值的计量方法。各指标既可用绝对值也可用相对数表示。

各指标计算公式如下：

净资产收益率=净利润/净资产平均值

边际安全率=（预计销售额/保本点销售额）/预计销售额×100%

保本点销售额=期间费用/（1-销售成本/销售收入）

保本点比率=保本点销售额/预计销售额×100%

新产品比率=新产品销售额/全部产品销售额×100%

人员稳定率=离职人数/全年平均在册人数×100%

风险因素指标应列示多少，各企业应根据自身管理的需要而定。也可采用分级管理分级列示风险因素方法。各部门（或业务单位）管理什么风险，就在部门的控制表中列示什么风险因素。例如，国电菏泽发电有限公司通过发动员工摆风险因素，看风险危害，找引发根源，议控制与防范措施，并落实风险控制责任。全厂确认潜在各种风险因素达59323条。根据风险性质按三级控制责任体系分别落实到有关业务单元及流程。做到"风险重担大家挑，人人身上有指标"。部分内容如表8-7、表8-8和表8-9所示。从而使隐藏在生产经营活动中各种潜在风险因素暴露，并明确其控制责任及控制与防范措施，为实施风险控制打下有力基础。

表8-3 企业绩效评价指标风险评估及预警临界值

截止日期：××××年××月××日

风险域	风险指标	权重	重要程度	预警临界值	目标值	运行状况	预计完成值	影响额	预计走向	风险等级（预计完成值/目标值×100%）					因素指标计量公式
										1（双绿色）	2（绿色）	3（黄色）	4（红色）	5（双红色）	
基本指标	净资产收益率	25	A	4.7%	5.5%	黄色				105%以上	100%~105%	95%~100%	90%~95%	90%以下	净利润/平均净资产
	总资产报酬率	13	B	2.7%	3.5%	红色				105%以上	100%~105%	95%~100%	90%~95%	90%以下	息税前利润/平均总资产
	总资产周转率（次）	9	C	0.6	0.8	绿色				106%以上	100%~106%	94%~100%	88%~94%	88%以下	主营业收入/平均总资产
	流动资产周转率（次）	9	C	1.4	1.8	绿色				110%以上	100%~110%	90%~100%	88%~90%	88%以下	主营业收入/流动资产
	资产负债率	12	B	65%	58%	黄色				90%以下	90%~100%	100%~110%	110%~130%	130%以上	资产总额/负债总额
	已获利息倍数	8	C	2.0	2.4	黄色				110%以上	100%~110%	90%~100%	80%~90%	80%以下	息税前利润/利息支出
	销售增长率	12	B	10.0%	15.0%	绿色				110%以上	100%~110%	90%~100%	80%~90%	80%以下	本年销售增长额/上年销售
	资本积累率	12	B	4.5%	6.0%	绿色				110%以上	100%~110%	90%~100%	80%~90%	80%以下	所有者权益增长额/年初额
合计		100													

风险域	风险指标	权重	重要程度	预警临界值	目标值	运行状况	预计完成值	影响额	预计走向	风险等级（预计完成值/目标值×100%）					因素指标计量公式
										1(双绿色)	2(绿色)	3(黄色)	4(红色)	5(双红色)	
修正指标	资本保值增值率	12	A	100.0%	104.0%	黄色				110%以上	100%~110%	90%~100%	80%~90%	80%以下	年末所有者权益/年初所有者权益
	主营业务利润率	8	B	15.0%	19.0%	绿色				105%以上	100%~105%	95%~100%	90%~95%	90%以下	主营业务利润/主营业务收入
	盈余现金保障倍数	8	B	4.0	5.1	绿色				105%以上	100%~105%	95%~100%	90%~95%	90%以下	经营现金流量净额/净利润
	成本费用利润率	10	A	4.2%	5.1%	绿色				110%以上	100%~110%	90%~100%	80%~90%	80%以下	利润总额/成本费用总额
	存货周转率（次）	5	C	5.5	6.9	黄色				106%以上	100%~106%	94%~100%	88%~94%	88%以下	主营业务成本/存货平均额
	应收账款周转率	5	C	7.9	9.9	红色				100%以上	95%~100%	90%~95%	85%~90%	85%以下	主营业务收入/应收账款平均额
	不良资产比率	8	B	2.3%	1.9%	绿色				80%以下	80%~90%	90%~100%	100%~110%	110%以上	年末不良资产/年末资产总额
	现金流动负债比率	10	A	7.6%	9.6%	绿色				105%以上	100%~105%	95%~100%	90%~95%	90%以下	经营现金流量净额/流动负债
	速动比率	10	A	78.0%	98.3%	绿色				120%以上	110%~120%	100%~110%	90%~100%	90%以下	速动资产/流动负债
	技术投入比率	7	B	0.6%	0.6%	绿色				105%以上	100%~105%	95%~100%	90%~95%	90%以下	技术研发开发费/销售收入
	净利润增长率	9	B	7.8%	9.8%	绿色				105%以上	100%~105%	95%~100%	90%~95%	90%以下	净利润增长额/上年净利润
	固定资产增长率	8	B	10.4%	13.0%	绿色				105%以上	100%~105%	95%~100%	90%~95%	90%以下	固定资产增长额/上年固定资产总额
	合计	100													

表8-4 企业风险因素评估及运行状况计量

截止日期：××××年××月××日

风险域	风险指标	权重	重要程度	预警临界值	目标值	运行状况	预计完成值	影响额	预计走向	风险等级 5(双红色)	4(红色)	3(黄色)	2(绿色)	1(双绿色)	计量方法
综合性	销售收入额	4	A	92.0%	6000	黄色				80%以下	80%~90%	90%~95%	95%~100%	100%以上	预测完成目标值
	净利润额	5	A	95.0%	1300	红色				80%以下	80%~90%	90%~95%	95%~100%	100%以上	预测完成目标值
	净资产收益率	4	A	10.0%	14.0%	黄色				8%以下	8%~10%	10%~12%	12%~15%	15%以上	按预测完成
	边际安全率	4	A	18.0%	25.0%	黄色				15%以上	15%~20%	20%~25%	25%~30%	30%以下	按预测完成
	保本点比率	3	A	68.0%	57.0%	黄色				70%以上	65%~70%	60%~65%	50%~60%	60%以下	按预测完成
	新产品比率	4	C	30.0%	35.0%	绿色				10%以下	10%~20%	20%~30%	30%~40%	40%以上	按预测完成
	现金流入额	3	B	5510	5800	绿色				80%以下	80%~85%	85%~90%	90%~100%	100%以上	按预测完成目标值
	现金流出额	3	B	4935	4700	绿色				110%以上	100%~110%	90%~100%	80%~90%	80%以下	按预测完成目标值
	小计	30													
销售与收款	销售目标额	2	A	90.0%	6000	绿色				85%以下	85%~90%	90%~95%	95%~100%	100%以上	按实际完成目标值
	售价变动率	1	C	3.0%	4.0%	绿色				10%以下	8%~10%	6%~8%	4%~6%	4%以下	预测变动额/目标价格
	销售成本率	2	B	46.0%	45.0%	绿色				52%以上	49%~52%	46%~49%	43%~46%	43%以下	预测成本/目标成本
	销售费用	2	D	105.0%	1100	绿色				110%以上	105%~110%	100%~105%	95%~100%	95%以下	预测支出/目标值
	应收收款项占用	2	B	105.0%	1000	黄色				110%以上	100%~110%	90%~100%	80%~90%	80%以下	预测占用/目标值
	应收收款周转	2	B	65天	60天	黄色				80天上	70~80天	60~70天	50~60天	50天以下	按预测周转天数
	合同履约率	1	B	95.0%	98.0%	绿色				90%以下	90%~95%	95%~98%	98%~100%	100%	预测完成/应完成合同
	销售退换率	1	C	2.5%	2.0%	绿色				8%以上	6%~8%	4%~6%	2%~4%	2%以下	预测发生/应收货值
	坏账损失率	2	B	1.0%	1.2%	绿				2%以上	1.5%~2%	1%~1.5%	0.5%~1%	0.5%以下	预测发生/应收货款
	小计	15													

风险领域	风险指标	权重	重要程度	预警临界值	目标值	运行状况	预计完成值	影响额	预计走向	5(双红色)	4(红色)	3(黄色)	2(绿色)	1(双绿色)	计量方法
采购与付款	采购总值	2	B	2400	2500	黄色				105%以上	95%~105%	85%~95%	80%~85%	80%以下	预测采购额/目标值
	采购价格	3	B	102.0%	105.0%	红色				110%以上	105%~110%	100%~105%	95%~100%	95%以下	预测价/上年价值
	材料质量	2	B	1.2%	1.0%	绿色				4%以上	3%~4%	2%~3%	1%~2%	2%以下	不合格额/总金额
	采购合同履约	1	E	98.0%	99.0%	绿色				90%以下	90%~95%	95%~98%	98%~100%	100%以上	预测完成数/应完成数
	材料库存限额	2	C	105.0%	360	黄色				110%以上	105%~110%	100%~105%	90%~100%	90%以下	预测库存/库存定额
	小计	10													
研发	研发进度	1	B	90.0%	100.0%	绿色				80%以下	80%~90%	90%~100%	100%~110%	110%以上	预计进度/计划进度
	研发成果	2	B	80.0%	5项	绿色				70%以下	70%~80%	80%~90%	90%~100%	100%以上	预计完成数/目标值
	研发经费	1	C	110.0%	300	黄色				120%以上	110%~120%	100%~110%	90%~100%	90%以下	预计支出/目标值
	小计	4													
生产运行	作业计划完成	2	A	95.0%	2400	绿色				85%以下	85%~90%	90%~95%	95%~100%	100%以上	预测完成/目标数
	产品合格率	2	B	98.0%	99.0%	绿色				90%以下	90%~93%	93%~96%	96%~99%	99%以上	内部合格品率
	材料消耗定额	2	C	103.0%	100.0%	黄色				105%以上	100%~105%	95%~100%	90%~95%	90%以下	预计消耗/消耗定额
	生产效率完成	2	C	95.0%	40	红色				85%以下	85%~90%	90%~95%	95%~100%	100%以上	预计完成/目标值
	车间制造费	1	C	105.0%	204	绿色				110%以上	105%~110%	100%~105%	95%~100%	95%以下	预计发生/目标值
	产品制造成本	2	D	105.0%	2400	绿色				110%以上	105%~110%	100%~105%	95%~100%	95%以下	预计发生/目标值
	工人出勤率	1	D	95.0%	100.0%	绿色				90%以下	90%~95%	95%~100%	100%~105%	105%以上	预计出勤/目标出勤率
	小计	12													

风险等级

第八章 全面风险管理实施指引

风险域	风险指标	权重	重要程度	预警临界值	目标值	运行状况	预计完成值	影响额	预计走向	风险等级					计量方法
										5(双红色)	4(红色)	3(黄色)	2(绿色)	1(双绿色)	
人力与薪酬	全员出勤率	1	C	90.0%	92.0%	黄色				85%以下	85%~90%	90%~95%	95%~100%	100%	预计出勤/目标出勤
	人员稳定率	1	D	86.0%	90.0%	绿色				80%以下	80%~86%	86%~90%	90%~95%	95%以上	1-预计离职数/平均在册
	人员结构配备	1	E	25.0%	30.0%	绿色				20%以下	20%~25%	25%~30%	30%~35%	35%以上	高中职称/全员人数
	业绩考评合格	1	C	80.0%	85.0%	绿色				60%以下	60%~70%	70%~80%	80%~90%	90%以上	合格人数/考评人数
	培训及招聘经费	1	C	95.0%	10	绿色				120%以上	110%~120%	100%~110%	90%~100%	90%以下	预测支出/目标支出
	小计	5													
财务与会计系统	财务报告合规	3	A	98.0%	100.0%	绿色				97%以下	97%~98%	98%~99%	99%~100%	100%以上	错弊张数/全部张数
	会计核算差错	2	B	2.0%	1.0%	绿色				4%以上	3%~4%	2%~3%	1%~2%	1%以下	差错数/全部凭证数
	税金缴纳额	2	A	98.0%	870	绿色				94%以下	94%~100%	100%~105%	105%~110%	110%以上	预计缴纳额/目标值
	税金缴纳差错	3	A	3	1	绿色				4以上	3~4	2~3	1~2	1以下	预计发生差错次数
	银行账正确率	2	C	98.0%	99.0%	绿色				97%以下	97%~98%	98%~99%	99%~100%	100%以上	预计正确数/全部张数
	职工薪酬额	2	B	105.0%	200	黄色				115%以上	110%~115%	105%~110%	100%~105%	100%以下	预计支出/目标值
	存货占用额	2	B	110.0%	6000	绿色				120%以上	110%~120%	100%~110%	90%~100%	90%以下	预计占用额/目标占用
	应付款占用额	2	B	110.0%	3900	绿色				120%以上	110%~120%	100%~110%	90%~100%	90%以下	预计占用额/目标占用
	管理费用预算	2	C	110.0%	850	绿色				120%以上	110%~120%	100%~110%	90%~100%	90%以下	预计支出/目标支出
	财务费用预算	1	D	110.0%	16	绿色				120%以上	110%~120%	100%~110%	90%~100%	90%以下	预计支出/目标支出
	固定资产投资	1	D	107.0%	20	绿色				120%以上	110%~120%	105%~110%	100%~105%	100%以下	预计支出/目标值
	对外投资效益	1	B	5.0%	0	绿色				1%以下	1%~5%	5%~10%	10%~15%	15%以上	预计投资收益/投资额
	事故损失额	1	B	95.0%	10	绿色				120%以上	110%~120%	105%~110%	100%~110%	100%以下	预计事故损失/目标值
	小计	24													
	合计	100													

表 8-5 电力企业风险因素评估等级计量

风险领域	风险指标	权重	重要程度	目标值	预警临界值	实际完成值	影响额	预计走向	风险等级					计量方法
									5（双红色）	4（红色）	3（黄色）	2（绿色）	1（双绿色）	
国家考核指标	利润总额													
	净资产收益率													
	流动资产周转率													
	三项可控费用													
	资产负债率													
	上缴投资收益													
	小计													
综合指标	总资产报酬率													
	应收账款周转率													
	资本保值增值率													
	人均创税额													
	全员劳动生产率													
	平均供电量煤耗													
	用电损失率													
	电压率/频率合格率													
	小计													
生产	供电量													
	购电量													
	供热量													
	售电量													
	发电量													

续表

风险域	风险指标	权重	重要程度	目标值	预警临界值	实际完成值	影响额	预计走向	风险等级					计量方法
									5(双红色)	4（红色）	3（黄色）	2（绿色）	1（双绿色）	
计划	线路损失率													
	平均售电单价													
	平均购电单价													
	小计													
收入	售电收入额													
	单位平均售价													
	投资收益额													
	用电时间变化													
	分时分类影响													
	小计													
成本费用	销售总成本													
	单位平均成本													
	燃料费用													
	购入电力费													
	分摊计算影响													
	材料费用													
	职工薪酬													

风险域	风险指标	权重	重要程度	目标值	预警临界值	实际完成值	影响额	预计走向	风险等级					计量方法
									5(双红色)	4（红色）	3（黄色）	2（绿色）	1（双绿色）	
成本费用	折旧费用													
	维修费用													
	管理费用													
	营业费用													
	财务费用													
	社保费用													
	小计													
资金计划	固定资金占用													
	流动资金占用													
	流动资金周转率													
	专项资金需求													
	对外权益投资													
	现金流入量													
	现金流出量													
	货币资金持有量													
	小计													
人力资源	职工平均人数													
	薪酬总额													

第八章 全面风险管理实施指引

续表

风险域	风险指标	权重	重要程度	目标值	预警临界值	实际完成值	影响额	预计走向	风险等级					计量方法
									5(双红色)	4(红色)	3(黄色)	2(绿色)	1(双绿色)	
人力资源	人均薪酬													
	劳动生产率													
	培训/招聘费													
	人员更新率													
	出勤率													
	小计													
物资	物资需求量													
	物资储备量													
	物资采购量													
供应	物资消耗定额													
	物资储备定额													
	物价指数													
	小计													
技术改造	基本建设投资													
	基建完成进度													
	建安工程量													
	新增固定资产													

风险域	风险指标	权重	重要程度	目标值	预警临界值	实际完成值	影响额	预计走向	风险等级					计量方法
									5(双红色)	4（红色）	3（黄色）	2（绿色）	1(双绿色)	
技术改造	新增生产能力													
	新扩工程支出													
	科研开发支出													
	维修材料费													
	维修薪酬													
	小计													
生产安全	主网频率合格率													
	主网电压合格率													
	用户供电合格率													
	重大人员伤亡													
	设备事故													
	交通事故													
	小计													
	合计	100												

第八章 全面风险管理实施指引

表 8-6　生产安全风险评估等级计量

| 风险域 | 风险指标 | 权重 | 重要程度 | 预警临界值 | 目标值 | 运行状况 | 影响额 | 预计走向 | 风险等级 | | | | | 计量方法 |
									5(双红色)	4（红色）	3（黄色）	2（绿色）	1(双绿色)	
安全风险	人员伤亡													
	大面积停电													
	大电网瓦解													
	主设备严重损坏													
	电厂跨坝													
	重大火灾													
	不发生特大电网、设备事故													
	不发生重大电网、设备事故													
	不发生重大火灾													
	百日安全个数													

表 8-7 国电菏泽发电厂级风险库（风险清单）

序号	业务流程	风险点	风险等级	控 制 措 施	责任部门
1	资金管理	缺乏规章制度规范货币资金业务，员工无据可依		对货币资金业务建立严格的授权审批准制度，明确审批人对货币资金业务的授权批准方式、权限、程序，责任和相关控制措施，规定经办人办理货币资金业务的职责范围和工作要求	财务部
2		未经批准的支付		有关部门或个人用款时，应当提前向审人提交货币资金支付申请，注明款项的用途、金额、预算、支付方式等内容，并附有效经济合同或相关证明。审批人根据其职责、权限和相应程序对支付申请进行审批	财务部
3		审批人越权审批，支付金额、对象、方式等发生错误		复核人应当对批准后的货币资金支付申请进行复核，复核货币资金支付申请的批准范围、权限、程序是否正确，手续及相关单证是否齐备，金额计算是否准确，支付方式、支付单位是否妥当等，复核无误后，交由出纳人员办理支付手续	财务部
4		资金支付业务未及时入账		出纳人员应当根据复核无误的支付业务，按规定办理货币资金支付手续，及时登记现金和银行存款日记账	财务部
5		审批权集中于某一人、个人决策误风险增大		对于重要货币资金支付业务，应当实行集体决策和审批，并建立责任追究制度，防范货币资金被贪污、侵占、挪用等行为	财务部
6		过多的现金存放在公司，增加被盗风险		加强现金库存限额的管理，超过存限额的现金应及时存入银行	财务部
7		通过现金交易回避银行及税务监管		根据业务实际情况，确定现金的开支范围。不属于现金开支范围的业务应当通过银行办理转账结算	财务部
8		坐支现金，收入和支出都未入账		现金收入应当及时存入银行，不得用于直接支付自身的支出。因特殊情况需坐支现金的，应事先报经开户银行审查批准。定期和不定期地进行现金盘点，确保现金账面余额与实际库存相符。发现不符，及时查明原因，做出处理点	财务部

企业全面风险管理实务

328

序号	业务流程	风险点	风险等级	控制措施	责任部门
9		私设小金库、账外设账、收款不入账		按照《支付结算办法》等国家有关规定，加强账户的管理，严格按照规定开立账户，办理存款、取款和结算。定期检查、清理银行账户的开立及使用情况，发现问题，及时处理。加强对银行结算凭证的填制，传递及保管等环节的管理与控制。指定专人定期核对银行账户，每月至少核对一次，使银行存款账面余额与银行对账单相符，如果调节不符，应查明原因，及时处理。银行存款账面余额调节的编制和复核应由不同的人负责	财务部
10		空白票据遗失或被盗用		加强与货币资金相关的票据的管理，明确各种票据的购买、保管、领用、背书转让、注销等环节的职责权限和程序，并专设登记簿进行记录	财务部
11		具有支票签署权的授权人员私自发支票或票据做其他支付凭证，挪用公司资金		加强银行预留印鉴的管理。财务专用章应由专人保管，个人名章必须由本人或其授权人员保管。严禁一人保管支付款项所需的全部印章。限制以下两类人员不得随意接近空白支票：①具有支票签署和批准权的授权审核人员；②负责记录费用支取的会计人员	财务部
12		员工利用备用金借款挪用、占用公司资金		制定备用金管理制度，明确备用金留存的恰当金额，备用金保管、记录和支付职能分开。定期与备用金申领人进行核对，发现差异及时处理	财务部
13		融资成本过高，融资不符合公司发展战略或投资计划，违法拆借		根据发展战略规划，投资计划和经营预测，制定短、中、长期资金需求计划，依次确定筹资总体方案，选择合理的融资结构，资金的筹措必须符合法律、政策规定的范围内进行，维护国家、股东、公司的利益	财务部
14	采购活动、采购计划及采购申请	采购没有经过批准即已实施，或采购固定不需要的物资造成积压		公司的采购政策应依据购置物品或劳务类型，确定归口管理部门，授予相应的请购权，并明确相关部门或人员的职责权限及相应的请购程序。对于大宗或固定资产采购，由使用部门制定预算，并根据预算编制采购计划。所有的采购必须填写采购申请，经过批准后方可采购。采购程序应考虑检查库存有的物资，以防止过多采购造成积压	生产经营部

序号	业务流程	风险点	风险等级	控制措施	责任部门
15		没有适当的人来审批采购		采购政策应当规定采购计划或申请的审批程序及申请人权限，避免采购申请的提出及审批在同一部门内部完成	生产经营部
16		未完成采购申请的复核		每月底应汇总所有未完成的采购申请情况，并检查原因，供下月跟进	生产经营部
17		选择了价高质次的供应商		建立供应商入围筛选程序以确保最佳质量和价格的意见，尽量以公开投标或议标取得最佳承包商价格，结果应与市场价格相比较，同时进行价格趋势分析，制定标准入围标准，达到标准的方可作为候选供应商。充分考虑使用部门	生产经营部
18		没有对供应商交易情况进行分析，信誉较差的供应商没有得到关注		建立采购后评价系统，编制供应商情况调查表，组织相关使用部门定期对供应商供货情况进行分析，建立供应商黑名单，杜绝与黑名单供应商发生交易；建立合同及询价询质询价登记资料，以帮助治谈价格；修改供应商档案仅限于经办人员应商供货质量和售后服务情况进行分析	生产经营部
19		没有签订书面合同来保护交易双方利益		制定政策规定何种情况下需要正式签订书面代理利用供应合同。对年度内与各固定供应商的频繁交易，也应该签订合同或协议	生产经营部
20		合同未经过授权审批签订		按公司审批权限的规定取得董事会对物资采购条件的核准，不同额度的供货合同应经不同公司管理层的批准	生产经营部
21		合同条款未经过专人复核，留下纠纷隐患		合同必须经过部门会签程序方可签订，由专人负责审核合同条款，并对审核的部分负责，尽可能避免格式合同给公司利益带来不利因素	生产经营部
22		规格型号质量不符合要求的物资仍然接收		公司应制定具体的验收规定，按照职权分离的原则组织对所购物资进行验收，除工仓管理人员外，使用部门及采购部门也要参与货物的验收，并在验收单据上确认	生产经营部
23		到货物资没有对应的采购计划或者采购申请		验收时应核对采购申请单或采购计划，对所购物资的品种、规格、数量、质量及其他相关内容进行检查，明确购入物资为经批准采购的	生产经营部

329

第八章 全面风险管理实施指引

续表

序号	业务流程	风险点	风险等级	控 制 措 施	责任部门
24		未经核准的付款		对支付业务应当建立严格的授权批准制度，明确审批人对货物支付业务的批准方式、责任和相关控制措施，规定经办人办理支付业务的职责范围和要求	财务部
25		预付款带来的坏账风险		公司应当建立预付账款和定金的授权批准制度，规定适用预付款的采购类、审批人及审批权限	财务部
26		薪发放、汇总发生错误		对所有员工建立齐全的档案资料：该档案须包含职位、当前工资水平、公司代扣代缴项目、个税归档、员工履历及历年考核情况等信息。工资单须根据员工档案，经审核的出勤记录及其他补助的记录准备；以保证工资记录及时调整更新，及时准备和归档工资单的计算起到复核作用；负责发放工资时须审批，对工资单给员工，对工资单的计算起到复核作用；负责审核工资时应负责当天经经人所得税或责任社保审核，提供工资单给员工，对工资单的计算起到复核作用；负责发放工资时间及工资单不应同时负责其他人力资源或责工资起到复核且工资单的责任且不应同时负责工作时间及工时卡	人力资源部
27		超出董事会或控股公司核定的工资总额或奖励总额		根据年度预算控制工资及资金投放总额，资金分配方案应按规定报控股公司备案	人力资源部
28	会计系统控制	会计记录不准确、不及时，记账凭证没有原始凭证作为支持性文件		原始凭证必须经过专人，按规定的程序和授权进行审核签字，未经审核签字的原始凭证不可作为会计记录的原始资料	财务部
29		记账过程中产生错误		记账凭证必须与原始凭证保持一致，所有的计账凭证必须附有原始凭证	财务部
30		未获授权的人员输入或更改生成财务报告的基础财务信息		建立定期的复核制度，定期对凭证的填制、记账、过账和编制报表的工作进行复核。建立分类账和明细分类账的核对，总分类账和日记账的核对进度。业务经办人员在处理有关业务后必须签名盖章，以便明确责任	财务部

序号	业务流程	风险点	风险等级	控制措施	责任部门
31		原始凭证未作为记账凭证的支持性文件		建立完善的凭证传递程序。凭证传递程序应该有利于各部门的相互制约和相互联系	财务部
32		暂估、预提等非常规业务没有在月末进行		建立月末结账清单，由专人在月末制成会计计报表前根据结账清单审核所有的结账工作是否均已完成	财务部
33	预算控制	低质量的预算案及财务管理		根据董事会决议的经营目标及控股公司标杆管理办法，确定本项目公司的整体目标，并制定为达到这一目标所应有的各类业务收支预算	财务部
34		预算费用不准确，未能输入准确/合理的数据做预算		在公司经营业务及其收支活动执行过程中，随时关注实际与预算的一致性，分析产生差异的原因，及时调整经营思路，在必要时的情调整预算，以保证其可执行性	财务部
35		预算费用不完全，低估费用和负债		及时和定期做出预算执行情况分析报告，对于那些波动及影响较大的指标，要缩短分析周期，根据预算分析报告及时采取措施消除预算利差，确保预算项目标的实现	财务部
36		预算案未能适应市场状况的改变		定期做出反映实际和预算的业绩报告，加强预算执行监督机制，对预算执行结果进行认真的考核	财务部
37		付款与实际采购金额、品种不符；付款给虚假的供应商、重复付款或支付错误		财务应当对采购业务的各种原始凭证进行审核，及时核对采购发票、验收单或验收报告、入库单、合同等相关文件，确保采购的各项单据和凭证是否齐备，内容是否真实，手续是否齐全，计算是否正确，并逐笔对支付审核进行复核，检查审批人是否符合授权规定，金额与原始凭证是否一致等。财务应核对供应商往来账户，扣除已支付的预付账项	财务部
38		退货未得到及时处理		建立退货管理制度，对退货条件、退货手续、货物出库、退货货款回收等做出明确规定，及时收回退货款	财务部

第八章 全面风险管理实施指引

331

序号	业务流程	风险点	风险等级	控制措施	责任部门
39		往来款项差异未被及时发现，没有充分利用供应商提供的信用期		应建立定期与供应商对账的制度，及时发现差异并调查原因。公司应由专人按照约定的付款日期、折价条件等管理应付款项，合理安排资金。已到期的应付款项须经有关授权人员审批后方可办理结算与支付	财务部
40	招标业务	招标信息未公开，无法吸引有实力的企业公平竞争		公开招标情况下应通过交易中心及网站公布招标公告，公开吸引投标者。如果需要采用邀标方式的，应有书面报告说明不采用公开招标方法的原因，并制定邀标单位筛选的方法及标准等。招投标程序一旦确定不宜更改，如需更改变更必须由面通知投标各方	生产经营部
41		入围单位实力相差过大，无法形成公平竞争局面		招标工作组或招标代理机构应根据事先拟定的统一的标准确定入围名单，若形成书面报告对筛选情况做出说明。入围标准应客观公正，如规定投标单位必须拥有的资质水平又同类项目经验等	生产经营部
42		招标文件存在疏漏，没有全面反映招标方的要求		公司应制定招标文件的编制及审核程序。招标文件应包含技术部分及商务部分、技术部分主要为相关的技术或设备的技术要求等，商务部分主要列明示合同条款，对于我方比较关注的工期、质量等方面应事先列明索赔条款并包含在招标文件中	生产经营部
43		标段划分过细，增加工程成本及管理成本		标段划分应符合专业要求和施工界面衔接需要，由技术部门或工程部门拟订方案，并由专业人员负责审核	生产经营部
44		评标专家存在倾向性或人为操纵		评标委员应独立于招标组织人员，尽量避免评标专家来自于同一企业、部门，以确保评标专家的公正性和避免学术偏见	生产经营部
45		中标单位未按规定履行投标承诺，未按投标文件签订合同		招标文件中应明确投标保证金、缴纳投标保证金的金额及退还期限，所有投标单位都应按要求缴纳投标保证金，否则视为不响应招标承诺，即可扣留其投标保证金。一旦中标单位不履行投标承诺	生产经营部

序号	业务流程	风险点	风险等级	控 制 措 施	责任部门
46		评标专家没有独立评分，评标过程被人为操纵		开标前评标委员会制定评分标准及细则，根据项目的具体情况设置每一项不同的权重。评分标准及细则应告知评标专家，评标应根据事先厘定的评分标准进行。评标专家应独立评分，最后由公证人对评分情况进行汇总。招标专家应根据评标结果形成商务组及技术组评标专家专业的意见，形成综合评标报告，推荐拟中标单位，并指出筛选标准等供日后查阅	生产经营部
47		人为操纵报价过程，将二次报价的机会仅提供给偏重的投标方		公平地对待各投标方，一般情况下不允许开标后进行二次报价，如特殊情况下需要协商定价格的，可通过更改设备配置等要求每一中标价格重新报价，所有的报价过程都应有书面记录，且至少应有两人参与商价过程作为见证	生产经营部
48		中标单位不履行合同约定条款		要求中标单位在签订合同时提供履约保函，以降低中标方的违约风险	生产经营部
49		招标过程没法复核审计，发生纠纷时无法找到原始记录		入围单位筛选文件、招标管理制度、招标人资质证明文件、投标文件（含报、投标澄清函及回复、开标记录、评标记录（含原始评分及投标报告等）、定标记录、中标通知书、专项合同等均为招投标过程的重要资料，应归入档案保存备查	生产经营部
50		工程合同存在漏洞，埋下纠纷隐患		工程合同应关注如下方面：工程范围是否明确，工期是否明确，对工期是否规定相应的奖惩条款，工程质量标准、质量保证期及履约保函工程量的计算标准、综合单价的确定方法、工程竣工的认定，合同价格的调整方法及设备和材料供应责任及质量标准、检验方法，是否明确付款和结算方式，是否明确工程量确认程序，隐蔽工程的工程量核对由谁承担，是否存在价格风险由谁承担，是否明确竣工验收程序	生产经营部
51	工程管理	缺乏相关的制度程序来规范操作		对工程项目相关业务建立严格的授权批准权限，明确审批人的授权批准权限、程序，责任及相关控制措施，规定经办人的职责范围和工作制定工程项目业务流程，明确项目决策、概预算编制、价款支付、竣工环节的控制要求，并设置载有相应的记录或凭证，如实记载各环节业务情况，确保工程项目全过程得到有效控制	生产经营部

第八章 全面风险管理实施指引

序号	业务流程	风险点	风险等级	控制措施	责任部门
52		工程项目前期准备仓促，未充分考虑风险，给项目建设留下隐患		建立工程项目决策环节的控制制度，对项目决策做出明确规定，确保程序。组织工程、技术、财会等部门的相关专业人员对项目建议书和可行性报告进行技术经济分析和评审，出具评审意见。避免依赖某一专业机构的研究结果，决策过程的同时选择另一专业机构进行复核。建立工程项目的集体决策制度，决策过程应有完整的书面记录。严禁个人单独决策项目或者擅自改变集体决策意见	生产经营部
53		概预算编制不够科学合理，起不到控制工程造价的作用		设定程序要求工程、技术、财会等部门的相关专业人员对编制的概预算审核，重点审查编制依据、项目内容、工程量的计算、定额套用等的完整、准确。概预算中涉及的设备或材料价格应由专人负责现场调研，确保价格真实反映了市场状况	生产经营部
54		工程进度未得到有效的管理及控制		建立程序和责任机制确保下列活动的按时完成： ①施工许可证、建设及临时占用许可证的办理 ②现场的原建筑物拆除、场地平整、相邻建筑物保护、文物保护、降水措施及道路疏通 ③进度计划（网络计划）的制定和批准 建立进度拖延的原因分析和处理程序，根据合同约定对进度拖延的责任进行合理划分并处理 建立索赔的确认和标准。依据网络图审核除对非关键线路进度拖延延误时间的索赔	生产经营部

序号	业务流程	风险点	风险等级	控 制 措 施	责任部门
55		工程质量没有得到很好的控制		设立工程质量保证体系： ①建立工程质量交底和图纸会审程序，对会审所提出的问题由专人进行落实 ②由专业人员负责对进入现场的成品、半成品和隐蔽工程进行验收，验收应检查相关的型号、质量、数量、厂家及配件等指标，不合格应退换处理，不合格项目应返工修补 ③对不合格工程和工程质量事故的原因进行分析，划分责任 ④建立工程资料管理制度，确保资料管理与工程同步 ⑤严格控制中标人的转包、分包及再分包行为，中标人施工进场前需先核实身份，结算款项应严格控制通过总部或分部账户进行 ⑥建立现场签证和隐蔽工程管理制度	生产经营部
56		工程监理对施工承包合同的执行、工程质量、进度质量、进度费用等多方面未进行有效的监督与管理		监理合同应明确约定监理的职责范围，加强对监理人员资格的审核，总监和关键监理人员应与其投标文件一致或至少具有相同的资质和业绩	生产经营部
57		工程变更未得到有效控制，设计单位、施工单位或监理单位一方或多方联合制造工程变更增加造价款支付控制		建立工程变更管理的流程和审批程序，专业人员需审核施工单位或设计单位提出的工程变更在技术上的合理性，引起的工作量变更的变化对工程造价的影响 式以及会计核算程序做出明确规定。建立工程进度支付环节支付的控制制度，对价款支付的条件，方式以及会计核算程序做出明确规定，确保支付及时、正确。支付预付备料款、进度款时应检查是否符合施工合同的规定，金额是否准确；支付工程款、结算款，应检查是否按合同规定扣除了预付工程款、备料款和质量保证期间的保证金	生产经营部
58		缺乏制度规范竣工决算验收环节的操作流程		建立竣工决算环节的控制制度，对竣工清理、竣工决算、竣工审计、竣工验收等做出明确规定，确保竣工决算真实、完整。及时、完整，建立竣工清理制度明确竣工清理的范围、内容和方法，如实填写并完善保质期竣工清理清单	生产经营部

第八章 全面风险管理实施指引

序号	业务流程	风险点	风险等级	控制措施	责任部门
59		竣工决算编制不正确、依据不完备等		依据国家法律法规的规定及时编制并组织有关部门及人员对竣工决算进行审核，重点审查决算依据是否完备、相关文件资料是否齐全、竣工清理是否合规；决算编制是否正确。建立竣工决算审计制度，及时组织竣工决算审计。未实施竣工决算审计的工程项目，不得办理竣工验收手续	生产经营部
60	仓库管理与库存盘点	缺乏存货管理政策来规范存货管理流程		根据存货管理规定，制定适合本项目的存货管理制度，并依据情况的变化适当调整存货管理政策	生产经营部
61	物资流程			存货记录与实物不相符，存货的变动情况未被及时记录账面，存货未反映真实库存，存货记录应有助于清楚辨明存货的类别与型号，存货应分类、分型号、分品种或批料号，存放地标明，以便于查找。每项存货都有独立的记录、金额记录，包括存放于外地的存货，如入库数量、出库以及转仓单号等。所有存货的入库、出库、转仓都有授权，并需由仓库之外的使用部门或经办部门人员签字确认。存货的变动情况应及时记录。仓库的存货记录应每月与财务部自行核对，及时解决任何差异。建立存货盘点制度，原则上仓库全面盘点工作至少每年进行一次，盘点工作形式上的盘点，要防止走过场的盘点，盘点编制、对实物与账面盘点差异进行分析、盘盈、盘亏以及其他存货损失的原因应查明并提出处理意见，盘亏责任必须追究。盘点报告及盘点表一并报管理层审查	生产经营部
62		存货积压、超长存放、霉烂变质、占有资金		实行存货定额管理，由生产技术、物资、财务等职能部门制定合理的物资储备定额，最大限度地防止存积压带来的损失。对相关部门进行反映存货储备积压造成的损失的数据明原因，对相关部门反映存货积压及责任进行处理。存货采购计划应实时反映存货在生产运营中的需求情况，根据生产运营报告、合理储备物资、定期进行存货状况，库龄及周转情况分析，及时向管理层提交仓储物资的管理情况	生产经营部

序号	业务流程	风险点	风险等级	控制措施	责任部门
63		存货保管不当，毁损或失窃		存货存放地点应加强安全防范措施，有足够的消防设备。非仓库管理人员不得进入仓库	生产经营部
64		领用的物资并未真正消耗但已计入成本，造成当期成本不实，废旧物资没有进行适当的回收处理		生产领用的结余物资，应及时办理退库手续。制定废旧物资的回收处理相关规定，处理废旧物资必须经过授权审批，处置收入应及时入账	生产经营部
65		存货核算不符合会计制度的规定，随意改变存货政策调节利润		存货的核算必须按财政部颁布的《企业会计制度》规定进行，存货核算形式和方法一经确定不能随意变动，必要时应报董事会批准，地税务局备案	生产经营部
66		存货期末记录数量、金额不准确。由于期末暂估不准确，造成库存金额或成本金额不准确		期末货已到发票至的存货应根据合同价或计划价办理暂估入库，并在下期冲回。此部分存货如需生产领用，也应按正常流程办理出库领用手续，确保其真实反映当期耗用成本	生产经营部
67		存货管理的相关资料没有归档，无法进行原始数据的核对		存货收、发料单属于财务档案，按财务档案管理年限进行管理。实行计算机核算的，发料单及定期资料，信息存储制度，防止核算资料的丢失。在年终决算后，应将当年存货管理资料，如库存物资明细账、按账务档案管理要求进行归档管理	生产经营部
68	资产管理业务	固定资产管理		缺乏成文的政策来规范固定资产管理工作，随意修改固定资产核算办法，调节利润。根据资产定义，结合本项目的具体情况制定适合本企业的资产管理办法、资产目录、分类方法、折旧方法及年限，按照资产管理权限上报批准或摊销方法及年限，并按照法律、法规的规定报送有关管理部门备案。上述程序经批准后报送有关部门备案；如有变更，不得随意变更，仍应按照上述程序经批准后报送有关部门备案	生产经营部

第八章　全面风险管理实施指引

续表

序号	业务流程	风险点	风险等级	控 制 措 施	责任部门
69		未经批准购置固定资产或无形资产		资产的取得必须在年度董事会批准的预算内或经董事会授权批准的范围内。对于重要的固定资产投资或设备的更新改造，必须进行可行性调查和效益评估，并按规定的固定资产投资报批后方可实施。房产、建筑物及土地使用权取得时，应还应按相关规定办理产权证书，以保证公司的法律权益。资产取得后，应由相应的专业技术人员进行验收并签署《固定资产验收报告》，该报告应作为财务付款的必备要件之一	生产经营部
70		固定资产管理不善，造成资产流失、损坏、账实不符、实物管理与财务记录脱钩		项目公司应建立资产台账。资产管理卡片和财务资产核算明细账。生产性资产台账由财务部门管理，非生产性资产由行政部门管理；资产卡片由资产使用人或设备维护责任人管理。台账、卡片、明细账必须核对一致，所有资产，卡必须记录有资产的名称、型号规格、厂家、开始使用日期、预计折旧年限、资产价值、存放地点、资产管理责任部门或责任人、资产后续更新、技改或停止服务的情况。所有资产每年要进行一次映资产的增减价值变动，折旧计提记录人员以外的人员进行。由独立于资产保管人员以外的人员调查差异，对资产的内部转移未经生产技对，由独立于资产保管人员以外的人员调查差异原因。资产的内部转移必须经生产技术部门同意不得进行，资产的内部转移卡片一起移交到接管的部门，并及时通知财务修改存放地点	生产经营部
71		固定资产未能及时入账，并准确计提折旧。固定资产折旧计算不正确		在建工程应在生产经营当月转入固定资产，并从次月开始计提折旧。在竣工决算未完成之前，应估价记入固定资产账户。估价方法应由财务部及其他工程建设相关部门，根据工程计划、概预算、工程采购等物资采购实际价值资料进行核算认定，同时按估价计算折旧。竣工决算编制后，再按实际价值调整固定资产和折旧金额	生产经营部
72		固定资产的账面价值被高估（固定资产发生减值）		应制定政策于每年年末对固定资产的账面价值进行复核，检查是否存在减值的情况。实际发生减值的固定资产，应按规定程序测试其减值额并计提固定资产减值准备	生产经营部

序号	业务流程	风险点	风险等级	控制措施	责任部门
73		固定资产清理审批不严，操作不规范，造成企业资产流失。固定资产清理记录不完整。固定资产清理收益未能及时、完整入账		资产报废、毁损、盘亏及转让必须以文件的形式记录，分析原因，追查责任，按规定的审批程序办理，必须有董事会的授权或董事会批准。对经批准处理的资产残值，应积极联系处理渠道，在董事会授权范围内，及时完成残值的变现。未经董事会授权，严禁无偿对外调拨资产	生产经营部
74				由于设备运行问题，影响发电总量。日常运行监控无效，如果出现事故，无法及时抢修，造成更大损失。设备的提前老化，及出现非正常生产事故，如设备生产能力的限制使生产无法达到计划要求。提高设备的健康水平，确保生产的正常运行和能力。制定设备运行规程，实行三级巡视制度，对设备运行情况进行实时监控，将生产责任落到每个监控人员。建立生产运行记录，将生产运行责任具体到生产中各项指标，每月汇总参数对设备性能进行技术分析，并提交"月度经理会议"进行讨论，以便采取相应措施	生产经营部
75		火灾或其他设备故障造成重大损失		对所有的固定资产进行保险。根据财务状况及资产运营情况，及时分析资产设备缺陷和风险，对于可能出现的损失，以投保的方式减少损失的程度	生产经营部
76	销售及应收账款管理	销售合同内容中存在对电厂有失公平的隐患		每年同电网公司签订"购售电合同"，合同涉及电价、电量以及电费回收等方面，合同须经电厂总经理批准并报送控股公司	生产经营部
77		记录的收入数据可能不具备		每月1日，电厂同电网公司同时抄表，双方确认无误后，签订电费收入单，以此作为上月电费销售的依据，电厂以此数据记录收入，并开具增值税发票。电价由电厂与电网公司谈判，谈判过程电厂与电网协商确认后，再报物价局批准，由物价局确认。发电量如上所述经双方确认	生产经营部
78		每月应计收入没有准确确认或及时地入账		电厂在同电网公司签订的"购售电合同"中对电费回收期做出明确规定	生产经营部

续表

序号	业务流程	风险点	风险等级	控 制 措 施	责任部门
79		应收账款结余可能不准确		日常经营中，加强同电网公司的沟通，加速电费回收速度和比率	生产经营部
80		未经授权修改客户账单及往来记录，而且不适当地计入系统		定期同电网以发函的形式核对往来账余额，必要时也可以不定期地清理	生产经营部
81		电费回收不及时，造成企业现金不足及可能存在坏账风险		根据年度末应收款余额计算环账准备余额	财务部
82	人力资源管理	任命不合格的员工；用人唯亲；个人偏好在员工录用及提升方面起决定作用		雇用前前检查员工是否具有与其职责相当的背景及经验，录用前的考核应合用人部相关简历应作为员工档案一部分归档保存，提升及解雇应综合用人部门、人事部门及其他相关部门的意见，重要职位的任免应通过集体决策做出	人力资源部
83		缺乏统一的、成文的人力资源流程及政策，员工并不清楚公司的人力资源政策		存在适用于所有部门的关于招聘、培训、激励、评估、提升、补偿、调动及政策更新。政策及流程应清楚清晰，公开并及时更新。政策及流程向各个部门的各个员工宣传	人力资源部
84		员工对其工作岗位相应的职责缺乏具体的认识		有书面的岗位职责描述及其他参考文件告知员工他们的职责范围，清晰陈述岗位职责。岗位职责描述应提供给员工查阅	人力资源部
85		缺乏激励措施，员工的工作表现与其收入及职位没有挂钩。考核缺乏统一的成文的依据		根据相应的岗位职责描述建立人力资源衡量，员工进行评价。推行绩效管理，对业绩良好的员工，优化薪酬制度，制定具有奖励和激励作用的报酬计划，并避免诱发不道德行为。对违反行为准则的任何事项，制定纪律约束与处罚措施	人力资源部
86		员工缺乏岗位所需技能，或技能无法得到提升		建立培训政策，特别是注重"高、精、尖"人才的吸引与培养	人力资源部

表8-8 国电菏泽发电厂厂级重大风险控制一览表（岗位）1127

序号	部门	岗位	工作项目		风险因素	产生原因	控制措施
G01	厂长办公室	档案室人员	安全管理	G01.1	档案室着火	①部分电源设施老化；②检查不到位	①及时对老化电源设施检修、更换，长期不使用的电源插头取下；②定期检查电源设施；③落实消防预案，定期演习
G02	厂长办公室	驾驶员	安全管理	G01.2	重大交通事故	①疲劳驾驶；②违章驾驶；③车辆突发故障	①加强安全教育，提高安全意识；②加强遵守《交通法》等法律法规学习，严格遵守交通规则；③加强车辆检查与保养，时刻保持车辆性能完好
G04	人力资源部	劳动管理兼教育培训专员	劳动合同签订及管理	G04.1	劳动合同签订不及时，造成劳动争议或纠纷	①贯彻落实国家政策或地方法规不及时；②因职工岗位变化，劳动合同签订不及时；③因工作失误，造成劳动合同签订及管理过程存在漏洞	①及时学习掌握适用政策法规并认真贯彻落实；②根据职工变化情况，及时签订新岗位用合同；③完善工作失误度，增强责任心，避免工作失误
				G04.2	劳动合同条款描述不准确，造成劳动争议或纠纷		
				G04.3	劳动合同管理不规范，造成劳动争议或纠纷		
G05	党委工作部	党委工作部主任（副主任）	思想政治工作	G05.1	职工思想倾向掌握不透，不能很好地采取应对措施，确保企业和谐稳定	①包保责任制签订不及时或不全面；②职工思想动态掌握不够，应对措施实效差；③信息报送不及时、实效性差	①全面加强精神文明建设包保责任制，做到无空隙覆盖；②全面加强职工思想动态分析，认真坚持思想动态分析，确全面加强思想舆情直报制度；③全面加强思想倾向早掌握，早发现，保职工思想倾向早掌握，早发现，早处理

序号	部门	岗位	工作项目		风险因素	产生原因	控制措施
G06	计划营销部	主任	营销管理工作	G06.1	组织对区域电力市场调研不全面、不细致，对电量计划争取各环节预见性不足，造成年度电量计划争取达不到预期	①对本厂机组健康状况、检修情况、山东省网及宁沪区域电网的电源配置、线路建设、新机投运等情况不能充分掌握，造成编制的年度建设计划不合理，联系不够，政府部门不能给予充分的支持；②向政府部门汇报、联系不够，政府部门不能给予充分的支持；③向山东电力计划部门汇报、联系不够，山东电力计划部门不能给予充分的支持	①掌握本厂机组健康状况、检修情况，了解山东省网及宁沪区域电网当年及下年情况，合理编制年度建议计划；②加强同政府部门的汇报联系；③加强同山东电力计划部门的汇报联系
G07	计划营销部	基础管理	电量计划争取	G07.1	对电量计划争取各环节预见性不足，造成电量计划争取达不到预期	①对本厂机组健康状况、检修情况，宁沪区域电网的线路检修等情况不能充分掌握，造成编制的月度建议计划不合理；②向山东电力计划部门汇报、联系不够，山东电力计划部门不能给予充分的支持	①掌握本厂机组健康状况、检修情况，了解宁沪区域电网当月及下月情况，合理编制月度建议计划；②加强同山东电力计划部门的汇报联系

序号	部门	岗位	工作项目		风险因素	产生原因	控制措施
G08	计划营销部	副主任	技术管理	G08.1	网络设备维护管理不到位引起故障甚至瘫痪	①定期检查维护不及时、不到位，未发现故障隐患；②设备老化，带病运行，未及时更换老化设备或部件；③故障处理前准备措施不充分，引起网络故障；④定期检查、维护及故障处理不遵守规程，导致网络故障或瘫痪；⑤故障处理后恢复、测试、验收不到位，留下故障隐患；⑥系统升级、打补丁不及时存在安全隐患；⑦病毒防火墙升级不及时导致病毒泛滥及时，局域网存在未安装防病毒软件的工作站，导致病毒泛滥；⑧防火墙、隔离装置、系统安全设置，用户权限设置不到位导致黑客攻击或病毒泛滥	①切实做好定期检查维护工作，并做好记录；②及时更换老化、故障设备及部件，做好定期轮换试验；③做好故障处理前的事故分析及措施；④严格按照规程检查维护及故障处理；⑤报修后认真验收，严格做好记录；⑥及时下载补丁及升级软件，确保局域网服务器工作站升级及病毒防火墙工作正常；⑦严格设置系统安全及用户权限设置，严防黑客攻击；⑧制订应急预案，规划网络攻击，防止故障扩大化，做好备品储备，提升故障处理速度，将损失降至最低
				G08.2	防黑客不到位、病毒、黑客导致网络瘫痪、数据丢失		
G09	计划营销部	综合统计	指标统计分析	G09.1	数据统计错误造成指标分析错误	①责任心不强，工作不细致，不认真造成数据出现差错；②综合分析能力不足，考虑问题不周到、不全面，使报表口径不一致、前后矛盾	①认真学习《统计法》，增强责任感，对报出的每个报表都要做到数据准确、分析客观；②加强业务技术的学习，提高综合分析判断能力，考虑问题周密、细致、全面

序号	部门	岗位	工作项目	风险因素		产生原因	控制措施
G10	计划营销部	网络程序员	网络设备检查、维护、故障处理	G10.1	故障处理前措施不力、准备不充分造成网络瘫痪	①未全面、深入分析故障原因，未找到故障根源或存在漏项，措施能力不足，导致故障处理不彻底；②技术有针对性和彻底性	①故障处理前全面分析故障原因，群策群力，彻查事故隐患；②加强技术培训和交流，增强业务能力，做好各项安全措施
G11	计划营销部	操作维护员	机房辅助设备检查、维护、故障处理	G11.1	电源线路、插座检查维护不及时，电源柜检查维护不及时，导致短路、失电或着火	①定期检查维护不及时，不到位，未发现故障隐患；②插座、线路或设备老化，带病运行，未及时更换故障设备或部件；③UPS电池过期，不能起到替代电源作用；④未及时联系电气人员进行故障检修；⑤电源容量不足，负荷过大导致失电；⑥机房堆积易燃物品，导致失火或事故扩大；⑦室温过高导致温超温路短路失火	①强化定期检查维护，并做好记录；②及时更换老化线路或插座，并做好备品存储；③定期进行UPS放电测试，及时更换UPS电池；④发现故障电路及时进行检修；⑤增加容量，合理扩容；⑥机房及时清理，不堆放易燃品等杂物；⑦保持好室温和湿度；⑧备足消防设备，制定紧急预案，把损失降至最低
				G11.2	空调设备检查维护不及时导致机房设备高温损坏或电源短路	①定期检查维护不及时、不到位，未发现事故隐患；②室内、室外机设备或部件老化，空调故障停机；③空调感温部件老化故障或空调老化引起漏水；④室外机压缩机缺油充氟引导致停机或空排水管充氟利导导致停机或设备损坏；⑤机械卡塞导致电源跳闸引起停机	①强化定期检查维护，并做好记录；②发现故障或隐患及时通知空调队检修或更换老化设备或备件；③定期对轮流空调进行测试和检查，并定期通知空调队进行空调维护；④压缩机及时加油和充氟，防止停机；⑤及时检查空调湿度，并注意监听空调有无异音，发现问题及时通知空调队进行处理

序号	部门	岗位	工作项目		风险因素	产生原因	控制措施
G12	经济法规部	主任	工程招标及工程管理	G12.1	工程项目管理不到位给企业造成损失	深入现场少，现场检查不到位，对工程项目进度不了解	经常深入现场检查，了解掌握工程进展情况，及时发现工程项目存在的问题并提出整改意见
G13	经济法规部	土建专工	工程质量监督检查	G13.1	检查质量不高，未能发现工程中存在的质量、材料问题，给企业造成损失	检查不深入，责任心不强，标准低，对部分材料质量不了解	提前做好调研，认真检查，提出相应质量问题并督促整改
			隐蔽工程的签证	G13.2	隐蔽工程三级验收中，未能深入现场、实地查看，造成与实际有出入	对三级验收准备不充分，重视程度不够，未能及时深入现场考察	及时深入现场检查，做好记录，重视隐蔽工程三级验收，做到深入现场实地查看
G14	经济法规部	工程管理员	招标与合同谈判	G14.1	合同谈判时未发现重要问题，给企业造成被动	合同谈判前准备不充分，没能发现工程项目的重要问题	提前做好合同项目调研工作，确保工程顺利实施
G15	经济法规部	概预算员	工程决算	G15.1	高套定额，给企业造成损失	不能及时更新、学习新的预算、决算知识，对新知识了解不熟悉	加强新预算员决算知识的培训学习，提高决算能力
				G15.2	计算错误，造成严重后果	对资料审查不认真，责任心不强，有遗漏和错误发生，造成重大损失	认真严格细致，仔细核对，提高责任心，确保资料完整，正确，杜绝计算错误现象发生
				G15.3	对基础资料审查不严，造成严重后果		

345

第八章 全面风险管理实施指引

续表

序号	部门	岗位	工作项目		风险因素	产生原因	控制措施
G16	经济法规部	合同管理员	合同签订、履行	G16.1	合同签订审查不严格造成重大损失	审查合同不严格、细致，有重大漏洞，合同履行发生重大问题，给企业造成重大经济损失	合同签订前认真审查各项手续资料及合同条款，提高责任心，严格细致审查合同，避免企业遭受损失
				G16.2	对重点合同存在的问题没有提出修订意见，给企业造成损失	合同审查前准备不充分，未认真分析研究合同重点条款，对合同核心内容未充分了解，导致不能提出修订意见	对重点合同认真研究核心内容，全面分析，结合合同项目实际，提出详细修订意见或合同法律意见书，维护本厂利益
G17	经济法规部	法律事务干事	诉讼、非诉讼法律事务	G17.1	研究案情不全面、细致，证据材料准备不够充分，给企业造成损失	对案情准备不足，缺乏深入调研，导致证据材料不充分	深入研究案件，收集充分证据材料，做好调研，及时应对，避免企业遭受损失
G25	生产技术部	各专业专工	技术监督	G25.1	整定计算审定不严格，有可能出现误整定	①设计定值范围不熟悉；②规程掌握不熟	①查对设计定值范围；②掌握规程有关规定定条款
				G25.2	上报技术监督月报、年报、统计表错误、漏报、迟报，数据严重失真，可能给企业造成损失	①责任心不强，工作不细致，认真造成数据出现差错；②综合分析能力不足、不全面，考虑问题不周到，不全面，使报表口径不一致，前后矛盾；③审查不严格	①增强责任感，对报出的每个报表都要做到数据准确，分析客观；②加强业务技术的学习，提高综合分析判断能力，考虑问题周密、细致、全面；③严格执行审核程序
G26	生产技术部	燃灰专工	现场检查巡视、监督验收	G26.1	对燃油区域等重大操作未按规定到现场参与监督以及各项技术措施落实不到位，可能造成人身伤害或设备损坏	①重大操作未规范、措施制定不完善；②实施措施落实不到位	①严格按照规程要求进行操作；②认真进行审查措施和监督措施的执行和落实

序号	部门	岗位	工作项目		风险因素	产生原因	控制措施
C27	生产技术部	化学环保专工	计算报表	C27.1	污染物排放总量超过指定标准，出现罚款，限发电量	①环保设施不能正常运行；②燃料煤中硫含量太高，脱硫设施未按时完成投运	①严格环保监督标准，发现环保设施不能正常运行，限时整改；②严格运行对设备运行提出考核意见，限时整改；②严格运行对设备运行提出考核意见，保证含硫量小于1%；③制订计划，保证按时完成脱硫改造工程
			化学监督	C27.2	水质监督不到位，影响机组热效率，严重引起汽轮机叶片折断，锅炉爆管	①凝汽器泄漏；②除盐水品质差	①根据化验水品质，发现异常及时联系运行人员对凝汽器查漏；②定期校验在线仪表，保证在线仪表准确性，发现除盐水不合格及时再生混床；③保证高速混床对凝结水100%处理
				C27.3	油质监督不到位，设备、调门出现卡涩，引起跳机，变压器、油开关可能出现爆炸	①系统进水引起油质劣化；②大修时系统解体没有清理干净	①定期检查油质酸值，不合格及时通知有关单位更换再生装置；②大修监督严格按照《化学监督管理条例》，不合格不验收
			环保监督	C27.4	废水不合格，引起环境污染	废水设施不正常运行	①严格执行设备定期轮回制度，保证设备正常运行；②定时联系化验
				C27.5	烟尘达不到排放要求，污染大气	电除尘器不正常运行	①严格执行《设备管理标准》，及时除电除尘缺陷，使投入率达到100%；②严格对电除尘器运行及除尘效果进行检查、检修

序号	部门	岗位	工作项目		风险因素	产生原因	控制措施
G27	生产技术部	化学环保专工	环保监督	G27.6	脱硫设备不正常运行、污染大气	脱硫设施不正常运行	①严格执行《设备管理标准》，及时消除脱硫系统缺陷；②严格对脱硫设施运行及效果进行检查、检测
				G27.7	放射源管理不好、影响人体健康	制度未健全	建立完善管理制度
G28	保卫部	主任	治安管理	G28.1	指挥处置公共案发性事件不得力，引发严重后果	①对发生案发性事件原因不清楚；②不能掌握职工思想动态；③对预案演习不够，缺乏业务经验	①及时了解社会治安动向；②发生突发性事件后，及时向厂领导汇报启动应急预案；③平时定期对应急预案进行有效演习
			消防管理	G28.2	防火计划、灭火作战方案不全面具体	①不了解现场的情况和发展；②火灾现场组织不得力；③消防预案演习效果差	①制定灭火扑救方案可操作性强；②发生火灾及时组织人员救火并向"119"请求支援；③加强消防预案演习
G29	保卫部	消防班长	消防管理	G29.1	组织扑救火灾事故和保护火灾现场不力，使损失扩大	①接火警不能及时组织人员救火；②火灾现场查找火灾原因；③消防预案演习效果差	①及时启动预案组织人员救火；②保护现场分析火灾原因；③加强消防预案演习和业务训练
G30	保卫部	消防员	消防管理	G30.1	发生火灾、不能立即赶赴现场组织救火	①深入现场不到位，不能了解现场情况；②火灾现场演习和保护；③消防预案演习效果差	编制、下发消防预案演习
G31	发电部	管理人员	运行管理	G31.1	运行方式管理不到位，不及时调整运行方式，致使经济效益低	①管理人员现场不到位，缺陷运行不到位，缺陷运行情况不熟悉；②不能根据季节变化，及时对下发执行的运行方式调整措施，监督执行措施不力，致使情况不能够完全执行	①管理人员2/3时间在现场，掌握设备系统运行方式，了解设备缺陷情况；②根据运行季节、设备系统运行方式变化，及时下发执行的运行方式调整措施；③对下发执行的运行方式调整措施，责任执行落实到岗，到人，落实到人，管理人员监督到位，考核到人

序号	部门	岗位	工作项目		风险因素	产生原因	控制措施
G32	发电部	报价员	电量、电价争取	G32.1	未及时获知电网负荷变化情况，造成电量争取不及时	信息渠道不畅通，不能及时了解电网负荷变化	建立畅通的信息渠道，加强对电网负荷变化的了解
				G32.2	未及时了解设备运行变化和重要缺陷情况，造成电量取得有偏差	①对厂内设备运行变化和重要缺陷情况了解不足；②分析不及时或报价不准确	①及时了解现场重大设备缺陷情况，为争取电量创造机会条件；②建立及时分析机制
				G32.3	未及时获知电网变化情况，造成报价不准确	信息渠道不畅通，不能及时了解电网负荷变化	①建立畅通的信息渠道，加强对电网负荷变化的了解；②建立及时跟踪分析机制
G33	发电部	值长	运行调度	G33.1	设备运行方式安排不合理，造成安全性、经济性差	①值长业务不熟练；②不严格执行已制定的经济运行方式；③设备系统存在缺陷	①加强值长业务培训；②严格执行已制定的经济运行方式；③加强设备系统检查维护，保证经济能够顺利执行
				G33.2	执行操作指令不及时或不正确，造成误操作	①值长业务不熟练；②未严格执行各项操作制度；③发令人或操作人责任心不强	①加强值长业务培训；②严格执行各项操作制度；③提高发令人和操作人的责任心
G34	各检修队	管理人员及班长	综合管理	G34.1	队领导及班长传达上级精神、分解上级任务不到位，造成工作达不到上级要求标准	①对上级领导传达的指示精神倾听记录不认真；②对上级精神领会、认识不一致；③对上级指示精神未进行认真落实	①对上级传达的指示精神认真理解和领会；②对上级领导安排的任务及时分解并抓好落实；③对工作标准低的班组或个人根据绩效管理办法进行考核与整改

第八章 全面风险管理实施指引

续表

序号	部门	岗位	工作项目		风险因素	产生原因	控制措施
G34	各检修队	管理人员及班长	综合管理	G34.2	班长"五同时"执行不好,影响安全工作	①班长安全工作不重视;②班长对工作中的风险未能充分认识到;③未对必要的安全注意事项进行有效的传达贯彻;④班长对工作现场进行监督	①班长在安排工作前应对人员搭配、技术措施、安全措施、质量标准超前策划;②安排工作要具体、分工要明确,技术交底应详细清楚;③班长对所安排工作中的风险进行认真分析、详细交代,并做好记录
				G34.3	对重大检修项目及"两措"项目监督检查不到位,造成作业人员人身伤害或设备损坏	①对重大检修项目及"两措"计划不了解;②工作责任心不强,不深入班组和检修现场	①认真了解重大检修情况,计划执行情况;②加强对重大检修项目和"两措"执行情况的检查监督
				G34.4	对作业人员的违章行为纠正考核不及时,造成人身伤害及人身伤害或设备损坏	①对人员违章的行为认识不到;②为了抢工作进度,忽视人身安全	①认真学习安规,熟悉各类违章行为;②加大对违章人员的处罚力度
				G34.5	对检查人员无票作业未及时发现,造成人身伤害,危及设备系统的安全运行	①工作负责人不严格执行工作票制度;②班长在布置工作时,进行明确交代;③管理人员检查不到位	①现场检修工作必须办理工作票,严禁无票作业现象;②班长在布置工作时,明确工作票负责人及具体的安全措施;③队管理人员应深入检修现场进行检查、监督和考核

续表

序号	部门	岗位	工作项目		风险因素	产生原因	抑制措施
G35	各检修队	技术员	技术管理	G35.1	技术员对班组文件、台账、记录、图纸等资料管理不到位，造成资料丢失、损毁	①技术员的工作责任心不强；②技术员对有关的技术管理标准和要求不熟悉	①增强技术人员的责任心和事业心，定期对其进行检查；②技术人员应认真熟悉和掌握要求，并严格执行
				G35.2	技术员编制、落实安全、技术措施不全面，造成设备损坏或人身伤害	①技术员编写安全技术措施不认真；②检查和落实安全技术措施不到位	①严格按照技术要求进行编写和审查；②对安全技术措施进行逐项检查和落实
				G35.3	组织备品备件验收不严格，造成不合格材料影响检修质量	①对备品备件的具体要求不熟悉；②对备品备件验收不认真	①验收前，对设备清单和要求进行认真了解；②严格按要求进行验收，不合格的拒绝签收
G36	各检修队	工作组长	安全工作	G36.1	工作组开工前没有进行工作计划安排，工作准备不足，影响工作效率和施工工期	①工作组长对所安排的工作不熟悉或对工作不认真；②对工作进行周密计量、工时、物资消耗预见性差；③没有制订合理的计划	①开工前，工作负责人应对所负责的检修工作进行周密策划，制订详细计划；②完善设备台账，作为工作安排参考
				G36.2	工作组长在工作中，未监督工作成员严格执行安全工作规程，没有及时制止违章行为，造成事故	①工作负责人不履行职责，工作失去监护；②为了省事和赶工作进度，冒险违章作业	①严格执行工作监护制度，工作负责人始终做好工作；②加强安全教育、监督和考核

第八章 全面风险管理实施指引

表 8-9　国电菏泽发电厂财务部重大风险控制一览表（岗位）

序号	部门	岗位	工作项目		风险因素	产生原因	控制措施
G18	财务产权部	主任	财务管理	G18.1	政策理解不准，执行中存在偏差，造成业务处理不规范	①财经相关知识掌握不全面，理解不深入；②会计政策变化较快，培训滞后，知识更新缓慢	①积极参加上级单位其他单位举办的财会培训班；②外聘老师讲解
				G18.2	政策理解不准，执行中存在偏差，导致财务管理不规范		
				G18.3	违反审批程序对外投资，造成投资无法收回	①未能深入全面进行效益论证；②未经职工代表大会讨论，未报董事会或上级部门论证批准而盲目投资	①严格按照规定，对被投资项目进行全面效益分析论证；②严格执行审批程序，经职工代表大会讨论，上报董事会或上级部门论证批准后实施
				G18.4	违反审批程序对外担保，造成我厂承担连带还款责任	①对被担保单位资信了解不够；②未经论证批准准盲目担保	①充分调查被担保单位信誉情况和现金流量情况；②严格执行审批程序，上报董事会或上级部门论证批准
G19	财务产权部	副主任	配合财务产权部主任做好财务管理工作	G19.1	会计档案遗失、损毁，影响企业声誉和效益	①会计档案传递交接不清；②档案防蛀、防潮、防霉变、防鼠咬等措施不到位	①严格执行会计档案传递办理交接手续；②及时归档，制定并落实防蛀、防潮、防霉变、防鼠咬措施

序号	部门	岗位	工作项目	风险因素		产生原因	控制措施
G19	财务产权部	副主任	配合财务产权部主任做好财务管理工作	G19.2	资金被非法挪用，严重影响企业效益和形象	全部财务印鉴（或银行卡）和银行对账单，银行对账单也由同一人办理	①严格执行国家有关规定和厂务制度；②财务印鉴（或银行卡）分开保管；③对空白支票进行登记管理；④银行对账与银行记账工作由不同人员分别处理
G20	财务产权部	审核会计	财务审核	G20.1	财务印鉴丢失或被盗用，造成经济损失	①外出携带财务印鉴丢失；②保管措施不善被盗	①严格落实财务印鉴管理规定；②严禁外出携带财务印鉴；③下班后将财务专用章放入保险柜
				G20.2	现金流链条断开	电费未按时足额催拨到户，造成现金流出大于现金流入	①及时催拨电费到户；②量入为出，保持一定的资金存量
				G20.3	融资政策变化，贷款被提前收回	因国家紧缩银根或其他政策变化，借款合同被提前终止	①加强与银行沟通，及时了解金融信息；②保持一定的资金存量
				G20.4	政策理解不准，执行中存在隐患	①财经相关知识掌握不全面，理解不深人；②会计政策变化较快，培训滞后，知识更新缓慢	①积极参加上级单位举办的财会培训班；②外聘老师讲解学习；③加强与外界交流，及时掌握相关信息
G21	财务产权部	成本会计	成本管理、报表编制	G21.1	政策理解不准，执行中存在偏差，造成隐患	①财经相关知识掌握不准，培训滞后；②会计政策变化，知识更新缓慢	
				G21.2	成本控制失控	①厂控费用审批过多或费用审批混乱；②未能严格执行财务预算和审批制度	①严格控制厂控费用审批，严格执行《财务收支与审批标准》规定的审批程序和审批权限；②强化预算执行的刚性约束

353

第八章 全面风险管理实施指引

序号	部门	岗位	工作项目		风险因素	产生原因	控制措施
G22	财务产权部	核算会计	财务审核、成本核算	G22.1	财务印鉴丢失或被盗用，造成经济损失	①外出携带财务印鉴丢失；②保管措施不善被盗	①严格落实财务印鉴管理规定；②严禁外出携带财务印鉴；③下班后将财务专用章放入保险柜
				G22.2	政策理解不准，执行中存在偏差，造成隐患	①财务相关知识掌握不全面，理解不深入；②会计政策变化较快，培训滞后，知识更新缓慢	①积极参加上级单位或其他单位举办的财会培训班；②外聘老师讲解学习；③加强与外界交流，及时掌握相关信息
G23	财务产权部	财务出纳	出纳业务	G23.1	财务专用章、支票丢失或被盗用，造成企业严重损失	①外出携带财务印鉴丢失；②保管措施不善被盗	①严格落实财务印鉴管理规定；②严禁外出携带财务印鉴；③下班后将财务专用章放入保险柜
				G23.2	现金被抢、被盗，影响人身安全，造成企业损失	①一人单独去银行提款，造成现金被抢或丢失；②保管措施不善，保险柜被撬	①提款1万元以下须两人同行，1万元以上派车且保卫人员同行；②放置保险柜房间安装防盗门和防盗窗，安装红外线监控设备，加强下班后的监控力度

表8-10　国电菏泽发电厂重大风险辨识评价一览表（作业）

序号	部门	运行方式		风险因素	风险分析															风险评估值
					安全风险			职健风险			环境风险			质量风险			效益风险				
					L	E	C	L	E	C	A	B/C	D	L	C	D	L	C	G	
			(1)	二期开机前进行氢气置换二氧化碳操作时，忘记联系汽机队加上压缩空气管路的堵板，拆去氢气管路的堵板	1	1	1	1	1	1	1	1	1	1	1	1	4	7	3	88
			(2)	开机时若主机交流润滑油泵出故障，使用直流油泵进行开机	1	1	1	1	1	1	1	1	1	1	1	1	3	5	5	79
			(3)	发生可能引起轴瓦损坏（如水冲击，瞬时断油等）的异常情况，没有确认轴瓦是否损坏就盲目启动	1	1	1	1	1	1	1	1	1	1	1	1	4	5	5	104
1	发电部	汽轮机组启动	(4)	汽轮机启动过程中，汽机TSI仪表重要参数达到跳机限值，相关保护未动作，没有及时打闸停机，存在侥幸心理	1	1	1	1	1	1	1	1	1	1	1	1	3	5	3	49
			(5)	机组启动过程中，通过临界转速时，升速率为300~500转/分，轴承振动超过0.10毫米或相对振动超过0.25毫米，且应对轴瓦乌金温度超标或发散时没有立即打闸停机	1	1	1	1	1	1	1	1	1	1	1	1	3	5	3	49
			(6)	汽轮机组在1000转/分以下，若轴承振动超过0.04毫米且有发散趋势时，没有立即打闸停机	1	1	1	1	1	1	1	1	1	1	1	1	3	5	3	49

企业全面风险管理实务

356

序号	部门	运行方式		风险因素	风险分析															风险评估值
					安全风险			职健风险			环境风险			质量风险			效益风险			
					L	E	C	L	E	C	A	B/C	D	L	C	D	L	C	G	
2	发电部	汽轮机组停运	(1)	正常停机时，在打闸后未检查有功功率是否到零、千瓦时表停转或逆转以后，就将发电机与系统解列	1	1	1	1	1	1	1	1	1	1	1	1	2	7	3	46
			(2)	汽轮机突然甩负荷时，未注意检查汽机转速的飞升及情走情况	1	1	1	1	1	1	1	1	1	1	1	1	4	5	3	64
			(3)	汽轮机突然甩负荷时，未注意检查汽轮机交直流润滑油泵的联启情况	1	1	1	1	1	1	1	1	1	1	1	1	4	7	3	88
			(4)	汽轮机突然甩负荷时，未注意主气门、中压主气门、调节气门、各抽气逆止门、高压排逆止门的关闭情况	1	1	1	1	1	1	1	1	1	1	1	1	3	5	3	49
			(5)	停机后没有关闭凝结水至低压汽封减温水手动门，有造成汽缸进冷水的危险	1	1	1	1	1	1	1	1	1	1	1	1	4	5	3	64
			(6)	停机后当盘车不动时，使用吊车强行盘车	1	1	1	1	1	1	1	1	1	1	1	1	3	5	5	79
			(7)	二三期停机后小机转子静止状态下供轴封气的时间过长，超过20分钟，轴封压力偏高，超过15千帕，有造成小机夺轴的危险	1	1	1	1	1	1	1	1	1	1	1	1	4	5	3	64
			(8)	二三期停机后在进行空气置换二氧化碳操作前，忘记联系汽机加氢系管路的堵板，拆去空气管路的堵板	1	1	1	1	1	1	1	1	1	1	1	1	4	7	3	88

序号	部门	运行方式		风险因素	安全风险 L	安全风险 E	安全风险 C	职健风险 L	职健风险 E	职健风险 C	环境风险 A	环境风险 B/C	环境风险 D	质量风险 L	质量风险 C	质量风险 D	效益风险 L	效益风险 C	效益风险 G	风险评估值
3	发电部	设备切换及定期工作	(1)	主机润滑油系统进行冷油器切换操作时，失去监护，没有按操作票顺序缓慢进行操作，没有严密监视润滑油压的变化，在切换操作过程中存在断油的风险	1		1	1		1	1		1	1	1	1	3	5	3	49
			(2)	主机润滑油系统进行滤网切换操作时，失去监护，没有按操作票顺序缓慢进行操作，没有严密监视润滑油压的变化，在切换操作过程中存在断油的风险	1		1	1		1	1		1	1	1	1	3	5	3	49
			(3)	一期内冷水箱、二三期定冷换水操作时，开启水箱放水门后DCS画面就地失去监视，造成内冷水箱缺水，存在发电机断水的风险	1		1	1		1	1		1	1	1	1	4	5	3	64
4	发电部	运行监盘与运行方式调整		汽轮机正常运行过程中，汽机TSI仪表及汽机重要参数达到跳机限值，相关保护未动作，没有及时打闸停机，存在侥幸心理	1		1	1		1	1		1	1	1	1	2	7	3	46

第八章 全面风险管理实施指引

序号	部门	运行方式	风险因素	风险分析																风险评估值
				安全风险			职健风险			环境风险				质量风险			效益风险				
				L	E	C	L	E	C	L	A	B/C	D	L	D	C	L	D	C	G	
5	发电部	设备带病运行	(1) 在多台 DCS 操作员站死机时，没有立即停止正在进行的重大操作，未及时联系工作站热工恢复并迅速使用状态正常的操作站进行参数调整工作。未检查使用 UPS 电源及工作 399 伏电源的工作情况	1	1	1	1	1	1	1	1		1	1	1	1	3	1	5	3	49
			(2) 在全部 DSC 操作员站死机时，没有将运行操作全部依靠 DEH，后备盘仪表、保护屏显示，后备盘硬手操作及就地操作方式来进行。在机组运行状态失去有效监视手段，无法维持正常运行时，没有打闸停机	1	1	1	1	1	1	1	1		1	1	1	1	2	1	7	3	46
6	发电部	氢气置换	(1) 在进行发电机氢气置换 CO₂ 操作前，没有将压缩空气管路堵板加上，忘记拆除制氢站供氢管堵板	1	1	1	1	1	1	1	1		1	1	1	1	4	1	5	3	64
			(2) 在进行氢气置换或充氢气过程中，没有及时检测氢冷氢电机周围空气中含氢气量低于 1%	3	7	1	1	1	1	1	3	3	1	1	1	1	3	1	5	3	77

序号	部门	运行方式	风险因素	安全风险			职健风险			环境风险			质量风险			效益风险			风险评估值
				L	E	C	L	E	C	A	B/C	D	L	C	D	L	C	G	
7	发电部	发电机与系统并列操作	（1）同期闭锁开关未投入，造成非同期并列	1	1	1	1	1	1			1	1	1	1	2	5	3	34
			（2）保护压板投入不正确，造成保护误动或拒动	1	1	1	1	1	1			1	1	1	1	2	5	3	34
8	发电部	发电机与系统解列操作	（1）先拉开发电机出口开关，后打闸，造成汽轮机超速	1	1	1	1	1	1			1	1	1	1	2	3	3	22
			（2）没有认真检查核对设备位置、名称，走错设备间隔，造成误操作	1	1	1	1	1	1			1	1	1	1	3	5	3	49
9	发电部	变压器的送电操作	（1）保护投入不正确，保护误动或拒动	1	1	1	1	1	1			1	2	7	1	2	5	1	27
			（2）未认真检查开关已拉开，造成带负荷合刀闸	1	1	1	1	1	1			1	2	5	3	2	3	3	51
			（3）误操作，带接地线（接地刀闸）合闸送电	2	3	5	1	1	1			1	1	1	1	2	7	3	46
			（4）没有检查核对设备位置、名称，走错设备间隔，造成误操作	1	1	1	1	1	1			1	1	1	1	5	7	1	68
10	发电部	变压器的停电操作	（1）所带负荷电源没有切换，造成失电	1	1	1	1	1	1			1	1	1	1	2	3	3	22
			（2）误操作，造成带接地线（合接地刀闸）送电	1	1	1	1	1	1			1	1	1	1	2	7	3	46
			（3）没有检查核对设备位置、名称，走错设备间隔，造成误操作	1	1	1	1	1	1			1	1	1	1	3	5	3	49

风险分析

第八章　全面风险管理实施指引

续表

序号	部门	运行方式		风险因素	风险分析															风险评估值
					安全风险			职健风险			环境风险			质量风险			效益风险			
					L	E	C	L	E	C	A	B/C	D	L	C	D	L	C	G	
11	发电部	6千伏母线的停电操作	(1)	误操作，造成带电装接接地线（合接地刀闸）	1	1	1	1	1	1	1	1	1	1	1	1	3	7	3	67
			(2)	没有检查核对设备位置、名称，走错设备间隔，造成误操作	1	1	1	1	1	1	1	1	1	1	1	1	2	7	3	46
			(3)	未认真检查开关已确已拉开，造成带负荷拉刀闸	2	5	7	1	1	1	1	1	1	1	1	1	2	7	1	87
			(1)	母线检查不认真，有异物，造成短路	1	1	1	1	1	1	1	1	1	2	5	1	2	5	3	43
12	发电部	6千伏母线的送电操作	(2)	误操作，造成带接地线送电	1	1	1	1	1	1	1	1	1	1	1	1	2	3	3	22
			(3)	没有检查核对设备位置、名称，走错设备间隔，造成误操作	3	3	5	1	1	1	1	1	1	3	5	1	3	7	1	83
			(4)	未认真检查开关已确已拉开，造成带负荷合刀闸	2	3	5	1	1	1	1	1	1	1	1	1	2	7	1	47
13	发电部	400伏母线的送电操作	(1)	误操作，造成带接地线送电	2	7	5	1	1	1	1	1	1	1	1	1	2	7	1	87
			(2)	没有检查核对设备位置、名称，走错设备间隔，造成误操作	1	1	1	1	1	1	1	1	1	2	5	1	2	7	3	55
			(3)	未认真检查开关已确已拉开，造成带负荷合/拉刀闸	3	3	5	1	1	1	1	1	1	3	5	1	3	7	3	125

序号	部门	运行方式		风险因素	安全风险			职健风险			环境风险			质量风险			效益风险			风险评估值
					L	E	C	L	E	C	A	B/C	D	L	C	D	L	C	G	
14	发电部	400伏母线的停电操作	(1)	装设接地线未验电，造成带电装设接地线	2	7	5	1	1	1	1	1	1	1	1	1	2	7	1	87
			(2)	没有检查核对设备位置、名称，走错设备间隔，造成误操作	1	1	1	1	1	1	1	1	1	1	1	1	2	3	3	22
			(3)	未认真检查开关已确已拉开，造成带负荷拉刀闸	2	3	7	1	1	1	1	1	1	1	1	1	2	5	3	75
15	发电部	电网故障，机组高负荷	(1)	系统电压过低，造成电网瓦解	1	1	1	1	1	1	1	1	1	3	5	3	1	1	3	51
			(2)	联络线路可能过流运行，造成线路跳闸	1	1	1	1	1	1	1	1	1	1	1	1	2	7	3	46
16	发电部	#1水源线或#2水源线检修	(1)	#2水源线或#1水源线故障，造成供水中断	1	1	1	1	1	1	1	1	1	1	1	1	2	7	3	46
			(2)	6千伏公用ⅡB段或6千伏公用ⅡA段故障，二级泵站停电	1	1	1	1	1	1	1	1	1	1	1	1	2	7	3	46
17	发电部	厂用电切换	(1)	快切装置故障，厂用电失电	1	1	1	1	1	1	1	1	1	1	1	1	3	3	3	31
18	发电部	220千伏母线由运行转检修的操作	(1)	开关检查不到位，带负荷拉刀闸	1	1	1	1	1	1	1	1	1	1	1	1	3	5	3	49
			(2)	没有认真验电，带电合接地刀闸	3	3	5	1	1	1	1	1	1	1	1	1	3	5	3	93
			(3)	没有认真检查核对设备位置和编号，误（漏）合（开关、刀闸	1	1	1	1	1	1	1	1	1	1	1	1	3	7	3	67

风险分析

361

续表

序号	部门	运行方式	风险因素	风险分析															风险评估值
				安全风险			职健风险			环境风险			质量风险			效益风险			
				L	E	C	L	E	C	A	B/C	D	L	C	D	L	C	G	
18	发电部	220千伏母线由运行转检修的操作	(4) SP6断路器气体压力不足，操作时拒动或发生爆炸，造成设备损坏、人员伤亡	3	3	5	1	1	1	1	1	1	1	1	1	3	9	1	75
19	发电部	220千伏母线由检修转运行的操作	(1) 开关检查不到位，带负荷合刀闸	1	1	1	1	1	1	1	1	1	1	1	1	2	3	3	22
			(2) 线路接地刀闸没有拉开，带接地刀闸送电	2	5	5	1	1	1	1	1	1	1	1	1	1	1	1	54
			(3) 没有认真核对设备位置和编号，误（漏）合开关、刀闸	1	1	1	1	1	1	1	1	1	1	1	1	3	5	3	49
			(4) 保护投停不正确，造成保护误动或误拒动	1	1	1	1	1	1	1	1	1	1	1	1	3	5	3	49
			(5) SP6断路器气体压力不足，操作时拒动或发生爆炸，造成设备损坏、人员伤亡	3	3	5	1	1	1	1	1	1	1	1	1	3	1	3	51
20	发电部	110千伏母线由运行转检修的操作	(1) 开关检查不到位，带负荷合刀闸	1	1	1	1	1	1	1	1	1	2	5	1	3	3	3	40
			(2) 线路接地刀闸没有拉开，带接地刀闸送电	2	5	5	1	1	1	1	1	1	1	1	1	3	7	3	116
			(3) 没有认真核对设备位置和编号，误（漏）合开关、刀闸	1	1	1	1	1	1	1	1	1	1	1	1	3	3	3	31
			(4) SP6断路器气体压力不足，操作时拒动或发生爆炸，造成设备损坏、人员伤亡	1	1	1	1	1	1	1	1	1	2	7	1	2	9	1	35

序号	部门	运行方式	风险因素	风险分析															风险评估值
				安全风险			职健风险			环境风险			质量风险			效益风险				
				L	E	C	L	E	C	A	B/C	D	L	C	D	L	C	G		
20	发电部	110千伏母线由检修转运行的操作	（5）油断路器油位过低操作时发生爆炸，造成设备损坏、人员伤亡	1	1	1	1	1	1	1	1	1	1	1	1	3	5	3	49
21	发电部	101千伏母线由运行转检修的操作	（1）开关检查不到位，带负荷拉合刀闸	1	1	1	1	1	1	1	1	1	1	1	1	3	5	3	49
			（2）没有认真验电，带电合接地刀闸	1	1	1	1	1	1	1	1	1	1	1	1	3	7	3	67
			（3）没有认真核对设备位置和编号，误（漏）拉开关、刀闸	3	5	5	1	1	1	1	1	1	1	1	1	3	7	3	141
			（4）油断路器油位过低操作时发生爆炸，造成设备损坏、人员伤亡	1	1	1	1	1	1	1	1	1	1	1	1	2	5	3	34
			（5）SF6断路器气体压力不足，操作时拒动或发生爆炸，造成设备损坏、人员伤亡	2	3	7	1	1	1	1	1	1	1	1	1	2	7	1	59
22	发电部	小网运行	（1）机组出现故障，造成小网瓦解	1	1	1	1	1	1	1	1	1	2	8	1	2	#	1	39
			（2）系统电压不稳，过高，或过低，造成小网瓦解	1	1	1	1	1	1	1	1	1	1	1	1	3	5	3	49
			（3）小网出现故障，全厂停电	1	1	1	1	1	1	1	1	1	1	1	1	3	6	3	58

第八章　全面风险管理实施指引

序号	部门	运行方式		风险因素	风险分析															风险评估值
					安全风险			职健风险			环境风险			质量风险			效益风险			
					L	E	C	L	E	C	A	B/C	D	L	C	D	L	C	G	
23	制粉系统启动部门	制粉系统启动	(1)	制粉系统漏粉，引起积粉自燃爆炸	2	7	2	1	1	1	1	1	1	2	7	3	2	7	3	114
			(2)	磨煤机变速箱损坏	1	1	1	1	1	1	1	1	1	2	6	3	2	5	3	69
			(3)	磨煤机电机轴承损坏	1	1	1	1	1	1	1	1	1	2	6	3	2	5	3	69
			(4)	磨煤机大瓦损坏	1	1	1	1	1	1	1	1	1	2	6	3	2	5	3	69
			(5)	排粉机轴承损坏	1	1	1	1	1	1	1	1	1	2	6	3	2	5	3	69
			(6)	排粉机、磨煤机、电机短路损坏	1	1	1	1	1	1	1	1	1	2	6	3	2	5	3	69
24	锅炉启动部门	锅炉启动	(1)	点火前若炉膛吹扫不充分，燃油母管泄漏试验不合格，应查明原因，在缺陷未消除前禁止启动，否则点火时可能发生炉膛爆炸	2	7	5	1	1	1	1	1	1	2	7	2	2	7	3	142
			(2)	点火后因炉膛温度低，若投粉过早可能发生尾部烟道二次燃烧	1	1	1	1	1	1	1	1	1	3	7	2	2	7	3	87
			(3)	容易发生汽包缺水、满水事故	1	1	1	1	1	1	1	1	1	2	7	2	2	7	3	73
			(4)	容易发生超温事故	1	1	1	1	1	1	1	1	1	2	5	2	2	3	3	41
			(5)	容易发生灭火放炮事故	1	1	1	1	1	1	1	1	1	2	7	2	2	7	3	73
			(6)	若油枪漏油容易发生火灾事故	1	1	1	1	1	1	1	1	1	2	7	1	3	7	3	94
			(7)	若机侧旁路故障，容易造成再热器干烧	1	1	1	1	1	1	1	1	1	2	5	1	2	5	3	43

序号	部门	运行方式		风险因素	风险分析																风险评估值
					安全风险			职健风险			环境风险				质量风险			效益风险			
					L	E	C	L	E	C	A	B/C	D	L	C	D	L	C	G	
25	锅炉停运部门	锅炉停运	(1)	停炉过程投油不及时造成锅炉灭火	1	1	1	1	1	1	1	1	1	2	7	2	2	7	3	73
			(2)	一次风管吹扫不彻底引起一次风管积粉自燃，严重时造成锅炉爆炸	2	7	5	1	1	1	1	1	1	2	7	3	2	7	3	156
			(3)	容易发生汽包水位事故	1	1	1	1	1	1	1	1	1	2	5	2	2	5	3	53
			(4)	容易发生超温事故	1	1	1	1	1	1	1	1	1	2	5	2	2	5	3	53
			(5)	容易发生灭火放炮事故	1	1	1	1	1	1	1	1	1	2	7	3	2	7	3	87
			(6)	若油枪漏油容易发生火灾事故	2	7	3	1	1	1	1	1	1	2	7	2	2	7	3	123
			(7)	若制粉系统漏粉容易发生煤尘爆炸	2	7	5	1	1	1	5	5	1	2	7	2	2	7	3	151
			(8)	停炉后吸送风机停得早，炉膛未充分吹扫，引起炉膛爆炸	2	7	5	1	1	1	5	5	1	2	7	2	2	7	3	142
26	二期空气预热器清洗部门	回转式空预器清洗热清洗	(1)	清洗前检查不全面，内部有人工作，造成人身伤害	3	7	6	1	1	1	1	1	1	2	7	1	2	3	3	147
			(2)	冲洗前烟道排水管阀门未开排水管堵塞或水不畅，烟道内积水多，导致烟道坍塌损坏并砸坏下部设备	1	1	1	1	1	1	1	1	1	2	7	3	2	7	3	87
			(3)	空预器冲洗中清洗管路联络阀门关闭不严或阀门内漏造成临炉空预器进水	1	1	1	1	1	1	1	1	1	2	5	2	2	5	3	53
			(4)	在冲洗过程中不进行检查，造成回水进水，使烟道进水，造成烟道积灰堵塞，造成烟道塌落	1	1	1	1	1	1	1	1	1	3	7	3	3	7	3	129

第八章 全面风险管理实施指引

企业全面风险管理实务

366

序号	部门	运行方式	风险因素	安全风险			职健风险			环境风险		质量风险			效益风险			风险评估值
				L	E	C	L	E	C	A B/C	D	L	C	D	L	C	G	
27			(1) 起吊过程中如果钢丝绳断裂或者脱扣，重物落至其他设备上面将会造成巨大的破坏和人身伤害	2	3	6	1	1	1	1	1	4	3	3	4	5	3	134
			(2) 使用不合格的电加热工具有可能会造成漏电事故，而正常情况电加热温棒温度极高，一旦碰触人体将会造成烧伤	3	6	5	1	1	1	1	1	2	1	1	2	5	1	103
	检修部汽轮机分场汽机机构检修		(3) 拆除调整圈后，用千斤顶顶起操纵活塞再进行拆卸，如果千斤顶顶放置不正确，用力过猛，有可能使千斤顶倾斜而操纵活塞杆迅速落下砸到人	4	3	5	1	1	1	1	1	1	1	1	2	6	3	99
			(4) 对主气门阀杆、调门阀杆、调门阀碟与导套、主气门预启阀除锈不认真，各滑动配合间隙调整过小，投入运行后则会产生严重的机械卡涩，导致配汽机构不能进行有效的调整或汽轮机超速	2	6	4	1	1	1	1	1	3	3	1	5	5	3	134
28	检修部汽轮机分场汽机密封油系统检修		(1) 氢侧油箱补油阀检修时，阀杆行程调整不当可使补油阀动作失灵，造成氢侧油箱油位实降，引发氢气进入密封油泵经转动摩擦发生爆炸	2	4	5	1	1	1	1	1	3	5	4	2	3	2	114

序号	部门	运行方式	风险因素	风险分析														风险评估值
				安全风险			职健风险			环境风险			质量风险			效益风险			
				L	E	C	L	E	C	A	B/C	D	L	C	D	L	C	G	
28	检修部 汽轮机队	汽轮机密封油系统检修	(2) 密封油空测差压阀检修时，阀杆弯曲较大未进行认真调整，导致运行中卡涩，氢差压低引发氢气大量外漏，遇有明火发生爆炸	2	6	5	1	1	1	1	1	1	2	6	5	2	4	3	146
29	检修部 汽轮机队	汽轮机EH油系统检修	(1) 对高压EH油系统的弯头、焊口测厚探伤检查不认真，运行中易造成弯头破裂和焊口泄漏，引发火灾和调机	2	6	4	1	1	1	1	1	1	2	4	5	4	6	2	137
			(2) 更换EH油滤网时如果没有使用合格的密封圈，或者O形密封圈没有放正部位，则系统投入运行后会造成高压EH油外泄，喷至高温物体上引起火灾事故	2	5	3	1	1	1	1	1	1	2	6	4	2	5	2	100
			(3) EH由于系统检修时管卡固定不牢，可造成油管振动断裂的危险	2	6	5	1	1	1	1	1	1	2	5	3	2	6	2	116
			(4) EH由于系统检修时防范措施不当可造成油质污染，调节系统调整不良，造成机械卡涩导致汽轮机超速	2	7	5	1	1	1	1	1	1	2	6	3	2	6	2	132

第八章 全面风险管理实施指引

续表

序号	部门	运行方式	风险因素	风险分析																	风险评估值
				安全风险			职健风险			环境风险			质量风险			效益风险			
				L	E	C	L	E	C	A	B/C	D	L	C	D	L	C	G	
30	检修部汽机班	除氧器及其附属设备检修	(1) 检修过程中，对安全阀阀杆弯曲度未进行测量，各零部件除锈不认真，安全阀启跳设置偏大。当除氧器超压时安全阀拒动，可能导致水箱爆破的危险	4	5	4	1	1	1	1	1	1	2	5	2	2	5	3	132
			(2) 在检查过程中，对除氧器进气管座焊口、筒体焊缝存在的裂纹、气孔等缺陷检查处理不认真，若超压运行可能导致水箱爆破和人身伤害的危险	3	5	4	1	1	1	1	1	1	4	5	2	2	6	2	126
31	检修部汽机班	汽轮机润滑油系统检修	(1) 前箱或箱下部的主油泵进回油法兰紧固不均匀，运行中前箱因膨胀前移可导致法兰泄漏，遇高温物体引发火灾事故	3	7	5	1	1	1	1	1	1	2	6	2	2	5	2	151
			(2) #1、#2轴承座进回油法兰垫片材质厚度选用不当或紧固不均匀，运行中可导致法兰泄漏，遇高温物体引发火灾事故	2	5	4	1	1	1	1	1	1	3	6	3	2	6	3	132

序号	部门	运行方式	风险因素	安全风险 L	安全风险 E	安全风险 C	职健风险 L	职健风险 E	职健风险 C	环境风险 A	环境风险 B/C	环境风险 D	质量风险 L	质量风险 C	质量风险 D	效益风险 L	效益风险 C	效益风险 G	风险评估值
32	检修部汽机队	机组、再热、旁路蒸汽系统管道阀门检修	（1）发现高压管道泄漏（包括疏水系统）查找泄漏点时，不准在运行中藏、拆漏汽（水）部位的保温，以免爆破造成人员伤亡	3	6	5	1	1	1	1	1	1	3	1	3	1	1	1	102
			（2）过热器、再热器消压不到零，系统存有蒸汽，当设备解开的瞬间汽同喷出易造成人身烫伤	3	6	6	1	1	1	1	1	1	1	1	1	2	4	2	127
			（3）发现高压管道或流放水系统弯头、焊口存在沙眼泄漏时，在系统有效隔离的情况下进行铆堵和堵焊易发生爆炸	2	7	6	1	1	1	1	1	1	2	5	1	2	5	3	117
33	检修部汽机队	一期循环水系统管道阀门检修	（1）设备检修期间对循环水管道检查不认真，腐蚀减薄严重，爆破可导致水淹泵房的危险	3	7	5	1	1	1	1	1	1	3	1	3	2	6	2	140
			（2）设备检修中，对各膨节焊口、裂纹检查不细，未进行处理运行中可导致爆破水淹泵房的危险	3	6	5	1	1	1	1	1	1	3	4	3	1	1	1	129

369

第八章 全面风险管理实施指引

续表

序号	部门	运行方式	风险因素	安全风险 L	安全风险 E	安全风险 C	职健风险 L	职健风险 E	职健风险 C	环境风险 A	环境风险 B/C	环境风险 D	质量风险 L	质量风险 C	质量风险 D	效益风险 L	效益风险 C	效益风险 G	风险评估值
34	检修部汽机队	一期循环水泵检修	水塔未放水进行循环水泵检修时，因人口门关闭不严密且又未开启壳体放空气门进行鉴定，盲目起吊起吊大盖易发生水淹泵房的危险	3	7	4	1	1	1	1	1	1	3	4	2	1	1	1	111
35	检修部汽机队	电瓶车使用	车况不好（刹车不灵、灯光不亮、方向盘失灵等）容易在使用过程中造成事故	3	5	6	1	1	1	1	1	1	1	1	1	3	5	1	108
36	汽机队	凝汽器系统检修	运行中的凝结器半边查漏时，单侧的循环水进出口门电源停电，保险取下，否则错误动作将造成人员伤亡	2	7	5	1	1	1	1	1	1	1	1	1	3	6	2	109
37	汽机队	高压加热器系统检修	(1) 根据《国电荷泽发电厂反事故技术措施管理办法》4.3、4.4对于易引起汽水两相流的疏水、空气管道、母管开孔的内孔周围、弯头等部位，其管缝、母管道、弯头、三通和阀门，运行达10万小时后，在大小修中子以全部更换。否则易爆破伤人和损坏设备	2	6	4	1	1	1	1	1	1	3	5	2	2	5	2	100

序号	部门	运行方式	风险因素	安全风险			职健风险			环境风险			质量风险			效益风险			风险评估值
				L	E	C	L	E	C	A	B/C	D	L	C	D	L	C	G	
37	汽机队	高压加热器系统检修	(2) 检修中对于高压加热器的筒体环焊缝必须进行超声波探伤检查，认真消除裂纹和气孔缺陷，否则易发生爆破伤人和损坏设备	3	7	5	1	1	1	1	1	1	3	5	2	2	6	2	161
			(3) 运行中的高压加热器发生泄漏时，当系统隔离后工作人员不得急于拆除人孔门，以免内部的残余汽水喷出造成人员烫伤	3	6	4	—	1	1	1	1	1	1	1	1	3	6	2	111
38			(1) 汽轮机上缸起吊时钢丝绳调整不均匀，四角起升高度偏差较大，易造成动静部分拉伤或转子叶片折断	3	6	4	1	1	1	1	1	1	3	6	2	3	6	2	146
			(2) 缸温达不到规定的温度过早解开汽缸造成设备永久变形而损坏设备	3	7	4	1	1	1	1	1	1	1	1	1	2	6	2	111

371

第八章 全面风险管理实施指引

附　风险辨识评价一览表评价说明

（通用评价说明）

1. 公式

安全 $S = L \times E \times C$

职业健康 $H = L \times E \times C \times L \times E$

环境 $T = A \times Max（B、C）\times D$

质量 $Q = L \times C \times D$

效益 $P = L \times C \times G$

风险评估值由表格自动计算，不需要部门班组填写。

2. 侧重点

安全、健康风险是着重针对人而言的，对设备的影响在质量风险中考虑。

质量风险着重指直接产生的损失，效益风险着重指从"政治安全、经济安全、生产安全、形象安全"角度考虑，间接造成的对内对外损失。

例如：①"发变组检修时保护定值整定失识，造成保护拒动"，修复受损设备的支出记作质量风险，因设备损坏导致停止生产造成的风险记作效益风险。②"财务贷款利息延期支付，缴纳罚息"，罚息记作质量风险，使企业信誉降低、对银企关系不利，影响以后融资记作效益风险。

3. 评价因子

（1） L—事故发生的可能性大小，如表 8-11 所示。

表 8-11　事故发生的可能性

分值	事故发生的可能性
10	必然要发生的
9	几乎肯定要发生的
8	很可能发生的
7	可能发生的
6	大于平均概率的
5	等于平均概率的
4	低于平均概率的
3	不大可能发生的
2	很不可能发生的
1	几乎不可能发生的

（2）E—人体暴露于危险环境中的频繁程度，如表8-12所示。

表8-12　人体暴露于危险环境中的频繁程度

分值	人体暴露于危险环境中的频繁程度
10	每天工作时间内连续暴露8小时及以上
9	每天暴露4~8小时
8	每天暴露2~4小时
7	每天约暴露一次
6	每周约暴露一次
5	每月约暴露一次
4	每季度约暴露一次
3	每半年约暴露一次
2	每年约暴露一次
1	一年以上或非常罕见暴露一次

（3）C—发生事故产生的后果，如表8-13所示。

表8-13　发生事故产生的后果

分值	人身安全	职业健康	环境	质量	效益
10	特大人身事故（一次事故死亡10人及以上者）	短时间内造成50人以上的中毒事件	重、特大事故环境事件	发生特大设备事故或直接造成企业经济损失2000万元以上，火灾直接损失100万元以上	政治、形象方面：影响严重且不可挽回；生产、经济方面：直接造成企业经济损失2000万元以上
9	重大人身事故（一次死亡3人及以上，或一次事故重伤10人及以上）	构成职业病，存在特殊医疗依赖，生活不可以自理	—	发生重大设备事故或直接造成企业经济损失500万元以上，火灾损失30万元以上	政治、形象方面：影响严重；生产、经济方面：直接造成企业经济损失500万元以上
8	一般人身死亡事故（1人及以上，3人以下）	构成职业病，存在一般医疗依赖，生活可以自理	—	发生一般设备事故或直接造成企业经济损失100万元以上，火灾损失5000万元以上	—
7	重伤事故并造成残疾，不可恢复原工作能力	构成职业病，无医疗依赖，生活能自理	严重环境影响	发生一类障碍或直接造成企业经济损失50万元以上，火灾损失3000元以上	政治、形象方面：影响比较严重；生产、经济方面：直接造成企业经济损失50万元以上

分值	人身安全	职业健康	环境	质量	效益
6	重伤事故未造成残疾，可恢复原工作能力	未构成职业病但有相应的不可逆转的职业健康损害	—	发生二类障碍或直接造成企业经济损失20万元以上，火灾损失2000元以上或在明火禁区、危险区域着火	—
5	轻伤	基本不可恢复的健康影响	一般环境影响	严重未遂或直接造成企业经济损失10万元以上，火灾损失1000元以上	政治、形象方面：影响一般且不可挽回；生产、经济方面：直接造成企业经济损失10万元以上
4	未构成轻伤的轻微伤害并损失工时	严重的但是可以恢复的健康影响	—	—	—
3	构成轻微伤害未损失工时但短时间内不可从事原工作	可恢复的健康影响	轻微环境影响	一般未遂或直接造成企业经济损失1万元以上	政治、形象方面：影响一般；生产、经济方面：直接造成企业经济损失1万元以上
2	构成轻微伤害未损失工时仍可从事原工作	可恢复的小伤害，怀疑对健康有影响	—	—	—
1	无人身伤害	对健康基本无伤害	对环境无影响	基本无影响或直接造成企业经济损失1万元以下	政治、形象方面：无影响；生产、经济方面：直接造成企业经济损失1万元以下

（4）A—环境风险事件发生的频繁程度，如表 8-14 所示。

表 8-14　环境风险事件发生的频繁程度

分值	环境风险事件发生的频繁程度
10	每天持续 8 小时及以上
9	每天持续 4~8 小时
8	每天持续 2~4 小时
7	每天发生一次
6	每周发生一次
5	每月发生一次

分值	环境风险事件发生的频繁程度
4	每季度发生一次
3	每半年发生一次
2	每年发生一次
1	一年以上或非常罕见发生一次

（5）B—环保法律、法规符合性程度。

1）气体排放（各类排放物分别计算风险值）。

①二氧化硫排放如表 8-15 所示。

表 8-15　二氧化硫排放　　　　　　　　单位：mg/m^3

Ⅰ、Ⅱ期机组		Ⅲ期机组	
分值	排放值	分值	排放值
10	排放值≥2100	10	排放值≥400
7	800≤排放值<2100	7	400≤排放值<300
4	300≤排放值<800	4	200≤排放值<300
1	排放值<300	1	排放值<200

②氮氧化物排放如表 8-16 所示。

表 8-16　氮氧化物排放　　　　　　　　单位：mg/m^3

Ⅰ、Ⅱ期机组		Ⅲ期机组	
分值	排放值	分值	排放值
10	排放值≥1100	10	排放值≥450
7	1000≤排放值<1100	7	400≤排放值<450
4	900≤排放值<1000	4	350≤排放值<400
1	排放值<900	1	排放值<350

2）烟尘排放如表 8-17 所示。

表 8-17　烟尘排放　　　　　　　　　　单位：mg/m^3

Ⅰ、Ⅱ期机组		Ⅲ期机组	
分值	排放值	分值	排放值
10	排放值≥300	10	排放值≥50
7	250≤排放值<300	7	40≤排放值<50
4	200≤排放值<250	4	30≤排放值<40
1	排放值<200	1	排放值<30

3）环境粉尘如表 8-18 所示。

表 8-18 环境粉尘　　　　　　　　单位：mg/m³

分值	测量值
10	粉尘测量值≥6
7	5≤粉尘测量值<6
4	4≤粉尘测量值<5
1	粉尘测量值<4

4）污水排放如表 8-19 所示。

表 8-19 污水排放

分值	pH 值
10	9≤pH 值或 pH 值≤6
5	8≤pH 值<9 或 6<pH 值≤7
1	7<pH 值<8

5）厂界噪声与标准值比较之差 Δ（Δ=厂界噪声标准值）如表 8-20 所示。

表 8-20 厂界噪声与标准值比较之差

早7：00~晚20：00（标准：<65dB）		晚22：00~早7：00（标准：<55dB）	
分值	Δ	分值	Δ
10	Δ≥-1	10	Δ≥-1
9	-3≤Δ<-1	9	-3≤Δ<-1
7	-5≤Δ<-3	7	-5≤Δ<-3
5	-7≤Δ<-5	5	-7≤Δ<-5
3	-9≤Δ<-7	3	-9≤Δ<-7
1	Δ<-9	1	Δ<-9

6）其他无量化指标如表 8-21 所示。

表 8-21 其他无量化指标

分值	法律法规符合性程度
10	不符合法律法规要求
5	符合法律法规要求
1	法律法规无要求

（6）D—控制现状如表8-22所示。

表8-22　控制现状

分值	风险控制现状
10	无法控制需增加设施或改造
7	控制差需加强管理
5	控制一般需加强管理
3	控制一般已有制度
1	已控制好

（7）G—规章制度的完善程度（防范和补救两方面）如表8-23所示。

表8-23　规章制度的完善程度

分值	规章制度的完善程度
10	无相关规章制度
7	有相关制度但难以执行
5	有相关规章制度规定但规定不明确
3	有相关规章制度但执行程序不规范
1	有相关规章制度并执行良好

四、××电力公司采购部经营目标与风险管理实例

（一）采购（外协）部职权、目标与主要风险

1. 职责与权限

（1）职责。负责各种物资的采购、供应商选择，建档，编制采购预算及计划，合同签订、采购台账建立，协助相关部门做好质检工作，采购风险评估与应对。具体职责有：

1）负责所需各种物资的采购，确保生产的需要。

2）按月编制采购计划，重大采购实行招标，完成采购目标。

3）负责供应商选择，建立完善供应商档案信息。

4）负责合同签订、内容审核、合同履行、合同台账建立、合同纠纷解决。

5）采购业务实施货比三家择优采购，防范价格风险及合同欺诈。

6）协助质检部门做好物资质量验收，对不合格物资负责退换。

7）负责采购环节风险评估，完善风险控制库，实现采购目标。

（2）权限。人员选择与配备权、资金需求配置权、相关部门协助与配合权、

获得相关信息权、业绩考核与激励权、部门奖金的分配权等。

2. 采购部岗位职责

（1）采购部经理岗位职责。

1）负责完成企业所需各类物资的采购任务。

2）负责重大数量及重要物资的采购工作。

3）组织市场供货信息调研和供应商评审。

4）负责采购合同管理及合同纠纷的防范。

5）负责组织建立和完善供应商档案。

6）组织合格供应商的选择评审工作。

7）负责采购部内部管理的各项工作。

8）制定物资采购库存最低储备量。

（2）采购员岗位职责。

1）填写采购申请单，并跟踪订单，保证物资及时供应。

2）进行市场供需调查，编写市场调研报告，报上级领导审阅。

3）进行询价、比价，填写询价、比价记录，报上级领导审阅。

4）负责与供应商进行接触和谈判，按性价比进行采购，尽量降低采购成本。

5）负责草拟购货合同的相关条款，报上级领导审批。

6）负责办理采购物资的退换货工作及相关款项的结算。

7）审核采购发票、结算凭证等相关凭据，并提交付款申请。

8）负责建立供应商档案，并及时更新。负责建立采购台账，及时录入采购信息，定期与财务、库房对账，确保账实相符。

9）不能超最低储备量采购，否则财务不予结算。

10）建立好与其他部门的合作关系，遇事提前一天打招呼。

3. 采购（外协）部任务与目标

采购（外协）部任务与目标见表8-24。

表8-24　采购（外协）部任务与目标　　　　　　　单位:%

部门任务	相对应目标	
采购任务	年采购	万元
采购成本完成率	相当计划成本	100
采购业务完成率	完成系数	98
外协业务成本完成率	完成系数	98

4. 采购业务主要风险

（1）供应商选择不当、采购方式不合理、未进行货比三家，出现舞弊或遭欺诈，可能导致采购物资质次价高或不需用，造成经济损失风险。

（2）采购合同审核不认真，内容不完善，责任条款不明确，可能被欺诈，造成不应有的经济损失。

（3）外协业务管理不善，监督不力，可能造成不应有的经济损失。

（二）采购（外协）业务流程与输出要求

1. 物资采购流程（见图8-21）

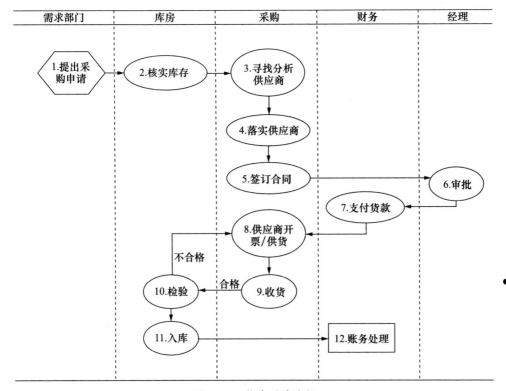

图8-21 物资采购流程

2. 流程描述与输出要求

流程描述与输出要求见表8-25。

表8-25 流程描述与输出要求

流程环节	流程描述	涉及岗位	输出要求	风险等级	责任者
1. 采购申请	物资需求部门根据需要，提出物资需求清单，内容清晰	需求部门	物料需求清单（填写正确无误）	三级	需求部门经理
2. 库存核实	仓库员核实库房是否有该需求的材料的品种及数量，如无应申请采购	仓库员	采购申请单（填写正确无误）	二级	仓库员

流程环节	流程描述	涉及岗位	输出要求	风险等级	责任者
3. 选择供应商	采购人员根据"采购申请单"内容,通过电话、网络、询价、评估供应商	采购员	提出三户供应商	三级	采购员
4. 落实供应商	通过货比三家,确定供应商,进行采购谈判、落实采购内容	采购员	确定供应商	三级	采购部经理
5. 签订合同	根据谈判情况及时向经理汇报,涉及技术性应征得技术部门意见	部门经理	内容完整的采购合同	四级	部门经理
6. 审批	重要采购合同要经过集体讨论,并报请总经理批准后转财务付款	部门经理	采购合同	三级	总经理
7. 支付货款	根据签订合同向财务部门申请资金,或赊购,同意后汇款,或开支票支付	部门经理	资金支付凭证或赊购协议	三级	部门经理
8. 供货/提货	供应商根据合同发货;或由我方前去提货,提货者应当场验清货物状况	经办人员	货物清单及实物	三级	经办人员
9. 收验货物	采购部门收取运输部门送到货物,查验外包装有无损坏,开物资入库单	经办人员	查验记录单、物资入库单	二级	经办人员
10. 仓库检验	仓库根据入库单、发票、装运单等进行检验(需化验者交化验单),核实清楚	仓库员	检验记录	三级	仓库员
11. 入库	对检验不合格物资,办妥退货手续负责退还给供应商,合格物资入库	仓库员	退货单、物资入库单	三级	仓库员
12. 记账付款	入库单及所有凭证,签收后转交财务部,并根据合同支付货款	采购员	入库单据	三级	部门经理

3. 外协加工流程（见图8-22）

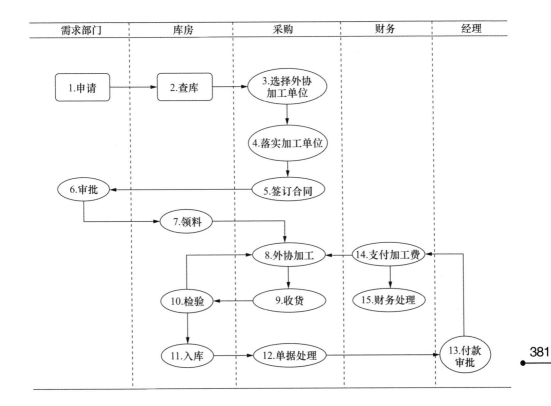

需求部门	库房	采购	财务	经理

图 8-22　外协加工流程

4. 外协加工流程及输出要求

外协加工流程及输出要求见表8-26。

表 8-26　外协加工流程及输出要求

流程环节	流程描述	涉及岗位	输出要求	风险等级	责任者
1. 委外申请	物资技术部门根据需要，提出委外加工清单，填写内容清晰、准确	需求部门	物料清单	三级	需求部门经理
2. 库存核实	仓库员核实库房是否有该需求的材料、品种及数量，如无应申请采购	仓库员	（填写正确）请购单	二级	仓库员

流程环节	流程描述	涉及岗位	输出要求	风险等级	责任者
3. 选择单位	采购人员根据"采购申请单"内容,通过电话、网络,询价、评估加工厂商	采购员	提出三户供应商	三级	采购员
4. 落实单位	通过货比三家,确定加工单位,进行谈判、落实加工产品内容及要求	外协员	确定加工厂	三级	采购部经理
5. 签订合同	根据接洽情况向经理汇报,涉及技术性应征得技术部门意见,起草合同,重要加工合同要经过集体讨论,与外协加工单位签约,并报请总经理批准	部门经理	委外加工合同	四级	总经理
6. 审批合同	委外加工合同,重要的要报经公司总经理审批,金额大于财务申请资金	外委专责	外委加工单	三级	部门经理
7. 领料加工	带料加工应按加工产品数量、单位消耗定额,凭外委领料单到库房领料	外协员	外委领料单	三级	外协员
8. 外协加工	外委单位按合同规定品种、规格、质量等要求组织加工,并核算消耗定额	加工厂	加工记录	三级	外协员
9. 交货验收	库管员根据委托加工单、装运单等进行验收;计算材料耗用情况,收回余料等	外协人员	查验记录及入库单	二级	库管员
10. 检验 11. 入库	对检验不合格物资,办妥退货手续负责退还加工单位,合格者入库存放	库管检验员	入库单	二级	库管员

流程环节	流程描述	涉及岗位	输出要求	风险等级	责任者
12. 申请资金	根据整理验收结果，向总经理提出资金支付申请	经办人员	支付凭证	三级	经理
13. 财务付款	根据总经理批示，核验发票、入库单等凭证，无误后支付加工费	出纳	支付手续	三级	部经理

5. 采购（外协）业务流程职责分离要求

采购（外协）业务流程职责分离要求见表 8-27。

表 8-27　采购（外协）业务流程职责分离要求

操作人 ＼ 岗位	经办人	仓库验收	会计审核	总经理审批	出纳付款	业务监审
经办人		×	×	×	×	×
仓库验收	×		×	×	×	×
会计审核	×	×		×	×	×
总经理审批	×	×	×		×	×
出纳付款	×	×	×	×		×
业务监审	×	×	×	×	×	

（三）采购（外协）业务风险评估与管理

1. 采购风险清单

采购风险清单见表 8-28。

表 8-28　采购风险清单

潜在风险	风险描述
1. 采购外部风险	
（1）意外风险	物资采购过程中由于自然、经济政策、价格变动等因素所造成的意外风险
（2）价格风险	①由于供应商操纵投标环境，在投标前相互串通，有意抬高价格，使企业采购蒙受损失；②当企业采购认为价格合理情况下，批量采购，但该种物资可能出现跌价而引起采购风险
（3）采购质量风险	①由于供应商提供的物资质量不合格，导致加工产品未达到质量标准，或给用户造成经济、技术、人身安全、企业声誉等损害；②因采购原材料质量有问题，直接影响企业产品的整体质量、制造加工与交货期，降低企业信誉和产品竞争力

383

潜在风险	风 险 描 述
（4）技术进步风险	①企业制造的产品由于技术进步引起贬值及无形损耗，甚至被淘汰，原采购原材料的积压或者因质量不符合要求而造成损失；②采购物资由于新项目开发周期缩短，所采购的设备、材料导致被淘汰或使用效率低下等，造成经济损失
（5）合同欺诈风险	①以虚假的合同主体身份与他人订立合同，以伪造、假冒、作废的票据或其他虚假的产权证明作为合同担保；②接受对方当事人给付的货款、预付款，担保财产后逃之夭夭；③签订空头合同，而供货方本身是"皮包公司"，将骗来的合同转手倒卖，从中谋利，而所需的物资则无法保证；④供应商设置的合同陷阱，如供应商无故中止合同，违反合同规定等可能性及造成损失
2. 采购内因风险	
（1）计划风险	因市场供求发生变动，影响到采购计划的准确性；采购计划管理技术不适当或不科学，与目标发生较大偏离，导致采购计划风险
（2）合同风险	①合同条款模糊不清，盲目签约；违约责任约束简化，口头协议，君子协定；鉴证、公证合同比例过低；等等。②合同行为不正当。卖方为改变不利地位，往往采取不正当手段，如对采购人员行贿，套取采购标的；给虚假优惠，以某些好处为诱饵公开兜售假冒伪劣产品。而有些采购人员则贪求蝇头小利，牺牲企业利益，不能严格按规定签约。③合同日常管理混乱，内容审核不严、责任不明，追究责罚不到位。
（3）验收风险	在数量上缺斤少两；在质量上鱼目混珠，以次充好；在品种规格上货不对路，不合规定要求；在价格上发生变化；等等
（4）存量风险	①采购量不能及时供应生产的需要，生产中断造成缺货损失而引发的风险；②物资过多，造成积压，大量资金沉淀于库存中，失去了资金的机会利润，形成存储损耗风险；③物资采购时对市场行情掌握不准，盲目进货，造成价格风险
（5）责任风险	许多风险归根结底是人为风险。主要体现为责任风险。例如，合同签约过程中，由于工作人员责任心不强未能把好合同关，造成合同纠纷。或是采购人员假公济私、收受回扣、谋取私利等
（6）委外加工风险	对委外加工厂审核不严，加工技术、能力未掌握盲目签约，使加工零配件不能满足需要；对委外加工材料管理不善，加工过程中被偷换；材料消耗定额制定不准，剩余材料及边角余料不退回

2. 采购流程风险评估与控制清单

采购流程风险评估与控制清单见表8-29、表8-30。

3. 采购风险内部控制自评矩阵（采用矩阵式）

采购风险内部控制自评矩阵（采用矩阵式）见表8-31。

4. 采购业务风险控制测评要点

采购业务风险控制测评要点见表8-32。

表8-29 采购流程风险评估与控制清单

流程	关键控制点	涉及岗位	活动描述	潜在风险	风险级别	控制措施	制度援引
1	采购计划	生产部	编制年度采购预算和采购计划	计划不合理导致资金浪费、资产损失	一级	正确了解生产需要及市场供需状况、价格变动及库存情况	
2	供应商评审	采购专责	对供应商的选择、评审、复评、授信、归档	不合格或错误授信的供应商成为交易对象	三级	跟踪供应商有效信息，掌握供应商的内部变化情况，合同履约时紧密跟踪物品出货信息	
3	传递采购需求	采购专责	将自己的采购需求信息及时正确传递给供应商	决策错误造成采购的资源无法利用，形成损失	三级	采购人员正确判断市场后，提出采购需求建议，由相关部门和领导进行讨论和决策	
4	合同生效	采购专责	签订采购合同，跟进合同执行情况	对执行情况不了解，造成采购失败，与客户签订合同无法履行，造成法律风险	二级	采购人员应当在合同签订后跟踪合同进度，检查合同履行情况；发现问题，及时上报并采取措施加以解决	
5	支付货款	财务资金管理、资金专责、采购专责	付款申请	付款申请不及时，会延误采购，甚至失去采购的机会	三级	对于准确无误、有效的采购合同，应立即提出付款申请	
			审批	审批不严格会给合同执行造成风险	二级	对采购付款申请，管理层认真审核，确认供应商决定是否付款	
			拨付资金	未及时拨付资金会影响合同履行	二级	对于已审批通过的采购申请、支付价款，财务部应立即调拨资金，支付货款	

企业全面风险管理实务

流程	关键控制点	涉及岗位	活动描述	潜在风险	风险级别	控制措施	制度援引
6	采购变更	合同审核、采购管理、采购专责	对于已经生成、有效的采购合同，由于某种原因在合同履行过程中途提出的变更	变更前后信息不符或变更未得到对方确认，供应商不接受变更条款	二级	变更操作执行前，必须和供应商、客户确认变更内容	
				没有供应商提出变更的原始单据或供应商确认的变更依据，造成合同变更责任不清，形成纠纷	二级	在合同变更前，需要由本公司或供应商出具书面变更申请，或单方提出并面双方同意的文件作为备案	
7	物资入库	仓储管理	仓库系统根据验收单、出入库单直接确认入库数量及质量，并更新仓库存数字系统	入库不及时，验收不认真，影响物资调配使用	二级	仓库在收到验收单、出入库单后，在2个工作日内进行货物入库信息的确认	
				对已采购货物长时间未入库，有货物遗失风险	二级	按交货日跟踪已采购未到货的合同，若出现发票已到货未到的情况要及时联系供应商	
8	采购结算	结算管理、采购专责	对于采购合同判断实物入库数量、质量及付款情况	采购结算前不判断实物入库量，可能产生债权风险及结算出错的风险	二级	收到供应商的结算信息后应在1~2个工作日内列出结算清单，按合同交货日内统计未收到的采购发票，并向供应商催讨发票	

表 8—30　风险控制清单

业务流程	关键控制点	操作规范	潜在风险	等级	控制措施	监查
（1）计划	收集	收集需求品种数量、库管员上报数量、仓库现有物资配件	对需求材料信息资料、库存积压物资收集现有不全、未来需求预测、市场动向	二级	深入实际，了解现状，广泛集需求物资及其质量状况	
	预测	预测未来需求品种、规格、数量、采购量、采购价格、供需变化趋势等	对需求材料、市场供求规律、价格政策走势预测不科学，将影响经营效果与效率	三级	回顾过去，明确现状，探讨规律，预测需求，掌握市场动态	
	外协	积极主动与外协单位联系，根据需求品种、规格数量，选择外协单位	没有听取需求意见，没有与研发/生产沟通可能形成积压不良后果，造成积压不良后果	二级	认真听取需求意见，按需求计划供应、满足自己的意见	
	汇总	将需求预测资料，进行审核，分析可靠性，进行汇总，提出订货意见	对收集需求信息未认真分析，采购依据不充分，可能出现订单错误及散诈行为	二级	按程序认真审核需求计划，分析判断其正确性，提出自己的意见	
	决定	库管员、采购员、总经理共同讨论订货意见，选择供应商，并决定采购计划	对采购的品种、规格、数量、价格、采购渠道等分析研究不认真，会形成采购风险	二级	共同研究，分析采购需求，严格审查确定订货内容	
	申报	编制采购计划，提出所需资金，上报总经理财务进行综合平衡后，呈报总经理审批	订货计划编制不正确、漏编、重记、错记等存在，将给库房管理及资金使用带来危害	三级	认真负责编报采购订单，合理确定需要量，全面考虑资金效益	
	复核	根据批复的采购计划，再一次复核与调整采购内容，最后确定采购计划清单	对批复资金的使用，没有投放在急需的材料物资方面，会影响资金使用效果	二级	严格执行批准计划，再次审核订单内容，对变动大的物资要征求库管意见	

续表

业务流程	关键控制点	操作规范	潜在风险	等级	控制措施	监查
（2）购买	报送	审核批复采购计划的内容及要求，调整无误后报经领导审批，发给物资供应商	要货订单内容填写不正确，发送有错、发送及时，可能造成库存积压或断供，影响公司效益	三级	订单应认真复核，填写、发送及时，领导审核要严格把关	
	选供	外购材料及物资，认真选择供应商，采购要相对集中，重大采用招标方式	供应商信息档案不完善，未实施评估/准入制度，可能发生采购欺诈，造成经济损失	二级	建立供应商评估准入制度，完善供应信息系统，确定供应商清单	
	招标	大宗物资采购应采用招标方式，合理确定投标单位，坚持招标程序和评价规则	招投标和定价机制不科学，授权审批不规范，可能导致采购舞弊和遭受欺诈	二级	统筹安排采购计划，明确请购、审批、购买、验收、付款制度	
	比价	货比三家，质价对比，选择质优价低物资，合理确定采购价格防止盲目采购	采购询价不认真，比对分析不全面，可能导致上当受骗，采购物资质次/价不合理	三级	建立定价及采购监督机制，按规定权限和程序办理采购业务	
	选购	一般采购应签订合同，合同条款及内容要严格审核，按规定的程序报经批准	采购合同内容不规范，条款不清晰，品种、规格、质量等不明确，可能导致合同欺诈	三级	建立与完善合同的审议、审批制度，按规定程序审报、批准	
	签约	按批准申请与供应商签约，关注合同日期、违约责任及代办人等手续的完善性	签订合同不规范、责任不清，手续不完善，办事不认真负责，可能导致诉合同纠纷风险	二级	严格按规定程序和手续办理合同事务，不得私自改动合同内容	
	汇款	按合同规定条款，报经财务部批准，由财务汇往指定账户，或开转账支票	不按合同规定付款方式支付款项或汇入款为非合同账户，可能导致被骗风险	二级	对汇款要经过严格审批，要与合同核对，内容不符拒绝付款	

业务流程	关键控制点	操作规范	潜在风险	等级	控制措施	监查
（2）购买	采购	小额零星物资采购，可采用定向或就近接购买方式，要货比三家，择优选购	零星采购应关注采购物资的价格及质量，供应商信誉及发票真伪，防止上当受骗	三级	严格审核供应商，实行供应商评审准入制度，建立供应商清单	
	登记	将签订购购合同进行登记，监督检查合同履行情况，发现问题及时请示汇报	合同履行不真，执行不彻底，可能导致延期交货，以次充好，造成欺诈/损失	二级	全面检查合同的履行情况，对执行中的问题及时给予解决	
	解除	对不能履行的合同，要经过协商，通过正式手续解除，并进行注销/登记	合同执行不认真，督促检查不负责，内外串通，相互勾结，可能导致诉讼损失	二级	分析不履行合同原因，严防借口逃避责任，必要时进行合同诉讼	
（3）验收	接单	接到到货通知或发票，及时通知仓库管理员，共同组织审核验检	单据来路不明，内容不清，乱放单据信息，可能导致延误入库	一级	规定严格接单程序，及时将接到单据到货信息送达仓库管理员	
	验票	检查单据正确性及规性，与计划或合同对比看是否为本公司所购买	验票不认真，内容没搞清，假票，伪票，错误票，违规票，蒙混过关	二级	制定验票程序及内容，认真检查发票及单据，发现问题及时解决	
	验货	与库管员共同验收来料，物资。发现货/单不符，有货无单等及时上报解决	验收程序不规范，验收手段不完善，验收不严可能导致以次充好，质量低下	三级	遵循验收的程序与手续，严格验收入库物资，发现问题及时解决	
	正名	发现物资编号，库号，型号，品名等，与实物有别，应当及时更正情误	对以次充好，张冠李戴，内外不一致的包装等，不能正确解决，可能导致错乱	二级	严格审查外包装和内装物资一致性，发现差错一追到底，并解决好	

389

第八章　全面风险管理实施指引

业务流程	关键控制点	操作规范	潜在风险	等级	控制措施	监查
（3）验收	退货	发现不合规、错发、错装货物，单独保管，及时与单位联系办理退货换货	联系不及时，退换货不能及时进行，可能导致材料物资损坏/丢失，造成资产损失	三级	建立退/换货程序和手续，应当经过领导审批，落实退换货责任人	
	索赔	及时、认真、负责办理索赔损失，办理退款手续	索赔/换货不及时，不能获取合理的赔偿，可能导致与合同诉讼与经济损失的风险	二级	按规定的程序，报经有关部门批准，找相关人员，赔偿公司损失	
	记录	验收过程发生事项，处理结果，遗留问题等，做出完善记录，妥善保管证据	验收、计量、赔偿等事故，记录不及时，内容不明晰，责任不明确，影响业绩评价	二级	遵循规章制度详细记录验收过程及其结果，记录责任人采取措施行动	
	取票	月末去发货取票，检验发票所列内容，规格及时间的正确性	对已入库物资不及时办理完善入库手续，容易导致财务发生差异，造成失控风险	二级	按财务制度规定和对方要求及时取票，严防丢失和损害	
	核对	发票与入库单，实物物资，合同或订货单价核对相符	发票与入库单核对不清楚，容易造成票实不符，可能导致结算混乱不清的风险	二级	根据验票规定，程序验证接受的增值税票证及有关单据	
（4）结算	更正	发现结算中存在差错，找有关人员核实后进行更正，确认票证，票实相一致	验票不认真，核对马马大意；差错以发现更正，可能使错误过关造成危害	二级	按规定方法，正确更正填写错误，开票方销误差按规定更正	
	移交	验收合规后进行签字，将单据全部移交财务部门，进行货款结算	移交手续不全，内容不清，口径不统一，可能导致财务与仓库账不符的后果	二级	按规定手续由仓库送财务出纳，结算货款，清理预付款项	

业务流程	关键控制点	操作规范	潜在风险	等级	控制措施	监查
（5）信息	整理	按日归集整理物资进、出、存信息,根据财务规定指标及日期,做到口径一致	对进出库单据的分类、整理不合规,手续不完善,可能导致数字错误的风险	二级	按核算要求整理出全月进/出库发生额,出库材料用于何处	
	核实	核实数据正确性,对发现差错及时加以纠正,确保材料信息全面、真实、可靠	工作不认真、粗心大意,可能使差错隐藏其中,导致错误、潜在风险隐患可能出现	二级	对整理进/出库凭证核实、清理,经办人签字等,经领导审核鉴发	
	上报	上报财务核对进/出存,发现差错及时加以材料会计,找出原因加以更正	上报不及时,内容不全面,口径不统一可能导致账实不符的风险	二级	经审核鉴发后进/出库及结存报表,送交财务部核对	
（6）监检	检查	检查库管规范执行,风险管控有效,仓库隐患消除,采漏物资处理,完善	对采购存在的问题,制度执行中的不足,潜在的风险隐患等,不及时解决,威胁仓储安全	二级	做出自检安排,重点领域、自检方法、自检保障性计划	
	纠偏	自检缺陷的纠正,上次偏离正,日常违规行为制止,制度违规规定不妥的改进	潜在风险因素未控制,存在缺陷未改进,违规行为不制止,可能导致损失风险	二级	按规定的要求、职责、时间等进行认真检查纠偏,不流于形式	
	记录	自检、互检、监检中发现不足,提出改进建议,自我完善措施,取得效果等	对仓储中存在的缺点,采取的措施,改进效果不记载,不总结,不利管理效绩提高	三级	详细记录工作轨迹,总结工作经验提出改进措施,检查执行情况	
	报告	按月写出总结报告,肯定取得成绩,明确存在缺陷,拟出改进措施,提升管理	不总结好经验,好作风不发扬光大,缺陷、短板难发现,可能导致管理混乱	二级	按月总结,向主管报告工作,主管审查、做出评价,促效益提高	

391

第八章 全面风险管理实施指引

表8-31 采购风险内部控制自评矩阵

流程	关键控制活动	相关表单	执行活动记录	测评程序	测评方式	测评频率（次/年）	结果
1	供应商评审管理	供应商名单、详细资料及供应商授信资料	供应商评审记录	抽查供应商资料，检查采购部是否对供应商进行评审及复评，有无记录	抽查凭证	2~4	
2	传递采购需求管理	采购需求单	信息传递记录	询问采购部在传递采购需求时有无进行沟通确认	询问	2~4	
			批准决策记录	询问有无对自身采购需求进行讨论决策	询问	2~4	
3	采购订单评审管理	采购订单	采购订单核对记录	询问采购部有无对请购部门递交的采购意向单进行详细审查	询问	2~4	
4	采购付款—采购管理、财务资金专管	付款单及发票	付款记录	检查采购付款的流程，询问经办人采购付款的及时性	询问、检查	2~4	
5	采购合同生效—采购管理	采购合同	置生效标志	询问采购人员有无在采购成功后及时置采购合同生效标志	询问	2~4	
6	采购变更—合同审核管理	采购合同、变更合同	合同变更审核记录	询问在采购变更前、有无和供应商、请购部门确认变更内容，及有相关方出具书面变更申请的文件作为依据备案	询问	2~4	
				检查以往采购是否发生过采购变更纠纷	检查	2~4	
7	采购入库—仓储管理	入库单	入库记录	询问仓储人员有无对长时间未入库货物进行跟踪处理	询问	2~4	
				抽查货物入库单、检查供应商出库码单的时间间隔，有无长期不入库现象存在	抽查凭证	2~4	
8	采购结算—结算管理	业务结算清单、运费结算清单	采购结算记录	抽查采购业务结算清单，检查其采购付款的时间间隔	抽查凭证	2~4	

表 8-32 采购业务风险控制测评要点

序号	测评具体内容	测评方式	测评结果	重要性	处理意见
1	物资请购单是否有填写、审核、批准人签字,急需物资采购处理是否合规				
2	是否首先由生产部门,根据生产计划、研发计划提出原材料/备品备件的立项单,立项是否合理				
3	采购立项清单编写后,是否经相关部门进行审核批准,列入采购计划				
4	物资订购之前,是否向市场咨询价格,货比三家,询价及记录是否完整				
5	未实行三家询价的,是否已经书面陈述,并得到相应部门的批准				
6	订购单上的签字手续、日期是否完整,责任是否清晰				
7	订购单是否合规统一,是否连续编号并妥善保管				
8	对生产急需物资,申请部门是否询价、物资部门是否同意,并随后补办相关手续				
9	是否建立供应商管理制度,及时登记更新相关信息				
10	物资采购人员是否参与物资的验收工作;需要经技术检验物资,是否经化验后再入库				
11	审批人员是否存在超越授权规定的审批权限现象				
12	是否根据物资性质确定采购方式、实施货比三家,选择供应商				
13	对验收不合格采购物资,是否及时查明原因并做出相应处理				
14	对计算机控制环境下,物资采购信息处理的安全,控制标准和措施是否完善				
15	编制付款凭证时,是否审查了供应商发票的真伪,其内容与相关验收单、订购单的内容是否一致				
16	是否对拒付的材料设立专门的登记簿,并如实记录,手续完善清晰				
17	应付账款明细账是否与供应商对账,发现异常情况的处理,是否留有痕迹				
18	是否建立供应商档案,收集的信息是否完善,是否定期更新				

序号	测评具体内容	测评方式	测评结果	重要性	处理意见
19	新进入的供应商是否经过相关的审核程序，信息内容是否完善，记录是否完整				
20	供应商产品质量确认依据是否合法、内容是否完善				
21	供应商近 3 年的诚信守则记录是否良好，对供应商诚信考核有无记录				
22	是否对供应商的业绩状况、资金结构、现金流量进行审查				

检测方式：抽验、查看、访问、测试等。测评结果分为：优、良、中、差、极差。

如何考评企业全面风险管理绩效

◆风险识别的能力是否提高；

◆对特定风险的度量（概率损失额）是否有改进；

◆风险评估技术能力是否形成，风险控制清单是否建立；

◆风险控制点、控制措施及责任是否落实；

◆企业预警能力和应变能力是否提高；

◆企业的效率与效果是否增加。目标是否实现？

案例　安然事件的经验教训

如果不涉及安然事件，讲风险管理都不算是完整的，安然公司震惊世人的事件在未来也会是风险管理的重要案例。这里着重讨论安然事件的三个经验：盯紧现金；全面管理风险；从基础开始，做好审计。

一、盯紧现金

在其账目重新报告之前，安然公司声称在 2000 年结束的过去五年里的净收入为 33 亿美元。而在同一时期，该公司仅报告了总额为 1.14 亿美元的现金发生值——仅是所声称的净收入的 3%。报告的收益与实际的现金流之间的长期如此大的差距应该是任何一家企业的预警指标。在金融市场和衍生产品业务中这是正确的，在这种场合，"纸面上的利润"大行其道，并且预期的未来现金流常常被算作当前的收入。如果缺口无法弥补，企业就很可能自行崩溃，这正如在巴林银行和基德投资银行所发生的，所报告的利润与公司的现金头寸都不一致。引用一位分析家的话来说就是"现金为王，会计口碑"。从这里得到的经验教训就是盯紧现金。

二、全面管理风险

具有讽刺意味的是，安然公司设有一个首席风险官（CRO），而且据说管理着一个 150 人的部门，每年有 3000 万美元的预算，并且还有一套被广泛相信是最先进的市场和信用风险控制手段。但是，导致安然破产的并不是信用或市场风险，而是营运风险，是最基本的公司治理和会计控制的失败。在安然的兴衰和信孚银行的兴衰之间有着离奇的平行关系。两家公司在其各自所在的行业里都被标以"风险管理大师"的称号；由于有关员工和企业文化的"软"营运风险管理的问题，两家公司最终都不合时宜地结束了营运。在信孚银行的案例中，恶劣的销售习惯和对客户账目的不良管理都破坏了企业作为一个交易公司的特许经营权。具有讽刺意味的是，安然的首席风险官里克·白在 1994 年加入安然之前，曾是信孚银行的一位高级主管。从这里所得到的经验教训就是企业必须在整合的基础上管理好所有的风险，而不仅是显而易见的那部分风险。

三、从基础开始，做好审计

安然公司的灾难不能全部怪罪于它的审计师们。然而，审计师们似乎已经忘记了他们的主要作用之一，即确保账户和记录的准确。我已经忘了最近一次与一个审计师见面时的详细情形了，这位审计师告诉我，他或她的主要职责是确保账户和记录的准确性。但是我每年都与几百位审计师见面，他们把自己的工作描述为评估企业的控制和流程的效率性，帮助业务单位进行"自我评估"或者提供营运风险咨询。他们中的一些人也没能认识到"内部审计外包"这个术语是一种矛盾的说法。当所有的事情都说了又做了，又有谁会去关心账户问题？从这里所得到的经验教训是审计应该回归其最基本和最有价值的功能之一：为企业账户和记录的准确性提供独立的评估。

那些希望在风险管理领域成为聪明而非愚蠢的人，应该利用这个机会免费学习安然公司及其利益相关者以高昂代价得到的教训。

资料来源：James Lam. Enterprise Risk Management from Incentives to Controls ［M］. New York：John wiley & Sons, Inc. , 2003.

思考与讨论

1. 企业全面风险管理体系由哪些关键因素构成？

第八章　全面风险管理实施指引

2. 风险管理委员会有哪些职责?

3. 怎样发挥风险管理三道防线的作用?

4. 科学的风险管理理念有哪些特征?

5. 怎样培育良好的风险管理文化?

6. 学习后结合你的企业特点,思考应设立哪些风险控制指标体系?

参考文献

［1］［美］COSO．企业风险管理［M］．方红星，王宏，译．大连：东北财经大学出版社，2006.

［2］黄丽虹等．全面风险管理基础［M］．北京：新华出版社，2007.

［3］CERM专家认证委员会．企业风险管理指南［M］．北京：现代出版社，2007.

［4］杜莹芬等．企业风险管理［M］．北京：经济管理出版社，2008.

［5］何文炯．风险管理［M］．北京：中国财政经济出版社，2005.

［6］胡为民等．内部控制与企业风险管理［M］．北京：电子工业出版社，2007.

［7］王晓霞．企业风险审计［M］．北京：中国时代经济出版社，2006.

［8］周春生．企业风险与危机管理［M］．北京：北京大学出版社，2007.

［9］谭忠富等．电力企业风险管理理论与方法［M］．北京：中国电力出版社，2006.

［10］李明．企业内部控制与风险管理［M］．北京：经济科学出版社，2007.

［11］AARCM风险管理论文专家评审委员会．企业全面风险管理论文集（2007）［M］．北京：新华出版社，2007.

［12］中国就业培训技术指导中心．风险评估专业人员职业培训教程［M］．北京：中国商业出版社，2012.

［13］高立法等．现代企业内部控制实务（第二版）［M］．北京：经济管理出版社，2013.

［14］宋明哲．新风险管理精要［M］．五南图书出版公司，2014.

中央企业法律纠纷案件管理办法

（2023 年 6 月 12 日　国务院国有资产监督管理委员会令第 43 号公布　自 2023 年 8 月 1 日　起施行）

第一章　总则

第一条　为深入贯彻习近平法治思想，落实全面依法治国战略部署，深化法治央企建设，加强中央企业法律纠纷案件管理，依法保障企业合法权益，切实维护国有资产安全，根据《中华人民共和国企业国有资产法》《企业国有资产监督管理暂行条例》等法律法规，结合中央企业实际，制定本办法。

第二条　本办法适用于国务院国有资产监督管理委员会（以下简称国务院国资委）根据国务院授权履行出资人职责的中央企业。

第三条　本办法所称法律纠纷案件是指中央企业及其所属单位在经营管理过程中发生的境内外诉讼、仲裁等（以下简称案件）。

第四条　中央企业应当持续加强案件管理，明确责任主体，完善管理制度，健全工作机制，积极主动维权，切实防止国有资产损失。建立健全以案促管机制，及时发现案件反映的管理问题，堵塞管理漏洞，提升管理水平，切实保障提质增效、稳健发展。

第五条　国务院国资委负责指导中央企业案件管理工作，建立健全法律、监督、追责等部门协同工作机制，加强对案件处理、备案等情况的监督检查，强化对重大案件的指导协调和督办。

第二章　组织职责

第六条　中央企业主要负责人切实履行法治建设第一责任人职责，加强对案件管理工作的领导，定期听取报告，强化机构、人员、经费等保障。

第七条　中央企业总法律顾问牵头案件管理工作，研究解决重点难点问题，领导法务管理部门完善工作机制，指导所属单位加强案件管理。

第八条　中央企业法务管理部门负责拟订案件管理制度，组织开展案件应对，对案件反映的管理问题提出完善建议，选聘和管理法律服务中介机构，推动案件管理信息化建设等工作。

第九条 中央企业业务和职能部门应当及时与法务管理部门沟通可能引发案件的有关情况，配合开展证据收集、案情分析、法律论证、案件执行等工作，针对案件反映的管理问题完善相关制度，改进工作机制，推动以案促管。

第十条 中央企业应当建立案件管理人才选拔培养机制，鼓励法务人员参与或者直接代理案件，持续提升案件管理工作水平。

第三章 管理机制

第十一条 中央企业应当结合实际健全案件管理相关制度，明确责任主体、职责范围、管控措施、监督问责等内容。

第十二条 中央企业应当定期开展法律纠纷风险排查，建立重大风险预警机制，分类制定防控策略，完善应对预案，有效防范案件风险。

第十三条 中央企业发生案件应当及时采取措施，全面调查了解案情，做好法律分析、证据收集等工作，规范参加庭审活动，加强舆情监测处置。

第十四条 中央企业应当结合国际化经营实际，建立健全涉外案件管理机制，加大涉外案件处理力度，切实维护境外国有资产安全。

第十五条 中央企业应当通过诉讼、仲裁、调解、和解等多元化纠纷解决机制妥善处理案件。同一中央企业所属单位之间发生法律纠纷，可以通过内部调解等方式解决。

第十六条 中央企业应当建立案件预警机制，针对典型性和普遍性案件深入分析发案原因、潜在后果等，及时进行预警提示，切实采取防控措施。

第十七条 中央企业应当加强历史遗留案件处理，研究制定处置方案，动态跟踪进展情况，积极采取有力措施，推动案件加快解决。

第十八条 中央企业应当对处理完毕的案件及时进行总结分析，梳理案件管理经验，查找经营管理薄弱环节，通过法律意见书、建议函等形式，指导有关部门或者所属单位完善管理制度，堵塞管理漏洞。

第十九条 中央企业应当将案件管理情况作为法治建设重要内容，纳入对所属单位的考核评价。

第二十条 中央企业应当建立上下贯通、全面覆盖、实时监测的案件管理信息系统，及时掌握案件情况，健全管理指标体系，加强数据统计分析，增强案件管理的针对性和有效性。

第二十一条 中央企业应当每年对案件情况进行汇总统计和研究分析，并于2月底前向国务院国资委报送上一年度案件综合分析报告。

第四章　重大案件管理

第二十二条　中央企业应当建立重大案件管理制度，结合自身实际明确重大案件标准，完善案件应对机制，加大处理力度，推动妥善解决。

第二十三条　中央企业发生以下重大案件，应当自立案、受理或者收到应诉通知书等材料之日起 10 个工作日内报国务院国资委备案：

（一）涉案金额达到 5000 万元人民币或者等值外币以上；

（二）涉案金额达到中央企业上一年度经审计净利润绝对值 10% 以上，且金额超过 2000 万元人民币或者等值外币；

（三）可能产生较大影响的群体性案件或者系列案件；

（四）涉及单位犯罪的刑事案件；

（五）其他涉及中央企业重大权益或者具有重大影响的案件。

第二十四条　中央企业重大案件报备应当包括以下内容：

（一）当事人、案由、涉案金额、主要事实等基本案情；

（二）争议焦点、结果预判等法律分析意见；

（三）采取的措施；

（四）下一步工作安排。

第二十五条　中央企业报备的重大案件处理完毕、取得生效法律文书后，应当在 10 个工作日内向国务院国资委书面报告。

第二十六条　中央企业应当将所属单位发生的、符合本办法第二十三条情形的重大案件当事人、涉案金额、工作进展等信息进行汇总，按月报国务院国资委备案。

第二十七条　中央企业应当建立重大案件督办机制，加强专业指导和监督检查，督促所属单位落实主体责任，妥善处理案件，依法维护权益。

第二十八条　中央企业之间发生重大案件，鼓励通过协商解决；协商不成的，可以报国务院国资委指导协调。

第五章　中介机构管理

第二十九条　中央企业应当完善法律服务中介机构管理制度，科学确定选聘方式，明确选聘条件、流程等，确保依法合规、公平公正。

第三十条　中央企业在案件处理过程中应当发挥主导作用，加强对法律服务中介机构的指导监督，有效整合内外部资源，及时掌握进展情况，切实强化对重大事项的审核把关，严格落实保密管理各项要求。

第三十一条　中央企业应当建立法律服务中介机构评价机制，根据专业能力、服务质量、工作效果、资信状况等进行动态管理，对不能胜任的及时调整。

第三十二条　中央企业应当严格按照有关规定，规范使用风险代理，明确审批权限和程序，综合考虑案件难易程度、涉案金额等，明晰风险责任，合理确定费用。

第六章　奖惩

第三十三条　中央企业应当建立健全案件管理激励机制，明确条件和标准，对在案件处理过程中避免或者挽回损失的部门、人员给予表彰和奖励。

第三十四条　中央企业在案件处理过程中，发现相关部门或者个人在经营管理中存在违规行为，造成资产损失或者其他严重不良后果的，应当开展责任追究；对涉嫌违纪违法的，按照规定移交相关部门或者机构处理。

第三十五条　中央企业对有关人员在案件管理过程中玩忽职守、滥用职权、谋取私利，给企业造成资产损失或者其他严重不良后果的，应当按照规定追究相关人员责任。

第三十六条　国务院国资委对中央企业违反本办法规定，因案件管理不到位造成损失的，可以约谈相关企业并责令整改；对因违规行为引发重大案件并造成重大损失的，根据有关规定在中央企业负责人经营业绩考核中扣减相应分值，并对相关人员开展责任追究；对涉嫌违纪违法的，按照规定移交相关部门或者机构处理。

第七章　附则

第三十七条　地方国有资产监督管理机构可参照本办法，指导所出资企业加强案件管理工作。

第三十八条　本办法由国务院国资委负责解释。

第三十九条　本办法自 2023 年 8 月 1 日起施行。《中央企业重大法律纠纷案件管理暂行办法》（国资委令第 11 号）同时废止。

（转自国务院国资委官网　重点标注：全面风险管理网）